Praxis Film 88

Bibliografische Information der Deutschen Nationalbibliothek
Die Deutsche Nationalbibliothek verzeichnet diese Publikation in der Deutschen Nationalbibliografie; detaillierte bibliografische Daten sind im Internet über http://dnb.d-nb.de abrufbar.

ISSN 1617-951X
ISBN (Print) 978-3-7445-1946-5
ISBN (PDF) 978-3-7445-1947-2

1. Auflage: 2015
2. Auflage: 2019

Umschlaggestaltung und Satz: Full Moon Communication, Stuttgart
Lektorat: Rüdiger Steiner
Druck: FINIDR, S.R.O., Tschechische Republik

Herbert von Halem Verlagsgesellschaft mbH & Co. KG
Schanzenstr. 22 · D-51063 Köln

E-Mail: info@halem-verlag.de
Tel.: 0221-92 58 29-0 · Fax: 0221-92 58 29 29
www.halem-verlag.de

DREHPLANUNG

MIT EINEM VORWORT VON DOMINIK GRAF

Jesper Petzke

2., überarbeitete Auflage

HERBERT VON HALEM VERLAG | Köln

INHALT

„NICHTS STEHT GESCHRIEBEN“

(LAWRENCE VON ARABIEN)

von Dominik Graf

Jesper Petzke gehört zu den besten Regieassistenten, mit denen ich bislang arbeiten konnte. Wir haben zusammen einen auf den ersten Blick unkomplizierten, kleinen Film gemacht, der sich jedoch durch frühherbstliche Wetterkapriolen zu einer drehplanerischen Wildwasserfahrt entwickelte. Dazu hatten wir insgesamt recht wenige Drehtage zur Verfügung, nur 21, die permanent in ihrer Planung durcheinandergewürfelt werden mussten. Meistens fiel stundenlanger Landregen, nur mangelhaft angesagt von halbkompetenten Wetterämtern und sich häufig widersprechenden Smartphone-Apps. Die Vorhänge aus Wasserdunst hüllten zwar die Landschaft um den Starnberger See in faszinierende novemberhafte Nebel. Sie machten aber auch etliche fröhlich-sommerliche Stand-up-Paddler-Szenen und eine einzige größere nächtliche Bootsaktion im Drehbuch täglich aufs Neue so gut wie unmöglich.
Die Schauspieler, unter anderen der großartige Andreas Giebel als Starnberger Hauptkommissar, machten sich einen Spaß daraus, das bei buchstäblich jedem Take wechselnde Wetter in den Szenen zu kommentieren. So kam es zur Erfindung der „Starnbergwolke“, die Giebel so bezeichnete, weil sie sich wie ein anhänglicher Hund an unsere täglich wechselnden Drehorte heranzuschleichen pflegte, um unvorhersehbar, aus dem eben noch Blauen heraus, auf uns niederzupinkeln.

Die Folge: stundenlange Standzeiten, weil ja allzu rabiate Wetterwechsel mitten in der Szene für das Kontinuitätsgefühl des Zuschauers kaum zu verkraften sind. Oder wir begannen bereits morgens früh jede Einstellung möglichst doppelt zu drehen, einmal mit Sonne – wenn sie sich überhaupt blicken ließ – und einmal mit Wolken. Das kostete Zeit, die wir gar nicht hatten.
All dies ist ein Albtraum für den Regieassistenten, der einen dicht gedrängten Drehplan, voll mit branchenüblichen Schauspieler-Sperrdaten, halbwegs unbeschadet über die Runden kriegen möchte. Jesper Petzke aber war enorm flexibel, findig, schnell, zauberte immer wieder neue überraschende Lösungen für schwierige Pensen aus dem Hut, schob und verschob Szenen wie ein Logistikexperte seine Hunderte von Containern im Hamburger Hafen.
Am Ende dieser unerwartet fast dramatischen Drehzeit hat man sich als Regisseur für die Leistung des Regieassistenten mit tiefer Verbeugung zu bedanken und hegt natürlich sehr freundschaftliche Gefühle für einen derart nervenstarken Unterstützer.

Organisation und Chaos

François Truffaut hat 1973 das Drehen eines Films mit einer Kutschenfahrt im Wilden Westen verglichen. Anfangs freut man sich darauf und hofft auf eine schöne Reise. Sehr bald fragt man sich aber, ob man überhaupt jemals ans Ziel kommen wird.
So abenteuerlich ist es bei uns längst nicht mehr. Täglich ziehen in Deutschland Dutzende von gut organisierten Filmtruppen durch die Lande, durch die Städte, verteilen ihre Halteverbote, arbeiten zügig und professionell ihre Programme für den Drehtag ab. Täglich verköstigen die Cateringdienste ihre Filmcrews verlässlich zu den Hauptmahlzeiten und auch noch zwischendurch, wärmen die Aufnahmeleiter schon frühmorgens die Wohnwagen für die Hauptdarsteller, quetschen sich die Technik-Trucks durch den germanischen Verkehrsalltag – und alle verschwinden sie nach Drehschluss wieder,

wobei sie im Idealfall noch einen guten CO_2-Fußabdruck und so wenig Müll wie möglich hinterlassen.
Gute Organisation ist dabei alles. Schnelle Ortswechsel sind vonnöten. Karawanen von Fahrzeugen müssen ständig eingeparkt und ausgeparkt werden, immer den jeweiligen täglichen Drehfolgen entsprechend und dem Arbeitsprogramm im Detail zuarbeitend. Manchmal kann beispielsweise auf einem engen Waldweg die Position der hintereinander geparkten Teamwagen darüber entscheiden, wie viel Zeit zwischen den Einstellungen auf den Wegen von und zu Make-up- und Kostümwagen verloren geht. Man lernt die gut geölte Effizienz reibungsloser Abläufe und geordneter Umbauten beinahe lieben.
Ein exakter Drehplan, die tägliche Dispo des jeweils anstehenden Drehtags, das sind nur an der Oberfläche „technische" Papiere, die jedem Teammitglied und Schauspieler verlässlich seine Terminplätze zuweisen. Versteckt sind in ihnen auch die Freiräume, die Schauspielerproben, die Momente, in denen man grübelt, ob sich die Dinge auch anders lösen lassen. Unter der Ordnung muss das Paradies der möglichen Improvisation liegen, sonst leidet der Film.
Es gibt katastrophale Drehpläne, die überwiegend nur aus Produktionswünschen zusammengebaut sind. Sie zerstören oft das Organische an der Arbeit und am Ende vielleicht auch die einzelnen Szenen des Films. Die „normative Kraft des Faktischen", die den Dreh regieren soll („Film ist kein Wunschkonzert", O-Ton unzähliger deutscher Produktionsleiter), ist im Grunde nur dazu da, damit die Kreativen diese Beengungen zerschlagen wie einen gordischen Knoten.
Im Inneren eines Drehorts ist der Regisseur mit seinen Schauspielern, mit dem Kameramann und mit den anderen Vertrauten allein. Und zu diesen Kreativen gehört auch der Regieassistent. Dort entscheiden sich die Qualität, die Handschrift und der Ton des Films.
Planung erfordert als Erstes die Fähigkeit, das Drehbuch zu lesen. Auch das muss gelernt sein. Den Aufwand und die manchmal subtil versteckten filmischen Schwierigkeiten aus den Seiten herauslesen

„Ich lasse beim Drehen immer eine Tür offen, für die Wirklichkeit, falls sie eintreten möchte.“

JEAN RENOIR

zu können – das gelingt vielen nicht. Und diese Unfähigkeit führt zu verheerenden Fehlkalkulationen, deren Folgen sich erst im Lauf des Drehens herausstellen und oft nicht mehr rückgängig gemacht werden können.

Aber manche Planer, Regieassistenten vor allem, können eben Drehbücher ganz hervorragend lesen und sie spielen auf der Klaviatur der Organisation wie Künstler. Beim Film geht es den meisten Mitarbeitern wie dem Regisseur: Je besser ich mich auf einen Drehtag vorbereite, je genauer ich weiß, was ich von den Schauspielern will, wo ich eigentlich gerne wann die Kameras hinstellen wollen würde (und warum), umso souveräner kann ich auf Unvorhergesehenes, auf Zeitverzug meistens (nicht immer) reagieren. Denn es gibt im Grunde nur wenige absolute planerische „Must-haves“ der Regie, beispielsweise nur wenige Kameraeinstellungen, die hundertprozentig genauso sein müssen wie erdacht. Vieles drum herum lässt sich auch anders lösen und ist am Ende oft genauso gut geraten wie alle ästhetischen Planungen zuvor – manchmal sogar besser.

So versteht man mit den Jahren auch das Paradox: Zeitdruck muss vorhanden sein, und größerer Zeitdruck ist oft förderlich. Wie oft war die verfliegende Zeit nicht schon die beste denkbare Regisseurin?

Entscheidungen unter Druck können im Ergebnis sehr erfreulich sein: Man vernachlässigt zuvor gefasste Prinzipien und Pläne, alle Look-Absprachen im Stil des modernen klein-handwerklichen Filmhochschulgewerkels gehen perdu. Und das ist gut so. Im Notfall muss man die Dinge möglichst einfach halten, und dabei springt man manchmal über die Schatten des eigenen überhohen Anspruchs, weil es gar nicht mehr anders geht.
Der Stil der Vorbereitung sowie der Planung eines Films hat auch einen unterschwelligen, fast magischen Einfluss auf die Arbeitsabläufe. Ob dieser Einfluss gut oder schlecht ist, das stellt sich erst beim Drehen heraus. Der Plan ist sozusagen die Puppe. Die Drehzeit und das Endergebnis sind, wenn alles gut geht, der Schmetterling. Es ist niemals eine hundertprozentige Kontrolle der Dreharbeiten, die gute Ergebnisse hervorbringt. Die beste Organisation ist ein kluger Mix aus Generalstabsplan, Katastrophenprävention, Anleitung zum Chaos und Freiräumen für Inspirationsblitze.
„Ich lasse beim Drehen immer eine Tür offen, für die Wirklichkeit, falls sie eintreten möchte", sagte Jean Renoir, der freundliche Altmeister aller filmischen Offenheiten und Genres.
Regulierungen haben wir hierzulande genug, und so sehen unsere Filme inzwischen auch aus. Unspontan, gefällig, konventionell. Man muss jedoch die Abläufe des Drehens auch verwirren können, um außerordentliche Ergebnisse zu erzielen. Und auch dafür braucht man einen geheimen Plan, den man gemeinsam mit den engsten Mitarbeitern entwickelt.

Die überplante Filmkultur der Berliner Republik

Man kann heute keine Leitfäden zum praktischen Filmemachen in Deutschland veröffentlichen, ohne auf die komplizierte Situation der Branche einzugehen. Hier wächst seit Jahren mit staatlicher Spitzensubvention eine immer professionellere Industrie, aber

„Die alltägliche Filmarbeit hat in Deutschland jeglichen Glanz verloren, sie ist ein Güterbahnhof kleiner Träume, erzwungener künstlerischer Mediokrität geworden.“

DOMINIK GRAF

unsere Filme werden zur gleichen Zeit proportional kinematografisch immer uninteressanter. Beides hängt direkt voneinander ab, das darf man nicht verkennen. Professionalismus befördert Standardisierungen und Wiederholungen, ist somit Schmieröl für die ebenfalls immer klischierteren Seherwartungen des Publikums. Kleine Filme sind unser Brot geworden. Die alltägliche Filmarbeit hat in Deutschland jeglichen Glanz verloren, sie ist ein Güterbahnhof kleiner Träume, erzwungener künstlerischer Mediokrität geworden. Die TV-Konzerne erwarten die Ware, die sie bestellt haben, und die Produzenten und Regisseure passen sich den Redakteuren, Programmdirektoren und den immer kleiner werdenden Budgets an. Das echte Geld geht eimerweise in die großen Umbau-Träume der öffentlich-rechtlichen Intendanten, in die Pensionen der ehemaligen Fernsehangestellten. Zum Drehen bleibt uns nur noch das Nötigste.

Etwas mehr Geld wird zwar für „Event"-Produktionen ausgegeben, die zumeist ernsthafte, auch historische Themen beackern dürfen, diese jedoch mit derart risikoloser filmischer Bravheit abhandeln müssen, dass außer der moralisch-emotionalen Erbauungsfilm-Soße nicht ein Funken filmischer Mehrwert übrig bleibt. Aber der Zuschauer möchte halt heute nicht mehr überrascht werden, nicht beunruhigt, nicht provoziert – nicht inhaltlich und schon gar nicht formal.

Der Regieassistent ist nicht der Knecht der Produktion, auch wenn manche Produktionsleiter/-innen ihn heute gerne so sehen würden. Und auch der Produktionsleiter ist nicht der Regie vorgesetzt, ebenso nicht der Herstellungsleiter. Sie dienen dem Endergebnis, das zuvor als Wunschvorstellung mehr oder weniger genau im Drehbuch niedergelegt ist und das der Regisseur oder die Regisseurin beim Inszenieren möglichst noch mit Inspiration befeuern muss.

Aber diese Kriterien sind bei uns etwas durcheinandergeraten. Produktionen und Produzenten/-innen in Deutschland versuchen seit Jahren den Beruf des Regisseurs zu marginalisieren, hin zu einem Platzanweiserjob. „Visionen" sind inzwischen Visionen wie sie die Redaktionen, die Autoren, die Produzenten und Regisseure vermeintlich alle gemeinsam hegen – und haben ihren Namen aber meistens nicht verdient. Deutsche Großproduzenten gefallen sich immer besser in der Rolle des amerikanischen Producer-Writers, des vermeintlichen Vor-Träumers eines Projekts. Zu dessen Verwirklichung benötigen sie dann doch noch irgendwann einen Regisseur (einer muss ja mit den Schauspielern besprechen, was im Detail so passiert), dem sie jedoch die Casting-, Dramaturgie- und Look-Vorgaben vor die Haustür legen, die sie vorher mit Kameramann, Ausstattung, Autor usw. bis ins Detail besprochen haben.

Regisseure als Erfüllungsgehilfen der Produzenten- und Redaktions-„Vision" – das ist die Vorstellung, die sich in der deutschen Branche immer mehr durchsetzt, noch höflich umschrieben mit Parolen wie

„Wir sind ein Team". Aber nein, wir sind eigentlich kein Team, so hart das klingen mag.
Im Auge des kreativen Orkans, des Moments am Drehort entstehen die größten Filme, nirgendwo sonst. Regisseure brauchen ein gutes Drehbuch und überragende Künstler, und sie brauchen vor allem in dem Augenblick, in dem der Film am Set zum Leben erwacht, Freiheit und Einfallsreichtum. Und dazu verhilft ihnen maßgeblich der Regieassistent.
Alles steht also „geschrieben" beim Drehen – und gleichzeitig nichts. Die Ernte jener Professionalisierung, die im deutschen Film seit den 90ern erfolgt, muss in absehbarer Zeit eine neue Autoren- und Regiekinokultur sein.

Dominik Graf,
München, Juli 2014

EINFÜHRUNG

Jeder, der als Passant schon einmal Filmdreharbeiten beobachtet hat, kennt diesen Eindruck. Man ist mit einer Art hektischem Gewusel konfrontiert, das sich mit ruhigeren Phasen abzuwechseln scheint, und manchmal scheint gar nichts zu geschehen. Dem Zuschauer drängt sich unwillkürlich die Frage auf, was diese ganzen Menschen da eigentlich tun, und woher sie überhaupt wissen, was sie zu tun haben. Er ahnt vielleicht, dass alles einem unsichtbaren Plan folgt, sonst würde dieses Durcheinander nicht funktionieren, aber bald wird er überfordert weiterziehen.

Springen wir ein paar Monate zurück in eine Zeit, in der es nichts anderes gab als ein Drehbuch. Einige Menschen sitzen um einen Tisch und entschließen sich, dieses, das vor ihnen liegende Drehbuch, in einen Spielfilm oder eine Serie umzusetzen. Das Projekt ist finanziert, ob ausreichend oder nicht ist eine andere Frage, aber zumindest ist ein bisschen Geld da oder in Aussicht gestellt. In diesem Moment beginnt ein hochkomplexer Prozess, an dem viele Menschen beteiligt sind, in dessen Verlauf eine Menge Gedanken abgewogen und manche Entscheidungen getroffen werden und der mit dem letzten Drehtag sein Ende findet: die Drehplanung.

Dieses Buch hat sich nicht einer Perspektive auf das Thema verschrieben, sondern definiert Drehplanung als eigenständige Disziplin zwischen Produktion und Regie. Wie stelle ich fest, wann der ideale Drehzeitraum ist, wie viele Drehtage mein Projekt benötigt und was ich an welchem Tag drehe? Wie gebe ich meiner Planung die notwendige Struktur? Es ist die Aufgabe der folgenden Kapitel, den Prozess sichtbar zu machen, in dessen Verlauf diese Fragen beantwortet werden: Wie funktioniert das eigentlich, das exekutive Filmemachen? Das Buch richtet sich an all jene, die sich unabhängig von ihrer Position für die vielfältigen Arbeitsabläufe einer Filmherstellung und

deren Zusammenhänge interessieren. Es schildert die Schritte einer jeden professionellen Drehplanung von der Lektüre des Drehbuchs bis zum Abschluss der Dreharbeiten und versucht, Ordnung in das fulminante Chaos einer Filmproduktion zu bringen. Im ersten Teil werden die produktionskundlichen Grundlagen der Drehplanung erläutert, vom Aufbau einer Produktion über die Drehvorbereitung bis hin zur Drehphase, und im Mittelpunkt des zweiten Teils steht die komplexe Arbeit am Drehplan selber. Ich hoffe, dass dieses Buch für Produzenten und Regisseure gleichermaßen interessant ist wie für Produktionsleiter, Regieassistenten und Aufnahmeleiter, und selbst für die Arbeit von Drehbuchautoren sind viele der geschilderten Zusammenhänge hilfreich. Es will keine Bedienungsanleitung sein, die man auf dem Weg zur erfolgreichen Filmherstellung Kapitel für Kapitel abhaken kann (einen solchen Königsweg gibt es leider nicht), sondern es versucht, Orientierungshilfe zwischen all den Stühlen zu sein, zwischen denen man sich bei der Drehplanarbeit wiederfindet.
Im Unterschied zu vielen anderen Tätigkeiten, die für eine Filmherstellung notwendig sind, bleibt die Drehplanung im Hintergrund. Grundlage für den kreativen Prozess des Filmemachens ist das Drehbuch und nicht die Rahmenbedingungen, die der Drehplan schafft. Drehplanung ist kein Selbstzweck, sondern vergleichbar einer Spur, die die Produktion auf Kurs hält, eine Art permanente Reaktion auf die vielfältigen ökonomischen und kreativen Entscheidungen, die sich im Minutentakt verändern können. Drehplanung ähnelt einem unendlichen, hochkomplexen Sudoku, für das es allerdings nie die eine Lösung gibt, sondern immer nur Näherungswerte.
Man kann einem fertigen Film oder einer Serie nicht ansehen, ob seine Drehplanung gelungen war oder nicht. Für ihre künstlerische Bewertung ist diese Frage sogar gänzlich unerheblich. Auch ein reibungsloser Drehablauf ist nicht signifikant, und selbst auf einen ökonomischen Erfolg hat die Drehplanung keine Auswirkungen – sieht man davon ab, dass Drehplanung immer auch der Versuch ist, die Herstellungskosten berechenbar zu machen. Bei allem Bemühen

dieses Buches, das Thema auf grundlegende Strukturen und faktische Methoden, auf anwendbare Regeln und Tipps herunterzubrechen, sollte der Leser sich bewusst machen, dass die Aufgaben der Drehplanung vielfältig sind und der Spagat zwischen allen Erwartungen so groß ist, dass es häufig kein richtig oder falsch und schon gar nicht die eine Antwort gibt. Drehplanung ist immer ein Kompromiss aus allen Faktoren, eine Grauzone, die aus unterschiedlichen Perspektiven sehr unterschiedlich bewertet werden kann.
Drehplanung lebt von Erfahrungswerten. Durch die unterschiedliche Zusammensetzung der kreativen Positionen variiert die künstlerische Herangehensweise von Projekt zu Projekt, und auch der technische Prozess entwickelt sich weiter – man bedenke, wie sehr sich Filmtechnik in den letzten zehn Jahren allein schon durch digitale Aufzeichnungsformate gewandelt hat. Die Drehplanung ist dadurch mit immer neuen Fragestellungen und Herausforderungen konfrontiert, die sich in ihrer Vielfalt nicht alle in einem Buch abbilden lassen. Das gilt auch für den vielleicht wichtigsten Erfahrungswert: der nicht selten erstaunlichen Diskrepanz zwischen den Gedanken, die man sich bei der Planung am Schreibtisch macht, und der Realität, die im Drehverlauf entsteht. Ich hoffe, dass die grundlegenden Strukturen der Drehplanung in einer Weise beschrieben werden, dass sie sich gut übertragen lassen.
Einzelne Passagen dieses Buches basieren auf meinem Text *Grundlagen des Drehplans*, den ich seit 2012 im Rahmen meiner Seminare an der Hochschule für Fernsehen und Film München als Handout verwende. Das textliche Material wurde überarbeitet, erweitert und neu komponiert. Für die vorliegende Neuauflage wurde der Inhalt an die seit der Veröffentlichung der 1. Auflage veränderten Produktionsbedingungen in Deutschland angepasst. Das Buch wurde zudem um ein Kapitel zur Drehplanung von Serien ergänzt, und ein Interview wurde mit einem Gespräch über eine aktuelle Produktion *(Babylon Berlin)* ausgetauscht. Der sprachlichen Vereinfachung zuliebe verwende ich mehrheitlich die männliche Form,

„Ich hoffe, dieses Buch vermittelt neben allem Fachwissen auch etwas von der Faszination, die Drehplanung haben kann: Die Aufregung, die manchmal zittrigen Hände, die Freude über einen gelungenen Schachzug und das Gefühl des tiefen Falls, wenn das Kartenhaus in sich zusammenfällt.“

JESPER PETZKE

Produzentinnen, Regisseurinnen, Schauspielerinnen usw. sind aber explizit ebenfalls gemeint. Eine geschlechtsneutrale Bezeichnung darf nicht darüber hinwegtäuschen, dass es in der Filmbranche trotz einer gerne an den Tag gelegten Liberalität keine wirkliche Gleichberechtigung gibt. Trotz zunehmender Initiativen, die dem entgegenzuarbeiten versuchen, sind viele Positionen eindeutig tradiert und werden Männern und Frauen unterschiedlich zugetraut.
Irgendwer hat Drehplanung einmal mit Herzchirurgie verglichen. Bei allem Pathos, das diesem Vergleich innewohnt: Er ist nicht von der Hand zu weisen. Jede Änderung am Drehplan ist wie ein Eingriff am offenen Herzen, alle Lebensadern einer Filmproduktion laufen in ihm zusammen. Ich hoffe, dieses Buch vermittelt neben allem Fachwissen auch etwas von der Faszination, die Drehplanung haben kann: Die Aufregung, die manchmal zittrigen Hände, die Freude über einen gelungenen Schachzug und das Gefühl des tiefen Falls, wenn das Kartenhaus in sich zusammenfällt.
Vor einigen Jahren durfte ich im Rahmen einer Recherche einer mehrstündigen Herz-Lungen-Operation beiwohnen. Ich kann dem Leser versichern, die Atmosphäre in einem OP ist tatsächlich vergleichbar mit der an einem Filmset.

Jesper Petzke,
München, November 2018

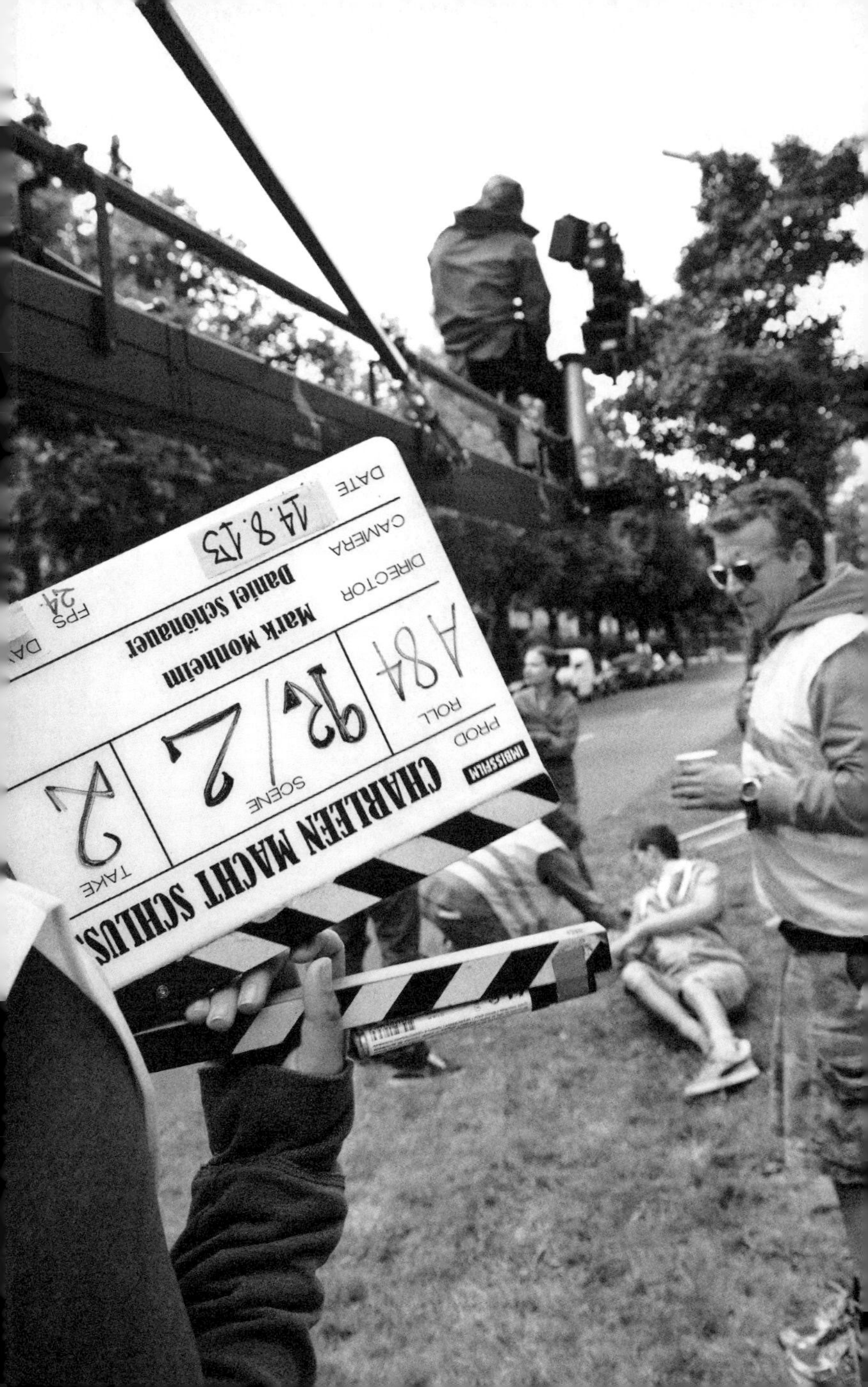
CHARLEEN MACHT SCHLUS,
IMBISSFILM
PROD
ROLL
A84
SCENE
92/2
TAKE
2
DIRECTOR
Mark Monheim
CAMERA
Daniel Schönauer
DATE
14.8.13
FPS
24.

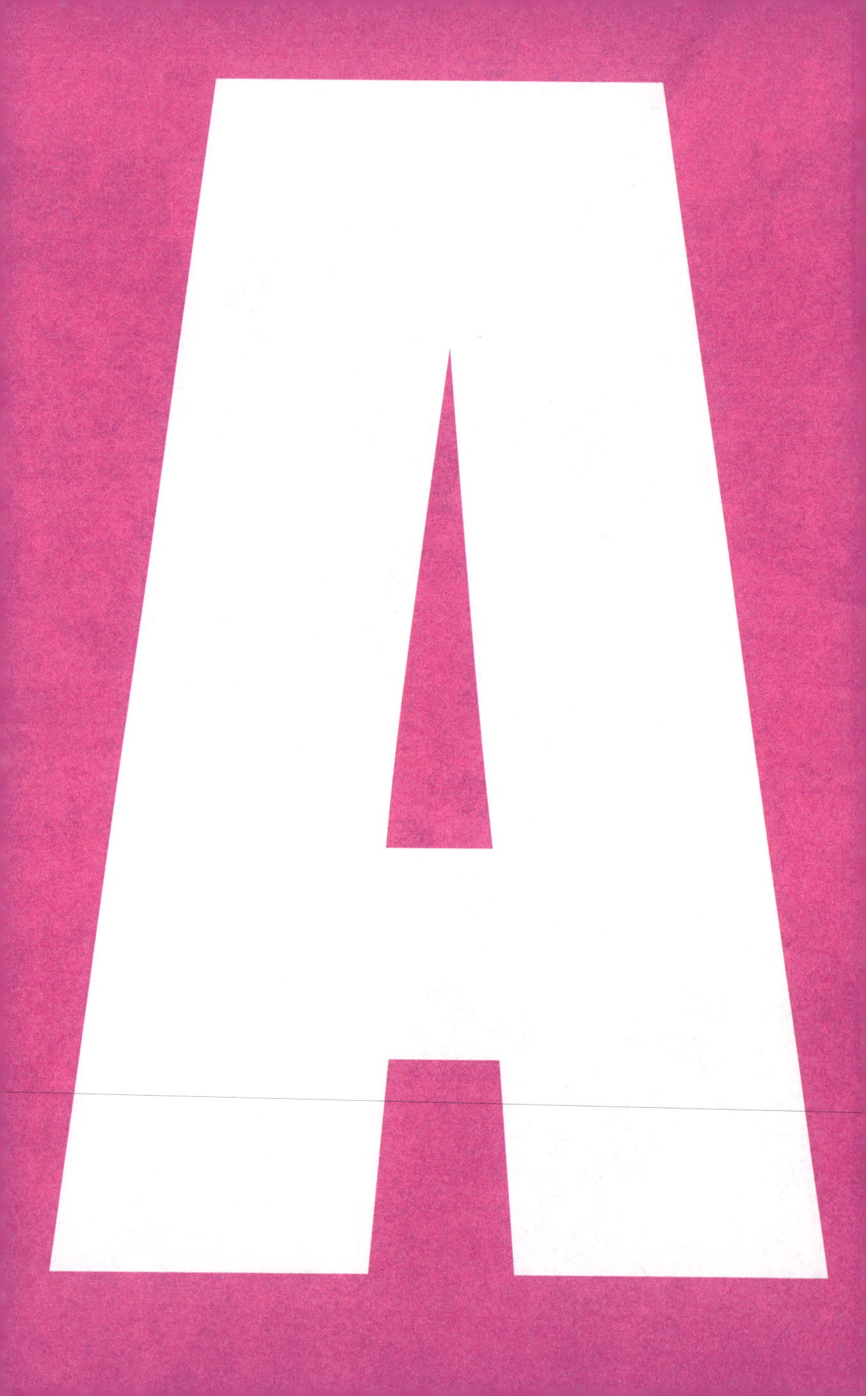

GRUNDLAGEN DER DREHPLANUNG

Dieses Buch versteht Drehplanung als die Organisation der exekutiven Arbeitsabläufe und Entscheidungsprozesse einer Spielfilm- oder Serienproduktion. Ihre Folge ist der nach dem Drehende abgeschlossene Aufnahmeprozess des Spielfilms oder der Serie.
Drehplanung ist ein Prozess, der über die Arbeit am Drehplan, in dem die Abläufe als verbindliche Grundlage für die Arbeit der Fachabteilungen festgelegt sind, hinausgeht. Innerhalb jeder Filmproduktion gibt es eine Vielzahl widersprüchlicher und sich rasch verändernder Faktoren und Interessen, die auf die Drehplanung Einfluss nehmen und von ihr gewichtet werden müssen. Diesen Prozess gilt es zu moderieren und zu steuern. Grundlage dafür ist ein elementares Verständnis der Aufgaben, Arbeitsschritte, Zusammenhänge, Hierarchien und Kommunikationsstrukturen an einem Filmset.
Der erste Teil dieses Buches beschreibt deshalb die grundsätzlichen strukturellen Wesenszüge einer Filmproduktion.

A1 PRODUKTIONS-FORMEN

A

Unterschiedliche Produktionsformen stellen unterschiedliche Anforderungen an die Drehplanung. Produktionsform meint in diesem Zusammenhang die rechtliche und finanzielle Organisation einer Filmproduktion unabhängig von ihrem Format, die sich insbesondere durch die Zusammensetzung der Finanzierung und die angestrebte Auswertungsform definiert. Die in diesem Buch erläuterten Strukturen gelten nur für die deutsche Filmbranche und sind nicht auf andere nationale Gegebenheiten übertragbar.

Die beiden in Deutschland gängigsten Produktionsformen sind die Kinoproduktion und die von einem Fernsehsender in Auftrag gegebene Produktion, die sogenannte Senderauftragsproduktion, zu der in den meisten Fällen auch die Serie gehört. Um den Umfang des Buches nicht zu sprengen, werden andere ebenso übliche Produktionsformen wie beispielsweise der Low-Budget-Film oder die internationale Co-Produktion ausgespart. Es gibt so viele Produktionsformen wie praktikable Möglichkeiten zur Zusammensetzung der Finanzierung und Auswertungsformen für ein Filmwerk existieren. In der noch immer kurzen Geschichte des Mediums Film und einer häufig unübersichtlichen und volatilen Film- und Fernsehbranche sind Produktionsformen immer wieder Veränderungen unterworfen. Seit dem letzten Jahrzehnt gibt es vermehrt Filme, die auf Mischfinanzierungen basieren, und mit dem Internet sind völlig neue Auswertungsmöglichkeit wie Video-on-Demand-Dienste mit teilweise eigenen Produktionsformen auf den Plan getreten. Einige der heute vielbesprochenen Qualitätsserien fallen in diese Kategorie.

Eine Kinoproduktion finanziert sich aus verschiedenen Quellen. Neben dem Eigenanteil des Produzenten sind dies Fördermittel von in der Regel mehreren Filmförderungen und der Verkauf von Verleih- und TV-Rechten sowie von weiteren Vertriebsrechten (DVD und Blue-Ray, Video-on-Demand usw.). Diese finanziellen Mittel werden vom Produzenten zusammengetragen, bis die kalkulierten Herstellungskosten erreicht sind und der Film realisierbar ist. Der Produzent hat die ökonomische und kreative Oberhoheit über sein Projekt und trägt das wirtschaftliche Risiko. Theoretisch kann er sein Filmprojekt so hoch finanzieren, wie er es für notwendig hält, allerdings ist es eine berechenbare Eigenheit der deutschen Förderlandschaft, dass der Produzent seine Antragssumme nur in seltenen Fällen in voller Höhe zugesprochen bekommt. Erschwerend kommt hinzu, dass mit einer gewährten Förderung Auflagen verbunden sind, die er bei der Durchführung der Produktion berücksichtigen muss: Der sogenannte Regionalfaktor verpflichtet ihn beispielsweise dazu, einen vorgegebenen Faktor der bewilligten Fördersumme in dem Bundesland auszugeben, in dem die Filmförderanstalt ihren Sitz hat. Unabhängig davon kann jeder Finanzier eigene Vorstellungen haben, die er berücksichtigt sehen möchte. Für den Produzenten steigt also mit zunehmender Anzahl seiner Finanzierungspartner auch die Komplexität seiner Produktion.

Bei einer Senderauftragsproduktion erhält der Produzent von einem Fernsehsender einen Produktionsauftrag und führt die Film- oder Serienproduktion für diesen durch. Der auftraggebende Sender ist in Person eines oder mehrerer Redakteure an der Entwicklung und Umsetzung inhaltlich beteiligt. Obwohl der Produzent auch in dieser Konstellation das unternehmerische Risiko trägt, ist seine Position zugunsten des Redakteurs als Vertreter seines Auftraggebers vergleichsweise schwächer. Auf der anderen Seite gestaltet sich die Finanzierung einfacher, und da der Produzent wirtschaftlich nicht auf einen Auswertungserfolg angewiesen ist, ist auch sein unternehmerisches Risiko berechenbarer als bei einer Kinoproduktion.

Meist bekommt er vom auftraggebenden Fernsehsender klare finanzielle Vorgaben, und die Drehbücher werden auf diese Parameter hin entwickelt: Beim öffentlich-rechtlichen Rundfunk sind das für einen normalen Primetime-Fernsehfilm etwa 1,35 Millionen Euro netto, was für 21 bis höchstens 24 Drehtage ausreicht. Auch Auftragsproduktionen können unter bestimmten Bedingungen unter Rückgriff auf Filmförderungen finanziert werden.

Inwieweit sich die Drehplanung für diese beiden Produktionsformen unterscheidet, wird in dem Kapitel *Der Drehplan in den Herstellungsphasen* auf Seite 160 erläutert. An dieser Stelle beschränken wir uns zunächst auf die Definition.

A2 PHASEN DER FILMHERSTELLUNG

Man differenziert sieben Phasen der Filmherstellung. Diese unterscheiden sich in ihrer Qualität und Struktur, lassen sich zeitlich aber nicht immer klar voneinander abgrenzen.

Die Stoffentwicklung ist durch die Ausarbeitung einer ersten Idee bis hin zu einem verfilmbaren Drehbuch gekennzeichnet, die Urheberschaft an der Ursprungsidee ist dabei unerheblich. Auch die personelle Konstellation variiert: Ein Drehbuchautor kann mit einem Stoff ebenso an einen Produzenten herantreten, wie ein Produzent einen Autor beauftragen kann, einen Stoff auszuarbeiten. Das ist unabhängig davon, ob bereits ein Regisseur vorgesehen ist oder nicht (mehr zu den Positionen im Kapitel *Produzent und Regisseur* auf Seite 35). Ein Regisseur kann auch selbst als Autor auftreten und eine eigene Idee ausarbeiten, allerdings ist eine solche Doppelfunktion, die früher als Autorenfilmer bezeichnet wurde, mittlerweile selten geworden. Weiterhin können alle Akteure versuchen, einen Redakteur für ihre Idee zu gewinnen, wie auch ein Redakteur seinerseits nach geeigneten Partnern suchen kann. Ein Redakteur ist immer dann an einer Stoffentwicklung beteiligt, wenn es sich um eine Auftragsproduktion handelt. In diesem Fall schließt der auftraggebende Sender mit dem Produzenten einen Produktionsvorbereitungs- oder Entwicklungsvertrag und bezahlt ihn dafür, die Stoffentwicklung unter Beteiligung des Redakteurs mit dem Autor durchzuführen. In der Regel trägt der Sender nur die Kosten für den Drehbuchautor, alle weiteren Posten darüber hinaus wie Reise- oder Recherchekosten übernimmt der Produzent. Bei einer Kinoproduktion bezahlt dieser die Stoffentwicklung

komplett aus eigener Tasche, gegebenenfalls unter Zuhilfenahme von Förderungen. Eine Stoffentwicklung kann mehrere Monate in Anspruch nehmen, und nicht selten zieht sie sich über Jahre.
Auf die Stoffentwicklung folgt die Finanzierung. Bestandteil der Aufstellung der finanziellen Mittel für die Umsetzung eines Drehbuchs ist die Auswahl des Regisseurs und anschließend die Besetzung der Hauptrollen, beides entscheidende Faktoren zur Beurteilung eines Projekts. Zu diesem Zweck schnürt der Produzent ein Paket, bestehend aus Drehbuch, Personal und Kalkulation, das er potenziellen Partnern anbietet. Solange die Finanzierung nicht geschlossen und eine Umsetzung nicht gewährleistet ist, der Produzent also noch keine verbindlichen Verträge aushandeln sollte, arbeitet er mit unverbindlichen Absichtserklärungen, die als „Letter of Intent" (LoI) bezeichnet werden und in denen das vorgesehene Personal Interesse an einem Engagement bekundet, vorbehaltlich einer zeitlichen und finanziellen Einigung.
Da der Produzent es bei der Finanzierung eines Kinofilms mit vielen Partnern zu tun hat, die er womöglich nicht alle an der Stoffentwicklung beteiligen kann oder will, muss er den Beginn der Finanzierung sorgfältig abwägen. In den meisten Fällen tritt er mit seinem Drehbuch erst in einem späten Stadium der Stoffentwicklung nach außen, um einerseits den kreativen Prozess zu schützen, um andererseits aber auch zu gewährleisten, dass sein Drehbuch ein aussagekräftiges Niveau erreicht hat. Für die Einreichung bei einer Filmförderung ist die Vorlage eines sogenannten kurbelfertigen Drehbuchs Voraussetzung. Aber auch während der Finanzierung wird er sein Buch weiterentwickeln, um die Zeit effizient zu nutzen: Eine Finanzierung kann sich aufgrund von nicht oder nur anteilig gewährten Förderungen oder unentschlossenen Partnern in die Länge ziehen oder ganz scheitern. Verkäufe müssen nicht vor Beginn der Dreharbeiten abgeschlossen sein. Gerade auf dem internationalen Markt werden kleinere Produktionen häufig erst auf Basis eines vorliegenden Films verkauft.
Im Fall einer Auftragsproduktion entscheidet der entwickelnde Fernsehsender auf Basis des Drehbuchs über die Umsetzung. Die

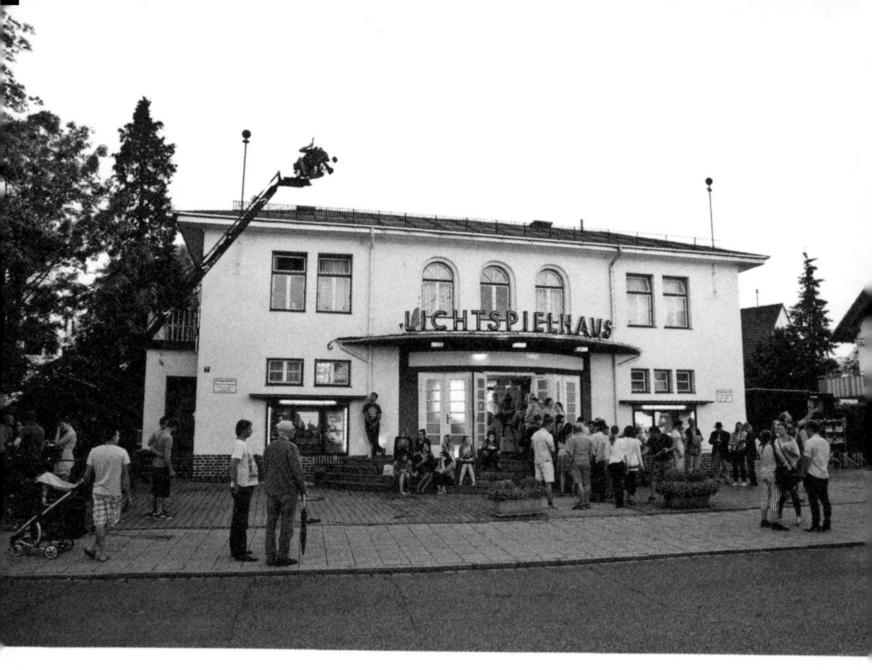

Finanzierung ist für den Produzenten zumindest theoretisch recht schnell abgeschlossen, da nur ein Partner – der Sender – involviert ist. In der föderalen Landschaft des öffentlich-rechtlichen deutschen Fernsehens kommt es allerdings vor, dass mehrere Sender an einer Umsetzung beteiligt sein müssen und diese sich die Kosten teilen, wenn einer alleine nicht über genügend Mittel verfügt. Auch der anteilige Verbleib von Rechten beim Produzenten, beispielsweise für eine Auswertung im Ausland oder über einen Video-on-Demand-Dienst, ist als Folge davon heute anzutreffen. Ein auf Basis eines Produktionsvorbereitungs- oder Entwicklungsvertrags entstandenes Drehbuch muss nicht zwangsläufig einen Produktionsauftrag bekommen. Für den Produzenten bedeutet diese senderseitige Verschiebung des Entwicklungsrisikos, dass er mehrere Entwicklungen parallel vorantreiben muss, weil er seinen Deckungsbeitrag nur aus einem gewährten Produktionsauftrag erwirtschaften kann. Auch als Folge dieser Abhängigkeit werden viel mehr Stoffe entwickelt, als sich schlussendlich finanzieren lassen und umgesetzt werden.

Ist ein Projekt finanziert, gibt der Produzent grünes Licht für die Umsetzung. Soweit noch nicht geschehen, wird ein Drehzeitraum festgelegt, aus dem sich die Drehvorbereitung ergibt. Die Drehvorbereitung ist durch die grundlegende Drehplanung gekennzeichnet, in deren Verlauf sämtliche vorbereitenden Arbeitsschritte durchgeführt werden, die für die anschließenden Dreharbeiten notwendig sind. Die Drehplanung ist damit allerdings nicht abgeschlossen, sondern setzt sich in der Drehphase fort. Die Vorbereitung beginnt mit den ersten Regieentscheidungen, zumeist die Entscheidung für einen Produktionsstandort oder ein Hauptmotiv, und tritt dann mit dem Bezug des Produktionsbüros und dem damit einhergehenden Arbeitsbeginn der ersten projektbezogen angestellten Mitarbeiter in ihre heiße Phase (mehr dazu in *Räumliche Organisation* auf Seite 53). Die Vorbereitung endet am letzten Arbeitstag vor Beginn der Dreharbeiten und umfasst für einen normalen 20.15-Uhr-Fernsehfilm vier bis sechs Wochen ab Bezug des Produktionsbüros, für einen Kinofilm bedarf es je nach Aufwand deutlich mehr. Ihre Struktur und Arbeitsabläufe sind in dem Kapitel *Drehvorbereitung* auf Seite 56 beschrieben.

Die Drehphase beginnt mit dem ersten Drehtag und definiert sich durch den Aufnahmeprozess, in dessen Zuge die Drehplanung andauert und das Drehbuch umgesetzt und digital oder auf Filmmaterial aufgezeichnet wird. Die Dreharbeiten erfolgen durch projektbezogen angestellte Mitarbeiter, die je nach Position und Anforderung des Drehbuchs durchgängig oder tageweise mitwirken, und enden nach dem letzten Drehtag mit dem Drehende (im Unterschied dazu bezeichnet ein Drehschluss das Ende eines Drehtages). Der Ablauf von Filmdreharbeiten wird detailliert im Kapitel *Drehphase* auf Seite 100 erläutert. Auf das Drehende folgt eine je nach Position unterschiedlich lange Abwicklungszeit, in der die Mitarbeiter ihren Arbeitsbereich abschließen, bevor sie die Produktion wieder verlassen. Auch das Produktionsbüro wird mit zeitlichem Abstand zum Drehende wieder geschlossen. Ein normaler Fernsehfilm umfasst fünf Drehwochen, ein Kinofilm kann bis zu zehn Drehwochen und mehr in Anspruch nehmen.

Bereits parallel zu den Dreharbeiten beginnt die Postproduktion mit der Entwicklung bzw. dem Transfer des Filmmaterials und der Erstellung eines Rohschnitts, der von einem Cutter mit einigen Tagen Versatz zum Drehfortschritt angefertigt wird. Die Postproduktion umfasst alle Arbeiten, die nach Abschluss der Dreharbeiten zur Fertigstellung eines Films notwendig sind, und sie wird sowohl von projektbezogen angestellten Mitarbeitern als auch von externen Dienstleistern durchgeführt. Ein entscheidender Schritt der Postproduktion ist der sogenannte „Picture Lock", worunter man den Abschluss des Bildschnitts versteht, welcher Voraussetzung für die weitere Bild- und Tonnachbearbeitung ist. Unabhängig davon kann es aber sinnvoll sein, einzelne, zeitaufwendige Arbeitsschritte, beispielsweise im Bereich von computergenerierten Bildern (CGI), schon während des Schnitts zu beginnen. Die Postproduktion endet mit der künstlerischen und technischen Abnahme der fertiggestellten Produktion in allen Auswertungsmedien durch Produzent, Regisseur und dem beteiligten Sender. Je nach Größenordnung kann eine Postproduktion mehrere Monate bis zu einem Jahr und länger dauern.

Die letzte Phase der Filmherstellung ist die Auswertung. Diese beinhaltet alle Tätigkeiten und Vorgänge, die mit der Bewerbung und Aufführung der fertiggestellten Produktion zu tun haben. Dazu gehören der Verkauf des Films im In- und Ausland, seine Platzierung auf Filmfestivals, Kinoauswertungen, eine Veröffentlichung auf optischen Medien, Ausstrahlungen im Fernsehen und der Verkauf von Fernsehrechten in weitere Märkte, auch an Video-on-demand-Dienste. Die Dauer einer Kinoauswertung variiert stark und kann je nach Anzahl der Märkte und Strategie der jeweiligen Verleiher einige Jahre umfassen. Die Auswertung einer Auftragsproduktion dagegen beschränkt sich im besten Fall auf eine Platzierung auf einem Festival vor und einer Auswertung auf optischen Medien nach dem Sendetermin, jedenfalls solange es sich nicht um eine Mischfinanzierung handelt. Bei beiden Produktionsformen ist der Produzent nur noch bedingt an der Auswertung beteiligt und treibt zu diesem Zeitpunkt längst neue Stoffentwicklungen und Finanzierungen voran. Es ist durchaus möglich, dass ein Film noch Jahre nach seiner Premiere in der einen oder anderen Auswertungsform irgendwo auftaucht. Wird die Auswertung eines Films regelrecht zeitlos, spricht man von einem Klassiker.

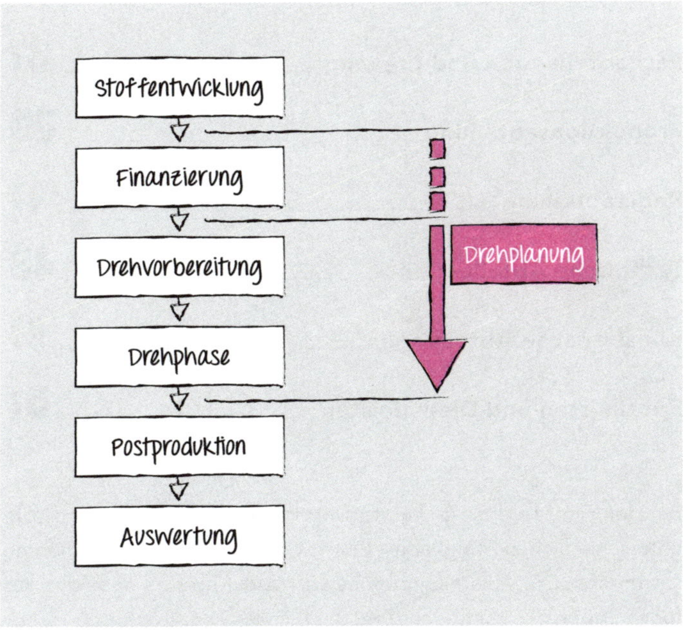

Abb. 1: Herstellungsphasen

A3 AUFBAU EINER FILMPRODUKTION

Bei der Film- und Serienherstellung kommen Menschen mit sehr unterschiedlichen Fähigkeiten, Qualifikationen und Temperamenten zusammen. Die Aufstellung eines Teams richtet sich nach den Anforderungen des Drehbuchs und der budgetären Ausstattung eines Projekts. Die handwerkliche Qualität aller Mitarbeiter ist entscheidend für das künstlerische Ergebnis, das reibungslose Gelingen der Arbeitsabläufe und für einen effizienten, zielorientierten Drehablauf. Dieses Kapitel beschreibt die grundlegenden personellen Strukturen einer Filmproduktion.

Produzent und Regisseur

Nach deutschem Recht ist der Produzent der Filmhersteller. Er steuert das Filmprojekt inhaltlich und administrativ und trägt in allen Phasen der Filmherstellung das wirtschaftliche Risiko. Meist ist er Geschäftsführer oder (Mit-)Inhaber einer Produktionsfirma, in deren Namen er das Projekt durchführt. Sind weitere Produzenten oder Firmen an der Filmherstellung wirtschaftlich beteiligt, so werden diese als Co-Produzenten bezeichnet. Der Produzent kann einen Stoff von der ersten Idee bis zur Endfertigung begleiten. Er entwickelt das Drehbuch, erwirbt das Verfilmungsrecht, organisiert die finanziellen Mittel, verantwortet die Auswahl des kreativen und technischen Personals und schließt die für die Verfilmung notwendigen Verträge. Nach der abgeschlossenen Filmherstellung nimmt er die Auswertung des Filmwerks vor bzw. verkauft und überträgt die dafür notwendigen Rechte. Es ist aber auch möglich, dass ein Produzent erst in einer späteren Phase zu einem Projekt hinzukommt, beispielweise wenn er eine Stoffentwicklung von einem anderen Produzenten übernimmt oder wenn ein Drehbuchautor alleine oder zusammen mit einem Regisseur mit einem bereits ausgearbeiteten Drehbuch an ihn herantritt. Für angestellte Produzenten, die ein Filmprojekt inhaltlich betreuen, ohne notwendigerweise eine wirtschaftliche Verantwortung zu tragen, hat sich die Bezeichnung Producer etabliert.
Die Interessen des Produzenten sind vielfältig. Zunächst einmal ist es als Unternehmer sein Ziel, einen Gewinn zu erwirtschaften, weshalb ihm daran gelegen ist, die Filmherstellung im Rahmen der verfügbaren finanziellen Mittel durchzuführen, die er zu diesem Zweck zusammengetragen hat und die zu großen Teilen nicht aus seinem Eigenkapital stammen. Darüber hinaus kann er versuchen, einen Gewinn aus der Auswertung seiner Produktion zu erzielen. In welchem Verhältnis er sein produzentisches Risiko zwischen Herstellungs- und Auswertungserlös aufteilt, liegt in seinem Ermessen. Dieses Risiko kann er durch den Rückgriff auf die Produktionsförderungen der

Filmfördereinrichtungen reduzieren, bei denen es sich in der Regel um bedingt rückzahlbare Darlehen handelt. Bei einer Auftragsproduktion ist eine Herstellung im Rahmen des Budgets seine einzige Möglichkeit, einen Gewinn zu erwirtschaften, da er nicht an der Filmauswertung beteiligt ist.
Neben einem wirtschaftlichen hat der Produzent aber auch ein inhaltlich-künstlerisches Interesse. Je höher die handwerkliche Qualität des Films, desto größer sind die Chancen für ihn und seine Partner, einen Auswertungserfolg zu erzielen. Bei einer Auftragsproduktion kann sein inhaltliches Interesse allerdings sehr unterschiedlich ausgeprägt sein: Zwar haftet er gegenüber dem Sender für die Qualität des Films, da er aber unabhängig von dessen Qualität ausschließlich an der Herstellung selber verdient, sieht er sich möglicherweise in einer primär ausführenden Rolle ohne inhaltliche Verantwortung. Für gewöhnlich hat er aber alleine schon deshalb ein Interesse daran, ein gutes Produkt herzustellen, weil er von möglichen Folgeaufträgen profitieren möchte.
Der Regisseur ist die entscheidende künstlerische Kraft der Filmherstellung. In Absprache mit dem Produzenten und gegebenenfalls dem Redakteur entwickelt er früh eine künstlerische Vorstellung von dem Filmwerk und stellt in der Folge sicher, dass alle Entscheidungen in diesem Sinne getroffen werden. Häufig bringt er sich dafür bereits in der Stoffentwicklung ein, und manchmal erarbeitet er vor Drehbeginn eine eigene Drehbuchfassung, die sogenannte Regiefassung. Es gehört zu seinen Aufgaben, das Drehbuch im Hinblick auf dessen künstlerisch-technischen Aufwand einzurichten, er ist in Absprache mit Produzent und Redakteur für die Auswahl der Darsteller, der Motive und des künstlerisch-technischen Stabs zuständig und mit den Schauspielern erarbeitet er deren Rollen. Er führt die Dreharbeiten durch, in deren Rahmen er die Schauspieler inszeniert und die Kameraeinstellungen festlegt, und in der Postproduktion ist er für Schnitt, Nachbearbeitung und Endfertigung des Films künstlerisch verantwortlich. Da sein Name und Renommee

einen erheblichen Werbeeffekt haben können, ist er an der Auswertung oft im Rahmen von PR-Maßnahmen beteiligt.
Es hängt vom jeweiligen Projekt und auch der Mentalität ab, in welchem Maße sich ein Regisseur als autonomer Künstler versteht. Ist das Filmprojekt Teil einer Reihe oder Serie bzw. eines Franchise oder ist es für einen Programmplatz vorgesehen, für den es seitens des auftraggebenden Senders spezifische Vorgaben gibt, stellt der Regisseur sich mit seiner Vision eher in den Dienst dieser Sache, als es bei einem eigenständigen Kino- oder Fernsehfilm der Fall ist, den er stärker als sein künstlerisches Projekt versteht und zu dem er möglicherweise sogar selber die Idee hatte. In jedem Fall ist sein Interesse die Herstellung eines dramaturgisch und ästhetisch kohärenten Filmwerks. Dass die Filmherstellung im Rahmen der wirtschaftlichen Möglichkeiten des Produzenten stattfindet, sollte ebenfalls zu seinen Interessen gehören.
Die Frage nach dem künstlerischen Selbstverständnis eines Regisseurs ist nicht unerheblich, da es zwischen seinen diesbezüglichen Ideen und den wirtschaftlich-administrativen Vorstellungen des Produzenten zu Konflikten kommen kann, die sich oft am Drehplan entzünden bzw. häufig über diesen ausgetragen werden. Mehr dazu in dem Kapitel *Die Politik des Drehplans* auf Seite 290.

Fachabteilungen und Crewing

Eine Filmproduktion gliedert sich in Fachabteilungen, die auch Department oder Gewerk genannt werden und jeweils einen künstlerisch-technischen Bereich der Filmherstellung verantworten. Die Leiter der Fachabteilungen, auch als Head of Departments oder Head-ofs bezeichnet, sind die engsten künstlerisch-technischen Mitarbeiter des Regisseurs und häufig bringt er sie in eine Produktion mit. Da einige Abteilungsleiter neben ihrer künstlerischen auch eine budgetäre Verantwortung tragen, erfolgt ihre Auswahl in Absprache mit dem Produzenten. Die Head-ofs entwickeln auf der Basis der Vision des Regisseurs eine eigene Vorstellung ihres jeweiligen Arbeitsbereichs, gleichen diese regelmäßig mit der Regie ab und setzen sie im Rahmen des Drehablaufs zusammen mit ihren Mitarbeitern um. Produzent und Regisseur sind die Abteilungsleiter der Produktions- und Regieabteilung.

Abteilungsleiter sind für die Zusammenstellung ihrer Abteilung verantwortlich, stimmen aber zumindest die Schlüsselpositionen mit Produktion und Regie ab. In den meisten Fällen sind alle Akteure darum bemüht, den gegenseitigen Wünschen und Vorstellungen entgegenzukommen, bei eklatanten Vorbehalten ist es aber möglich, dass sich eine Seite gegen eine Anstellung des fraglichen Filmschaffenden ausspricht. Auch die Schlüsselpositionen in Produktions- und Regieabteilung werden in Absprache besetzt. Den Prozess der Zusammenstellung eines Filmteams bezeichnet man als Crewing. Die Anstellung und Entlohnung der Mitarbeiter erfolgt in allen Fällen über die Produktion, die als Arbeitgeber bei der Auswahl der Filmschaffenden auch darauf achten muss, dass die im Arbeitsschutzgesetz (ArbSchG) und die im siebten Buch des Sozialgesetzbuchs (SGB VII) vorgeschriebenen betrieblichen Funktionen wie Ersthelfer, Elektrofachkraft und Sicherheitsbeauftragter mit entsprechend qualifizierten Mitarbeitern abgedeckt bzw. bestellt werden können.

Bei der Besetzung aller Positionen spielen neben handwerklich-künstlerischen auch psychologische Faktoren eine Rolle: Welcher Mitarbeiter passt zu welchem Projekt? Welche Mitarbeiter passen zueinander und welche eher nicht? Die Herstellung eines Films ist zeit- und arbeitsintensiv und stellt vielfältige Herausforderungen an das Miteinander. Vertrauen und Berechenbarkeit sind dabei wertvolle Arbeitsgrundlagen und Erfahrungswerte in der Zusammenarbeit immer von Vorteil, auch weil die Interpretation einer Position je nach individuellem Temperament und Selbstverständnis sehr unterschiedlich ausfallen kann und sich Filmdreharbeiten dadurch in ihrer Struktur immer zumindest leicht voneinander unterscheiden.

Aus diesen Gründen bilden sich Konstellationen von Filmschaffenden heraus, die regelmäßig und manchmal über Jahre hinweg zusammenarbeiten.

Produktionsabteilung

Der Filmproduzent delegiert einzelne seiner Funktionen an entweder fest angestellte oder projektbezogen angestellte Mitarbeiter, die diese in seinem Sinne ausfüllen. Diese personelle Aufstellung ermöglicht es ihm, parallel an mehreren Projekten zu arbeiten, was aufgrund der langen Herstellungszeit eines Films wirtschaftlich sinnvoll ist. Es kommt daher vor, dass ein Produzent im Prozess der Drehplanung selbst kaum oder gar nicht in Erscheinung tritt.
Innerhalb einer Produktionsfirma sind Filmschaffende in der Regel fest angestellt und arbeiten projektübergreifend. Die Entwicklung und inhaltliche Betreuung wird von einem oder mehreren der bereits angesprochenen Producern geleistet, die für unterschiedlich viele Projekte zugleich zuständig sein können. Die organisatorische und finanzielle Steuerung aller oder zumindest eines Teils der Projekte übernimmt ein Herstellungsleiter, der bei der inhaltlichen Arbeit nur selten in Erscheinung tritt. Teamassistenten sind für die Koordination der Abläufe und Ressourcen innerhalb der Produktionsfirma zuständig, und Assistenten der Produzenten bzw. der Producer arbeiten ihren Vorgesetzten zu. Da die Steuerung der Postproduktion im Zuge der Digitalisierung maßgeblich an Komplexität zugelegt hat, trifft man seit einigen Jahren auch auf festangestellte Postproduktionskoordinatoren. Alle Positionen können mehrfach oder auch gar nicht besetzt sein: Die Aufstellung einer Produktionsfirma ist immer abhängig von ihrem Produktionsvolumen.
Es gibt darüber hinaus Positionen, die projektbezogen nur für die Herstellung einer einzelnen Produktion angestellt sind. Der Produktionsleiter ist der im Sinne des Produzenten Hauptverantwortliche für die finanzielle und organisatorische Steuerung einer

Projektumsetzung. Es obliegt seiner Verantwortung, die Produktion unter Einhaltung der Drehzeit und des Budgets in bestmöglicher Qualität durchzuführen, ohne dass ihm aber inhaltliches Mitspracherecht eingeräumt wird. Zu diesem Zweck kalkuliert er das Filmprojekt im Vorfeld auf dessen finanzielle Umsetzbarkeit. In Vorbereitung und Drehzeitraum ist er in Rücksprache mit dem Produzenten in allen finanziellen Fragen Entscheidungsträger und kontrolliert den Produktionsfortschritt mittels einer Erstellung von Kostenständen. Er engagiert das Drehteam, verhandelt die Verträge von Cast und Stab und gibt die Buchung von Ressourcen frei. Auch juristisch ist er für den Drehablauf verantwortlich.

Der 1. Aufnahmeleiter kümmert sich um die Planung und organisatorische Durchführung der Dreharbeiten. Während der Vorbereitung arbeitet er zusammen mit dem 1. Regieassistenten am Drehplan und fragt die personellen und technischen Ressourcen im Hinblick auf deren Verfügbarkeiten ab. Er überprüft alle Motive auf ihre Eignung, bereitet sie logistisch vor und holt die notwendigen Drehgenehmigungen ein. In der Drehphase ist er für die Buchung der Ressourcen und für die Personaldisposition zuständig und organisiert eine Vielzahl der Transporte. Dazu erstellt er in Absprache mit dem Regieassistenten und auf Basis des Drehplans die Tagesdisposition als Grundlage für den Ablauf eines jeden Drehtages. Auch die Überprüfung und Einhaltung der gesetzlichen Bestimmungen gehört zu seinen Aufgaben. Nach Drehende kontrolliert er die Rücklieferung von Fahrzeugen und Equipment. Ein Motivaufnahmeleiter entlastet ihn abhängig von der Größe einer Produktion und der Anzahl der Drehorte von der Vorbereitung der Motive und dem Einholen der notwendigen Drehgenehmigungen.

Der Produktionskoordinator, auch Produktionsassistent genannt, steht dem Produktionsleiter und dem 1. Aufnahmeleiter zur Seite und unterstützt sie in der Vorbereitung, während der Dreharbeiten und in der Abwicklung auf Ansage, das heißt nach deren Vorgaben und in ihrer Verantwortung. Die Produktionsassistenz ist das

Sekretariat des Produktionsbüros und als solches für die Reise- und Unterbringungskoordination sowie für die Vervielfältigung und Verteilung von Produktionsunterlagen und -informationen verantwortlich. Der Filmgeschäftsführer kümmert sich um die finanzielle und buchhalterische Abwicklung und Überwachung der Produktion sowie um die Auszahlung der Gagen.
Kurz vor Drehbeginn stößt der Setaufnahmeleiter zur Produktion hinzu. Er gewährleistet am Drehtag die vom 1. Regieassistenten angesagten und vom 1. Aufnahmeleiter disponierten Arbeitsabläufe und ist für das Team Ansprechpartner bei allen logistischen Fragen und in Bezug auf den Drehort. Weiterhin stellt er die Kommunikation innerhalb des Teams und zum Produktionsbüro sicher. Zusammen mit dem 1. Aufnahmeleiter koordiniert er alle Produktionsfahrten und Transporte und gewährleistet die Verpflegung. Am Ende eines Drehtages kümmert er sich darum, dass der Drehort vereinbarungsgemäß hinterlassen wird. Der Setaufnahmeleiter wird in seiner Arbeit von einem Setaufnahmeleitungsassistenten und meist mehreren Setrunnern unterstützt. Die Aufgabenverteilung innerhalb seines Teams obliegt seiner Verantwortung und wird individuell abgesprochen. Zur Setaufnahmeleitung gehören auch mehrere Produktionsfahrer, die den Setaufnahmeleiter – wenn sie nicht gerade unterwegs sind – ebenfalls bei der Setorganisation unterstützen. Das Catering übernimmt die Verpflegung des Filmteams.

Regieabteilung

Der 1. Regieassistent ist der engste nicht künstlerisch-technische Mitarbeiter des Regisseurs und die zentrale drehplanerische Position einer Filmproduktion. Er steigt zu Beginn der Vorbereitung in die Produktion ein. Der Regieassistent übersetzt die künstlerische Vision des Regisseurs und die ökonomischen Maßgaben des Produzenten unter Berücksichtigung der Anforderungen der Fachabteilungen in einen Drehablauf und in die für die Umsetzung notwendigen personellen und technischen Ressourcen. Dabei unterstützt ihn der 1. Aufnahmeleiter, mit dem er zusammen am Drehplan arbeitet. Der 1. Regieassistent gewährleistet den Informationsfluss zwischen Team und Regisseur in beide Richtungen und ist für die Fachabteilungen bei inhaltlichen und organisatorischen Fragen erster Ansprechpartner. In der Drehvorbereitung verwaltet er den Kalender des Regisseurs und ist für die Koordination aller Produktionstermine mit dessen Beteiligung zuständig.

In der Drehphase verantwortet der 1. Regieassistent gegenüber Produktion und Regie die Durchführung der Dreharbeiten und den Drehfortschritt. Er übersetzt die Vorstellungen des Regisseurs in Arbeitsabläufe und stellt sicher, dass die zur Verfügung stehende Drehzeit effizient und im Sinne der Regie genutzt wird. Dabei arbeitet er eng mit dem Setaufnahmeleiter zusammen, mit dessen Hilfe er Kommunikation und Arbeitsabläufe gewährleistet. Falls das gewünscht ist, kann er den Regisseur bei der Inszenierung unterstützen, da Regieassistenten heutzutage aber fast ausschließlich drehplanerisch-logistisch arbeiten, beschränkt sich dies meist auf die Inszenierung des Bildhintergrunds mitsamt Komparserie. Gibt es weitere Drehteams wie eine „2nd Unit", ist er für deren Koordination verantwortlich. In Anlehnung an amerikanische Setstrukturen bezeichnen sich manche Regieassistenten auch in Deutschland als „1st AD" (1st Assistant Director), ihr Aufgabenbereich und ihre Verantwortung sind jedoch dieselben (mehr zum Unterschied zwischen deutschen und amerikanischen Setstrukturen im Kapitel *Regieassistenz und Setaufnahmeleitung* auf Seite 108).

Je nach Umfang und Komplexität einer Produktion wird der 1. Regieassistent von einem 2. Regieassistenten und manchmal noch von weiteren Assistenten unterstützt. Diese kümmern sich um die Aufstellung der Komparserie und deren Koordination und Anleitung am Drehort, außerdem unterstützen sie den 1. Regieassistenten auf dessen Ansage bei der Setorganisation.

Damit es im fertigen Film keine fehlerhaften Sprünge gibt, protokolliert und überprüft der Script Supervisor während der Dreharbeiten die sogenannten Anschlüsse und stellt sicher, dass das Drehbuch textgetreu verfilmt wird und keine Informationen oder Dialogsätze ausgelassen werden. Weiterhin erstellt er die Cutterberichte, die für den Schneideraum das gedrehte Material mit qualitativen Bemerkungen der Regie zusammenfasst, sowie den Tagesbericht, der für die Produktion alle relevanten Informationen über den Ablauf eines Drehtages enthält. Der Script Supervisor stoppt auch die Längen der Filmaufnahmen und vergleicht sie mit der im Vorfeld geschätzten Szenendauer, der sogenannten Stoppzeit, wodurch es die Länge des fertigen Films hochrechnen kann (siehe *Vorstopp* auf Seite 165). In Deutschland wurde diese Position früher Continuity genannt, seit 2017 hat sich jedoch die international gebräuchliche Bezeichnung Script Supervisor durchgesetzt. Bei größeren Produktionen und dem regelmäßigen Einsatz von mehreren Kameras ist es manchmal üblich, dass zusätzlich noch ein eigenständiges Script angestellt wird, das dem Script Supervisor die Erstellung der Berichte abnimmt. Für das Script war früher die Bezeichnung Ateliersekretariat gebräuchlich, was dessen Aufgabenbereich blumig, aber treffend beschreibt.
Manchmal steht dem Regisseur ein persönlicher Assistent zur Seite, der für dessen persönliche Belange zuständig ist. Er ist nicht in die Drehabläufe eingebunden und arbeitet ausschließlich auf Ansage der Regie. Auch für Produzenten oder Schauspieler kann es persönliche Assistenzen geben, in Deutschland ist das aber eher unüblich.

Technische Abteilungen

Kameraabteilung

Der Kameramann ist der engste künstlerisch-technische Mitarbeiter des Regisseurs. Er setzt das Drehbuch nach dessen Vorgaben in Bilder um und ist für die Disposition von technischem Personal und Equipment verantwortlich. In der Vorbereitung erarbeitet er mit dem

Regisseur den Look und die szenische Auflösung des Films und begleitet ihn bei der Auswahl der Motive. Im Drehablauf gehören die Wahl und Gestaltung der Kamerapositionen und -bewegungen, die Festlegung der Bildausschnitte und die Konfiguration der Kameratechnik zu seinen Aufgaben. Weiterhin macht er die Vorgaben für die Lichtführung, die vom Oberbeleuchter und dessen Team umgesetzt werden, und nimmt die Lichtmessung vor. In der Postproduktion ist er für die technische Nachbearbeitung der Filmbilder verantwortlich, wozu insbesondere die Farbkorrektur gehört.

In deutschen Produktionen führt der Kameramann die Kamera in der Regel selbst. In Anlehnung an amerikanische Setstrukturen kann er aber auch als lichtsetzender Kameramann auftreten. In diesem Fall wird er von einem Kameraoperator unterstützt, der die Kamera nach seinen Vorgaben führt und die Aufnahme vornimmt. In einer solchen Konstellation wird der Kameramann als „Director of Photography" (DoP) bezeichnet. Insbesondere bei großen Sets und dem Einsatz von mehreren Kameras ist eine solche Aufstellung von Vorteil, da es dem Kameramann ermöglicht, näher an der Regie zu arbeiten. Mancher Operator hat sich auf eine Aufnahmetechnik spezialisiert, dazu zählt beispielweise der Steadicam-Operator, der die Kamera mithilfe einer technisch komplexen Halterung unmittelbar und sehr flexibel an seinem Körper führt. Aber auch für einzelne Sportarten, die besondere Anforderungen stellen, wie etwa Golf oder Bobfahren, gibt es Spezialisten.

An jeder durchgängig eingesetzten Kamera arbeitet ein Team aus zwei Assistenten. Der 1. Kameraassistent stellt in der Vorbereitung das Equipment beim Kameraverleih zusammen und testet, ob es im gewünschten Sinne funktioniert. In der Drehphase ist er zusammen mit der Kamerabühne für den Auf- und Abbau sowie für den Transport der Kamera zuständig und nimmt die Schärfen- und Blendeneinstellung während der Aufnahme vor. Er kontrolliert das Equipment regelmäßig und hält den Kontakt zwischen Set und Kameraverleih sowie bei der analogen Filmaufzeichnung zum Kopierwerk. Der 2. Kameraassistent arbeitet dem 1. Kameraassistenten zu und

unterstützt ihn handwerklich und organisatorisch bei seinen Aufgaben. Darüber hinaus ist er für die Verwaltung und Wartung des Filmmaterials, die Pflege der Kameratechnik und das Schlagen der Klappe unmittelbar vor der Aufnahme verantwortlich. In Deutschland wird der 2. Kameraassistent auch als Materialassistent bezeichnet.
Bei digitalen Aufzeichnungsformaten kann es neben den beiden Kameraassistenten zusätzlich noch einen Datenassistenten geben, auch Data-Wrangler genannt, der die Sicherung und das Umkopieren der Daten vornimmt, damit diese in der Postproduktion weiterbearbeitet werden können. Bei besser dotierten Produktionen findet man gelegentlich auch einen Digital Image Technician (DIT), der bereits am Set Qualitätsberichte und eine Lichtbestimmung des Materials vornimmt sowie das korrigierte Material allen Produktionsbeteiligten unmittelbar verfügbar macht.
Die Kameraabteilung wird meist noch durch einen Video-Operator verstärkt, der als Schnittstelle zum Regisseur fungiert, dem er das Bild der Kamera zur Beurteilung auf einem Monitor bereitstellt. Auch der Script Supervisor und andere Teammitglieder verfolgen die Aufnahme zur Kontrolle ihres Arbeitsbereichs auf Monitoren. Der Video-Operator nimmt das Bild parallel zum eigentlichen Aufnahmeprozess ein zweites Mal auf, um am Set einen raschen Zugriff sicherzustellen.

Licht- und Bühnentechnik

Der Oberbeleuchter ist der verantwortliche Lichttechniker einer Filmproduktion. Er ist einer der engsten Mitarbeiter des Kameramanns und für die Umsetzung von dessen Lichtkonzept verantwortlich. In der Vorbereitung nimmt er an technischen Motivbesichtigungen teil (siehe *Motivsuche* auf Seite 70) und erarbeitet gemeinsam mit dem Kameramann die künstlerische und logistische Umsetzung der Lichtführung. Auf dieser Basis erstellt er eine Lichttechnikliste und lädt gemeinsam mit seinem Team das Equipment für die Dreharbeiten. Im Drehablauf ist er für den Kameramann Ansprechpartner

für die Beleuchtung der Szenerie. Er koordiniert die Lichtaufbauten und -umbauten, kommuniziert deren Dauer und verantwortet die Disposition von Zusatzpersonal und -equipment. Zu seinen Aufgaben gehört auch die Gewährleistung und Bereitstellung von Stromanschlüssen an den Drehorten.
Der Oberbeleuchter wird in seinen Aufgaben vom Best-Boy vertreten. Der Best-Boy kümmert sich um das tägliche Laden und die Wartung des Equipments und nimmt auf Ansage des Oberbeleuchters die Buchung von technischen und personellen Zusätzen vor. Wenn er den Oberbeleuchter nicht vertritt, arbeitet er zusammen mit den anderen Beleuchtern nur während der technischen Aufbauten am Set.
Die Kamerabühne ist für die Sicherung von Kameramann und -technik verantwortlich. Dazu gehören auch Auf- und Unterbauten, das Verlegen von Kameraschienen und die Durchführung von Dolly- und Kranfahrten. Beim Einsatz von Handkamera und Steadicam sichert er den Kameramann bzw. Operator vor Gefahren. Je nach Aufwand und Einsatz von technischem Unterbau steht ihm ein Kamerabühnenassistent zur Seite. In Anlehnung an amerikanische Setstrukturen wird die Kamerabühne auch hierzulande „Grip" genannt, allerdings bezeichnet dieser Begriff international einen weiter gefassten Arbeitsbereich, der auch den Unterbau von Lichttechnik und generelle technische Aufbauten einschließt, das sogenannte „Rigging". Aufgrund der Nähe ihrer jeweiligen Arbeitsbereiche helfen sich Kamerabühne und Lichttechnik häufig gegenseitig.
Beide Abteilungen verstärken sich beim Einsatz von Zusatzequipment (Kräne, Hebebühnen und Steiger, spezielle Lampen usw.) und je nach Drehsituation mit tageweise gebuchtem Zusatzpersonal.

Tontechnik

Die Tontechnik besteht für gewöhnlich aus einem Tonmeister und einem Assistenten. Der Tonmeister steuert an seinem Tonwagen die Signale aus und nimmt die Aufnahme vor. Der Tonassistent, auch Boom-Operator genannt, bringt das Mikrofon mithilfe einer soge-

nannten Angel in eine möglichst ideale Aufnahmeposition, die er dem Spiel der Schauspieler anpasst. Dafür muss er sich eng mit dem Kameramann bzw. Operator absprechen, um nicht mit seinem Mikrofon ins Bild zu geraten und die Aufnahme unbrauchbar zu machen. Tonmeister und Tonassistent verständigen sich über die Positionierung der Mikrofone, deren Abstand zum Sprecher und deren Ausrichtung. Häufig arbeiten sie zusätzlich zu dem geangelten Ton mit in der Szenerie versteckten Mikrofonen sowie kleinen Ansteckern und Sendern, die ins Kostüm oder sogar in die Haare der Schauspieler eingebaut werden. Bei größeren Produktionen unterstützt ein zweiter Angler die Abteilung.
Die Tonabteilung ist außerdem für die Durchführung von Zuspielsituationen im Drehablauf verantwortlich. Als Zuspielung bezeichnet man beispielsweise Musikstücke, die während des Drehs aus inszenatorischen oder technischen Gründen am Set eingespielt werden.

Künstlerische Abteilungen

Szenenbild

Das Szenenbild ist eine der größten Abteilungen einer Filmproduktion. Der Szenenbildner ist der Gestalter des räumlich-visuellen Erscheinungsbildes eines Films und kreiert den Raum für das Spiel der Schauspieler und die Bewegungen der Kamera. Er ist für das Budget seiner Abteilung verantwortlich und verwaltet einen Etat, der üblicherweise zehn bis zwanzig Prozent der gesamten Produktionskosten umfasst. Als einer der ersten projektbezogen angestellten Mitarbeiter einer Filmproduktion ist er bereits in einem sehr frühen Stadium der Filmherstellung in eine Produktion involviert.
Nach einer grundlegenden Konzeption, die er mit Produzent und Regisseur abstimmt, ist der Szenenbildner zunächst für die Organisation der Suche nach geeigneten Drehorten verantwortlich. Das können sowohl Originalmotive sein als auch die Konzeption für den Bau von Studiomotiven. Häufig erfolgt die Motivsuche in

Zusammenarbeit mit einem Locationscout, der sich gemäß der Vorgaben des Szenenbildners nach Motiven umschaut. Nach Auswahl eines Motivs durch den Regisseur konzipiert der Szenenbildner die Einrichtung des Raumes bzw. die Umsetzung des Studiobaus und richtet die Motive zusammen mit seinem Stab ein bzw. setzt die Bauten um. Ist ein Motiv abgedreht, baut er es zurück. Er wird bei all seinen Arbeiten von einem Szenenbildassistenten unterstützt.
Insbesondere bei größeren Filmprojekten sind die konzeptionellen und exekutiven Aufgaben des Szenenbildners und seines Assistenten auf mehrere Schultern verteilt. Eine allgemeingültige Abteilungsaufstellung und Bezeichnung der Positionen gibt es allerdings nur bedingt: In der Konzeptionsphase werden Art Director, Grafiker, technische Zeichner und Illustratoren entsprechend ihrer individuellen Fertigkeiten eingesetzt, und an der Umsetzung sind dann Tischler, Holztechniker, Fliesenleger, Gärtner, Dachdecker usw. beteiligt. Bei der Einrichtung der Motive kann der Szenenbildner von Setdekorateuren, auch Setdresser genannt, unterstützt werden.
Der Außenrequisiteur unterstützt den Szenenbildner bei der Einrichtung der Motive durch die Suche und die Auswahl aller benötigten Spielrequisiten. Er schlägt der Regie nach den Vorgaben des Drehbuchs mögliche Requisiten vor und stellt sicher, dass diese am Drehtag verfügbar sind. Museen, Antiquitätenläden, private Sammlungen, Flohmärkte und professionelle Requisitenverleihe – den Möglichkeiten sind keine Grenzen gesetzt, und oft ist es den Kontakten und der Fantasie des Außenrequisiteurs geschuldet, wie gut oder besonders die Requisiten eines Films sind. Während der Drehphase kümmert er sich um die pünktliche Bereitstellung der Requisiten und deren Rücklieferung.
Der Außenrequisiteur bereitet die Requisiten entsprechend aller Vorgaben und Absprachen aus der Vorbereitung vor und übergibt sie für den Drehzeitraum an den Innenrequisiteur, der sich am Set um alle Belange des Szenenbilds kümmert. Der Innenrequisiteur betreut den Einsatz der Requisiten, gewährleistet zusammen

mit dem Script Supervisor ihre Kontinuität im Bild und stellt sicher, dass die Einrichtung der Sets den Vorgaben des Szenenbildners entsprechend gewahrt bleibt. Je nach Größe eines Projekts sowie Umfang und Anzahl der Requisiten wird der Innenrequisiteur von einem Requisitenhelfer unterstützt, oder es arbeiten gleich mehrere Innenrequisiteure gemeinsam an einem Film. Üblich ist auch der Einsatz einer Baubühne, die den Innenrequisiteur mit baulichen oder gröberen handwerklichen Tätigkeiten unterstützt. Ein oder mehrere Requisitenfahrer ergänzen die Abteilung und kümmern sich um den Transport aller Requisiten, Möbel und Ausstattungsgegenstände.

Kostümbild

Erst der Einsatz von Kostüm und Maske macht aus einem Schauspieler eine Figur. Der Kostümbildner entwirft die künstlerische Konzeption der Kostüme und organisiert gemeinsam mit dem Kostümassistenten deren Umsetzung. Gegenüber dem Produzenten ist er für die Kalkulation und Einhaltung des Kostümbudgets verantwortlich.
Die Aufstellung der Kostüme erfolgt je nach Drehbuch, Aufwand und Etat durch Kauf, Leihe oder Anfertigung. Der Kostümbildner setzt Proben an, um die vorausgewählten Kostüme am Schauspieler auszuprobieren und anzupassen, und durch regelmäßige Rücksprache mit dem Regisseur stellt er sicher, dass die Vorstellungen über die Darstellung der Figuren sich decken. Die endgültigen und abgenommenen Kostüme ordnet er den Spieltagen des Drehbuchs zu (siehe das Kapitel *Spieltage und Spielzeiten* auf Seite 166). Zu seinen Aufgaben gehört auch die Planung und Gewährleistung von Doublekostümen bzw. mehrfach benötigter Kostümteile, die Anpassung der Kostüme an die Drehbedingungen und die Bereitstellung von Utensilien wie Regenschirme, Wärmejacken und Gummistiefel. Insbesondere bei historischen Filmen arbeiten Kostümbildner eng mit Schneidern, Hutmachern, Schustern usw. zusammen.
Auch das Einkleiden der Komparserie gehört zu den Aufgaben der Kostümabteilung. Um das Budget zu entlasten, ist es bei zeitge-

nössischen Filmen üblich, dass Komparsen eigene Kleidungsstücke zum Dreh mitbringen, die am Drehort durch vorhandene Kostümteile ergänzt werden. Bei historischen Filmen oder bei dramaturgisch bedeutsamen Komparsenkostümen finden allerdings Kostümproben statt, die über die Komparsenagentur oder Regieassistenz bzw. die Aufnahmeleitung organisiert werden.
Die Betreuung der Kostüme am Set erfolgt durch eine oder mehrere Garderobieren. Diese stellen sicher, dass die Schauspieler ihre Kostüme entsprechend der Vorgaben des Kostümbildners tragen und Kontinuität im Bild gewährleistet ist. Zu den Aufgaben der Garderobe gehört auch die Wartung und Pflege der Kostümteile. Die Größe einer Kostümabteilung variiert je nach Umfang der Arbeit, und die Mindestbesetzung sind drei Personen bei einem unaufwendigen Fernsehfilm. Es kommt vor, dass renommierte Schauspieler einen eigenen Garderobier haben, der sich nur um für ihre Belange kümmert. An arbeitsintensiven Drehtagen wird die Abteilung von Zusatzgarderobieren unterstützt.

Maskenbild

Der Maskenbildner kümmert sich um Haut und Haare der Schauspieler und stimmt sich dabei eng mit dem Kostümbildner ab. In der Vorbereitungsphase stellt er sich auf alle Drehbuchanforderungen ein, gibt vorbereitungsintensive Anfertigungen wie Perücken, Haar- oder Bartteile in Auftrag und führt vor Drehbeginn Tests durch, in deren Rahmen er Masken und Frisuren ausprobiert. Diese Proben werden häufig so koordiniert, dass der Regisseur die Schauspieler in vollständiger Maske und Kostüm als Figur sehen und abnehmen kann (siehe das Kapitel *Probenarbeit* auf Seite 83).
Im Drehablauf gehört es nicht nur zu den Aufgaben des Maskenbildners, die Merkmale der Figur herauszuarbeiten und deren Kontinuität innerhalb der Geschichte zu bewahren, sondern auch ganz allgemein, den Schauspieler gut aussehen zu lassen. Der Drehablauf stellt vielfältige Anforderungen an seine Arbeit, da ein Schauspieler

in verschiedenen Lichtsituationen und Kameraeinstellungen sehr unterschiedlich wirken kann. Da der Maskenbildner sehr nah und intensiv am Schauspieler arbeitet, hat seine Arbeit immer auch eine psychologische Komponente. Im Fall einer komplizierten Maske kann eine Maskenzeit sehr lang sein, bei Spezialanfertigungen durchaus mehrere Stunden.
Für gewöhnlich arbeiten zwei oder mehrere Maskenbildner gemeinsam an einem Film. Bei größeren Produktionen gibt es eine erste Maske, die als Ansprechpartner für den Regisseur fungiert und die Arbeit der Abteilung koordiniert. Um Kontinuität zu gewährleisten und wegen des notwendigen Vertrauensverhältnisses teilen die Maskenbildner die Schauspieler untereinander auf, so dass ein Schauspieler immer von derselben Person betreut wird. Maskenbildassistenten übernehmen die Aufgabe, die Komparsen vorzubereiten, und je nach Anforderung eines Drehtages verstärken Zusatzmasken die Fachabteilung. Anfertigungen und Arbeiten, für die es besonderer Fertigkeiten bedarf, werden von Special-Effects-Maskenbildnern (SFX-Maske) übernommen, zu deren Spezialgebiet Wunden, Körperteile oder -aufsätze, Prothesen usw. gehören. Perückenmacher haben sich auf das Anfertigen und Knüpfen von Haarteilen spezialisiert. Bei internationalen Produktionen unterscheidet man zwischen Maskenbild und Hairstyling, in Deutschland werden beide Arbeitsbereiche aber von denselben Fachkräften abgedeckt.

Spezialisten und Dienstleister

Im Unterschied zu den bisher genannten Departments ist die Stuntabteilung nur bei Bedarf am Set, kann dort aber für die Abläufe sehr dominant sein. Es ist die Aufgabe eines Stuntman, gefährliche Aufnahmen anstelle eines Schauspielers zu übernehmen, ohne dass der Zuschauer im fertigen Film einen Unterschied erkennt. Der Stuntbetreuer ist Ansprechpartner für den Regisseur und bespricht mit ihm in der Vorbereitung seine Vorstellungen. Er schlägt

Stuntdouble und Stuntmen vor, plant deren Einsätze und Präparation, erarbeitet ein Sicherheitskonzept, leitet die Stuntproben und übernimmt bei Bedarf auch die stunttechnische Vorbereitung der Schauspieler. Bei den Dreharbeiten selber ist der Stuntkoordinator die kommunikative Schnittstelle zwischen Regisseur und Stuntmen, deren Einsatz er koordiniert und leitet. Typische Stunts sind Body- oder Autostunts. Für ausgefallene Stunteinsätze gibt es spezialisiertes Fachpersonal.
Darüber hinaus gibt eine Vielzahl von Spezialisten, die ebenfalls nur bei Bedarf an Dreharbeiten mitwirken und manchmal den technischen oder künstlerischen Abteilungen zugeordnet werden. Visual-Effects-Supervisor begleiten die Dreharbeiten von Kameraeinstellungen, die in der Postproduktion digital bearbeitet werden, und Standfotografen dokumentieren den Dreh vor und hinter der Kamera im Hinblick auf spätere PR-Maßnahmen. Special-Effects-Supervisor kümmern sich mit ihren Teams um die Herstellung von Regen, Schnee, Wind und sonstiger Effekte (SFX). Pyrotechniker sind auf Explosionen und Feuer spezialisiert. Tiertrainer übernehmen die Vorbereitung und das Training von Tieren sowie deren Setbetreuung. Waffenmeister stellen Waffen und Munition bereit, betreuen deren Einsatz und gewährleisten die Einhaltung aller gesetzlichen Auflagen. Dienstleister für beispielsweise Polizei-, Arzt-, Bestattungs oder Tauchbelange bieten von der Vermittlung von Requisiten über die Einrichtung ganzer Sets bis hin zur Vermittlung von Fachpersonal alles an, was für Produktionen von Interesse sein könnte. Nicht wenige Dienstleister sind dadurch zum Film gekommen, dass sie zufällig für Filmdreharbeiten angesprochen wurden und anschließend aus ihrem Fachgebiet einen Beruf gemacht haben.

A4 RÄUMLICHE ORGANISATION

Der Produzent und die festangestellten Mitarbeiter einer Produktionsfirma arbeiten im Haupthaus. So bezeichnet man die festen Räumlichkeiten einer Produktionsfirma, die sich meist an den großen Produktionsstandorten Berlin, München, Köln oder Hamburg befinden. Größere Produktionsfirmen können neben einem Stammsitz auch weitere feste Räumlichkeiten an anderen Produktionsstandorten unterhalten. Aus dem Haupthaus heraus werden Stoffentwicklung, Finanzierung und Auswertung durchgeführt und zumeist auch die Postproduktion organisiert. Das Haupthaus bietet Büroräumlichkeiten und Besprechungsräume, hat für gewöhnlich repräsentativen Charakter und ist mit sämtlicher Infrastruktur ausgestattet, die man für diese Phasen der Filmherstellung braucht. Obwohl die Postproduktion traditionell an externe Dienstleister ausgelagert ist, unterhalten manche Produktionsfirmen zunehmend eigene Schnittplätze und Postproduktionsinfrastruktur. Dies ist dann wirtschaftlich sinnvoll, wenn die Produktionsfirma so regelmäßig Produktionen durchführt, dass die Anschaffung und Wartung der Ressourcen günstiger ist als eine Auftragsvergabe nach außen.

Rechtzeitig vor Beginn der Vorbereitung werden externe Räumlichkeiten angemietet, die man als Produktionsbüro bezeichnet. Im Unterschied zum Haupthaus ist das Produktionsbüro an dem Produktionsstandort angesiedelt, an dem die Dreharbeiten tatsächlich stattfinden. In der Vorbereitung und in der Drehphase ist es die Heimat der Produktion, die von hier aus die Dreharbeiten durchführt, sowie von Kostüm und Szenenbild. Da ein Produktionsbüro nur für

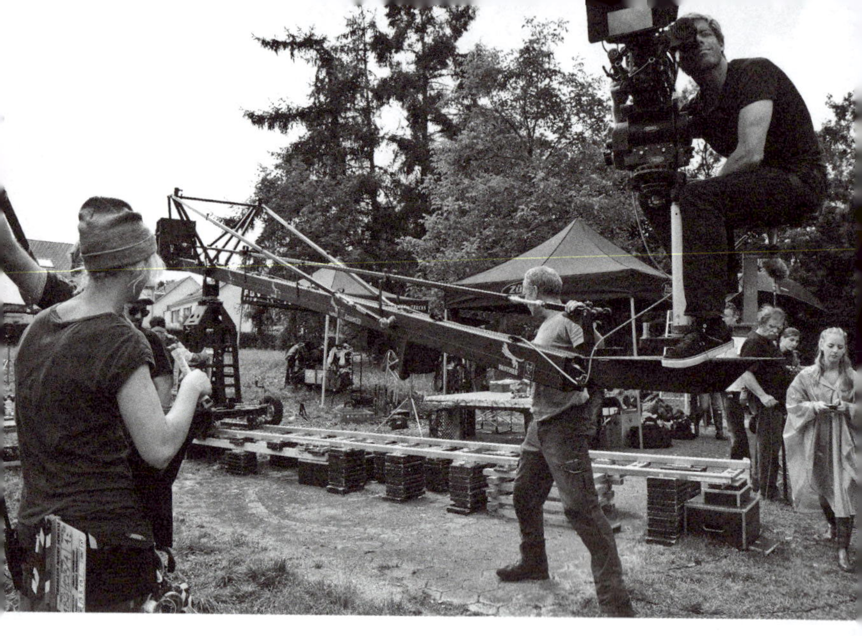

wenige Wochen, maximal für einige Monate angemietet wird, sind die Räumlichkeiten meist funktional und wenig repräsentativ. Es beinhaltet Büros für die produktionsbezogen angestellten Mitarbeiter sowie Arbeits- und Lagerflächen für alle Abteilungen, und zeichnet sich durch eine gute Infrastruktur aus. Dazu gehören die räumliche Nähe zu den meisten Drehorten, eine günstige verkehrstechnische Anbindung (ein Produktionsbüro in der Mitte einer Großstadt kann trotz zentraler Lage sehr ungünstig sein, wenn alle Mitarbeiter regelmäßig im Berufsverkehr feststecken und kostbare Zeit verlieren), Park- und Lademöglichkeiten für Produktionsfahrzeuge, aber auch Küchen, Telefon- und Internetanschlüsse, Wasseranschlüsse für Waschmaschinen sowie Werkstätten für das Szenenbild. Wenn die Dreharbeiten aus inhaltlichen oder wirtschaftlichen Gründen an verschiedenen Produktionsstandorten durchgeführt werden, kann das Produktionsbüro während eines Produktionszeitraums wechseln.
Die Filmdreharbeiten selber finden am Drehort statt. Dieser wechselt im Drehablauf in unregelmäßiger Frequenz, und die projektbezogen angestellten Mitarbeiter, die nicht im Produktionsbüro

beheimatet sind, haben dort ihren Arbeitsplatz. Während Drehort den Raum meint, in oder an dem die Dreharbeiten stattfinden, bezeichnet der Begriff Motiv den inhaltlichen Namen des Drehortes: Das Motiv „Weihnachtsmarkt" kann etwa am Drehort „Marienplatz" dargestellt werden und das Motiv „Haus Peter" am Drehort „Hamburger Straße". Manchmal werden die Begriffe Drehort und Motiv aber auch synonym verwendet.

Man unterscheidet zwischen einem Filmstudio und einem Originalmotiv. Ein Filmstudio bezeichnet ein Gebäude, das zur Durchführung von Filmaufnahmen konzipiert ist und in dem Kulissen je nach Anforderung flexibel eingebaut werden können. Es ist mit aller Infrastruktur ausgerüstet, die für die Durchführung von Dreharbeiten notwendig ist. Als Originalmotiv bezeichnet man ein Gebäude oder einen privaten oder öffentlichen Raum, der aufgrund seiner inhaltlichen, optischen und technischen Eignung als Drehort ausgewählt wurde. Im Unterschied zu einem Studio muss ein Originalmotiv immer erst auf seine logistische Eignung hin überprüft werden bzw. es muss überprüft werden, ob es möglich ist, das Originalmotiv logistisch so vorzubereiten, dass die Durchführung der Dreharbeiten gewährleistet werden kann. In dem Kapitel *Basis und Set* (Seite 103) werden wir sehen, wie das vonstattengeht.

A5 DREH-VORBEREITUNG

Es gibt Einflüsse, die Auswirkungen auf die Dreharbeiten haben können und die weder vorhersehbar noch steuerbar sind. Die Bandbreite reicht vom Wetter über die Befindlichkeiten aller Akteure bis hin zum Zufall. Selbst wenn es gelingt, diese

Einflüsse vorab zu antizipieren, ist es nicht immer möglich, den bestmöglichen Umgang mit ihnen abzusehen. Man darf daraus aber nicht die Schlussfolgerung ziehen, Vorbereitung sei generell unnötig, weil man Dreharbeiten ohnehin nicht abschließend kontrollieren kann. Das Gegenteil ist der Fall: Damit die Magie des Filmemachens am Drehort entstehen kann, muss man ihr die Möglichkeit geben, überhaupt entstehen zu können. Bei einer Vorbereitung geht es daher um zwei Dinge: zum einen, alles dafür Notwendige bereitzustellen, und zum anderen, das unplanbare Element auf ein Minimum zu reduzieren. Eine seriöse Vorbereitung ist die notwendige Grundlage für einen zielgerichteten und effizienten Drehablauf.

Anekdote

Vor einigen Jahren habe ich an einem Kinofilm in Köln gearbeitet, in dessen Drehzeitraum ein groß angekündigter Papstbesuch fiel. Wir machten uns Sorgen, ob unsere Logistik parallel zu diesem Großereignis funktionieren würde oder ob wir im absehbaren Verkehrschaos steckenbleiben könnten. Letztendlich sind wir auf Nummer sicher gegangen und haben an dem besagten Tag auf Dreharbeiten verzichtet. Zu unserer Überraschung mussten wir aber feststellen, dass die Kölner Straßen wohl selten so leergefegt waren wie an jenem Tag. Alle Bürger schienen vor den Toren der Stadt dem Papst zu lauschen, wir hätten also genauso gut drehen können, doch abzusehen gewesen war diese Entwicklung für uns nicht. Bei einer anderen Produktion musste ich den Abbruch eines Drehtags miterleben, weil Teile des Teams während eines Motivwechsels in einem Viehtrieb steckengeblieben waren und das neue Motiv nicht rechtzeitig erreichen konnten, um die Dreharbeiten fortzusetzen. Beides sind Beispiele dafür, wie man Einflüsse trotz sorgfältiger Planung nicht ausschließen kann.

Strategien der Vorbereitung

Dreharbeiten entstehen auf der Grundlage unzähliger Entscheidungen, die ein Regisseur im Laufe einer Vorbereitung treffen muss. Viele der Fragen, die seinen Regieentscheidungen zugrunde liegen, sind zu Beginn einer Vorbereitung noch gar nicht bekannt, und von denen, die bekannt sind, kann der Regisseur nur die wenigsten beantworten. Der Stab muss zum einen in vielerlei Hinsicht erst einmal vorarbeiten, damit ein Regisseur gewisse Entscheidungen treffen kann, zum anderen sind Regisseure vielbeschäftigte Menschen, die häufig erst zu Beginn einer Vorbereitung damit beginnen können, sich mit einem Drehbuch auseinanderzusetzen, weil sie zuvor noch an anderen Projekten gearbeitet haben. Vorbereitung ist also immer auch ein kreativer Prozess, in dem der Regisseur gemeinsam mit seinen Mitarbeitern einen Stoff entdeckt und inhaltlich durchdringt. Je nach Arbeitsweise und Mentalität erfolgt dies auf sehr verschiedene Arten und in sehr unterschiedlicher Geschwindigkeit.

Dieser Prozess steht im Widerspruch zu der produktionellen Notwendigkeit, Fakten zu schaffen. Der zeitliche und finanzielle Druck einer Vorbereitung ist aufgrund der engen deutschen Budgets enorm: Filmdreharbeiten mit ihren vielen Beteiligten, ihrer hochkomplizierten Logistik und ihren vielfältigen Auflagen sind nur eingeschränkt flexibel, und eine Produktion, die aus welchen Gründen auch immer hinter ihren Zeitplan zurückgefallen ist, kann sich nur in seltenen Fällen unter großer Kraftanstrengung aller Beteiligten und mit hohem Kostenaufwand wieder aus dieser Schieflage befreien. Um dieser Gefahr gerecht zu werden, muss der Vorbereitungsstand immer einen gewissen zeitlichen Reaktionsspielraum lassen, was nur durch eine rechtzeitige Entscheidungsfindung gewährleistet ist.

Aus dieser Paradoxie heraus hat sich eine Gliederung der Entscheidungsprozesse etabliert, die in ihrer Struktur an konzentrische Kreise erinnert. Man beginnt mit den schwierigsten und komplexesten Aufgabenstellungen und arbeitet sich von den großen, grundlegenden

Entscheidungen zu den kleinen, detaillierten Fragen vor. Dieses Vorgehen bietet drei Vorteile: Erstens ermöglicht es der Produktion, bereits frühzeitig erste Entscheidungen abzuarbeiten, was eine gleichmäßige Arbeitsauslastung über den Zeitraum der Vorbereitung hinweg gewährleistet, und verhindert, dass sich das Arbeitsvolumen gegen Ende der Vorbereitung überproportional anstaut. Zweitens wirft jede Entscheidung neue Fragen auf, die zuvor nicht absehbar gewesen sein müssen. Indem man die komplexesten Aufgabenstellungen prioritär angeht, stellt man sicher, dass ausreichend Zeit zu ihrer Bearbeitung bleibt. Drittens kann der Vorbereitungsstand in allen Bereichen in Abhängigkeit voneinander beurteilt und Entscheidungen in Abhängigkeit voneinander getroffen werden, was ein agiles, mehrmaliges Nachdenken über die Umsetzung ermöglicht. Dadurch kann der Regisseur beispielsweise bei der Besetzung entscheiden, ob eine potenzielle Nebendarstellerin zu dem bereits besetzten Hauptdarsteller passt, und bei der Motivauswahl ein kleines Motiv zu dem bereits beschlossenen Hauptmotiv. Anders formuliert: Was nützt ein wunderschönes kleines Motiv für einen Drehtag in Berlin, wenn man zu einem späteren Zeitpunkt feststellt, dass der Film in München gedreht werden muss? In der Struktur einer Vorbereitung sollte eine solche Entscheidungshierarchie immer angelegt sein.
Die Entscheidungsfindung der Regie innerhalb einer Filmproduktion vollzieht sich über die Beantwortung von Fragen. Es ist nicht die Aufgabe eines Regisseurs, selbständig Entscheidungen zu treffen, sondern es ist die Aufgabe seiner Mitarbeiter, ihm die Fragen zu stellen, deren Beantwortung für den Fortgang ihrer Arbeit notwendig ist. Die Antworten der Regie sind für den Stab verbindlich und werden als Regieansagen bezeichnet. Da Filmemachen ein Prozess ist und demzufolge Entscheidungen immer nur den aktuellen Projektstand repräsentieren, können Ansagen sich im Verlauf einer Produktion verändern. So unglücklich das im Einzelfall für alle Beteiligten sein kann – nicht immer stellen Ansagen sich im Produktionsverlauf als richtig heraus und werden dann auch von der Regie verändert.

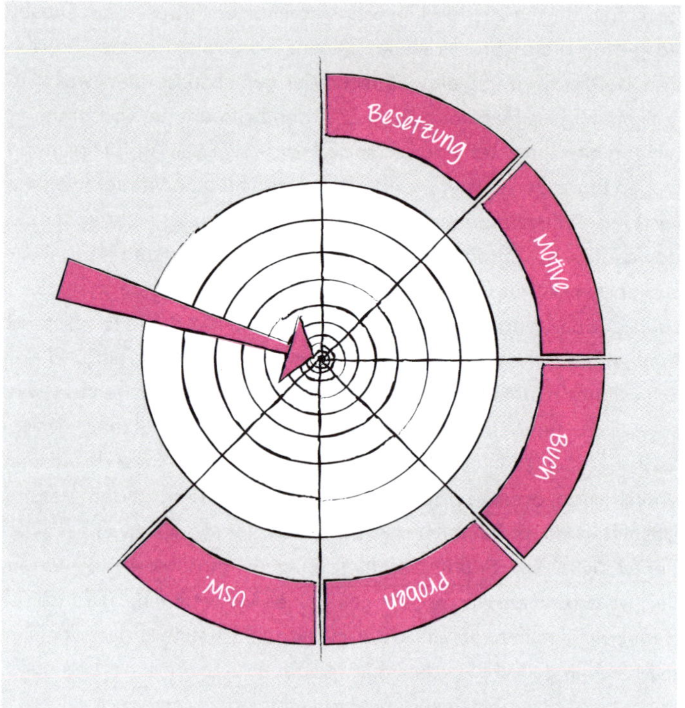

Abb. 2: Entscheidungshierarchie einer Spielfilmproduktion

Ein Regisseur muss nicht auf jede Frage eine Antwort haben, es ist im Gegenteil eine legitime Form der Inszenierung, wenn die Regie Fragen nicht beantworten kann oder will. Allerdings ist es Bestandteil des Regiehandwerks, zu wissen, wann man etwas beantworten können sollte.

Wichtiger als eine lückenlose Antwort auf alle Fragen ist, dass in dem Moment, in dem die Kamera läuft, alles bedacht ist, was bedacht werden musste. Was soll im Moment der Aufnahme entstehen? Was braucht man dafür und was muss man ausschließen? Diese beiden Fragen sind dafür die entscheidende Prämisse.

Man darf sich nicht darauf verlassen, dass ein Regisseur im Vorfeld alles benennen konnte, was er für eine Aufnahme benötigt, stattdessen muss man davon ausgehen, dass er im Moment der Aufnahme etwas brauchen könnte, von dem er zuvor vielleicht selber noch gar nichts wusste. Es ist Bestandteil einer guten Vorbereitung, beide Fragen für den eigenen Arbeitsbereich durchgespielt und beantwortet zu haben. Auf diese Weise generieren gute Vorbereiter im Vorfeld Lösungen für Probleme, bevor diese überhaupt eingetreten sind.

Was ist damit gemeint? Wenn der Regisseur etwa im Moment der Aufnahme spontan möchte, dass der Schauspieler über eine vielbefahrene Bundesstraße geht, ist das möglicherweise nicht akut umsetzbar. Hat man diese Möglichkeit aber frühzeitig antizipiert, konnte man sie entweder durch eine Frage an den Regisseur ausschließen oder man hat eine Erlaubnis für eine Sperrung der Straße beantragt. In beiden Fällen ist man für die Aufnahme vorbereitet. Ein anderes Beispiel: Wenn ein Schauspieler vor der Kamera ein Lied singen und einen Fleischsalat essen soll und sich am Set herausstellt, dass er das Lied gar nicht kennt und außerdem Vegetarier ist, kann dieser Umstand dazu führen, dass die Szene sich nicht wie geschrieben umsetzen lässt. Hat man sich dagegen im Vorfeld mit diesen Möglichkeiten auseinandergesetzt, wird man ihm das Lied geschickt und die Requisite einen vegetarischen Fleischsalat vorbereitet haben. Das ändert nichts daran, dass der Schauspieler erst im Moment der Aufnahme das Lied singen und den Fleischsalat essen wird, aber es ist alles dafür vorbereitet, dass er es genau dann tun kann. Das ist der Sinn von Vorbereitung.

Ansetzung und Verortung

Mit der Besetzung der Regie, der Hauptrollen und mancher Abteilungsleiter werden die ersten Entscheidungen einer Filmherstellung bereits in der Finanzierungsphase getroffen, wenn der Produzent sein Paket schnürt, um das Projekt zu verkaufen. Das hilft potenziellen

Finanziers, sich den fertigen Film vorzustellen, lange bevor die erste Klappe geschlagen ist. In dieser Phase fällt auch die Entscheidung darüber, wann und wo die Dreharbeiten stattfinden. Für die Beantwortung dieser Fragen gilt es verschiedene Faktoren zu beachten.
Die zeitliche Ansetzung ist zunächst einmal von der Verfügbarkeit der Beteiligten abhängig. Regisseure arbeiten zwar häufig an mehreren Projekten gleichzeitig, müssen aber für die Dreharbeiten eines Films ausschließlich zur Verfügung stehen. Da diese für sie eine große zeitliche Einschränkung und auch physische Belastung darstellen, ist ihre Verfügbarkeit ein wichtiger Faktor. Auch Schauspieler arbeiten häufig an mehreren Film- und Theaterproduktionen gleichzeitig, die sie untereinander koordinieren müssen, da ihr zeitliches Commitment aber im Vergleich zur Regie geringer ausfällt und es ihnen abhängig von der Größe ihrer Rolle möglich ist, an zwei oder mehr Dreharbeiten parallel mitzuwirken, werden sie meist für einen konkreten Drehzeitraum angefragt und im Fall einer nennenswerten zeitlichen Einschränkung erst gar nicht besetzt. In seltenen Fällen, insbesondere bei Schauspielern, deren Besetzung für die Finanzierung oder den Erfolg eines Films obligatorisch ist, wird der Drehzeitraum an ihre Verfügbarkeit angepasst. Auf die Verfügbarkeit von Abteilungsleitern und des weiteren Stabs wird hingegen keine Rücksicht genommen: Von ihnen wird erwartet, dass sie sich bei Interesse für ein Projekt verfügbar halten.

Häufig gibt ein Drehbuch einen Drehzeitraum vor, zum Beispiel, wenn die Jahreszeit eine entscheidende Rolle in der Geschichte spielt. Der Produzent kann dann entweder den Drehzeitraum in die vorgegebene Jahreszeit legen oder das Drehbuch an den Drehzeitraum anpassen. Sollte beides nicht möglich sein, muss er sich überlegen, wie sich die Jahreszeit im Film künstlich herstellen und erzählen lässt. In dem Fall, dass verschiedene Jahreszeiten eine Rolle spielen, muss er sich entscheiden, ob es künstlerisch und ökonomisch sinnvoller ist, die Jahreszeiten nachzustellen oder die Dreharbeiten aufzuteilen und in zwei oder mehr Blöcken vorzunehmen.

Diese Entscheidung trifft er in jedem Fall zusammen mit dem Regisseur und gegebenenfalls dem Szenenbildner, da beide künstlerisch mit den Folgen der Entscheidung umgehen müssen. Wegen der komplizierten Verfügbarkeit aller Beteiligten, der erhöhten Fehlergefahr durch Mehrfachansetzung und aufgrund von finanziellen Synergieeffekten finden Dreharbeiten meist am Stück statt.
Zuletzt spielt auch noch die Jahresplanung des Produzenten eine Rolle, beispielsweise wenn er interne Ressourcen seiner Produktionsfirma einbringen möchte, die sonst nicht ausgelastet wären. Da ein deutscher Produzent in der Regel an der Herstellung eines Films verdient und nicht an der Auswertung, kann sich für ihn die ökonomische Notwendigkeit ergeben, Dreharbeiten in einem bestimmten Geschäftsjahr durchzuführen, um für seine Firma Umsatz zu generieren. Es gibt zudem den gar nicht seltenen Fall, dass finanzielle Mittel wie Preisgelder oder produktionsspezifische Fördermittel zeitlich gebunden sind und verfallen, wenn sie nicht rechtzeitig investiert werden. Um das zu vermeiden, werden manchmal einzelne Drehtage vorgezogen, damit eine Produktion, die eigentlich erst für einen späteren Zeitpunkt vorgesehen ist, formal bereits beginnen kann.
Auch für die räumliche Verortung, also die Ansiedlung der Dreharbeiten, spielen die Vorgaben des Drehbuchs eine entscheidende Rolle. Es wäre sinnlos, einen Film, der am Meer spielt, in Bayern in den Bergen drehen zu wollen. Wenn aber beispielsweise nur eine Szene am Meer spielt, kann es inhaltlich und ökonomisch sinnvoll sein, den Film in Bayern herzustellen und nur für den einen Drehtag ans Meer zu reisen. Nicht automatisch ist also der Ort, den das Drehbuch nennt, auch der beste Produktionsstandort. Gerade bei historischen Stoffen, die sehr spezifische Vorgaben an Landschaft und Motive stellen, kann ein anderer Ort manchmal besser geeignet sein als das Original. In diesem Fall sichtet der Szenenbildner vor der Entscheidung Motive und schlägt dem Regisseur in Absprache mit dem Produzenten eine räumliche und optische Konzeption zur Umsetzung vor.

Neben solchen inhaltlichen Faktoren spielen auch bei der Verortung ökonomische Aspekte eine wesentliche Rolle. Die Kosten von Personal, Technik und Ressourcen können von Produktionsstandort zu Produktionsstandort variieren, teilweise sogar innerhalb eines Landes. Darüber hinaus finanzieren sich Kinoproduktionen in erheblichem Maße durch die Unterstützung der Filmförderungen, die sich auch als Standortförderungen verstehen. Sie basieren dann auf dem Prinzip, dass der Produzent Geld geliehen bekommt, das er dafür aber auch zu einem gewissen Faktor in der Region ausgeben muss. Ein Produzent, der beispielsweise vom FilmFernsehFonds (FFF) Bayern Produktionsförderung gewährt bekommt, ist angehalten, mindestens das Anderthalbfache der Fördersumme auch in Bayern auszugeben, der sogenannte Bayerneffekt. Diese Auflagen müssen bereits in der Finanzierung mitbedacht werden, da sie nicht nur eine Auswirkung auf die Kalkulation, sondern auch auf die Verortung haben können.
Für den Produzenten gilt es, zwischen allen diesen Faktoren abzuwägen und sich für das unter dem Strich beste Gesamtpaket zu entscheiden.

Produktionsaufstellung

Nach Abschluss der Finanzierung ist meistens entschieden, in welcher Region der Film gedreht werden soll, beispielsweise in Bayern, aber noch ist offen, an welchem Produktionsstandort in Bayern genau. Die Entscheidung über die weitere Aufstellung der Produktion fällt zusammen mit der Entscheidung für ein Hauptmotiv, dessen Suche meist den Beginn der Vorbereitung kennzeichnet.
Filmdreharbeiten sind grundsätzlich an dem Ort am günstigsten, an dem das Haupthaus angesiedelt ist und die Teammitglieder leben und rekrutiert werden. Das hilft bei der Aufstellung der benötigten Infrastruktur und spart Personal- und Übernachtungskosten (An- und Abfahrten außerhalb der Stadtgrenzen des Wohnsitzes bzw. einer

durch die Produktion gestellten Übernachtungsmöglichkeit zählen zur Arbeitszeit). Ist der Ort des Haupthauses aufgrund der Vorgaben des Drehbuchs oder aufgrund von Finanzierungsauflagen als Produktionsstandort ungeeignet, macht man die Entscheidung für einen geeigneten Produktionsstandort von zwei Faktoren abhängig: von der Existenz eines Hauptmotivs und der grundsätzlichen Eignung der umliegenden Region. Dreharbeiten können auf zwei oder mehr Produktionsstandorte aufgeteilt werden. Jeder Wechsel des Produktionsstandortes ist allerdings mit Kosten verbunden und schränkt die Flexibilität einer Produktion insgesamt ein.
Nachdem der Szenenbildner mögliche Hauptmotive gesichtet hat, schlägt er dem Regisseur die potenziellen Motive im Rahmen einer ersten Motivbesichtigung vor. Je nach inhaltlicher Einflussnahme und Vertrauen nimmt auch der Produzent teil, da ein Hauptmotiv nicht nur produktionell, sondern auch inhaltlich und optisch vieles vorgibt. Ist der Produzent verhindert, vertritt ihn der Produktionsleiter oder ein anderer Stellvertreter. Manchmal sind auch der Kameramann oder der 1. Regieassistent involviert, falls sie zu diesem frühen Zeitpunkt für die Produktion bereits zur Verfügung stehen können.
War die Suche nach einem Hauptmotiv erfolgreich, entscheidet die Produktion in Absprache mit dem Regisseur, wo die Produktion sich ansiedelt und der Produktionsleiter das Produktionsbüro eröffnet. Dessen Lage ist von entscheidender strategischer Bedeutung, da es die Basis für alle produktionsbezogenen Arbeiten an einem Produktionsstandort ist und die dafür notwendige Infrastruktur gewährleisten muss. Umzüge des Produktionsbüros sind mit logistischen Herausforderungen und einem Zeitverlust verbunden und sollten deshalb vermieden werden. Trotzdem kann es notwendig oder sinnvoll sein, das Produktionsbüro an einem Produktionsstandort zu wechseln. So kann es für eine Produktion, deren Dreharbeiten im ländlichen Raum stattfinden, günstig sein, aus einer Stadt heraus vorzubereiten und erst kurz vor Drehbeginn umzuziehen. Es gibt auch den Fall, dass nur Teile eines Produktionsbüros umziehen,

meist die Aufnahmeleitung, wenn sich ein großer Umzug nicht rentieren würde. In jedem Fall sollte ein Wechsel des Produktionsbüros sorgsam überlegt sein und von allen Abteilungen rechtzeitig in ihre Planungen einbezogen werden.
Falls die Produktion von vornherein auf verschiedene Regionen verteilt werden soll oder muss, ist jeder einzelne Produktionsstandort von der Motivlage abhängig und das beschriebene Vorgehen wiederholt sich. Ergibt sich die Notwendigkeit für eine Region alleine aus wirtschaftlichen Gründen, entscheidet man den Produktionsstandort danach, wo es in der Summe die besten Motive gibt. Es ist möglich, dass man an einem Produktionsstandort nur ein einziges (Haupt-)Motiv dreht.

Produktionskalender und Termine

Im nächsten Schritt beginnt der Produktionsleiter mit der Organisation des Produktionsbüros und engagiert die Mitarbeiter des Stabes abhängig von ihrer Bedeutung für das Gesamtprojekt. Um einen kontinuierlichen Überblick über die zur Verfügung stehende Vorbereitungszeit und die anstehenden Arbeitsschritte zu gewährleisten, führt die Produktionsassistenz einen offiziellen Produktionskalender, der regelmäßig aktualisiert und an alle Mitarbeiter verteilt wird. In diesem Schedule stehen sämtliche Produktionstermine, und alle Teammitglieder sind aufgefordert, jeden für die Allgemeinheit relevanten Termin eintragen zu lassen. Die meisten Termine setzt die Regieabteilung.
Zu Beginn der Vorbereitung besprechen Regisseur und 1. Regieassistent deren Ablauf. Der Regisseur informiert den 1. Regieassistenten über seine Vorstellungen und mögliche zeitlichen Einschränkungen, so dass dieser anschließend im Sinne der Regie Termine ansetzen und zwischen den Terminvorstellungen und -anforderungen des Stabes und des Regisseurs vermitteln kann. Dazu führt er einen zweiten, rein abteilungsinternen Kalender, den er regelmäßig mit dem

offiziellem Produktionskalender abgleicht. Nur selten reichen die zu Beginn einer Vorbereitung absehbaren Termine aus. Filmemachen ist ein kreativer Prozess, und jeder absolvierte Termin kann weitere notwendige Besprechungen nach sich ziehen. Aus diesem Grund ist es ratsam, von Anfang an auch Termine, die noch nicht final festgelegt sind, in beide Kalender einzutragen. Dadurch behält man einen Gesamtüberblick über die noch verfügbare Vorbereitungszeit und die Abhängigkeit der Termine voneinander.

Wenn ein Teammitglied einen Termin ansetzen möchte, spricht er sich entweder mit der Regieassistenz (wenn der Termin die Regie involviert) oder mit der Produktionsassistenz ab (wenn der Termin die Regie nicht involviert). Indem beide ihre Kalender abgleichen, können Synergieeffekte erkannt und genutzt werden: Reist beispielsweise ein Schauspieler für eine Kostümprobe ohne Regie an (wird von der Kostümabteilung mit der Produktionsassistenz koordiniert), so kann die Anwesenheit des Schauspielers gleichzeitig für ein Training genutzt werden (wird von der Regieassistenz angesagt). Andersherum kann die Anwesenheit eines Schauspielers für eine Rollenbesprechung mit dem Regisseur auch für eine Kostümprobe genutzt werden. Transparenz und Tagesaktualität des Produktionskalenders sind dafür obligatorisch. Termine werden von der Regie oder den Fachabteilungen angesagt und anschließend von der Produktionsassistenz organisiert und durchgeführt (An- und Abreisen, Ablauf, Kommunikation usw.). Bevor ein Produktionskalender verteilt wird, muss er von der Produktionsleitung und der Regieassistenz stellvertretend für den Produzenten und den Regisseur abgenommen werden.

Es ist wünschenswert, dass von Beginn der Vorbereitung an so viele Mitarbeiter wie möglich an jedem Vorbereitungsschritt beteiligt sind, damit das jeweilige Wissen über den Vorbereitungsstand identisch ist. Ansagen werden in einer Filmproduktion nicht unmittelbar schriftlich fixiert, weshalb es durchaus schwierig sein kann, einen Überblick zu behalten. In vielen Fällen sind Kameramann und der

1. Regieassistent die kommunikativen Schnittstellen zum Stab. Sie sollten bei allen Terminen der Regie anwesend sein, um die weitere Planung anschließend in deren Sinne steuern zu können. Stoßen Mitarbeiter zu einem späteren Zeitpunkt zu einer Produktion hinzu und müssen sie von ihren Kollegen auf den aktuellen Stand gebracht werden, besteht die Gefahr von Informationsverlusten (man muss sich das vorstellen wie bei dem Spiel „Stille Post"). Häufig lässt sich diese Situation aber nicht vermeiden, weil beispielsweise bei einer frühen ersten Motivbesichtigung viele Filmschaffende noch in anderen Projekten stecken. Eine spätere Besichtigung kann auch dadurch erschwert werden, dass eine Anreise zum Hauptmotiv mit großem Aufwand verbunden ist. Es ist immer von Vorteil, ein Motiv „in echt" und nicht nur auf Fotos gesehen zu haben.

Besetzung

Zusammen mit einem Casting Director und in Absprache mit dem Produzenten sowie gegebenenfalls dem Redakteur arbeitet der Regisseur an der Besetzung. Dabei geht man streng nach der Gewichtung der Rollen vor, um sie in Abhängigkeit voneinander zu besetzen: Man beginnt mit der wichtigsten oder schwierigsten zu besetzenden Rolle – meistens die Hauptrolle – und arbeitet sich zu den kleinen Tagesrollen hin vor. Der Casting Director erarbeitet auf Basis von inhaltlichen und produktionellen Vorgaben Besetzungsvorschläge und erfragt bei den Agenturen der in Frage kommenden Schauspieler deren zeitliche Verfügbarkeit. Im Falle von zeitlichen Einschränkungen klärt er mit der Produktion, ob ein Engagement trotzdem in Frage kommen könnte, und je nach Stand der Drehplanarbeit treffen der 1. Regieassistent oder der 1. Aufnahmeleiter dann mehr oder weniger konkrete Aussagen darüber, was ein Engagement an Einschränkungen für den Drehablauf mit sich bringen würde. Da es meist nicht möglich ist, alle Szenen eines Schauspielers am Stück zu drehen, und An- und Abreisen sowie

Übernachtungskosten ein nicht unwichtiger kalkulativer Posten sein können, ist es üblich, Nebenrollen regional zu besetzen.
Schauspieler, die als Besetzung in Frage kommen, werden dem Regisseur auf Basis von Demomaterial vorgeschlagen, das die Schauspieleragenturen zur Verfügung stellen. Bei der Besetzung von Hauptrollen oder bei unbekannten Schauspielern mit wenig aussagekräftigem Demomaterial werden manchmal Probeaufnahmen durchgeführt, in deren Rahmen der Regisseur oder stellvertretend für ihn ein Casting-Regisseur mit den Kandidaten Szenen inszenatorisch erarbeitet. Dabei werden die Schauspieler direkt für die in Frage kommende Rolle oder im Hinblick auf eine spezielle Konstellation mit einer anderen Rolle getestet. Auch Beziehungen, die für eine Geschichte elementar sind, können anhand von Probeaufnahmen überprüft werden. Allerdings ist es ein nicht zu unterschätzender zeitlicher, finanzieller und logistischer Aufwand, alle Kandidaten gleichzeitig an einem gemeinsamen Ort zu versammeln. Deshalb erfreuen sich heute sogenannte E-Castings großer Beliebtheit, bei denen sich Schauspieler selber filmen oder filmen lassen und dieses Filmmaterial der Produktion dann zur Beurteilung zur Verfügung stellen. Da die Wirkung durch die Kamera eher dem filmischen Eindruck entspricht und der unmittelbare Eindruck täuschen kann, erfolgt die Auswertung der Probeaufnahmen über eine Sichtung der aufgenommenen Bänder. In jedem Fall müssen Probeaufnahmen rechtzeitig angesetzt werden, denn sie bedeuten nicht automatisch eine schnelle Entscheidungsfindung.
Haben Regisseur und Produzent und gegebenenfalls Redakteur Konsens über eine Besetzung erzielt, schickt die Produktion dem Schauspieler ein aktuelles Drehbuch, nach dessen Lektüre dieser über sein Engagement entscheidet. Spezielle Rahmenbedingungen (wie branchenunübliche Bezahlung usw.) sind bereits im Zuge der Zeitabfrage abgeklärt worden. Manchmal bieten Regisseure dem Schauspieler ein Treffen an, um mit ihm über den Film und die fragliche Rolle zu sprechen. Dieses Vorgehen ist dann sinnvoll,

wenn der Schauspieler nicht ausschließlich auf Basis des Drehbuchs entscheiden kann oder möchte, oder die Rolle ein besonderes Engagement verlangt. So wie es das gute Recht einer Produktion ist, sich vor einem Engagement einen Eindruck von dem fraglichen Schauspieler zu verschaffen, so ist es auch das gute Recht des Schauspielers, sich einen Eindruck von dem Filmprojekt zu machen, insbesondere wenn er über einen gewissen Marktwert oder Status verfügt. Sagt ein Schauspieler zu, fragt die Produktion ein weiteres Mal seine Sperrtage ab – das sind die Tage, an denen der Schauspieler für das Projekt nicht zur Verfügung stehen kann. Akzeptierte Sperrtage werden als Vertragsbestandteil in den Schauspielervertrag aufgenommen.

Die Verfügbarkeit eines Schauspielers kann zu diesem Zeitpunkt bereits wieder von dem Stand abweichen, auf dessen Basis die Besetzung ursprünglich erfolgt war. Auch im weiteren Verlauf der Vorbereitung können sich Änderungen ergeben und zusätzliche Sperrtage hinzukommen. Inwiefern Sperrtage Auswirkungen auf die Drehplanung nehmen und eine Produktion in Schwierigkeiten bringen können, wird in dem Kapitel *Schauspieler* auf Seite 224 beschrieben.

Motivsuche

Nach der Festlegung des Hauptmotivs ist die Produktion bestrebt, bald weitere Motiventscheidungen herbeizuführen, weil die Vorbereitung von Motiven zeit- und arbeitsintensiv ist. Man unterscheidet zwischen Motivbesichtigung und technischer Motivbesichtigung (auch „Tec-Recce" oder „Tec-Loq" genannt).

Im Rahmen einer „normalen" Motivbesichtigung zeigt der Szenenbildner dem Regisseur Motivvorschläge, damit dieser sie zusammen mit dem Kameramann auf ihre inhaltliche und technische Eignung überprüfen und sich aus der besichtigten Auswahl für ein Motiv entscheiden kann. Der Motivbesichtigung geht die Sichtung von Motivfotos voraus, die vom Szenenbildner oder einem Locationscout

im Rahmen der Motivsuche von allen geeignet erscheinenden Drehorten aufgenommen worden waren. Alternativ dazu kann der Szenenbildner auch die Datenbank von Motivagenturen nach geeigneten Motiven durchsuchen, deren Kontakt dann von der Agentur gegen eine Provision vermittelt wird. Regisseur und Szenenbildner stimmen ihre Vorstellungen auf Basis dieser Motivfotos ab, und der Regisseur entscheidet, welche Motive er anschauen möchte und welche nicht. Die Organisation der Motivsuche durch den Szenenbildner ist immer eine Frage des Budgets, der Anzahl der benötigten Motive und der zur Verfügung stehenden Zeit.
Der Regie sollten nur Motive vorgeschlagen werden, die sich für Dreharbeiten eignen. Neben ihrer inhaltlichen Tauglichkeit bedeutet dies auch eine logistische und räumliche Eignung sowie die grundsätzliche Bereitschaft des Motivgebers, Dreharbeiten zu bezahlbaren Kondition zuzulassen. Hat sich ein Regisseur einmal für einen Drehort entschieden und stellt sich daraufhin heraus, dass dieser als Motiv nicht funktioniert, ist das nicht nur psychologisch ungeschickt, weil es eine Wiederholung von Arbeitsschritten nötig machen und die Stimmung trüben kann, sondern die Situation kann sich auch zu einem ernsthaften Problem entwickeln. Im schlimmsten Fall fehlt die Zeit für eine neue Suche und eine weitere Motivbesichtigung, und die offene Motiventscheidung zieht sich bis in die Dreharbeiten hinein. Das Motiv hätte also gar nicht erst vorgeschlagen werden dürfen. Um solche Situationen zu vermeiden, klären Szenenbildner oder Locationscout bereits bei ihrem ersten Besuch mit den potenziellen Motivgebern die grundsätzlichen Bedingungen einer Motivmiete und lassen diese im Zweifelsfall über die Produktion verifizieren. Es hilft nicht, Motivgeber gegen deren Willen zu überreden oder den Ablauf von Dreharbeiten und die Einschränkungen, die damit für den Motivgeber verbunden sind, zu beschönigen, da ein solches Vorgehen früher oder später auf die Produktion zurückfallen würde. Motivgeber, von denen man den Eindruck hat, dass sie den Anforderungen, die Dreharbeiten an ihr Motiv und an die Strapazierfähigkeit ihrer

Nerven stellen, nicht gewachsen sein könnten, sollte man meiden. Bei Motivvorschlägen, die über eine Agentur vermittelt werden, besteht diese Gefahr meistens nicht – allerdings sind die Motive dafür häufig nicht neu und waren schon zuvor in anderen Filmen zu sehen. Szenenbildner und Locationscout achten bei der Motivsuche auch darauf, dass die Motive sich in ihrer Gesamtheit logistisch stimmig kombinieren lassen. Eine räumliche Nähe der Drehorte zueinander erhöht die Flexibilität einer Produktion. Ein wunderschönes Motiv für einen halben Drehtag, das zwei Stunden Fahrtzeit von allen übrigen Motiven entfernt liegt, wird deshalb zunächst nicht vorgeschlagen. Die Suche verläuft in konzentrischen Kreisen um das Hauptmotiv und den Produktionsstandort herum. Welche Distanz eine Produktion bereit ist, für ein Motiv zurückzulegen, ist abhängig vom jeweiligen Motiv und kristallisiert sich in der Regel erst im Vorbereitungsverlauf heraus – je nach Erfolg der Suche sowie der Prioritäten und Kompromissbereitschaft der Regie. Es ist nicht ausgeschlossen, dass die Motivsuche im Verlauf einer Vorbereitung mehrmals umgedacht werden muss und das zwei Stunden entfernte Motiv in Ermangelung an Alternativen schließlich doch noch vorgeschlagen wird. Um mögliche räumliche Optionen anhand eines aktuellen Drehplans durchzuspielen, hält der Szenenbildner Rücksprache mit dem 1. Regieassistenten und dem 1. Aufnahmeleiter.

Die Suche nach Straßen oder sonstigen Motiven auf öffentlichem Grund unterscheidet sich in ihrem Vorgehen. Diese Motive sind, was das Genehmigungsverfahren angeht, ungleich komplexer als Motive aus privater Hand, und viele Straßen eignen sich von vornherein nicht für Dreharbeiten, weil die dafür häufig notwendigen Sperrungen aus vielfältigen Gründen von den zuständigen Ämtern nicht erlaubt werden (Bauarbeiten, Umleitungen, Buslinien usw.). Da es ineffektiv wäre, wenn Szenenbildner oder Locationscout eine Straße suchen würden, von der nicht abzusehen ist, ob sie sich überhaupt als Drehort genehmigen lässt, ist in diesem Fall von vornherein die Aufnahmeleitung in die Suche involviert. Sie schlägt dem

Szenenbildner mögliche Drehorte vor oder arbeitet eng mit dem Location-scout zusammen, um potenzielle Motive direkt auf ihre Eignung zu überprüfen. Alle an der Motivsuche Beteiligten sind darin geschult, Drehorte auf ihre logistische Tauglichkeit hin einzuschätzen. Motivbesichtigungen finden im Rahmen von Motivtouren statt, an denen Regisseur, Szenenbildner, Kameramann, der 1. Regieassistent und der 1. Aufnahmeleiter teilnehmen. Auf einer Motivtour fahren die Beteiligten die Motive, die der Regisseur sehen möchte, in einer zuvor festgelegten Reihenfolge ab. Zumindest bei wichtigen Motiven ist auch der Produktionsleiter vor Ort, bei kleinen Motiven lässt er sich vom 1. Aufnahmeleiter vertreten. Aus dem Szenenbild kommen je nach Aufwand und Anspruch des jeweiligen Motivs weitere Mitarbeiter hinzu. Motivtouren werden in Zusammenarbeit von Szenenbildner und 1. Aufnahmeleiter organisiert. Die beiden sind bemüht, möglichst viele Motivvorschläge auf einer Tour unterzubringen, und disponieren die Motive in einer Reihenfolge, die sowohl logistisch als auch psychologisch günstig ist. Dabei orientieren sie sich an der Priorität der Motive, der Verfügbarkeit der Motivgeber und an einer günstigen Streckenführung. Sollte der Regisseur bereits erkennbare Favoriten haben, kann es sinnvoll sein, diese Motive vorzuziehen, denn wenn der Regisseur sich direkt für das erste Motiv entscheiden kann, müssen die weiteren Vorschläge gar nicht erst angefahren werden. Falls er sich jedoch mit einer Entscheidung schwertut, kann es allerdings gerade notwendig sein, eine Auswahl zu generieren. Um keinen unnötigen Zeitverlust zu produzieren, wird eine einmal getroffene Motivauswahl nur dann in Zweifel gezogen, wenn das unbedingt notwendig ist. Da auf einer Motivtour viele Mitarbeiter auf sehr engem Raum, meist in einem Multivan, sehr lange durch die Gegend fahren, sollte sie immer effizient getaktet sein.

Die notwendige Anzahl der Motivtouren im Rahmen einer Produktion lässt sich nicht verallgemeinern und ist abhängig von unterschiedlichen Faktoren: der Entscheidungsfreude und dem Tempo der Regie, den Vorarbeiten und antizipativen Fähigkeiten des Szenenbildners, den Vorgaben des Drehbuchs, den Anforderungen an die Motive und nicht unerheblich auch vom Glück. Dass zu Drehbeginn nicht alle Motive feststehen, ist zwar nicht günstig, aber auch nicht selten. In diesem Fall müssen Motivbesichtigungen nach Drehschluss oder am Wochenende angesetzt werden, was zusätzliche Personalkosten bedeutet und bei keinem der Akteure für Begeisterung sorgt. Solche offenen Motive können zu einem ernsthaften Problem werden, da sie dann nur noch einer eingeschränkten drehplanerischen Flexibilität unterliegen und häufig mit engen Auflagen verbunden sind. Als Prämisse arbeitet man daher immer so, dass bis zur technischen Motivbesichtigung möglichst alle Motive entschieden sind.

Im Rahmen der technischen Motivbesichtigungen werden die ausgewählten Motive für die Dreharbeiten vorbereitet. Sie finden häufig rund eine Woche vor Drehbeginn statt und basieren auf der Annahme, dass Regie und Kamera seit der Motivauswahl ihre Vorbereitung in Bezug auf die Umsetzung der Szenen soweit abgeschlossen haben, dass sie nun die dafür notwendigen szenenbildnerischen, technischen und aufnahmeleiterischen Ansagen treffen können. Die ausgewählten Motive werden nacheinander angefahren und konkrete Bildausschnitte, Lampenpositionen, Parkverbotszonen, Sperrungen, notwendige Veränderungen an den Motiven und die technische Umsetzung generell festgelegt. Die technische Motivbesichtigung wird vom 1. Regieassistenten moderiert. Es liegt in seiner Verantwortung, dass keine für die Umsetzung notwendigen Informationen vergessen werden.

Teilnehmer der technischen Motivbesichtigung sind Regisseur, Kameramann, Szenenbildner mit Team, Oberbeleuchter, der 1. Regieassistent, der 1. Aufnahmeleiter und Motivaufnahmeleiter und manchmal auch Tonmeister und Kamerabühne sowie – bei besonders schwierigen oder heiklen Motiven – der Produktionsleiter. Der technische Stab mit Ausnahme des Kameramanns sieht die Motive dabei für gewöhnlich zum ersten Mal. Auch wenn Produktionen sich den Tonmeister auf technischen Motivbesichtigungen gerne sparen, ist es durchaus sinnvoll, dass auch dieser die Motive vor Drehbeginn in Augenschein genommen hat, um auf ihre produktionelle Vorbereitung Einfluss nehmen zu können, beispielsweise durch das Benennen von Lüftungen oder andere tontechnische Anpassungen. Die Nachbearbeitungsmöglichkeiten im Bereich Ton sind allerdings mittlerweile so groß geworden, dass Probleme häufig von vornherein in die Postproduktion verschoben werden. Die Kamerabühne ist in den Fällen beteiligt, in denen es um spezielle Kamerapositionen oder Kraneinsätze geht.

Ein wichtiges Stichwort bei der technischen Vorbereitung von Motiven ist Kontrolle. Originalmotive werden stets so vorbereitet, dass die Dreharbeiten maximal kontrolliert durchgeführt werden können. Dazu gehören nicht nur die Genehmigung und Durchführung von Sperrungen, sondern auch die Kontrolle über alle Außeneinflüsse, die am jeweiligen Drehort von Bedeutung sein können. Dies ist obligatorisch und muss vom Regisseur nicht eigens angesagt werden. Jeder Rückschritt hinter diese Leitlinie ist dagegen einzeln mit ihm abzustimmen, sobald es Auswirkungen auf die Dreharbeiten haben kann: Dazu gehören Motivauflagen wie Publikumsverkehr in öffentlichen Gebäuden und Linienbusse, die man bei Sperrungen passieren lassen muss. In der Praxis wird man selten Dreharbeiten an Originalmotiven finden, die gänzlich ohne Einschränkungen stattfinden, und manche Regisseure nutzen fehlende Kontrolle sogar als inszenatorisches Mittel.

Aufgrund des hohen Effizienzdrucks ist es heutzutage nicht mehr unbedingt üblich, dass der Regisseur selbst an der technischen Motivbesichtigung teilnimmt. Stattdessen überlässt er es dem Kameramann und dem 1. Regieassistenten, die notwendigen Informationen an den Stab weiterzugeben und dessen Fragen zu beantworten. Häufig gliedert man auch die ausgewählten Motive nach ihrer technischen Schwierigkeit und lässt Motive mit niedriger Priorität einfach aus.

Nach der technischen Motivbesichtigung arbeitet das Szenenbild dem Drehfortschritt immer einige Tage voraus, damit die Einrichtung eines Motivs rechtzeitig vor dessen ersten Drehtag abgeschlossen ist und der Regie zur Abnahme gezeigt werden kann. Manchmal erfolgt die Motivabnahme am Abend vor einem Drehtag oder sogar erst am Morgen des Drehtages. Ist ein Motiv abgedreht, wird es zurückgebaut. Früher blieben Motive so lange eingerichtet, bis aus dem Kopierwerk die Nachricht kam, dass das belichtete Filmmaterial technisch einwandfrei ist, das sogenannte Negativ-OK, seitdem Filme aber überwiegend digital gedreht werden, erfolgt ein Rückbau meist direkt nach Drehschluss.

Drehbucharbeit

Nicht immer ist die Drehbuchentwicklung zu Beginn der Vorbereitung abgeschlossen. Sie kann bis Drehbeginn andauern, und manchmal werden noch während der Dreharbeiten Änderungen am Drehbuch vorgenommen. Dieses bewegliche Arbeiten ist zu begrüßen, da Stoffentwicklung und Dreharbeiten aufeinander aufbauen und eine Reaktion des Drehbuchs auf inszenatorische Entscheidungen oder den Drehfortschritt sowohl zu einer tieferen künstlerischen Durchdringung des Stoffes als auch zu einer größeren wirtschaftlichen Effizienz der Produktion beitragen kann. In dem ungünstigen Fall einer nicht ausreichenden Drehzeit gewährleistet meist erst eine Reaktion des Drehbuchs auf den Drehfortschritt einen kohärenten Abschluss der Dreharbeiten.
Für die Drehplanung ergeben sich daraus einige Schwierigkeiten. Ein agiler Entwicklungsprozess verträgt sich nur bedingt mit der produktionellen Notwendigkeit von Fakten. Weiterhin basiert die individuelle Vorbereitung aller Mitarbeiter auf den auch formalen Vorgaben des Drehbuchs. Verändern sich diese, müssen häufig Arbeitsschritte wiederholt oder revidiert werden. Zwingt eine neue Drehbuchfassung den ganzen Stab, ein bereits durchgearbeitetes und eingerichtetes

Drehbuch auszutauschen, kann das den Verlust von bis zu einem Vorbereitungstag bedeuten. Steht dabei noch der Beginn der Dreharbeiten unmittelbar bevor, ist es schwierig, den Zeitverlust wieder aufzufangen. Während der Drehphase ist das gar nicht erst möglich. Aus diesem Grund hat sich folgendes Vorgehen etabliert: Solange die Drehbucharbeit andauert, werden alle Änderungen in jeder neuen Fassung als solche markiert. Das bewahrt alle Beteiligten davor, die gesamte Fassung im Hinblick auf mögliche Änderungen durchsuchen zu müssen. An einem nicht generalisierbaren Punkt der Stoffentwicklung wird das Drehbuch dann „gelockt". Ein gelocktes Drehbuch bedeutet, dass keine formalen Veränderungen mehr vorgenommen werden und Szenennummerierungen und Seitenumbrüche bestehen bleiben. Von diesem Punkt an kann der Stab also mit dem Drehbuch arbeiten, ohne zu befürchten, die investierte Arbeit wiederholen zu müssen. An welchem Punkt ein Drehbuch gelockt wird, ist sowohl abhängig von der Drehbuchentwicklung selbst als auch vom Stand der Vorbereitung. Es ist grundsätzlich wünschenswert, dass dies frühzeitig geschieht, um Planungssicherheit zu gewährleisten. Allerdings ist ein gelocktes Drehbuch sinnlos, solange neue Drehbuchfassungen absehbar sind, in denen auf der Mehrzahl der Seiten Änderungen vorgenommen sein werden. Man bezeichnet ein gelocktes Drehbuch auch als Drehfassung.
Die Arbeit an einem gelockten Drehbuch muss nicht abgeschlossen sein. Stellen sich weitere Änderungen als notwendig heraus, werden diese als farbige Änderungsseiten verteilt. Das bedeutet, dass nur die Drehbuchseiten, auf denen es tatsächlich Änderungen gegeben hat, ausgetauscht werden. Um diese von den bereits vorliegenden Drehbuchseiten abzuheben, werden sie auf farbigem Papier gedruckt, wobei jede neue Fassung zur besseren Übersichtlichkeit eine eigene Farbe bekommt. Formatierung und Seitenumbrüche der Änderungsseiten sind mit denen der gelockten Fassung identisch. Ergänzend dazu wird eine formlose Übersicht aller Änderungen verteilt, der jeder Mitarbeiter entnehmen kann, ob die

Änderungen seinen Arbeitsbereich betreffen oder nicht. Je nach Verlauf der Drehbuchentwicklung kann ein Drehbuch irgendwann sehr viele farbige Seiten enthalten.

Besprechungen der Regie

Im Verlauf einer Vorbereitung finden sowohl innerhalb der Abteilungen als auch abteilungsübergreifend zu allen möglichen Themen Besprechungen statt. Diese Besprechungen ergeben sich aus der internen Arbeitsweise der Abteilungen und den Anforderungen des Drehbuchs. Je mehr Kommunikation insbesondere auch zwischen den Abteilungen stattfindet, desto mehr kann ein Film davon profitieren. Dieses Kapitel gibt einen Überblick über typische und wichtige Besprechungen der Regie, die für jede Vorbereitung als obligatorisch angesehen werden können.

Am Anfang jeder Vorbereitung steht eine Regiebesprechung zwischen Regie und dem 1. Regieassistenten, in der das Drehbuch im Hinblick auf vorbereitungsintensive Aufgabenstellungen und offene Drehplanfragen durchgesprochen wird. Dazu gehören beispielsweise alle in Frage kommenden Stunteinsätze, welche Rollen in welcher Szene zu sehen sind, die für die Dreharbeiten notwendigen Schauspielertrainings, der Einsatz von SFX oder Zusatzpersonal usw. Auch die in dem Kapitel *Produktionskalender und Termine* ausgeführte Terminplanung ist Bestandteil dieser Besprechung. Die dabei gewonnenen Informationen helfen dem Regieassistenten, einen Überblick über alle notwendigen Vorbereitungsschritte zu bekommen und sie auf dieser Grundlage zu strukturieren. Ist er etwa darüber informiert, in welcher Situation die Regie über einen Stunteinsatz nachdenkt, kann er dafür sorgen, dass der Stuntbetreuer an der Motivbesichtigung der jeweiligen Motive teilnimmt. Das verringert die Notwendigkeit, zu einem späteren Zeitpunkt ein bereits besprochenes Motiv noch einmal ausschließlich unter Stuntgesichtspunkten anfahren zu müssen – Ineffizienz verursacht in jeder Vorbereitung Zusatzkosten.

Der Produktionsleitung helfen die Ergebnisse aus dieser Besprechung, die Kosten der Dreharbeiten realistisch einzuschätzen.
In der Regiebesprechung geht es nicht darum, definitive Antworten auf alle offenen Fragen zu bekommen, stattdessen steckt man die grundsätzlichen Parameter der Dreharbeiten ab: Es ist noch nicht wichtig, wie ein Stunt im Einzelnen aussehen soll, aber es kann wichtig sein, frühzeitig zu wissen, dass ein Stunt stattfinden soll. Die Details ergeben sich dann im Verlauf der Vorbereitung, in unserem Beispiel wahrscheinlich dann, wenn der Regisseur mit dem Stuntbetreuer auf der Motivbesichtigung ins Gespräch über seine Vorstellungen kommt. Der Regieassistent konzentriert sich also auf Fragen und Aufgabenstellungen, die grundsätzliche Auswirkungen haben und vorbereitungsintensiv sind. Detailfragen zu Requisiten, Kostümen und Maske stellt er zurück und bringt sie erst in den Besprechungen mit den jeweiligen Fachabteilungen zur Sprache. Mit seinen Fragen orientiert er sich am Vorbereitungsstand des Regisseurs und versucht, diesen in seinen Gedanken voranzubringen. Erfahrene Regieassistenten wissen die Priorität und Dringlichkeit ihrer Fragen für den weiteren Projektverlauf präzise einschätzen.
Rechtzeitig vor Arbeitsbeginn jeder künstlerischen Abteilung setzt sich der Regisseur mit dem jeweiligen Abteilungsleiter zusammen, um die künstlerischen Vorstellungen über die Umsetzung der Geschichte abzustimmen. Anzahl, Ablauf und Umfang dieser Besprechungen richten sich nach der Form der Zusammenarbeit und nach den Anforderungen des Drehbuchs. Besteht ein großes Vertrauensverhältnis, weil man etwa schon bei mehreren Projekten zusammengearbeitet hat, können diese Besprechungen kurz gehalten sein oder sogar ganz entfallen. Bei einer erstmaligen Zusammenarbeit werden sie dagegen mehr Zeit in Anspruch nehmen, weil beide Seiten möglicherweise erst einmal eine gemeinsame Sprache finden müssen. Grundlage dieser Besprechungen ist neben einer Lektüre des Drehbuchs häufig eine Präsentation von ersten sogenannten „Moodboards" oder grafischen Vorlagen durch den jeweiligen Abteilungsleiter.

Die grundsätzlichen Vorstellungen über das Szenenbild und die Vorgaben für die Motivsuche werden bereits vor Vorbereitungsbeginn in einer Ausstattungsbesprechung thematisiert. Die weiteren Details der szenenbildnerischen Arbeit klären sich dann im Rahmen der Motivbesichtigungen und insbesondere in der Requisitenbesprechung, welche noch separat beschrieben werden wird. Auch für die Kostümbesprechung und die Maskenbesprechung bietet es sich an, zunächst die Tonalität des Films abzustimmen, und anschließend alle Rollen einzeln durchzugehen, um die Figuren festzulegen. Je weiter die Besetzung zu diesem Zeitpunkt vorangeschritten ist, desto konkreter geht man dabei vor. Um auch Aspekte von organisatorisch-logistischer Seite anzusprechen, ist die Anwesenheit des 1. Regieassistenten in diesen Besprechungen sinnvoll: Müssen Kostüme aufgrund von Stunt oder Doubleeinsätzen mehrfach vorhanden sein? Soll eine Wunde im Verlauf der Geschichte ihre Erscheinung verändern? Es hilft, wenn bei diesen Fragen die Tageseinteilung vorliegt, in der die zeitliche Struktur der Geschichte festgelegt ist (siehe *Spieltage und Spielzeiten* auf Seite 166).

Die Requisitenbesprechung findet ungefähr zur Halbzeit der Vorbereitung statt. In ihrem Rahmen bespricht man sowohl die Einrichtung der Motive, die zu diesem Zeitpunkt zumindest teilweise feststehen sollten, als auch die Anforderungen an jedes einzelne Spielrequisit. Requisiten sind bewegliche Gegenstände, die ein Schauspieler beim Spielen in der Hand halten kann. Bei der Requisitenbesprechung geht man einmal mehr chronologisch durch das Drehbuch, es nehmen Regisseur, Szenenbildner, Szenenbildassistent und Außenrequisiteur teil und sie wird vom 1. Regieassistenten geleitet. Auch die Anwesenheit des Innenrequisiteurs ist sinnvoll, allerdings arbeitet dieser zu diesem Zeitpunkt häufig noch in anderen Produktionen, weil sein eigentlicher Arbeitsbeginn erst viel später ist. Abhängig von der zeitlichen Ansetzung der Requisitenbesprechung und je nach Arbeitsweise des Szenenbildners präsentiert dieser konkrete Entwürfe und Skizzen der Motiveinrichtungen und der Außenrequisiteur legte erste Requisitenvorschläge zur Abnahme vor. Eine Requisitenbesprechung hilft dem Szenenbild, seine vorbereitende Arbeit mit den Vorstellungen des Regisseurs abzustimmen und ins Detail hinein zu konkretisieren, und kann bis zu zwei Arbeitstage in Anspruch nehmen. Der Regieassistent thematisiert dabei auch Anforderungen, die sich aus der Drehplanung ergeben: Welche Motiveinrichtungen haben verschiedene Stadien und an welcher Stelle der Handlung verändern sie sich? Welche Requisiten werden mehrmals gebraucht, und wenn ja, wie häufig?

Der Außenrequisiteur besitzt nach der Requisitenbesprechung alle notwendigen Informationen, um die Requisiten eines Films aufzustellen. Er hat nun drei Möglichkeiten, um sie von der Regie abnehmen zu lassen. Entweder er legt sie kontinuierlich im Tagesgeschäft immer dann vor, wenn er davon ausgeht, die Aufgabenstellung zur Zufriedenheit der Regie bearbeitet zu haben, sei es als Fotos, über E-Mail oder in natura. Die zweite Möglichkeit ist die Ansetzung einer Requisitenabnahme kurz vor Drehbeginn, in deren Verlauf er alle Spielrequisiten zeigt. Ein solcher Termin hat den Vorteil, dass die Abnahme sehr konzentriert verläuft und der Außenrequisiteur sich der Aufmerksamkeit der Regie sicher sein kann. Eine kontinuierliche Requisitenabnahme läuft dagegen häufig „zwischen Tür und Angel" ab, und erfahrungsgemäß kann es gerade bei Kleinrequisiten passieren, dass der Regisseur nicht immer mit voller Aufmerksamkeit bei der Sache ist. Die dritte Möglichkeit ist eine regelmäßige Abnahme am Abend nach Drehschluss. Dafür muss der Außenrequisiteur sich aber stets nach dem Drehablauf richten, und kein Regisseur verspürt nach einem langen Drehtag noch große Lust auf die Begutachtung von Kleinrequisiten wie Teller, Koffer oder Schilder.

Requisiten haben nicht nur eine inhaltliche Komponente (Erzählt das Requisit das Richtige?), sie haben auch einen nicht unerheblichen Einfluss auf die Inszenierung (Kann der Schauspieler mit dem Requisit so spielen, wie die Regie sich das vorstellt?). Aus diesen Gründen sollte jedes Spielrequisit vor seinem ersten Einsatz vom Regisseur abgenommen sein, egal wie klein oder unbedeutend es auf den ersten Blick erscheinen mag. Aber selbst eine Abnahme garantiert nicht, dass es sich im Einzelfall bei der Inszenierung tatsächlich als nicht tauglich herausstellt und kurzfristig noch Ersatz beschafft werden muss. Eine Requisitenabnahme ist immer so vorbereitet, dass sie schnell und effektiv erfolgen kann, und für jedes Requisit sollten mindestens zwei Vorschläge zur Auswahl bereitstehen.

Es ist sinnvoll, wenn die Ergebnisse der Requisitenbesprechung und aller anderer beschriebenen Besprechungen in einem formlosen Protokoll zusammengefasst und an den Stab verteilt werden. Insbesondere die jeweils anderen künstlerischen Abteilungen können daraus Rückschlüsse für ihre eigene Arbeit ziehen, so kann etwa der Kostümbildner Informationen über die Einrichtung eines Motivs in seine Kostümkonzeption einfließen lassen und der Szenenbildner Rückschlüsse aus einem Kostüm für seine Motiveinrichtung ziehen. Eine transparente Kommunikation ist bei einer Filmproduktion immer wünschenswert, und es ist die Aufgabe des 1. Regieassistenten, diese zu gewährleisten.

Eine Sonderstellung nimmt die Arbeit von Regisseur und Kameramann ein. Der Kameramann ist der engste Mitarbeiter der Regie, weshalb die Zusammenarbeit von einem hohen Vertrauen gekennzeichnet ist und meist sehr persönlich abläuft. In manchen Konstellationen verbringen beide Akteure viel Zeit miteinander, um die szenische Auflösung zu erarbeiten – das sind alle Kameraeinstellungen, die für die Umsetzung einer Szene benötigt werden. Dazu stellen sie sich die Positionen und Bewegungen der Schauspieler im Raum vor und überlegen, wie sie sich dazu mit der Kamera verhalten wollen. In anderen Konstellationen wird die szenische Auflösung erst am Drehort improvisiert. Ob die Auflösungsarbeit über den Produktionskalender angesetzt werden muss, ist im Einzelfall zu klären und auch abhängig davon, wie der Regisseur das Produktionsbüro nutzt. Manche Regisseure arbeiten dort in einem eigenen Büro und sind so für ihren Stab verfügbar, während andere Regisseure das Produktionsbüro meiden und lieber in externen Räumlichkeiten wie in Cafés, Restaurants oder im Büro bei sich zuhause vorbereiten.

Zentraler Termin einer Vorbereitung ist die Produktionsbesprechung. Sie ist eine der letzten Besprechungen vor Drehbeginn und kann bis zu einem Tag in Anspruch nehmen. An der Produktionsbesprechung nehmen Produzent, Regisseur, alle Abteilungsleiter und Assistenten, Produktionsleiter, alle Aufnahmeleiter sowie alle weiteren Mitarbeiter teil, die für das Gelingen des Drehprozesses entscheidend sind. Der 1. Regieassistent referiert die Planung des Drehablaufs anhand des aktuellen Drehplans und manchmal sogar anhand der Drehfolge (siehe *Drehbuchauszüge* auf Seite 167). Ziel ist, alle Mitarbeiter auf den Ablauf der Dreharbeiten vorzubereiten und auf denselben Planungsstand zu bringen. Die Produktionsbesprechung bietet die Möglichkeit, unklare oder offene Punkte anzusprechen und in großer Runde zu klären, man kann auf mögliche Probleme oder Konfliktsituationen aufmerksam machen und alle können dem Regisseur letzte verbliebene Fragen stellen.
Die Gefahr einer Produktionsbesprechung besteht darin, dass alle Beteiligten kurz vor Drehbeginn noch einmal ihre Sorgen und Befindlichkeiten zur Sprache bringen wollen und die Kommunikation sehr kleinteilig gerät. Eine Produktionsbesprechung ist nur dann sinnvoll und keine Zeitverschwendung, wenn die Arbeit am Drehplan soweit fortgeschritten ist, dass sich bis Drehbeginn nichts Grundsätzliches mehr verändert. Aus diesen Gründen lehnen manche Regisseure eine Produktionsbesprechung ab, bei richtiger Moderation und Ansetzung kann sie aber ein wertvoller Schritt in der Hinführung auf die Dreharbeiten sein. Für gewöhnlich findet sie im Produktionsbüro statt und sollte nicht früher als eine Woche vor Drehbeginn auf dem Programm stehen. Da es nicht immer einfach ist, den ganzen Stab gemeinsam an einem Tisch zu versammeln, muss sie mit Vorlauf angesetzt werden.

Probenarbeit

Die Organisation von Proben ist eines der komplexesten Themen jeder Vorbereitung. Grundsätzlich unterscheidet man drei Arten

von Proben: Zum einen sind da Trainings und Recherchen, die dem Schauspieler helfen, sich auf seine Rolle vorzubereiten, wozu beispielsweise das Erlernen von Sprachkenntnissen und Dialekten, Einblicke in alle möglichen Milieus oder das Einstudieren von choreografierten Gesangs- oder Tanzdarbietungen gehört. Zweitens gibt es Masken- und Kostümproben, in denen die Figuren von den beiden Fachabteilungen in Abstimmung mit der Regie äußerlich erarbeitet werden. Zur dritten Art Proben zählen schließlich Leseproben, Rollenbesprechungen und Konstellationsproben, in denen der Regisseur die Schauspieler auf die Dreharbeiten vorbereitet.
Trainings und Recherchen benötigen einen gewissen zeitlichen Vorlauf zum Drehbeginn. Man kann nicht erwarten, dass ein Schauspieler innerhalb von einer Woche einen Akzent erarbeitet oder eine Sprache erlernt. Der Respekt vor der Arbeit des Schauspielers gebührt es, ein solches Unterfangen rechtzeitig abzusprechen, und jeder Schauspieler kann Vorbereitungssicherheit in Bezug auf seinen Text erwarten. Dabei muss man bedenken, dass manche Schauspieler sich ihre Dialoge sehr genau erarbeiten und ältere Schauspieler gegebenenfalls nicht mehr gut im Memorieren sind. Einige Schauspieler haben sogar entsprechende Klauseln in ihrem Vertrag, mit wie viel Vorlauf vor Drehbeginn oder vor ihrem ersten Drehtag alle Änderungen am Text abgeschlossen sein müssen. In vielen Fällen ist ein erstes Training auch deshalb wichtig, um den Trainingserfolg bewerten und anschließend entscheiden zu können, wie man weiter vorgehen will. Proben sind ein Prozess, und manchmal ergibt sich ihre Notwendigkeit erst aus einer vorangegangenen Probe.
Der Regisseur macht auf Basis des Drehbuchs konkrete Vorgaben, was er vom welchem Schauspieler erwartet. Eine präzise Absprache ist notwendig, damit beispielsweise ein Schauspieler nicht drei Wochen lang Balletttanzen lernt, wenn er dann nie im Bild tanzen muss – in diesem Fall hätte vielleicht auch eine einfache Recherche ausreichend Kenntnisse geliefert. Hat man einen Überblick über alle Anforderungen, sucht man in Absprache mit den Schauspielern

nach einer Trainings- oder Recherchemöglichkeit. Bedarf ein Training weiterer Vorarbeiten, so ist dies bei der Ansetzung zu beachten: Es ist sinnlos, eine Ballettprobe anzusetzen, bevor überhaupt klar ist, was der Schauspieler tanzen soll. Allerdings ist es nicht immer möglich, die Dauer von solchen aufeinander aufbauenden Arbeitsschritten richtig einzuschätzen. Selbst wenn der Choreograf die Tanzeinlage rechtzeitig fertigstellt, muss sie deshalb noch lange nicht dem Regisseur gefallen. Auch deswegen ist es wichtig, die Probenorganisation mit zeitlichem Spielraum anzugehen.

Ein Schauspieler bringt nicht automatisch eine Fähigkeit mit, nur weil das im Drehbuch steht. Man darf auch nicht erwarten, dass ein Schauspieler von sich aus darauf hinweist, dass er etwas nicht kann, selbst wenn diese Anforderung für die Besetzung obligatorisch erscheint. Für die Produktion ergibt sich daraus die Notwendigkeit, immer alle Aspekte abzufragen, wozu übrigens auch Ernährungsgewohnheiten und Unverträglichkeiten bzw. gesundheitliche Einschränkungen beispielsweise bei einem Dreh mit Tieren zählen. Manchmal kommen Schauspieler auch von sich aus auf die Produktion zu, weil sie etwas für sich erarbeiten möchten, das vielleicht nicht einmal Regieanforderung ist, das ihnen für ihre Rollenarbeit aber wichtig erscheint. Solange dieser Aufwand tragbar ist, kommt man ihnen dabei entgegen, weil sich das positiv auf die Qualität ihres Spiels auswirken kann. Bei der Auswahl der Trainingsumstände ist einiges zu beachten. Wenn der Regisseur nicht selbst anwesend sein kann – was aus Zeitgründen meistens der Fall ist – muss das Training nicht am Produktionsstandort stattfinden, sondern kann dort angesetzt werden, wo der Schauspieler sich aufhält. Ich musste mal ein Jetskitraining organisieren, und da der Schauspieler im Zeitraum der Vorbereitung gerade Urlaub an der Ostsee machte, haben wir ihm der Einfachheit halber dort ein Training organisiert, welches er mit großer Freude absolvierte. Bei einer solchen Konstellation sollte man allerdings bedenken, dass es der Wunsch von Regie oder Schauspieler sein kann, bei den Dreharbeiten eine Setbetreuung als Korrektiv für die Inszenierung

oder für das Sicherheitsgefühl des Schauspielers dabei zu haben. In diesem Fall sollten Training und Setbetreuung aus einer Hand kommen – ein Training am Produktionsstandort vereinfacht das.
Es ist aus zwei Gründen wünschenswert, dass es für jeden fachlichen Aspekt eines Films nur einen Ansprechpartner gibt. Zum einen vereinfacht es die Kommunikation und minimiert die Gefahr von Widersprüchen, die im schlimmsten Fall zu Verunsicherung, Diskussionen und Zeitverlust bei der Inszenierung führen können. Nicht immer ist eine Trennlinie von vornherein offensichtlich: Ich war einmal an einem Krankenhaus-Mehrteiler beteiligt, in dem Schulmedizin und traditionelle chinesische Medizin (TCM) gleichermaßen eine zentrale Rolle spielten. Nachdem wir über verschiedene Varianten nachgedacht hatten, wählten wir schließlich zwei Fachbetreuer aus, die uns jeweils für ihren Bereich (Schulmedizin und TCM) als alleiniger Ansprechpartner zur Verfügung standen. Trainings oder Recherchen, die der jeweilige Fachbetreuer nicht selbst anbieten konnte, wurden von ihm vermittelt und immer auch in seiner Anwesenheit durchgeführt. Trotz ihrer verwandtschaftlichen Nähe (Medizin) waren die beiden Fachbereiche so weit voneinander entfernt, dass wir mit zwei Fachbetreuern sicher sein konnten, dass es zu keinen unglücklichen Überschneidungen kommen und der Informationsfluss trotzdem zu jedem Zeitpunkt konsistent sein würde.
Zum anderen sollten Schauspieler nur in der von der Regie gewünschten Weise begleitet werden. Filmschaffende und professionelle Filmdienstleister sind es gewohnt, ausschließlich im Sinne des Regisseurs Einfluss zu nehmen. Branchenfremde Trainer oder Fachbetreuer sind dies nicht, weshalb man sie sorgfältig auswählt und vorbereitet: Es muss abgesprochen sein, was der Schauspieler lernen soll und was nicht und wie das Training oder die Recherche ablaufen soll. Darüber hinaus muss dem Trainer oder Fachbetreuer klar sein, dass er keine Regiefunktion ausübt. Es ist nicht seine Aufgabe, Einfluss auf die Inszenierung zu nehmen, sondern Schauspieler und Regisseur bei deren Arbeit zu unterstützen. Erfahrungsgemäß

funktioniert dies am besten, wenn der Fachbetreuer Optionen für die Umsetzung anbietet, aus denen der Regisseur die inszenatorisch bestgeeignete auswählen kann. Kommt es bei der Inszenierung zu fachlichen Fehlern, sollte der Trainer oder Fachbetreuer darauf hinweisen, aber den Regisseur nicht korrigieren – die letzte Entscheidung liegt immer bei diesem.

Hat man sich für die Umstände entschieden, spricht man alle Rahmenbedingungen ab und setzt das Training oder die Recherche schließlich an. Im Falle eines Trainings sollte man das Ergebnis dokumentieren lassen, um den Erfolg kontrollieren zu können. Ein einfacher Handyfilm reicht für gewöhnlich, um das zu erkennen, was man erkennen möchte: Wie sicher ist der Schauspieler in dem, was er da tut? Anhand dessen kann der Regisseur dann über das weitere Vorgehen entscheiden.

Kostüm- und Maskenproben finden für gewöhnlich am Produktionsstandort statt. Je nach Verfügbarkeit eines Schauspielers kann es in Ausnahmefällen aber vorkommen, dass die Mitarbeiter der Fachabteilungen an den Ort reisen müssen, an dem der Schauspieler sich gerade aufhält. Da meist nur eingeschränkt Zeit zur Verfügung steht und Kostüm- und Maskenproben abhängig von der Verfügbarkeit der Schauspieler sind und nicht beliebig oder gar nicht wiederholt werden können, müssen sie von den Fachabteilungen sorgfältig vorbereitet sein. Proben ohne Regie werden von den Abteilungen in eigener Disposition in Absprache mit der Produktion geplant und durchgeführt. Proben in Anwesenheit der Regie werden von der Regieassistenz oder Aufnahmeleitung koordiniert, damit sie sich effektiv und ohne Zeitverlust in den Kalender der Regie einfügen.

Die Probenstruktur von Maske und Kostüm folgt bei den meisten Produktionen recht ähnlichen Strukturen. Voraussetzung für die Arbeit der Kostümabteilung ist die Besetzung. Bei jeder Besetzung erfragt die Produktion den Maßzettel, den der Schauspieler bei seiner Agentur hinterlegt hat. Dieses Vorgehen erspart es der Kostümabteilung, jeden Schauspieler zu diesem frühen Zeitpunkt treffen und selber Maß nehmen zu müssen. In der Praxis kommt es allerdings vor, dass Maßzettel veraltet sind, dass entscheidende Größen fehlen oder dass sie schlicht nicht stimmen. Damit dies bei der ersten Kostümprobe nicht zu einer bösen Überraschung führt und die bereits geleistete Arbeit zunichtemacht, sind manche Kostümbildner bestrebt, den Schauspieler – falls er denn greifbar sein sollte – noch einmal selber zu vermessen. Insbesondere bei zeitaufwendigen und teuren Maßanfertigungen, beispielsweise bei historischen Filmen, stellt der Kostümbildner sicher, dass er keine Ressourcen aufgrund von falschen Maßangaben verschwendet.

Für die meisten zeitgenössischen Filme reicht der Maßzettel für die Kostümabteilung aber aus, um eine erste Kostümprobe vorzubereiten. Der Kostümbildner verabredet sich direkt mit dem Schauspieler, und die Produktion steuert die notwendige Logistik bei. Falls bereits Kostümideen existieren, findet die Probe in den Kostümräumlichkeiten im Produktionsbüro statt. Alternativ dazu kann man sich aber auch in einem Kostümfundus verabreden, wo man Kostümteile gemeinsam aussuchen und anprobieren kann, oder gleich bei einem Schneider, um dort eine Maßanfertigung in Auftrag zu geben. Häufig verabreden sich Kostümbildner und Schauspieler auch zum gemeinsamen Shopping. Eine erste Kostümprobe ist zunächst den Hauptrollen und wichtigen Nebenrollen vorbehalten.

Der Regisseur ist dabei in der Regel nicht anwesend. Stattdessen dokumentiert der Kostümbildner seine Arbeit mit Fotos, die er bei Gelegenheit mit der Regie bespricht. Die zweite Kostümprobe ist dann meistens bereits die Kostümabnahme mit dem Regisseur. Je nach Komplexität eines Kostüms können aber auch weitere Zwischenproben notwendig sein.

Maskenbildner nehmen erst kurz vor Drehbeginn ihre Arbeit auf. Da sie in den allermeisten Fällen mit einer Maskenprobe pro Rolle auskommen, werden ihnen nur wenige Tage Vorbereitungszeit gewährt. Zuvor arbeiten sie häufig noch in anderen Produktionen, was allerdings im Widerspruch dazu steht, dass die Anfertigung von

Perücken, Haar- oder Bartteilen und auch von SFX-Maskenteilen zeitaufwendig ist und frühzeitig in Auftrag gegeben werden muss. Erfährt man etwa erst kurz vor Drehbeginn, dass der Hauptdarsteller aktuell Glatze trägt, weil er zuletzt einen Hooligan gespielt hat, kann es möglicherweise zu spät sein, um bis Drehbeginn noch eine hochwertige Perücke zu organisieren. Aus diesem Grund sollte die Produktion bereits bei der Besetzung über die Agentur abklären, wie der Schauspieler gerade aussieht. Im Zweifelsfall verlässt man sich dabei nicht auf eine mündliche Beschreibung, sondern lässt sich aktuelle Fotos schicken. Als böse Überraschung in der deutschen Produktionslandschaft kann sich beispielsweise die sogenannte Nazi-Frisur erweisen, die männlichen Schauspielern für historische Filme häufig geschnitten wird, die aber in zeitgenössischen Filmen nur selten als adrett empfunden wird.

Da Schauspieler häufig in mehreren Produktionen gleichzeitig mitwirken, können solche Situationen auch erst während einer Vorbereitung entstehen, wenn der Schauspieler eine weitere Rolle annimmt. Man darf sich nicht darauf verlassen, dass Schauspieler oder Agenturen das vor einer Besetzung oder im Verlauf einer Vorbereitung transparent kommunizieren, aufgrund der Kurzfristigkeit der Branche sind solche Situationen aber auch für sie häufig nicht absehbar. Ein guter Draht des Maskenbildners zum Schauspieler kann helfen, Überraschungen zu vermeiden, und oft sind Maskenbilder auch untereinander gut vernetzt. Muss eine Perücke oder ein SFX-Maskenteil angefertigt werden, trifft der Maskenbildner sich mit dem Schauspieler, um Maße oder Körperabdrucke zu nehmen. Maßzettel gibt es im Maskenbereich nicht, da die Anforderungen zu speziell sind.

Maskenproben finden meist zusammen mit den Kostümabnahmen in den beiden Wochen vor Drehbeginn statt. Die Maskenbildner probieren verschiedene Masken und Frisuren aus und lassen diese unmittelbar von der Regie abnehmen. Da es auch das Ziel der Kostümabnahme ist, dem Regisseur möglichst vollständige Kostüme zu zeigen (die Kostümteile aus der ersten Probe wurden in der

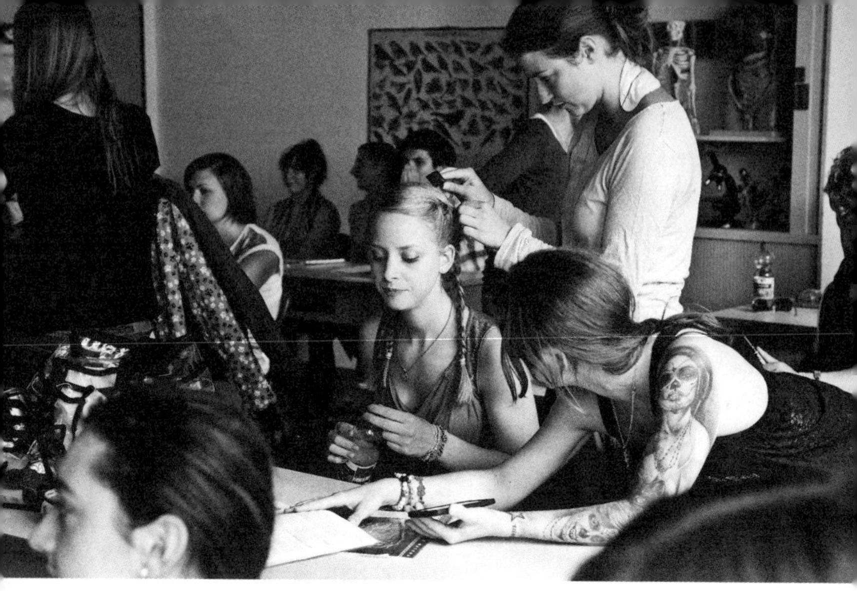

Zwischenzeit korrigiert und ergänzt), ist es sinnvoll, diese beiden Proben parallel anzusetzen. Zum einen ermöglicht das der Regie zeitliche Synergieeffekte, weil sie nicht permanent bei einer Probe anwesend sein muss, sondern flexibel hinzukommen kann, sobald es etwas Neues zu sehen gibt. Zum anderen bekommt der Regisseur die Möglichkeit, eine oder sogar mehrere Rollen in ihrer Gesamtheit in Kostüm und Maske zu beurteilen und in Abhängigkeit voneinander abnehmen zu können. Auch dem Kostüm- und Maskenbild ermöglicht es, auf die Arbeit der jeweils anderen Abteilung zu reagieren. Um die Proben und Abnahmen für Regie und Fachabteilungen gleichermaßen effizient zu gestalten, werden sie zentral von Regieassistenz oder Aufnahmeleitung organisiert.

Zu Drehbeginn liegen selten alle Kostüme fertig und abgenommen vor. Die Kostümabteilung konzentriert sich zunächst auf die Hauptdarsteller und auf die Rollen, die in den ersten Drehtagen im Bild sind. Die noch offenen Kostüme werden dann parallel zum Drehablauf erarbeitet und der Regie über Fotos oder am Drehort zur Abnahme gezeigt. Es ist gängige Praxis, dass kleine Rollen kurz vor ihrem ersten Drehtag an den Drehort kommen, damit Kostüm und Maske dort mit ihnen probieren können. Jede Rolle sollte vor ihrem ersten Drehtag in Gänze zu Abnahme vorgelegt worden sein, und sei es nur auf Fotos, damit genügend Zeit zur Reaktion bleibt. Es ist durchaus schon vorgekommen, dass Kostüme am Abend vor einem Drehtag noch einmal umgeworfen wurden. Wird ein neues Kostüm angedreht, ist es also zum ersten Mal im Verlauf der Dreharbeiten im Bild, dann ist der Kostümbildner solange bei den Dreharbeiten dabei, bis sich abzeichnet, dass keine Veränderungen mehr vorgenommen werden müssen, unabhängig davon, ob eine Abnahme stattgefunden hat oder nicht.

Jeder Regisseur hat seine eigenen Methoden, wie er mit Schauspielern einen Film erarbeitet. Dennoch haben sich gewisse Grundzüge etabliert, die im Folgenden skizziert werden. Der Regisseur kommuniziert zu Beginn einer Vorbereitung seine Vorstellungen von der Probengestaltung, welche dann von der Produktion zusammen mit der Regieassistenz geplant und angesetzt werden. Schauspielerproben finden meist kurz vor Drehbeginn statt, wenn die Mehrzahl der Rollen besetzt ist.

Viele Regisseure legen Wert auf eine Leseprobe, in der alle Schauspieler gemeinsam das Drehbuch lesen. Regieanweisungen und Dialoge nicht anwesender Rollen werden vom 1. Regieassistenten oder vom Script Supervisor übernommen. Der Regisseur liest selber nicht mit, damit er sich auf seine Eindrücke beim Zuhören konzentrieren kann. Die Leseprobe ist im Herstellungsprozess eines Films der einzige Zeitpunkt, an dem alle Schauspieler gemeinsam in einem Raum versammelt sind, so dass die Regie ein sehr unmittelbares Gefühl von der emotionalen Dynamik und Tonalität der Geschichte bekommt. Der Eindruck einer solchen Lesung ist deshalb ein ganz anderer, als wenn man ein Drehbuch für sich allein liest. Sie ist auch deshalb wertvoll, weil sich ein vergleichbarer Gesamteindruck erst wieder Monate später im Rohschnitt einstellt.

Der Regisseur kann beim Zuhören auf Fehler und Unstimmigkeiten achten und sich Notizen machen. Es ist nicht unüblich, dass das Drehbuch aufgrund dieser Eindrücke noch einmal angepasst wird.

Auch die Schauspieler bekommen eine Vorstellung davon, wie die Kollegen ihre Rollen anlegen, und ziehen daraus Schlussfolgerungen für die eigene Arbeit. Die Anwesenheit von Regieassistent und Script Supervisor (unabhängig davon, ob sie selber mitlesen oder nicht) ist sinnvoll, damit sie sich Szenenänderungen (Regieassistent) und Dialogänderungen (Script Supervisor) direkt notieren können und bei den Dreharbeiten parat haben. Für den Regieassistenten ist eine Leseprobe kurz vor Drehbeginn auch eine Möglichkeit, das Drehbuch noch einmal daraufhin zu überprüfen, ob auch wirklich alles vorbereitet ist. Die Leseprobe findet in einem Raum statt, der so groß ist, dass alle Beteiligten gleichberechtigt um einen Tisch herum sitzen können. Handelt es sich um einen abendfüllenden Spielfilm, nimmt sie zwischen zwei und drei Stunden in Anspruch.
Eine weitere gängige Probenmethode sind Rollenbesprechungen. Es gibt Regisseure, die jeden Schauspieler in der Vorbereitung einzeln treffen. Da sämtliche Rollenbesprechungen zusammengenommen nicht unerheblich Zeit in Anspruch nehmen, muss man rechtzeitig mit ihnen beginnen. Am besten startet man mit den Hauptrollen, aber nicht immer lassen sich die zeitlichen Belange von Regisseur und Schauspielern so früh in der Vorbereitung unter einen Hut bekommen, und eine durchdachte Reihenfolge bleibt nicht selten auf der Strecke. Manchmal muss der Regisseur zu einer Rollenbesprechung mit einem renommierten Schauspieler reisen, wenn es nicht möglich ist, diesen an den Produktionsstandort kommen zu lassen. Die Dauer einer Rollenbesprechung ist abhängig vom Umfang der Rolle und wird zu Beginn der Vorbereitung vom Regisseur angesagt. Rollenbesprechungen finden entweder im Produktionsbüro statt oder in einer anderen geeigneten Räumlichkeit: Cafés und Restaurants sind dafür durchaus beliebt.
Ziel der Rollenbesprechung ist die grundsätzliche Übereinkunft darüber, wie eine Rolle angelegt werden soll und warum die Figur in welcher Szene was tut. Regisseur und Schauspieler arbeiten das Drehbuch chronologisch durch und besprechen jede Szene, in der die Figur vorkommt. Dabei wird auch die Umsetzung thematisiert:

Wie geht man mit welcher Aufgabenstellung um? Wie bereitet sich der Schauspieler auf die Dreharbeiten vor? Nicht selten werden in diesem Rahmen Trainings oder Recherchen besprochen, und für gewöhnlich ergeben sich aus einer Rollenbesprechung viele neue Aspekte und Ideen, die im Anschluss vorbereitet werden müssen. Rollenbesprechungen eignen sich auch als Ausgangspunkt für die Arbeit der anderen Abteilungen. Idealerweise ist die Rollenbesprechung für jeden Schauspieler der erste Termin im Rahmen einer Produktion. Lässt es sich organisieren, ist es sinnvoll, dass Kostüm- und Maskenbildner am Ende der Rollenbesprechung hinzukommen und dem Schauspieler von der Regie vorgestellt werden. Dadurch etabliert sich der Regisseur gegenüber dem Schauspieler von vornherein als Ansprechpartner für alle künstlerischen Belange und kann in dem folgenden gemeinsamen Gespräch sicherstellen, dass die Vorstellungen hinsichtlich der Figur identisch sind. Mit einem solchen Vorgehen erspart er den Fachabteilungen mögliche Grundsatzdiskussionen mit dem Schauspieler, wenn dessen Vorstellungen von den seinen und denen der Fachabteilungen abweichen.
Ist es nicht möglich, einen Schauspieler in der Vorbereitung zu treffen, kann die Rollenbesprechung in der Drehphase am Abend nach Drehschluss oder an einem Wochenende nachgeholt werden. Aufgrund der hohen Kraftanstrengung und der geringen Regenerationszeiten während eines Drehs ist das zwar ungünstig, lässt sich aber manchmal nicht vermeiden. Immerhin erspart es Regie und Schauspielern die Verlegenheit, erst am Drehtag bei der Stellprobe aufeinander zu treffen.
Die dritte Methode sind Konstellationsproben. Bei ihnen geht es darum, die Beziehungen der Figuren zueinander zu erarbeiten, weshalb sie eine sinnvolle Ergänzung zu Rollenbesprechungen darstellen. Beide Probenarten bauen direkt aufeinander auf und haben das gemeinsame Ziel, Klarheit und Übereinstimmung über den Inhalt eines Drehbuchs zu erlangen. Falls das erfolgreich war, kann sich der Regisseur am Drehort ganz auf die Inszenierung konzentrieren. Es geht dann zwischen ihm und den Schauspielern nicht mehr um die Frage,

was umgesetzt wird, sondern „nur noch" darum, wie es umgesetzt werden soll. Man darf sich allerdings nicht der Illusion hingeben, dass damit jeder Diskussionsbedarf beim Dreh unterbunden wäre.
Typischerweise finden diese Proben in Konstellationen wie „Vater/Mutter/Kind", „Vater/Sohn" oder auch „Ehefrau/Liebhaber" oder „Angestellter/Chef" statt. Es ist nicht notwendig, für jede Beziehung der Geschichte eine eigene Konstellationsprobe anzusetzen, sondern man beschränkt sich auf die emotional bedeutsamen. Welche das sind, liegt im Ermessen des Regisseurs. Auch der bewusste Verzicht auf eine Konstellationsprobe kann inszenatorische Methode sein, beispielsweise wenn der Regisseur bei einer Liebesgeschichte darauf verzichtet, die Schauspieler der beiden Liebenden im Vorfeld mehr als notwendig aufeinandertreffen zu lassen. Dadurch kann er ihnen helfen, die Entwicklung ihrer Beziehung zueinander auf ihre Figuren zu übertragen, und diese Dynamik für seine Inszenierung nutzen. Solche inszenatorischen „Mätzchen" sind aber eher unüblich – in der industriellen Filmherstellung arbeiten Regisseure mit ihren Schauspielern meist offen und „auf Augenhöhe".
Konstellationsproben finden meist mit zwei bis vier Schauspielern sowie der Regie statt. Der Raum sollte groß genug sein, damit jeder einen Platz am Besprechungstisch haben kann, und er sollte auch genug Bewegungsfreiheit bieten für den Fall, dass der Regisseur mit den Schauspielern im Raum arbeiten möchte, was allerdings selten vorkommt. Die Länge einer Konstellationsprobe richtet sich nach der Komplexität der jeweiligen Beziehung und wird im Vorfeld von der Regie angesagt.
Es hat zum einen praktische Gründe, warum physische Proben im Raum heutzutage kaum noch stattfinden. Es ist zeitaufwendig, eine Inszenierung in der Vorbereitung zu erarbeiten und so zu tradieren, dass sie beim Dreh reproduziert werden kann. Der Effizienzdruck ist für einen Regisseur schon in der Vorbereitung dermaßen hoch, dass er sich ein solches Vorgehen zeitlich gar nicht mehr erlauben kann und sich stattdessen auf das absolut Notwendige beschränken muss.

Physische Proben sind deshalb mittlerweile dermaßen unüblich geworden, dass es sogar schwierig sein dürfte, Schauspieler von einem solchermaßen mehrtägigen Probenprozess zu überzeugen.
Es gibt aber auch künstlerische Gründe für einen Verzicht auf physische Proben. Filmschauspiel hat sich in den vergangenen Jahrzehnten von einem Spiel zu einem Sein verändert. Schauspieler erarbeiten sich ihre Rollen heutzutage weniger durch eine äußerliche, physische Ausgestaltung der Figur, sondern sie nutzen für ihre jeweilige Rolle die eigene Physis, den sogenannten Grundgestus, und ergänzen diese innerlich mit der Psychologie und den Emotionen der Figur. Die Sehgewohnheiten haben sich dem angepasst: Der Zuschauer wird einen „spielenden" Schauspieler als künstlich empfinden, wohingegen er einen „seienden" Schauspieler als natürlich erlebt (wobei man sich klar sein muss, dass sich bei einem professionell arbeitenden Schauspieler beides bedingt). Durch diesen Wandel sind Faktoren wie Raum und Atmosphäre als Einfluss auf das Spiel des Schauspielers stark in den Vordergrund gerückt. Beides lässt sich in einem Produktionsbüro, in dem häufig nur stilisierte Stühle und Tische die Kulissen markieren, nicht nachstellen. Manchmal sind zum Probenzeitpunkt noch nicht einmal die der Inszenierung zugrundeliegenden Motive ausgewählt. Unter solchen Rahmenbedingungen sind physische Proben selten zielführend.
Die abnehmende Bedeutung des Kinos zugunsten von Fernsehen und internetbasierter Medien hat dafür gesorgt, dass die Bedeutung des Dialogs als Informationsträger auf Kosten des cineastischen Bildes zugenommen hat. Dadurch tritt das gesprochene Wort auch als Träger des Schauspiels stärker in den Vordergrund. Tatsächlich gibt es Regisseure, die Rollen anhand der Tonalität und des Rhythmus der Dialoge erarbeiten und anstelle des Schauspiels Dialoge in Konstellationsproben tradieren, um dann beim Dreh das physische Spiel hinzuzuaddieren. Bei dieser inszenatorischen Methode ist die physische Probe im Raum sogar gänzlich obsolet.

Sowohl Masken- und Kostümproben als auch Schauspielerproben finden meist im selben Zeitraum kurz vor Drehbeginn statt. Aus Synergiegründen ist es daher sinnvoll, sie miteinander zu kombinieren: Die zeitgleiche Ansetzung von Proben gewährleistet eine hohe Zeiteffizienz für Regie und Schauspieler und spart Reise- und Übernachtungskosten. Vorproduktionen oder Rollenfotos, die in Kostüm und Maske gemacht werden müssen, lassen sich sinnvoll ergänzen, und selbst noch ausstehende Trainings und Recherchen können an solchen Probentagen angesetzt werden.
Probentage müssen viele unterschiedliche Interessen und Vorgaben miteinander in Einklang bringen und bedürfen einer genauen Abstimmung und Planung. Sie werden daher zentral von der Regieassistenz oder Aufnahmeleitung koordiniert. Bei ihrer Planung geht man immer von der Probe aus, die die meisten Schauspieler zum selben Zeitpunkt am Produktionsstandort versammelt, meistens ist das die Leseprobe. Um diese Probe herum setzt man Rollenbesprechungen und Konstellationsproben an, bei denen man sich zunächst auf die anreisenden Schauspieler konzentriert. Parallel dazu disponiert man Masken und Kostümproben bzw. -abnahmen. Dabei muss man einen Modus finden, der es der Regie ermöglicht, an diesen Proben in einem ausreichenden zeitlichen Maße teilzunehmen. Manche Regisseure bevorzugen eine lose Organisation mit großer Flexibilität, andere legen Wert auf einen minutengenauen Ablauf, der mit ihnen abgesprochen sein muss. Zuletzt ergänzt man Vorproduktionen, Rollenfotos, Trainings und Recherchen sowie die zur Durchführung des Probentages notwendige Logistik. Grundsätzlich haben Regietermine immer Vorrang vor allen anderen Proben.
Die Räumlichkeiten von Regie, Maske und Kostüm sollten in unmittelbarer Nähe zueinander liegen, damit die Wege kurz sind und die Abteilungen sich flexibel untereinander austauschen können. Darüber hinaus benötigt man Aufenthaltsmöglichkeiten für diejenigen, die gerade in keine Probe involviert sind. Nicht immer bietet ein Produktionsbüro ausreichende Kapazitäten für eine solche Großlogistik

(gerade eine Leseprobe kann je nach Anzahl der Teilnehmer eine Herausforderung darstellen), weshalb die Produktion manchmal zusätzliche Räume anmieten muss. Da die Maske im Produktionsbüro keine permanenten Räumlichkeiten hat, kann es unter Umständen sinnvoller sein, ein Maskenmobil auf den Hof zu stellen, als einen Maskenraum einzurichten. Zuletzt ist eine Transport- und Fahrlogistik notwendig, da an einem Probentag viele Schauspieler an- und abreisen können, und selbstverständlich müssen alle Beteiligten auch verpflegt werden. Gerade Regie, Maske und Kostüm arbeiten an solchen Tagen rund um die Uhr und haben keine Möglichkeit, sich selber zu versorgen.

Ein wiederkehrendes Problem bei der Organisation von Proben ist die eingeschränkte Verfügbarkeit der Schauspieler. Zwar ist es vertraglich geregelt, dass sie einer Produktion zu Vorbereitungszwecken zur Verfügung stehen, aber in einer Zeit, in der Produktionsbudgets und damit auch die Gagen der Schauspieler immer geringer ausfallen, wird das nicht von jedem als selbstverständlich betrachtet, insbesondere da Probentage nicht gesondert vergütet werden, sondern in der Tagespauschale pro Drehtag enthalten sind. Es ist erstaunlich, wie gering die Bereitschaft, Proben möglich zu machen, teilweise ausgeprägt ist. Aus diesem Grund ist es ratsam, rechtzeitig, am besten bereits bei der Besetzung oder zu Beginn der Vorbereitung, alle in Frage kommenden Probentermine an die Schauspieler und ihre Agenturen zu kommunizieren. Dadurch erhöht sich die Wahrscheinlichkeit, nicht um Sperrtage, Einschränkungen oder Urlaube herumplanen zu müssen.

Es ist insbesondere eine erhebliche produzentische Kraftanstrengung, sämtliche Schauspieler für eine Leseprobe zur selben Zeit am selben Ort zu versammeln. Es ist ein sinnvolles und legitimes Vorgehen, dafür von Anfang an etwa drei Tage zu optionieren und sich dann erst später für den Tag zu entscheiden, an dem die meisten Teilnehmer verfügbar sind. Je eher Termine optioniert werden, desto leichter lässt sich ein Ensemble versammeln. Es ist trotzdem nicht gesagt, dass man nicht auf Schauspieler verzichten oder mit ihnen über einzelne Tage verhandeln muss. Warum es nicht durchsetzbar ist, dass Schauspieler per se in der Woche vor Drehbeginn für Proben zur Verfügung stehen, ist weder aus künstlerischer noch aus produzentischer Sicht nachvollziehbar. In dieser Hinsicht muss sich eine ganze Zunft in ihrer Professionalität hinterfragen.

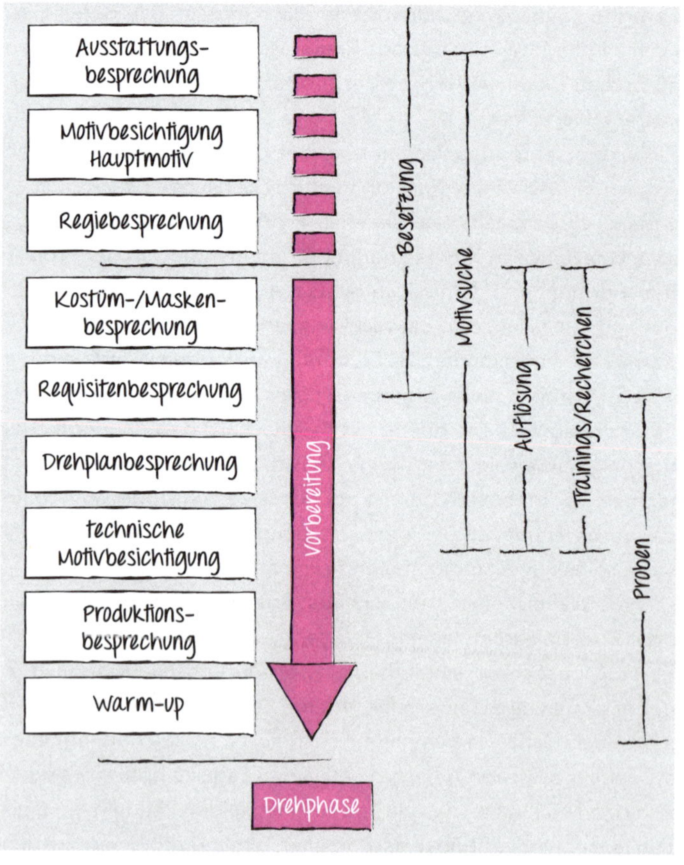

Abb. 3: Zeitliche Abfolge der Drehvorbereitung

Warm-up

Der traditionell letzte Schritt einer Drehvorbereitung ist das Warm-up. Als solches bezeichnet man eine festive Zusammenkunft am Vorabend des ersten Drehtages, die entweder im Produktionsbüro oder an einem anderen geeigneten Ort stattfindet und zu der alle an einer Produktion Beteiligten eingeladen sind. Das Warm-up wird von der Produktion organisiert und gehört zusammen mit dem Bergfest und dem Abschlussfest zu den drei Partys, die ein Filmschaffender von jeder Produktion erwartet. Beim Warm-up geht es aber nicht darum, gemeinsam zu feiern, sondern um einen lockeren Rahmen, in dem man sich vorstellen und kennenlernen, letzte Fragen absprechen und sich auf die bevorstehende Drehphase einschwören kann. Nicht immer sind sich alle Mitarbeiter schon im Rahmen der Produktion begegnet, gerade der technische Stab ist wenig bis gar nicht in die Vorbereitung involviert. Es erleichtert einen reibungslosen Start in die Drehphase, wenn man einmal zusammengesessen hat.

Produzent und Regisseur halten im Rahmen des Warm-ups eine kleine Rede, in der sie alle Mitarbeiter willkommen heißen, Dinge ansprechen, die ihnen wichtig sind, und ihrer allgemeinen Freude auf den Dreh Ausdruck verleihen. Bei Auftragsproduktionen spricht manchmal auch der Redakteur ein paar Worte, und es ist schon vorgekommen, dass selbst der Autor etwas gesagt hat – wie so vieles ist das eine Frage des Selbstverständnisses und des individuellen Temperaments. Beim Warm-up verteilt die Produktion auch die Disposition für den ersten Drehtag und das Booklet, eine geheftete Zusammenstellung aller wichtigen Produktionsunterlagen. Anschließend trinkt man ein Bier zusammen und geht nicht zu spät ins Bett, um sich nach einer unruhigen Nacht sehr früh am nächsten Morgen am ersten Drehort des Films wiederzusehen.

Die Dreharbeiten können beginnen.

A6 DREHPHASE

Kein Drehtag einer Spielfilmproduktion gleicht dem anderen. Jeder Drehtag stellt nicht nur spezifische Aufgabenstellungen an Inszenierung und Technik, sondern auch an Arbeitsabläufe und Logistik. Viele der dabei auftretenden Schwierigkeiten lassen sich mit zunehmender Berufserfahrung antizipieren, aber nicht immer gelingt das, und manche Herausforderungen kristallisieren sich auch erst während eines Drehtages heraus.

Ein konstantes Problem ist das Wetter, auf das man keinen Einfluss hat und um das herum zu planen man bemüht ist, was jedoch aus ganz unterschiedlichen Gründen oft genug zum Scheitern verurteilt ist. Gerät man bei einem sommerlichen Außendreh beispielsweise in ein mehrstündiges, unangekündigtes Unwetter, sind improvisatorische Fähigkeiten gefragt, damit der Drehtag nicht ins Wasser fällt. Durch eine solche Situation kann ein Drehverzug entstehen, der schnell große, unkalkulierte Kosten bedeuten kann – zumal es keine Versicherung gegen das Wetter gibt. Aber selbst ein sorgsam geplanter Drehtag mit stabilen Wetterbedingungen birgt manchmal überraschende, nicht bedachte Herausforderungen, auf die es dann flexibel zu reagieren gilt.

Ein Drehtag mit 500 Komparsen in einem Theater stellt andere Herausforderungen an die Abläufe als ein Drehtag mit zwei Schauspielern und einer intimen Liebesszene. Während im zweiten Fall die Herstellung einer angenehmen Arbeitsatmosphäre im Vordergrund steht, mit der sich alle Akteure wohl fühlen, dass also beispielsweise die Temperatur am Set stimmt und die Schauspieler keinen neugierigen Blicken ausgesetzt sind (ein sogenanntes „closed set"), besteht die Herausforderung des Theaterdrehtags darin, die vielen Komparsen möglichst reibungslos und rasch zu bewegen. Sitzende Komparsen stellen zwar für gewöhnlich keine Schwierigkeit dar – wenn sie einmal alle sitzen, kennen sie ihren Platz und man muss nur darauf achten, dass nicht aus Versehen ein Platz frei bleibt – aber dafür ist die Dauer enorm, 500 Menschen aus einem Theater herauszubewegen und zurückzuholen. Eine solche Aktion kann leicht jedes Mal 20 bis 30 Minuten in Anspruch nehmen, die man bei der Planung des Drehtages übersehen kann.

Die Logistik und Arbeitsabläufe eines Filmteams sind darauf ausgerichtet, diese sehr unterschiedlichen Anforderungen allesamt flexibel und effizient mit zumeist vorhandenem Equipment und Ressourcen bedienen zu können. Dadurch haben sich Strukturen herausgebildet, die auf den ersten Blick konfus und ungeordnet erscheinen mögen, die aber geregelt sind und ein hohes Maß an Flexibilität und Anpassungsfähigkeiten mitbringen. Sie sind in sich kongruent und lassen sich durchaus generalisieren.

Anekdote

Vor vielen Jahren haben wir für einen Fernsehfilm eine zentrale Münchner Ampelkreuzung gesperrt. Dieser Drehtag war der logistisch schwierigste und auch teuerste des ganzen Films. Um trotz Vollsperrung einen kontrollierten Verkehrsfluss erzählen zu können, hatte wir unter anderem 30 Komparsenautos bestellt, die auf der gesperrten Straße fahren sollten. Ich hatte ausgerechnet, dass wir mit nur 30 Autos auf einer zweispurigen Straße in Abhängigkeit von der Stoppzeit der Szene und der Dauer der Ampelphasen quantitativ auskommen würden, und fühlte mich auf den Drehtag vorbereitet. Was ich allerdings nur unzureichend bedacht hatte, war die Logistik, die nötig ist, um die Kommunikation mit 30 Fahrern aufrechtzuerhalten. Zwar sollten die Autos nur Kolonne fahren und einem dafür bestimmten Fahrzeug folgen, zu dem ich über Funk Kontakt hatte, aber ich hatte übersehen, dass man diese einfache Information auch den anderen 29 Autofahrern erst einmal mitteilen muss. Jedes Mal, wenn ich an dieser simplen Inszenierung etwas verändern wollte, musste ich das allen 30 Autofahrern – Funk hin, Funk her – einzeln übermitteln. Zu allem Überfluss fiel meine 2. Regieassistenz an diesem Tag kurzfristig aus. Diese Umstände kosteten uns aufgrund der Distanzen auf der Straße im Tagesverlauf mindestens eine Stunde, die nicht vorgesehen war und den Drehtag ernsthaft in Gefahr brachte, weil die Sperrung nur bis zu einer bestimmten Uhrzeit genehmigt war. Richtig wäre es gewesen, für diesen Drehtag eine Ladung zusätzlicher Funkgeräte zu bestellen, die Autofahrer in beispielsweise fünf Gruppen zu je sechs Autos aufzuteilen und in jeder Gruppe einen Fahrer auszuwählen, der in ständigem Funkkontakt zu mir steht und dafür zuständig ist, meine Ansagen an die Mitglieder seiner Gruppe weiterzugeben. Dieser Fehler ist ein Beispiel dafür, wie ein Drehtag trotz Vorbereitung unerwartete Herausforderungen bergen kann.

Basis und Set

Die grundsätzliche Aufteilung in Produktionsbüro und Drehort wurde bereits in dem Kapitel *Räumliche Organisation* (Seite 53) beschrieben. Das Produktionsbüro ist die operative Leitstelle einer Produktion, aus der heraus alle vorbereitenden und abwickelnden Arbeitsschritte der Dreharbeiten geplant, koordiniert und durchgeführt werden. Es ist auch die erste Anlaufstelle für jede Kommunikation von außerhalb der Produktion. Am Drehort werden die Dreharbeiten tatsächlich durchgeführt.
Ein Drehort wird nicht nur inhaltlich-künstlerisch vom Szenenbild vorbereitet, er muss auch aufnahmeleiterisch eine gewisse Infrastruktur aufweisen, damit Dreharbeiten überhaupt stattfinden können. Dazu gehören Aufenthaltsräume für Stab und Cast, Arbeitsräume für Maske und Garderobe, Lagerräume, Parkfläche für den Fuhrpark, Toiletten, Strom- und Wasseranschlüsse sowie bei Innendreharbeiten eine Möglichkeit, die Temperatur zu kontrollieren. Studios sind so konzipiert, dass diese Infrastruktur von vornherein vorhanden ist. Originalmotive müssen hingegen entsprechend vorbereitet werden, auch wenn einige Originalmotive bereits manches an Infrastruktur mitbringen.
Die Logistik eines Filmteams kann vollständig autonom von der Infrastruktur eines Originalmotivs aufgestellt werden. Zur mobilen Infrastruktur einer Filmproduktion gehören Masken-, Garderoben- und Aufenthaltsmobile, Toilettenwagen und andere flexible Sanitärsysteme, Generatoren und ein oder mehrere Cateringwagen mit vollständiger Küche. Mit flexiblen Heizstrahlerlösungen oder eigens installierten Bauheizungen kann das Motiv beheizt werden.

Diese mobile Infrastruktur ist so konzipiert, dass sie vollständig von dem personell darauf abgestimmten Stab bewegt werden kann und die Produktion dafür nur in Ausnahmefällen auf externes Personal zurückgreifen muss. Bei Motiven mit ganz oder teilweise vorhandener Infrastruktur kann auf mobile Infrastruktur ganz oder teilweise verzichtet werden. Da es allerdings zeitaufwendig und arbeitsintensiv ist, zwischen mobiler und motivimmanenter Infrastruktur hin und her zu räumen, geschieht dies nur in begründeten Ausnahmefällen, etwa wenn ein Team sich für einen längeren Zeitraum in einem Motiv einrichtet.
Die mobile Infrastruktur wird am Drehort ähnlich einer Wagenburg zusammengestellt und als Basis oder Base bezeichnet. Zur Basis gehören auch Parkflächen für alle nicht unmittelbar am Drehprozess beteiligten Fahrzeuge. Sie wird so konzipiert, dass sie – einmal aufgestellt – nicht mehr bewegt werden sollte. Der 1. Aufnahmeleiter und der Motivaufnahmeleiter erfragen dafür auf der technischen Motivbesichtigung von Regie und Kamera alle Motivanforderungen, entscheiden auf dieser Grundlage über eine Position, holen alle notwendigen Genehmigungen ein und mieten die benötigte Infrastruktur an. Der Drehort ist nun in zwei Bereiche geteilt. Die Base ist so etwas wie das Basislager des Motivs, sie ist Aufenthaltsbereich und erkennbare erste Anlaufstelle am Drehort: Fahrer kommen an und fahren wieder ab, Schauspieler werden masken- und kostümtechnisch vorbereitet und warten auf ihren Einsatz, auch die Komparsen halten sich dort auf, dem Stab dient sie als Anlaufstelle für Informationen und Ansagen, und schließlich ist sie auch die Schnittstelle für die Kommunikation vom Drehort nach außen. Das Set ist dagegen der flexible Bereich eines Drehortes, der vor der Kamera gezeigt wird. Ein Drehort kann ein oder mehrere Sets haben, die nacheinander (oder parallel) bedreht werden. Als Set gilt immer nur der Bereich, der aktuell vom Szenenbild hergerichtet ist – vorher oder nachher kann dieser Bereich eines Drehortes durchaus anderweitig genutzt werden.

Die Basis sollte unter keinen Umständen ins Bild geraten. Muss sie im Verlauf eines Drehtages umgeparkt werden, ist das nur mit erheblichem personellen Aufwand möglich, was das Set schwächen und alle Arbeitsschritte, die zu dieser Zeit an der Base hätten stattfinden sollen, erheblich verzögern kann. Andererseits sollte sie so nahe am Set sein wie möglich, damit die Wege kurz sind. Nicht immer lassen sich diese beiden Anforderungen elegant miteinander verbinden. Es gibt Drehorte, an denen Basis und Set so weit voneinander entfernt sind, dass zwischen ihnen ein Shuttle eingerichtet werden muss. Die Dauer der Wegstrecke ist dann bei der zeitlichen Planung mit zu bedenken – einmal abgesehen davon, dass eine Produktion die Ressourcen für einen permanenten Shuttle überhaupt stemmen können muss, weil die Fahrer und Fahrzeuge dann den ganzen Drehtag dafür blockiert sind. Manchmal sucht man deshalb nach Lösungen, die Basis im Bild zu verstecken, um sie in unmittelbarer Setnähe zu haben. Sie kann beispielsweise hinter einem Gebäude oder in einer Scheune eingerichtet werden, deren Tore im Bild immer geschlossen sind. Dabei muss man allerdings bedenken, dass die Tätigkeiten an einer Basis auch auditiv nicht immer den Anforderungen eines Sets genügen – wenn beispielsweise das Catering aus tontechnischen Gründen während der Aufnahmen das Kochen einstellen muss, wird das Mittagessen nicht rechtzeitig fertig und die Mittagspause kann nicht wie disponiert stattfinden. Insbesondere bei größeren Produktionen ist die Basis aber so groß und logistisch umfangreich, dass eine solche Lösung ohnehin von vornherein ausscheidet.
Die Basis wird entweder am Abend des Vortages, meist aber am Morgen des Drehtages über die Aufnahmeleitung installiert. Die anderen Abteilungen haben erst dann einen disponierten Arbeitsbeginn, wenn der Drehort logistisch vorbereitet ist und die notwendige Infrastruktur bereitsteht. Die nicht unmittelbar am Set benötigte Infrastruktur wird immer an der Basis geparkt, das gilt insbesondere für private Pkws. Die technischen Abteilungen und

die Requisite parken ihre Fahrzeuge dagegen auf zuvor definierten Parkflächen in unmittelbarer Setnähe, um den Drehprozess flexibel und effizient bedienen zu können. Die Fahrzeuge mit dem größten Equipment, meist Licht und Kamerabühne, stehen immer am nächsten zum Set gefolgt von der Kameratechnik. Requisite, Tontechnik und alle übrigen, denen solch ein privilegierter Parkplatz zugestanden wird, schließen sich an. Diese setnahen Parkflächen können sich im Tagesverlauf in Abhängigkeit vom Set verändern. Ist der Platz nicht ausreichend, laden die Abteilungen manchmal auch nur am Set aus und parken anschließend an der Basis ab. All dies ist abhängig von den Möglichkeiten des Drehorts.

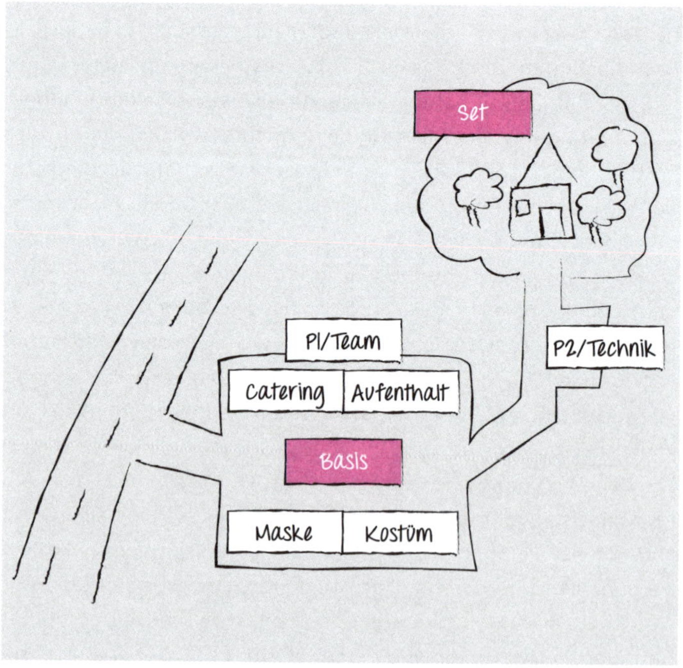

Abb. 4: Schematischer Aufbau von Basis und Set

Anekdote

Vor einigen Jahren war ich an einem Dreh beteiligt, dessen mehrwöchiges Hauptmotiv ein Jagdhaus in den Bergen war, zu erreichen nur über eine einspurige, unbefestigte Straße, die auf einer Seite steil abfiel. Am Motiv gab es nur einen einzigen Parkplatz, der bei jedem Außendreh im Bild war und der durch die steile Hanglage auch nicht um weitere Parkfläche ergänzt werden konnte. In vielerlei Hinsicht war dieses Jagdhaus als Drehort also gänzlich ungeeignet, trotzdem hatten Regie und Kamera sich wegen seiner hervorragender inhaltlicher Eignung für dieses Motiv entschieden. Wir verwandten einen nicht unerheblichen Teil der Vorbereitung dazu, Lösungen für die logistischen Herausforderungen zu finden, die das Motiv uns stellte. Letztendlich haben die technischen Departments am Tag vor Drehbeginn ihr Equipment vollständig am Jagdhaus ausgeladen und sich ein permanentes Lager in einem kleinen Schuppen eingerichtet, der zwar im Bild war, dessen Türen und Inneres aber nie bespielt wurden. Anschließend wurde der technische Fuhrpark wieder vom Berg herunter geschafft. Das Catering bekam eine feste Position am Hang zugewiesen, die sorgfältig mit Regie und Kamera abgestimmt war, da es nach seiner Installation nur noch mithilfe von geländegängigen Fahrzeugen und auf Kosten eines erheblichen Flurschadens hätte bewegt werden können. Während des Drehzeitraums wurden ausschließlich Produktionsfahrzeuge, die den Anforderungen der anspruchsvollen Wegführung gewachsen waren, zum Transport von Personal und Equipment eingesetzt. Einzig die notwendigen Spielfahrzeuge (das sind Autos, die im Bild bespielt werden) durften zum Motiv vorfahren. Im Hotel im Tal wurde so etwas wie eine „Basis-Base" installiert. Dort gab es Masken- und Garderobenräume, in denen die Schauspieler am Morgen vorbereitet wurden, bevor man sie zusammen mit dem für den Drehtag benötigten Masken- und

Kostümequipment per Shuttle zum Motiv brachte. Im Jagdhaus selber standen zwei kleine Kellerräume für die Arbeiten der Fachabteilungen zur Verfügung, die notwendigerweise am Drehort selber stattfinden mussten, insbesondere Masken- und Kostümwechsel. Auf Aufenthaltsmobile haben wir komplett verzichten, stattdessen wurden die Räume des Motivs, die am jeweiligen Drehtag nicht als Set vorgesehen waren, zu wechselnden Aufenthaltsgelegenheiten. Bei längeren Pausenzeiten wurden die Schauspieler auf Wunsch ins Hotel zurückgefahren. Andere Motive standen erst an, als das Jagdhaus abgedreht und das Equipment wieder vom Berg heruntergeschafft worden war.
Dieses Beispiel verdeutlicht, wie man ein Motiv auf kreative Weise logistisch erschließen kann, selbst wenn es für Dreharbeiten zunächst einmal denkbar ungeeignet erscheint.

Regieassistenz und Setaufnahmeleitung

Die Organisation und Anleitung des Teams am Drehort wird von Regieassistenz und Setaufnahmeleitung geleistet. Der 1. Regieassistent koordiniert den Drehablauf am Set und der Setaufnahmeleiter alle Arbeitsabläufe um das Set herum. Es liegt in ihrer beider Verantwortung, einen reibungslosen und effizienten Drehablauf zu gewährleisten sowie Kommunikation und Informationsfluss innerhalb des Filmteams sicherzustellen. Der 1. Regieassistent hat seinen Platz am Set neben der Regie, wo er alle Informationen erfragt, die er für die Durchführung der Dreharbeiten benötigt. Seine Planung stimmt er regelmäßig mit dem Setaufnahmeleiter ab, der in seinem Rücken vorausschauend die Logistik steuert und ihn über Dauer und Fortgang aller Arbeitsschritte informiert. Es ist die Maxime von beiden, die Abläufe so an die Vorstellungen der Regie anzupassen, dass diese nicht in die Situation gerät, inszenatorisch auf logistische Rahmenbedingungen reagieren zu müssen.

Die Anleitung des Teams am Set geschieht über Ansagen, die in diesem Fall nichts anderes sind als laut ausgesprochene Kommandos. Jeder Regieassistent hat seine eigene Ansagenstruktur. Ein Filmteam ist darin geübt, Ansagen in eigene Arbeitsaufgaben zu übersetzen, und je verbindlicher eine Ansagenstruktur ist, desto besser wird der Regieassistent das Set im Griff haben. Um das Team auf seine Stimme zu konditionieren, sollte er seine Ansagenstruktur am ersten Drehtag etablieren und in der gesamten Drehphase durchhalten (mehr dazu im Kapitel *Ansagen* auf Seite 140). Zwar ist es sinnvoll, dass nur eine Stimme Ansagen am Set macht, es hängt aber von dem individuellen Temperament des Regieassistenten ab, ob er sich dabei wohlfühlt, ein Set alleine anzuleiten oder ob er sich vom Setaufnahmeleiter unterstützen lassen möchte. Der 1. Regieassistent spricht stellvertretend für die Regie, und der Setaufnahmeleiter ist der permanente Vertreter der Produktion am Drehort – aus diesen Gründen sind die Ansagen von beiden verbindlich.
Wird diese Aufgabe geteilt, sind eindeutige Absprachen notwendig, die verlässlich eingehalten werden müssen. Schon kleine Missverständnisse können einen Zeitverlust nach sich ziehen, und es ist kontraproduktiv, wenn derselbe Arbeitsschritt von zwei Stimmen zu unterschiedlichen Zeiten angesagt wird oder eine Stimme glaubt, der anderen vorgreifen zu müssen, etwa in der irrigen Annahme, dadurch die Abläufe beschleunigen zu können. Falls die Ansagen geteilt werden, hat es sich analog zur originären Aufgabenteilung bewährt, dass der Regieassistent alle Arbeitsschritte ansagt, die direkt den Drehablauf betreffen, und der Setaufnahmeleiter alle Arbeitsschritte übernimmt, die außerhalb des Sets stattfinden. Das bedeutet nicht, dass Ansagen am Set nicht wiederholt werden, im Gegenteil, es gehört zu den Aufgaben der Setaufnahmeleitung, die Informationsweitergabe an alle Mitarbeiter eines Teams zu gewährleisten, und nicht selten ist ein Set so unübersichtlich, dass es von einer Stimme alleine nicht abgedeckt werden kann. In diesem Fall wiederholt und verstärkt der Setaufnahmeleiter die Ansagen des Regieassistenten,

ohne ihm dabei aber vorzugreifen oder den Inhalt seiner Ansage zu verändern. Auch Personen, die sich außerhalb des Sets am Drehort aufhalten, müssen über die Abläufe in Kenntnis gesetzt werden, weshalb alle Mitarbeiter der Setaufnahmeleitung Ansagen unabhängig von ihrer jeweiligen Position wiederholen. Dafür werden die Ansagen entweder vom Regieassistenten oder vom Setaufnahmeleiter über Funk weitergegeben. Auch hierfür ist es notwendig, vom ersten Drehtag an ein verbindliches Vorgehen zu etablieren.

Es liegt in der Verantwortung des Setaufnahmeleiters, sein Team so zu organisieren, dass Informationsfluss und Abläufe am Drehort gewährleistet sind. Dafür stellt er seine beste Kraft, den Setaufnahmeleitungsassistenten, für gewöhnlich an die Basis, von wo dieser alle Arbeitsschritte anleitet und ihn regelmäßig über deren Fortgang informiert. Dazu gehören die Koordination der Fahrer, der Schauspieler und der Teammitglieder, die sich nicht am Set aufhalten, die Durchführung von Masken- und Kostümwechseln sowie die Kommunikation mit dem Catering. Häufig leistet der Setaufnahmeleitungsassistent auch die Kommunikation nach außen und mit dem Produktionsbüro, da man anders als am Set an der Basis telefonieren kann, ohne die Aufnahmen zu stören. Dafür übernimmt er während der Dreharbeiten vom Setaufnahmeleiter das Sethandy, über das der Drehort für alle externe Kommunikation erreichbar ist. Die Setrunner und Fahrer werden von beiden je nach Notwendigkeit zum Blockieren, für Sperrungen und für sonstige Arbeiten eingeteilt. Die angesagten Positionen müssen dabei solange gehalten werden, bis man entweder abgelöst oder die Position aufgelöst wird. Arbeiten, die den Drehfortschritt direkt betreffen, haben immer Vorrang vor allen anderen Aufgaben. Der 2. Regieassistent, der den 1. Regieassistenten auf dessen Ansage hin unterstützt, ist nicht in die Abläufe der Setaufnahme eingebunden, kann diese aber in Absprache unterstützen.

Das Personal der Aufnahmeleitung ist über einen Funkkanal untereinander verbunden, den sogenannte Aufnahmeleitungskanal. Damit die Filmaufnahmen nicht durch Funkgeräusche gestört werden, tragen alle Mitarbeiter weitgehend lautlose Headsets. Auch für den Regieassistenten bietet es sich an, diesen Kanal zu nutzen, um dadurch Informationen und Entwicklungen mitzubekommen, ohne sie erfragen zu müssen. Gerade bei größeren Produktionen tummeln sich aber mitunter sehr viele Mitarbeiter auf dem Aufnahmeleitungskanal, weshalb die Regieassistenz manchmal einen eigenen Kanal benutzt. Es gibt Regieassistenten, die gänzlich auf eine permanente Funkverbindung verzichten und ihr Funkgerät nur bei Bedarf einschalten, um sich so besser auf ihre Arbeit am Set konzentrieren zu können. In diesem Fall passt der Setaufnahmeleiter sich an die Arbeitsweise des Regieassistenten an und übernimmt dessen Funkkommunikation mit. Damit auch dabei ein unmittelbarer und verlässlicher Kontakt gewährleistet ist, muss er sich umso mehr zu jeder Zeit in dessen Rücken aufhalten.

Die deutschen Setstrukturen unterscheidet sich von denen im englischsprachigen Raum. Es gibt dort keine Trennung zwischen Regieassistenz und Aufnahmeleitung, und der 1st AD ist Leiter einer eigenen Abteilung, die beide Arbeitsbereiche umfasst und entsprechend groß und dominant ist. Als solcher ist er gegenüber dem Produzenten sowohl zeitlich als auch rechtlich für Logistik und Drehfortschritt verantwortlich. Dadurch nimmt er eine politisch andere Stellung ein als in Deutschland, wo der Produktionsleiter für die Produktion im rechtlichen Sinne verantwortlich ist, obgleich er sich meist gar nicht am Set aufhält. Der Setaufnahmeleiter als sein Stellvertreter am Set ist hierzulande zwar weisungsbefugt, befindet sich aber aufgrund seiner hierarchischen Stellung innerhalb des Teams in einer politisch untergeordneten Position. Dieser Widerspruch hat dazu geführt, dass sich auch in Deutschland die in diesem Kapitel beschriebene dominante Position der 1. Regieassistenz herausgebildet hat, ohne dass sie produktionspolitisch aber mit derjenigen im englischsprachigen Raum vergleichbar wäre. Auch wenn sich die Arbeitsweise in beiden Systemen nicht sonderlich unterscheidet, ist die Berufsbezeichnung 1st AD für deutsche Regieassistenten daher nicht wirklich angemessen.

Um mit einer anderen weitverbreiteten Annahme aufzuräumen: Der Setaufnahmeleiter leitet keine Aufnahme, und das ist auch nicht seine Aufgabe. Seine Berufsbezeichnung ist ein Relikt aus einer Zeit, als deutsche Regieassistenten dem Regisseur noch im klassischen Wortsinn assistiert und das Drehbuch hinterhergetragen haben. In dem Maße, in dem sich die Regieassistenz in ihrem Selbstverständnis von dieser traditionellen Rolle emanzipiert hat, hat sie der Setaufnahmeleitung Aufgaben abgenommen und sie in Richtung einer Dienstleistungsposition verändert. Heutzutage ist es die Aufgabe der Setaufnahmeleitung, der Regie die Rahmenbedingungen zu schaffen, die diese für ihre Arbeit benötigt, und sie dabei logistisch nach besten Kräften zu unterstützen. Dazu gehört selbstverständlich auch, sicherzustellen, dass die zur Verfügung stehende Zeit effizient genutzt wird. Sie hat aber außer in Gefahrenmomenten und in arbeitsschutzrechtlich relevanten Situationen nicht die Möglichkeit, in den Drehablauf einzugreifen oder diesen gar anzuleiten.
Was bedeutet das für die Abläufe am Set? Das Set ist das Spielfeld der Regie, sie gibt dort die Richtung und die Regeln vor. Innerhalb des Rahmens, der über den Drehplan mit der Produktion besprochen ist und auf den der Regisseur sich regievertraglich verpflichtet hat, und innerhalb der gesetzlichen und gefahrenschutzrechtlichen Auflagen sollte sich ein Regisseur frei bewegen können. Droht die Gefahr, dass er von diesen Absprachen abweicht, beispielsweise wenn das vorgesehene Pensum eines Drehtages nicht geschafft wird oder er Ressourcen über einen vereinbarten Rahmen hinaus einsetzen will, dann ist es nicht die Aufgabe der Regieassistenz oder der Setaufnahmeleitung, der Regie zu sagen, was sie zu tun oder zu lassen hat, oder sie anzutreiben und ihr gar „Druck zu machen". Stattdessen müssen beide unverzüglich den Produktionsleiter als Stellvertreter des Produzenten informieren und diesem die Umstände des Sachverhalts erläutern. Der Produktionsleiter wird sich dann dazu verhalten oder im Fall eines Konflikts ans Set kommen und das direkte Gespräch mit dem Regisseur suchen. Scheitert er damit, gibt

er den Konflikt an den Produzenten weiter. Innerhalb dieser Ping-pong-Kommunikation zwischen Regie und Produktion haben Regieassistent und Setaufnahmeleiter eine reine Mittlerfunktion ohne Entscheidungsbefugnis.

Die Grenze zwischen Regieassistenz und Setaufnahmeleitung ist unklar und eine Aufgabenteilung nicht immer einfach. Dabei ist der Leitgedanke recht simpel: Die Regieassistenz organisiert das Set und die Setaufnahmeleitung den Drehort. Jede Aufgabenteilung darüber hinaus ist auch abhängig von der jeweiligen Interpretation der Position und muss für jeden Dreh neu vorgenommen werden. Die enge und nicht immer sinnvolle Verzahnung der Arbeitsbereiche kann zu Konflikten führen, insbesondere weil als Folge des veränderten Selbstverständnisses der Regieassistenz die Vorstellungen und gegenseitigen Erwartungen auf beiden Seiten manchmal unsachlich sind und nur wenig mit der deutschen Produktionsrealität zu tun haben – erstaunlicherweise gibt es auch heute noch Setaufnahmeleiter, die es als ihre originäre Aufgabe betrachten, Ansagen am Set zu machen. Die dadurch drohenden Reibungsverluste lassen sich auffangen, indem man in bewährten Konstellationen zusammenarbeitet, doch selbst dabei kann die Form der Zusammenarbeit variieren, weil der 1. Regieassistent in seiner Arbeit von der Regie und der Setaufnahmeleiter von der Vorarbeit des 1. Aufnahmeleiters abhängig ist. In jedem Fall sollten sich beide Positionen eng abstimmen und um eine konstruktive Zusammenarbeit bemühen, denn letztendlich gehören beide Positionen zusammen und sind im Sinne eines konstruktiven Drehfortschritts aufeinander angewiesen.

Hierarchien am Set

Die Hierarchiestrukturen an einem Filmset lassen sich durchaus als archaisch bezeichnen und mögen in Zeiten von flachen Hierarchien und transparenter Kommunikation zunächst ein wenig betulich und aus der Zeit gefallen erscheinen. Aufgrund der Komplexität und der

engen Taktung von Arbeitsabläufen kann die Nichtbefolgung bzw. das Hinterfragen von Ansagen einen reibungslosen Fluss der Dreharbeiten aber nicht nur erheblich behindern, sondern das ganze Prinzip der Filmherstellung grundsätzlich ins Wanken bringen. Aus diesem Grund hat sich im Verlauf der Filmgeschichte auch nicht viel an diesen anachronistisch anmutenden Strukturen verändert.
Der Regisseur gibt die Abläufe am Set vor. Die Abteilungsleiter sind für ihn Ansprechpartner in sämtlichen Belangen ihres Arbeitsbereichs. Eine besondere hierarchische Position innerhalb eines Filmteams nimmt der Kameramann ein, der als entscheidender Bildgestalter in Abstimmung mit dem Regisseur auch gegenüber den künstlerischen Abteilungen ansagenbefugt ist. Szenen- und Kostümbildner, deren unmittelbarer Arbeitsort nicht das Set ist, lassen sich dort von Innenrequisiteur und Garderobier vertreten, ohne dass diese aber deren künstlerische Entscheidungsgewalt hätten. Jede Fachabteilung hat in sich ihre eigene Hierarchie, die vom Abteilungsleiter als künstlerisch- oder technisch-administrative Kraft angeführt wird und abteilungsintern geregelt ist. Je größer der Einfluss einer Position auf das Filmbild, desto höher steht sie gewöhnlich in der Abteilungshierarchie.
Die künstlerischen Abteilungen stehen gleichberechtigt nebeneinander. Bei den technischen Abteilungen nimmt erneut der Kameramann eine dominante Position ein: Er ist nicht nur innerhalb seiner Abteilung, sondern auch gegenüber der Licht- und Bühnenabteilung weisungsbefugt, da er die drei Abteilungen für die technische Umsetzung seiner Vorstellungen benötigt. Die Tontechnik steht gleichberechtigt neben der Bildtechnik, muss sich in der Praxis aber häufig unterordnen. Zum einen gibt die Kamera den Bildausschnitt vor und der Ton muss darauf reagieren, zum anderen sind die tontechnischen Nachbearbeitungsmöglichkeiten einfacher als die bildtechnischen – ist der Dialog einer Szene unverständlich, kann er nachträglich synchronisiert und nahtlos ausgetauscht werden, wohingegen eine digitale Bildretusche zeit- und kostenintensiv ist. Tonprobleme bei der Aufnahme werden deshalb häufig von vornherein in die Post-

produktion verlagert. Die künstlerischen und technischen Fachabteilungen kommunizieren bei Überschneidungen ihrer Arbeitsbereiche untereinander. Der Kameramann spricht beispielsweise mit dem Maskenbildner, wenn das Gesicht des Schauspielers im Licht glänzt, der Tonassistent mit dem Garderobier, wenn er Mikrofon und Sender in das Kostüm einbauen möchte, und der Beleuchter mit dem Requisiteur, wenn er Platz für seine Scheinwerfer braucht.

Der 1. Regieassistent übersetzt die Vorstellungen der Regie in Arbeitsabläufe und administrative Ansagen, die für alle Abteilungen als Regieansagen bindend sind. Wenn gewünscht, kann er dem Regisseur in Teilen die Kommunikation mit dem Stab abnehmen, damit dieser sich auf seine Inszenierung und die Kommunikation mit Schauspielern und Kameramann konzentrieren kann. Der 1. Regieassistent verteilt alle für die Umsetzung notwendigen Informationen und ist für den Stab Ansprechpartner bei allen Fragen und Auskünften bezüglich der Umsetzung. Mit Ausnahme der Inszenierung von Bildhintergründen hat er aber keine eigene künstlerische Gestaltungsgewalt. Formal steht er sowohl über dem 1. Aufnahmeleiter und dem Motivaufnahmeleiter als auch über dem Setaufnahmeleiter, der für den Stab Ansprechpartner in Belangen des Drehortes und der Logistik ist. Die Abteilungsleiter wiederum stehen zwar hierarchisch über Regieassistent und Setaufnahmeleiter, sind allerdings in der Durchführung ihrer Arbeit administrativ und logistisch weisungsgebunden.

Das bedeutet praktisch, dass es nicht im Ermessen des 1. Regieassistenten oder des Setaufnahmeleiters liegt, welches Licht der Oberbeleuchter mit seinem Team aufbaut, aber sehr wohl, wann und unter welchen Rahmenbedingungen. Der Regieassistent kann dem Oberbeleuchter beispielsweise ansagen, das Licht für die nächste Szene aufzubauen – wie der Oberbeleuchter dies daraufhin umsetzt, ist seinem Kameramann und ihm überlassen. Stellt er seine Scheinwerfer auf eine Straße, für die es keine dafür notwendige Genehmigung gibt, so kann der Setaufnahmeleiter ihm dies verwehren

und der Oberbeleuchter muss sich eine andere Lampenposition überlegen. Dieser Fall wird so allerdings nicht eintreten, denn falls die Lampenposition auf der Straße für die Umsetzung seines Lichtkonzeptes essentiell wäre, hätte der Oberbeleuchter sie bereits im Rahmen der technischen Motivbesichtigung angesagt und die Produktion hätte sich um die notwendige Genehmigung gekümmert. Falls sie diese Genehmigung nicht erhalten hätte, wäre dies dem Oberbeleuchter so rechtzeitig mitgeteilt worden, dass er sich vor dem Drehtag eine neue Lampenposition hätte überlegen können.
Diese Mischung aus streng vertikaler Hierarchie (in der Gesamtstruktur und innerhalb der Abteilungen) und horizontaler Hierarchie (auf administrativer Ebene) mag zunächst kompliziert erscheinen. Am Set gewährleistet sie aber ein schnelles und reibungsloses Arbeiten, das gleichzeitig große Flexibilität ermöglicht. Filmschaffende sind es gewohnt, in diesem System zu arbeiten, so dass es auch in neuen personellen Konstellationen intuitiv und flüssig funktioniert.

Tagesbeginn

Eine Filmproduktion ist personell und logistisch so aufgestellt, dass sie auf alle Eventualitäten eines Drehtags vorbereitet ist. Man kann sie mit einem Zirkus vergleichen, der mit Wagen, Artisten und Tieren vorgefahren kommt, auf einer Wiese vor der Stadt das Zelt aufbaut, und dann, wenn alles bereit ist, mit der großen Show beginnt. Eine Filmproduktion funktioniert ähnlich, allerdings unter viel größerem Zeitdruck. Während der Zirkus sich für mehrere Tage, vielleicht sogar Wochen, auf der grünen Wiese installiert, kommt eine Filmproduktion womöglich nur für einen Tag – oder sogar noch kürzere Zeit – an einen Drehort. Damit die Show zügig beginnen kann, muss das Zelt daher so schnell wie möglich aufgebaut sein.
Die zur Verfügung stehende Drehzeit ergibt sich aus der im Tarifvertrag geregelten Arbeitszeit der Mitarbeiter (siehe das Kapitel *Arbeitsschutz* auf Seite 216). Ein filmschaffender Arbeitnehmer darf

bis zu 12 Stunden am Tag arbeiten. Der Setaufnahmeleiter ist der erste und letzte Mitarbeiter einer Filmproduktion am Drehort, und zieht man von seinen 12 Arbeitsstunden den Auf- und Abbau vor Probenbeginn und nach Drehschluss ab, bleibt die effektive Drehzeit. Je höher die effektive Drehzeit, desto größer die inszenatorischen Möglichkeiten für den Regisseur, weshalb man bestrebt ist, den Auf- und Abbau so effizient wie möglich zu gestalten. Allerdings ist der Beginn eines jeden Drehtages besonders fehleranfällig, da die Entwicklung der Abteilungen voneinander abhängt und die Filmproduktion erst dann flexibel auf Probleme reagieren kann, wenn alles steht und läuft.
Der Setaufnahmeleiter ist mit seinem Team am Morgen der Erste am Drehort und kümmert sich zusammen mit dem 1. Aufnahmeleiter oder dem Motivaufnahmeleiter um die Installation der Logistik. Dabei wird er über die Anforderungen des Motivs und das erste Set des Tages informiert. Anschließend koordiniert er die Ankunft der Abteilungen und deren Entwicklung, wozu das Abparken der Fahrzeuge, das Ausladen und die Vorbereitung des Equipments, das Verlegen von Strom usw. gehört. Jede Abteilung, manchmal sogar jede Position, hat einen eigenen Arbeitsbeginn, der sich aus dem zeitlichen Vorlauf ergibt, den die Fachabteilung bzw. die Position für die Entwicklung ihres Arbeitsbereichs bis zum Probenbeginn benötigt. Wie dies im Detail vonstattengeht, wird im Kapitel *Tagesdisposition* auf Seite 299 erläutert. Ein allgemeiner Arbeitsbeginn, also die Disponierung aller Mitarbeiter zur selben Zeit, ist ungünstig, weil dann sämtliche Abteilungen mit ihren Fahrzeugen gleichzeitig am Drehort auftauchen, was zu einem erheblichen Durcheinander führen kann. Manchmal lässt sich ein allgemeiner Arbeitsbeginn aber nicht vermeiden.
Idealerweise sind die Fachabteilungen immer so knapp wie möglich, aber mit so viel Vorlauf wie nötig bestellt. Auf diese Weise ist sichergestellt, dass alle notwendigen Vorbereitungen bis zum Probenbeginn abgeschlossen sind. Wie diese im Einzelnen für die Fachabteilungen aussehen, ergibt sich aus dem Drehort und aus

den Anforderungen der ersten Drehbuchszene. In diesem Ablauf sollten Verzögerungen unter allen Umständen vermieden werden: Gibt es bei der Ankunft des Schauspielers beispielsweise noch keinen Strom im Maskenmobil, kann dessen Maskenzeit nicht beginnen, also wird er bis zum Probenbeginn nicht rechtzeitig fertig sein. Eine Verzögerung am Tagesbeginn bei nur einer Abteilung bedeutet daher meist sofort einen effektiven Drehzeitverlust.
Sind schließlich irgendwann alle Mitarbeiter eingetroffen und steht die Logistik, stellt der Setaufnahmeleiter sein Team auf und rückt selbst vor an das erste Set des Tages. Die Zirkusvorstellung kann beginnen.

Stellprobe

Die Struktur eines Drehtages ergibt sich aus der Reihenfolge der für den Tag vorgesehenen Drehbuchszenen. Drehbuchszenen werden im Produktionsprozess auch als Bilder bezeichnet und definieren sich durch ihre zeitliche und räumliche Geschlossenheit (siehe *Hierarchie der Drehplanung* auf Seite 157). Der erste Schritt bei der Umsetzung eines Bildes ist die Stellprobe, die immer am jeweiligen Set stattfindet. In der Stellprobe erarbeitet der Regisseur zusammen mit den Schauspielern den Ablauf des im Drehbuch beschriebenen Bildes. Diese Inszenierung ist die Grundlage dafür, das Bild anschließend in Kameraeinstellungen aufzulösen und diese drehen zu können. Darüber hinaus vermittelt die Stellprobe dem Stab die notwendigen Informationen, um seine individuellen Arbeiten für die Drehabläufe vorbereiten und diese durchführen zu können.
Der Ablauf einer Stellprobe ist von der jeweiligen Arbeitsweise der Regie abhängig. In jedem Fall muss die benötigte Spielfläche für alle Spielhandlungen, Gänge und Auftritte der Schauspieler großflächig frei sein, damit die Schauspieler sich uneingeschränkt bewegen können, ohne über Kabel, Scheinwerfer oder Maskentaschen zu stolpern. Was sich zunächst banal anhört, ist an einem Filmset keine Selbstverständlichkeit. Bevor also die Stellprobe angesagt wird,

fordert der Regieassistent oder der Setaufnahmeleiter das Filmteam auf, das Set gemäß der Vorgaben der Regie von allem Equipment zu räumen. Dreht man mehrere Tage in einem Motiv und ist die Stellprobe der erste Programmpunkt eines Drehtages, sollte bereits am Abend zuvor nach Drehschluss dafür Sorge getragen werden, dass die Stellprobe am Morgen uneingeschränkt stattfinden kann.

Es ist nicht notwendig, dass das Set vollständig eingerichtet ist. Wichtig ist hingegen, dass die Möbel korrekt stehen und dass alle Spielrequisiten parat liegen, damit die Schauspieler unter Bedingungen probieren können, die der filmischen Realität so nahe wie möglich kommen. Ist ein Requisit teuer oder anfällig für Beschädigungen, wird mit einem Probenrequisit gearbeitet, um das Original für den Dreh zu schonen. Dies gilt auch für den Fall, dass ein Requisit im Spiel kaputt gehen oder gegessen, getrunken usw. werden soll. Da das Requisit nur in einer in der Requisitenbesprechungen festgelegten Anzahl vorhanden ist, wird es bis zum Dreh zurückgehalten. Der Schauspieler sollte also in der Stellprobe nur markieren, das heißt so tun als ob: Wenn er später in jedem Durchgang einen Burger essen muss, wird er dankbar dafür sein, dass ihm dies zumindest in der Stellprobe erspart geblieben ist.

Solange es keinen Einfluss auf das Spiel hat, braucht der Schauspieler nicht im richtigen Kostüm oder der richtigen Maske proben. Zieht er sich jedoch im Spiel das Jackett aus, sollte der Bewegungsablauf schon in der Stellprobe eingeübt werden. Manche Schauspieler legen Wert darauf, immer im vollständigen Kostüm zu proben, was man ihnen dann auch ermöglicht. In beiden Fällen wird der Beginn der Probe solange zurückgehalten, bis der Schauspieler umgezogen oder zumindest das Jackett am Set angekommen ist. Die Maske spielt in den allermeisten Fällen nur dann eine Rolle, wenn der Schauspieler eine Halskrause, Manschette oder Ähnliches tragen muss. Auch in diesem Fall führt man den dafür notwendigen Maskenwechsel vor Beginn der Stellprobe durch. Die Koordination dieser Arbeitsabläufe ist von großer Bedeutung, da Masken- und

Kostümwechsel viel Zeit in Anspruch nehmen können, sich aber auffangen lassen, wenn sie parallel zu anderen Arbeitsschritten stattfinden (siehe das Kapitel *Spieltage* auf Seite 239).
Ist das Set geräumt, die Schauspieler vorbereitet und liegen alle Requisiten bereit, sagt der Regieassistent die Probe an. Manche Regisseure proben aus Gründen der Konzentration alleine mit ihren Schauspielern, in jedem Fall sollte die Probe ungestört ablaufen und die inszenatorische Arbeit nicht durch äußere Einflüsse unterbrochen werden. Neben Regisseur und Schauspielern sollten der Regieassistent im Raum sein (als kommunikative Schnittstelle falls etwas aus der Probe heraus organisiert werden muss), der Script Supervisor (mit Drehbuch und Stoppuhr) und der Innenrequisiteur (für das Handling der Requisiten, und falls in der Probe Spielrequisiten benötigt werden, die vorher nicht abzusehen waren). Auch der Kameramann kann anwesend sein, um technische Fragen direkt in der Probe zu klären. Manchmal ist es sinnvoll, jemanden im Verlauf einer Stellprobe dazu zu holen, beispielsweise kann die Regie erst den Ablauf der Szene proben, bis es laut Drehbuch zu einer Ohrfeige kommt. Der Stuntbetreuer wartet solange vor der Tür, wird dann hinzugerufen und ergänzt mit den Schauspielern die Ohrfeige. Dieses Vorgehen eignet sich auch für Fachbetreuer oder anderes Personal, welches der Regisseur, um die Konzentration nicht zu beeinträchtigen, möglicherweise nicht dauerhaft bei einer Probe dabei haben möchte.
Die Dauer einer Stellprobe ist abhängig von der Länge und Komplexität der Szene. Ziel ist es nicht, das Bild in allen Details einzustudieren. Stattdessen soll der grundlegende Ablauf geklärt werden, so dass die Schauspieler ihre Positionen im Raum kennen und wissen, wo sie welchen Text sprechen sollen, und die Szene am Stück durchspielen können. Die Emotion kann zwar Bestandteil der Stellprobe sein, die Schauspieler sollten sich aber nicht verausgaben, bevor die Kamera läuft. Es ist sinnvoll, den Umfang der Stellprobe auf den Kern des Bildes zu reduzieren und unsichere Variablen wie Tiere, Kinder, Stunts, Komparsen usw. erst zu einem späteren Zeitpunkt zu ergänzen. Im

Zweifelsfall fragt der Regieassistent vor der Probe nach, wen oder was der Regisseur dabeihaben möchte. Je konzentrierter eine Probe ablaufen kann, desto besser. Regieassistenz und Setaufnahmeleitung fordern daher auch bei dem nicht an der Stellprobe teilnehmenden und möglicherweise konstruktiv vorbereitenden Team Ruhe ein. Wie immer im Drehprozess hat die Arbeit der Regie Priorität.
Hat der Regisseur mit den Schauspielern alleine geprobt, führt er dem Team das Resultat im Anschluss vor. Von jeder Abteilung sollte mindestens ein Mitarbeiter anwesend sein, um den Informationsfluss in die Abteilungen hinein zu gewährleisten, da die Inszenierung die Grundlage für die Arbeit der Fachabteilungen im Drehablauf ist. Kameramann und Oberbeleuchter kennen anschließend die Gänge der Schauspieler und wissen, welche Positionen sie einzuleuchten haben. Der Requisiteur weiß, dass im Bild geraucht wird und kann Zigaretten in der immer gleichen Länge vorbereiten. Der Maskenbildner hat gesehen, dass die Schauspielerin sich im Bild die Haare öffnet und er ihr nach jedem Durchgang einen neuen Zopf binden muss. Und der Tonmeister ist darüber informiert, dass er den Schauspieler nicht verkabeln kann, weil der sich im Bild das Hemd auszieht und der Sender dabei sichtbar werden würde.
Nach einer solchermaßen öffentlichen Probe bespricht der Regisseur mit dem Kameramann die Auflösung (alle Kameraeinstellungen, die er sich für das Bild vorstellt) und die Drehreihenfolge (die Reihenfolge, in der die Einstellungen gedreht werden). Manche Regisseure sind sehr gut darin, Schauspieler auf die Positionen zu inszenieren, die sie benötigen, aber wenn die Inszenierung sich anders entwickelt hat, als zuvor geplant, muss die Auflösung möglicherweise angepasst werden. Egal ob ein Regisseur eine Auflösung im Drehablauf abarbeitet oder ob er sie als Improvisationsgrundlage nutzt – eine vorbereitete Auflösung spart in jedem Fall Zeit. Anschließend beendet der Regisseur die Stellprobe, und nun beginnt die technische Vorbereitung der ersten Kameraeinstellung.

Drehreihenfolge

Die Drehreihenfolge hängt von inszenatorischen und logistischen Faktoren ab. Grundlage für ihre Festlegung ist die nach der Stellprobe fixierte szenische Auflösung.
Als inszenatorische Faktoren bezeichnet man Faktoren, die sich aus einer Szene heraus ergeben. Für gewöhnlich ist ein Bild nach einer Stellprobe nicht abschließend, sondern nur in seinen Grundzügen erarbeitet. Um den Schauspielern die Gelegenheit zu geben, die Szene im Drehablauf weiter zu verinnerlichen, beginnt der Regisseur die Aufnahmen nicht mit den entscheidenden emotionalen Close-ups, sondern arbeitet sich von den weiten zu den nahen Einstellungen hin vor und endet mit der absoluten Großaufnahme. Während manche Schauspieler von Einstellung zu Einstellung besser werden, nutzt sich das Spiel von anderen Schauspielern mit zunehmender Wiederholung ab. Um von allen Beteiligten ein optimales Ergebnis zu erhalten, bedenkt der Regisseur diese Eigenheiten bei der Festlegung der Drehreihenfolge mit. Und nicht nur an langen Drehtagen zieht er in Betracht, welcher Schauspieler zur jeweiligen Uhrzeit besser beieinander ist oder schlicht besser aussieht – es ist nicht von Vorteil, wenn die 80jährige Großmutter um vier Uhr nachts das letzte Close-up des Tages bekommt.
Manche Regisseure bauen auf die positive Wirkung des Zufalls und lassen in ihrer Inszenierung Momente bewusst offen, weil diese sich schöner ergeben, als wenn sie fixiert sind. Auch Tiere oder kleine Kinder lassen sich nur bedingt kontrollieren und fügen der Inszenierung ein nicht planbares Element hinzu. Bei einer solchen Arbeitsweise muss man die Umsetzung eines Bildes mit den Kameraeinstellungen beginnen, in denen der Zufall gewünscht ist, und anschließend ergänzt man die anderen Einstellungen nach diesen Vorgaben. Man beginnt also immer mit der Kameraeinstellung, die am meisten vorgibt. Der Kameramann kann auch Wert auf bestimmte Lichtstimmungen oder einen speziellen Sonnenstand legen, was es notwendig

macht, einzelne Einstellungen innerhalb der Drehreihenfolge präzise zu terminieren. Auch die Gefahr von sichtbaren Flurschäden kann Einfluss nehmen. Und manchmal hat eine Drehreihenfolge viel mit Diplomatie zu tun: Es kann das Arbeitsklima am Set befördern, wenn der Star seine Großaufnahme als Erster bekommt.

Logistische Faktoren ergeben sich hingegen aus den Drehabläufen und den dazugehörigen Rahmenbedingungen. Im Unterschied zu den primär von der Regie ins Feld geführten inszenatorischen Faktoren werden logistische Faktoren meist von den technischen Abteilungen oder den administrativen Positionen vorgebracht und können auf Kosten der inszenatorischen Faktoren sehr bestimmend sein. Um einen effizienten Drehablauf zu erreichen und ein Maximum aus der zur Verfügung stehenden Drehzeit herauszuholen, sollten sie aber auch von der Regie mitbedacht werden. Es gibt allerdings einen Unterschied zwischen Situationen, in denen es für den Regisseur sinnvoll ist, auf logistische Faktoren Rücksicht zu nehmen, und solchen, bei denen er dies aus einer bloßen Notwendigkeit heraus tun muss. Es sollte immer die Maxime des administrativen und technischen Personals sein, dem Regisseur den zweiten Fall weitestgehend zu ersparen.

Ziel der administrativen Arbeit ist es also, alle Arbeitsschritte so effizient anzusetzen, dass der Regisseur ein Maximum an Drehzeit zur Verfügung hat, und Situationen zu vermeiden, in denen kein Drehfortschritt möglich ist. Aus diesem Grund orientiert sich die Drehreihenfolge an dem längsten akuten Arbeitsschritt, der den Drehfortschritt zwischenzeitlich unterbricht. In den meisten Fällen ist das der lichttechnische Umbau zwischen zwei Kameraeinstellungen, weshalb man die Drehreihenfolge so gestaltet, dass diese Umbauten effizient ablaufen und in ihrer Anzahl gering gehalten sind. Dafür organisiert man den Dreh nach Lichtrichtungen: Das heißt, man dreht zunächst alle Einstellungen in die erste Lichtrichtung, wird dabei optisch zunehmend enger, um danach umzubauen („umzudrehen") und alle Einstellungen in die zweite Lichtrichtung zu drehen, anschließend

folgt die dritte Lichtrichtung usw. Ein solches Vorgehen reduziert die Anzahl der Umbauten auf einen Umbau pro Lichtrichtung.
Dieses Vorgehen lässt sich auf mehrere Bilder ausdehnen. Man setzt ein Bild dann nicht in seiner Gänze um, sondern dreht stattdessen zunächst alle Einstellungen für zwei oder mehr Bilder in eine identische Lichtrichtung, bevor man umdreht und die zweite Lichtrichtung für alle bereits angedrehten Bilder umsetzt. Diese Vorgehensweise nennt sich „quer durch die Bilder drehen". Dadurch verringern sich zwar die Lichtumbauzeiten erheblich, allerdings stellt Querdrehen auch große Anforderungen an Regie und Schauspieler, die dafür zunächst mehrere Bilder proben und anschließend den Überblick über deren Umsetzung behalten und emotional „zwischen den Bildern springen" müssen. Dieses Vorgehen ist daher nur in einer sehr industriellen und effizienzbasierten Filmherstellung üblich.
Dreht man mit wenig oder gar keinem lichttechnischen Aufwand oder nimmt ein anderer Arbeitsschritt mehr Zeit in Anspruch als der lichttechnische Umbau, gibt dieser die Drehreihenfolge vor. Wenn beispielsweise eine Schauspielerin im Bild mit einer Flasche Champagner übergossen wird, dauert es mit Sicherheit länger, die Schauspielerin wieder in trockene Kleidung zu bringen und die Maske aufzufrischen, als das Licht umzubauen. Man würde die Drehreihenfolge dieses Bildes deshalb so organisieren, dass diese Masken- und Kostümzeit so selten wie möglich notwendig wird – gegebenenfalls auch auf Kosten von zusätzlichen Lichtumbauten.
Wie könnte man mit dieser Situation umgehen? Der Regisseur könnte zunächst nicht die ganze Szene durchspielen lassen, sondern immer nur den ersten Teil bis kurz vor den Zeitpunkt, an dem die Champagnerdusche stattfinden soll. Ist dies in alle Lichtrichtungen abgedreht, könnte er sich auf eine Kameraeinstellung festlegen, in der er die Dusche – und damit den Übergang von trocken zu nass – erzählen möchte, und dann diese Einstellung drehen. Hat das funktioniert geht er zum zweiten Teil des Bildes über und beginnt nun immer an der Stelle, an der die Schauspielerin bereits durchnässt ist. Dadurch

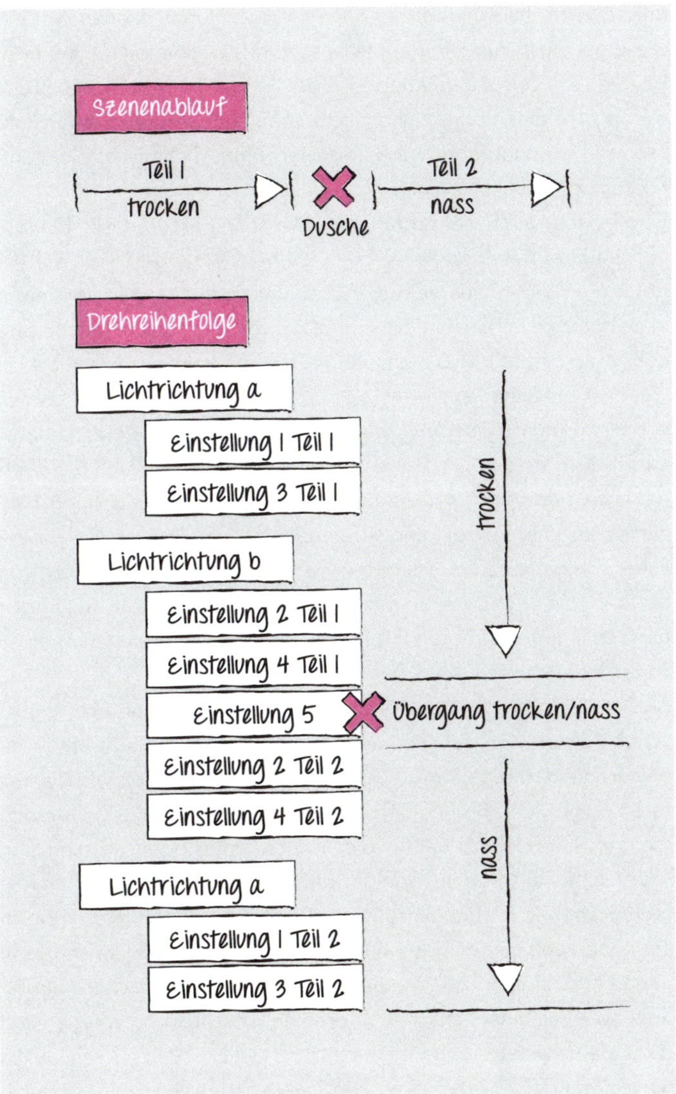

Abb. 5: Drehreihenfolge Beispiel „Champagnerdusche"

müsste die Schauspielerin nur dann zurück in den trockenen Zustand, wenn die Einstellung, in der die Dusche tatsächlich stattfindet, nicht beim ersten Versuch funktioniert hätte. Diese Zweiteilung der Szene würde zwar einen zusätzlichen Lichtumbau notwendig machen (falls es zwei Lichtrichtungen gibt), reduziert aber auch die Masken und Kostümzeit auf ein Minimum.

Es gibt aber auch viel profanere logistische Faktoren, die Einfluss auf die Drehreihenfolge nehmen können. Verzögert sich die Abholung eines Schauspielers, muss man Einstellungen vorziehen, in denen der Schauspieler nicht benötigt wird, um zu vermeiden, dass man „steht", also nicht weiterarbeiten kann. Es kommt auch vor, dass ein Schauspieler ein Set zu einer abgesprochenen Uhrzeit verlassen muss, beispielsweise um rechtzeitig bei einer Theateraufführung zu sein, und in einem solchen Fall muss sich die Drehreihenfolge möglicherweise ganz dieser Abreise unterordnen. Und ein logistischer Faktor kann jeden anderen ausstechen: die gesetzlichen Vorgaben zur Kinderarbeit. Um die erlaubte Arbeitszeit von Kindern, die sogenannten Kinderzeiten, optimal nutzen zu können, muss man jeden Drehtag mit Kinderschauspielern genau um diese Zeiten herum aufbauen.

Aus der Summe der bestimmenden inszenatorischen und logistischen Faktoren bildet sich eine Hierarchie, aus der sich am Ende die Drehreihenfolge ergibt. Die Entscheidung darüber, wie die Faktoren zu gewichten sind, trifft der Regisseur. Er kann gewichtige inszenatorische Gründe haben, die nicht augenfällig sein müssen, und logistische Faktoren als weniger dringlich einstufen, als sie seinen technischen und administrativen Mitarbeitern erscheinen mögen. Der Stab kann einem Regisseur immer nur die Konsequenzen einer Drehreihenfolge aufzeigen, dieser muss seinen Mitarbeitern gegenüber aber keine Rechenschaft über seine Entscheidung ablegen und trägt die Verantwortung für die Nutzung der Drehzeit ausschließlich gegenüber dem Produzenten. Regisseure haben aber meist ohnehin das beste Gespür dafür, wofür die Drehzeit ausreicht und wofür nicht,

und man sollte sich zunächst ruhig auf diese Einschätzung verlassen. Damit ein Regisseur aber eine verantwortungsvolle Entscheidung treffen kann, muss er über alle relevanten Faktoren informiert sein. Die logistischen Faktoren können so bestimmend sein, dass sie nicht nur Einfluss auf die Drehreihenfolge nehmen, sondern auch auf die szenische Auflösung – zum Beispiel wenn der Regisseur seine Auflösung zusammenstreichen muss, weil ihm schlicht die Zeit für seine Ideen fehlt. Um auszuschließen, dass er seine Vorstellungen an die Vorgaben der Logistik anpassen muss, statt dass die Logistik sich flexibel seiner kreativen Arbeit unterordnet, muss die Drehplanung von vornherein entsprechend gestaltet sein. Wie man dies erreicht, beschreibt das Kapitel *Inszenatorische und dramaturgische Faktoren* auf Seite 245. Diesem Anspruch sind allerdings häufig Grenzen gesetzt, die im Zuge der Drehplanarbeit bereits abzusehen sind und die in der Vorbereitung deutlich kommuniziert werden müssen.
Nur in Ausnahmefällen wird ein Bild nicht in seiner Gänze gedreht. Ein solcher Split erhöht die Fehlerquellen und die Schwierigkeit, einen kontinuierlichen Eindruck der filmischen Realität aufrechtzuerhalten, beispielsweise kann das Wetter sich verändern oder der Sonnenstand wandern. In manchen Fällen wird aber aus inhaltlichen, motivischen, logistischen oder auch finanziellen Gründen bewusst mit Splits gearbeitet, beispielsweise bei aufwendigen Actionfilmen, bei denen sich eine komplizierte Sequenz aus vielen einzelnen Teilbildern zusammensetzt. Den Umgang mit Splits beschreibt das gleichnamige Kapitel auf Seite 285.

Drehabläufe

Die Drehreihenfolge wird zusammen mit den sich daraus ergebenden Informationen über die Umsetzung des Bildes an das Team kommuniziert. Bei ungewöhnlichen Drehsituationen wie in dem Beispiel der Champagnerdusche weisen Regieassistent und Setaufnahmeleiter gesondert darauf hin, was die Drehreihenfolge für die

Abläufe bedeutet. Es macht einen großen Unterschied für die Arbeit der Abteilungen, ob die Schauspielerin einmal mit Champagner übergossen wird und möglicherweise noch ein zweites Mal, oder ob dies regelmäßig passiert. Im ersten Fall bereitet sich das Kostüm darauf vor, dass die Schauspielerin sich im nassen Zustand am Set wohlfühlt, und die Maske arbeitet beide Stadien des Make-ups eher sorgfältig aus. Im zweiten Fall ist alles dem Ziel untergeordnet, die Dreharbeiten zügig fortsetzen zu können. Das Kostüm konzentriert sich darauf, die Schauspielerin schnell wieder in einen trockenen, drehfertigen Zustand zu bringen, und die Maske entscheidet sich für ein funktionales, schnell herstellbares Make-up. Die Drehvorbereitungen sind jedoch in beiden Fällen gleich: Das Kostüm ist mindestens doppelt vorhanden, damit eines getrocknet werden kann, während mit dem anderen gedreht wird, und die Requisite hat mehrere Flaschen Champagner präpariert.

Man unterscheidet zwei Typen von Arbeitsschritten: akute Arbeiten, die für die anstehende Aufnahme abgeschlossen sein müssen, und vorbereitende Arbeiten, die man vorausschauend in Angriff nimmt, weil man weiß, dass sie zu einem späteren Zeitpunkt abgeschlossen sein müssen. Vorbereitende Arbeiten werden früher oder später zu akuten Arbeiten. Der Stab priorisiert seine Arbeiten zunächst einmal selber. Da die Mitarbeiter aber auf ihren jeweiligen Aufgabenbereich fokussiert sind, fehlt ihnen ein abteilungsübergreifender Überblick über die Zusammenhänge aller Arbeitsschritte. Es ist deshalb die Aufgabe vom 1. Regieassistenten und vom Setaufnahmeleiter, diesen Gesamtüberblick ständig zu haben und alle Arbeitsschritte entsprechend zu koordinieren. Ziel ist ein reibungsloser Drehablauf ohne Verzögerungen mit einem Maximum an verfügbarer Drehzeit. Damit die Drehabläufe nicht zum Erliegen kommen, haben akute Arbeiten immer Priorität. Vorbereitende Arbeiten können hingegen in dem Moment gestoppt werden, in dem sie den Drehablauf verzögern. Ein effektives Zeitmanagement am Set funktioniert nicht auf der Basis, dass Regieassistent oder Setaufnahmeleiter Druck machen und alle

Mitarbeiter zu Höchstleistungen antreiben – das ist zwar auch manchmal notwendig, sollte aber nicht die Regel sein. Stattdessen ist es erstrebenswert, dass möglichst viele Mitarbeiter gleichzeitig mit Arbeiten beschäftigt sind, damit sich die Zeiten, die für alle Arbeitsschritte notwendig sind, so effizient wie möglich miteinander verrechnen und die Wartezeit für jeden Einzelnen gering ausfällt. In der Praxis sind allerdings trotzdem alle Beteiligten einen nicht unerheblichen Teil eines Drehtages mit Warten beschäftigt – insbesondere der Regisseur. Es ist ein erstaunliches Phänomen an einem Set, dass alle Mitarbeiter immer etwas zu tun zu haben scheinen. Selbst wenn nichts voran geht, herrscht kein Stillstand. Das liegt an der hohen Eigenverantwortung eines jeden Einzelnen für seinen Arbeitsbereich, egal wie klein der sein mag, und an dem Bestreben, die eigene Arbeit trotz des hohen Effizienzdrucks so gut wie möglich zu erledigen. Dabei findet nicht jeder von sich aus ein Ende (alles geht immer noch besser), und sollte man alle akuten Arbeiten tatsächlich einmal abgeschlossen haben, dann geht es eben nahtlos mit vorbereitenden Arbeiten weiter (es gibt immer was zu tun). Das ist Ausdruck des Anspruchs an die eigene Arbeit und darf den Mitarbeitern nicht negativ ausgelegt werden. Allerdings wird durch diese Art Perfektionismus auch die Koordination der Abläufe erschwert. Regieassistent und Setaufnahmeleiter müssen immer abschätzen können, wann eine Arbeit soweit erledigt ist, dass es vertretbar ist, sie zu beenden.

Tipp

In meinen Anfangstagen beim Film, als ich noch die Gelegenheit dazu hatte, habe ich mich manchmal ein wenig zur Seite gestellt und das Geschehen am Set beobachtet. Ich habe dabei versucht zu erkennen, wer gerade mit welcher Arbeit beschäftigt ist und ob diese akut ist oder nicht. Diese Übung kann ich jedem Berufsanfänger nur empfehlen, um ein Set intuitiv und präzise lesen zu lernen. Heute weiß ich eigentlich zu jeder Zeit, was um mich herum geschieht, welche Arbeit notwendig und was bloßer Aktionismus ist, und ich vermag zu jedem Zeitpunkt die schlimmste Frage zu beantworten, die man einem Regieassistenten oder Setaufnahmeleiter stellen kann: „Worauf warten wir eigentlich?" Weiß man darauf keine unmittelbare und schlüssige Antwort, dann gesteht man ein, dass man gerade Drehzeit verplempert hat, weil nichts vorangeht.

Die Grundstruktur der Abläufe ist immer gleich und wird an die inszenatorischen und logistischen Anforderungen der Szene angepasst. Nach der Festlegung, mit welcher Einstellung begonnen bzw. fortgesetzt wird, erfolgt ein technischer Aufbau. Dafür lässt die Aufnahmeleitung das Set vom Team soweit von Equipment frei räumen, dass es von den technischen Abteilungen übernommen werden und der Kameramann die angesagte Einstellung einrichten kann. Die Kameratechnik baut zusammen mit der Bühne das Kamerasetup auf, die Lichttechnik stellt Scheinwerfer und der Innenrequisiteur richtet das Bild ein. Alles vor der Kamera wird hergerichtet, und alles, was nicht zu sehen ist und im Weg steht, wird aus dem Set entfernt. Parallel dazu platziert die Tontechnik Mikrofone oder probiert die für die Aufnahme besten Positionen aus. Auch die Videotechnik wird so umgestellt, dass sie die bestmögliche Position mit direkter Sichtverbindung zwischen Regie und Schauspielern hat.
Während eines technischen Aufbaus halten sich nur die aufgeführten Mitarbeiter sowie Regieassistent oder Setaufnahmeleiter bzw. einer ihrer Stellvertreter am Set auf. Alle anderen Mitarbeiter, inklusive Regisseur und Schauspieler, verlassen das Set unmittelbar nach dem Entfernen des Equipments, um den Aufbau nicht durch ihre Anwesenheit zu behindern. Das hat nicht nur ablauf- sondern auch sicherheitstechnische Gründe, da insbesondere die Installation der schweren Scheinwerfer ein Sicherheitsrisiko für unbedacht Anwesen-

de darstellen kann. Darüber hinaus ist es auch eine Frage des Respekts vor der Tätigkeit der technischen Abteilungen. Gibt es nach der Beendigung einer Stellprobe noch etwas zwischen Regie und Schauspielern zu besprechen, kann dies außerhalb des Sets geschehen.
Die Anwesenheit von Regieassistenz oder Setaufnahmeleitung stellt Disziplin und Kommunikation sicher. Sie sorgen dafür, dass die Arbeitswege freigehalten werden und der Aufbau effizient abläuft. Zu jeder Zeit, sowohl im technischen Aufbau als auch beim Dreh, muss jemand mit Funkverbindung am Set sein, da auf diese Weise benötigte Mitarbeiter ans Set geholt und das Team wieder zusammengerufen werden kann, sobald der Aufbau abgeschlossen ist. Die Umbauzeit wird zu Beginn von Regieassistenz oder Setaufnahmeleitung erfragt und laut angesagt, damit jeder Mitarbeiter sich darauf einstellen kann. Bei größeren Sets nehmen manchmal Lichtdoubles stellvertretend für die Schauspieler deren Positionen ein, damit Licht und Kameraeinstellung beurteilt werden können, bei kleineren Produktionen übernehmen meist die am Umbau beteiligten Mitarbeiter diese Aufgabe. Nirgendwo steht man weniger im Weg als auf den Schauspielerpositionen – der einzige Platz, an dem mit absoluter Sicherheit kein technisches Gerät aufgebaut wird.
Parallel zum technischen Aufbau können woanders am Drehort weitere akute Arbeitsschritte stattfinden. Handelt es sich um die erste Einstellung eines Bildes, werden die Schauspieler häufig zeitgleich an der Basis masken- und kostümtechnisch auf das neue Bild vorbereitet. Man bezeichnet dies als Masken- und Kostümwechsel, und ein solcher kann mehr Zeit in Anspruch nehmen als ein technischer Aufbau. In diesem Fall richtet sich die Länge des Umbaus nach dem Masken- und Kostümwechsel. Auch deshalb ist es wichtig, die Dauer des jeweils längsten Arbeitsschrittes zu Beginn des Umbaus zu erfragen und transparent anzusagen – jede Abteilung führt ihre Arbeit anders und besser aus, wenn sie weiß, dass sie mehr Zeit zur Verfügung hat, als sie mindestens bräuchte. Masken- und Kostümwechsel werden detailliert im Kapitel *Spieltage* auf Seite 239 beschrieben.

Der technische Aufbau endet dann, wenn der Kameramann das in jeder Hinsicht fertig eingerichtete Bild durch die Kamera beurteilt und abgenommen hat. Sinnvollerweise gibt er rechtzeitig zuvor eine zeitliche Vorwarnung, damit die Setaufnahmeleitung schon einmal die Möglichkeit hat, die überall verstreuten Schauspieler und Mitarbeiter auf das nahende Ende des Aufbaus vorzubereiten. Eine zeitliche Vorwarnung umfasst für gewöhnlich fünf Minuten, kann aber je nach Größe und Anforderungen eines Drehorts beliebig ausgeweitet werden. Eine Vorwarnung bedeutet nicht, dass alle Schauspieler und Mitarbeiter wieder ans Set kommen sollen, sondern nur, dass sie in fünf Minuten dazu bereit sein und bis dahin alles verrichtet haben sollen, was noch zu tun ist. Ist der Aufbau abgenommen, verlassen die Techniker, die an den anstehenden Proben und Aufnahmen nicht teilnehmen, das Set, und werden von den Schauspielern und Mitarbeitern, die dafür benötigt werden, abgelöst. Schon vor Beginn des technischen Aufbaus hat der Regieassistent das benötigte Personal angesagt, um zu verhindern, dass sich Mitarbeiter und insbesondere Schauspieler bereithalten, die für die anstehende Einstellung gar nicht gebraucht werden. Das Zusammenrufen des Personals nennt man im Sprachgebrauch eines Filmsets „Trommeln" oder „Einsteigen".
Sind irgendwann alle Mitarbeiter und Schauspieler am Set eingetroffen, beginnen die technischen Proben. Der Regisseur erklärt den Schauspielern, welchen Teil der Szene er verfilmen möchte, und Schauspieler und Technik proben diesen Teil gemeinsam. Die Technik reagiert dabei weitestgehend auf das Spiel, dennoch gilt es für die Schauspieler, technische Aspekte mit zu bedenken: Sie müssen ihre Positionen treffen, sich das Licht suchen und auch sonst auf technische Gegebenheiten der Aufnahme Rücksicht nehmen. Es ist die Aufgabe der Regie, Schauspiel und Technik aufeinander abzustimmen. Nicht selten ergeben sich dabei unvorhergesehene Schwierigkeiten, die zu einer Änderung der Inszenierung führen, was wiederum technische Anpassungen notwendig machen kann. Während der Proben spielen die Schauspieler noch eher technisch,

also nicht mit der ganzen nötigen Emotion, ist die Inszenierung aber irgendwann fixiert, beginnen sie sich und ihr Spiel auf die Aufnahme vorzubereiten. Aus diesem Grund sollten technischen Korrekturen früh im Probenprozess durchgeführt werden, damit die Konzentration von Regie und Schauspielern danach gewahrt bleibt.
Das Team folgt dem Probenprozess aufmerksam. Zum einen muss jeder Mitarbeiter seine räumliche Position für die Aufnahmen finden, zum anderen etablieren sich spezifische Abläufe, die bis zum Ende der Einstellung beibehalten werden. Nach jeder Probe und später nach jeder Aufnahme, die dann als „Take" bezeichnet wird, müssen alle Arbeitsbereiche vor der Kamera, und auch die Technik selbst, wieder auf Anfang gebracht werden. Je nachdem, was man filmt, kann das sehr viel Zeit in Anspruch nehmen – man stelle sich nur den Zeitaufwand von Schiffen bei Dreharbeiten auf dem Wasser vor. Im Verlauf der technischen Proben wird auch das Timing von Auftrittszeichen mit dem Spiel der Schauspieler abgestimmt, die Hintergrundinszenierung erarbeitet und Komparsen hinzugefügt. Falls absehbar ist, dass dieser Ablauf so nicht möglich sein sollte (große Komparsenmassen, motivspezifische Eigenheiten usw.) richtet der 1. Regieassistent die Komparsen bereits zum Ende des technischen Aufbaus ein, so dass der Hintergrund von der ersten technischen Probe an mitlaufen kann. Geben der Kameramann und der Oberbeleuchter ihre Erlaubnis dazu, kann dies auch schon parallel zum technischen Aufbau geschehen. Da die Regie sich bei der Beurteilung der Proben fast immer am Spiel der Schauspieler orientiert, kann es vorkommen, dass es vor der ersten Aufnahme einer Einstellung keine „heiße" Gesamtprobe gegeben hat. Dies muss nicht nur bei der Komparseninszenierung beachten werden, denn es ist unangenehm, wenn ein Take aufgrund eines einzelnen Arbeitsbereichs nicht funktioniert und von der Regie nur deswegen abgebrochen wird.
Die Beurteilung einer Probe und später einer Aufnahme ist ein sehr komplexer wahrnehmungsphysiologischer Vorgang. Danach hat

der Regisseur viele unmittelbare Gedanken und Anpassungen im Kopf, die er zunächst an die Schauspieler und dann an sein Team weitergeben möchte. Aus diesem Grund warten alle Mitarbeiter als Erstes die Korrekturen der Regie ab. Ein Regisseur sollte seinen Schauspielern immer ein transparentes und ehrliches Feedback geben, selbst wenn er nichts auszusetzen oder zu sagen hat. Erst danach bespricht er sich mit seinen Mitarbeitern, die daraufhin Korrekturen an ihrem eigenen Arbeitsbereich vornehmen. Etabliert man diesen Ablauf nicht vom ersten Drehtag an, kann es passieren, dass die Schauspieler schon mit Requisiten, Kostüm oder anderem beschäftigt sind, bis der Regisseur endlich zu ihnen durchgedrungen ist, und möglicherweise leidet dadurch die Konzentration auf die Regiekorrekturen, was es zu vermeiden gilt.

Ist der Regisseur mit der Entwicklung der Proben soweit zufrieden, dass er die erste Aufnahme vornehmen möchte, lässt er drehfertig machen. Drehfertigkeit bedeutet, dass die letzten Arbeiten vorgenommen werden, die noch für die Aufnahmen notwendig sind. Grundsätzliche, vor allem technische Korrekturen sollten zu diesem Zeitpunkt aber schon länger abgeschlossen sein. Die Schauspieler begeben sich auf ihre Anfangspositionen, wo die Maskenbildner Haut und Frisuren kontrollieren und beispielsweise Tränen oder Blut hinzufügen und die Garderobe Knöpfung, Faltenwürfe und Kragen kontrolliert und Wärmejacken, Schirme oder Ähnliches entfernt, was bei den Proben noch zum Wohlbefinden der Schauspieler beigetragen hat und nun aus dem Bild muss. Ist ein Schauspieler drehfertig, bleibt er bis zum Beginn der Aufnahme auf seiner Anfangsposition, um zu vermeiden, dass er die Arbeit der Fachabteilungen aus Versehen wieder zunichte macht.

Die Innenrequisite nimmt letzte Veränderungen an der Einrichtung des Sets vor und präpariert alle Requisiten: Die Weingläser, die bei der Probe noch leer waren, werden nun gefüllt – selbstverständlich mit Trauben- oder Apfelsaft, nicht mit Wein – und alle Zigarette werden angezündet. Auch der 1. Kameraassistent macht drehfertig und nimmt dafür letzte Schärfen. Früher geschah dies mit Hilfe von Maßbändern, heute wird häufig mit Laserpointern oder ähnlichen Hilfsmitteln gearbeitet. Ist es notwendig, dass der Kameraassistent mitten ins Set muss, um die Entfernung der Schauspielerpositionen zur Kamera zu messen und Marken zu kleben, empfiehlt es sich insbesondere bei engen Innenmotiven, das Schärfennehmen vom Rest des Drehfertigmachens zu trennen, damit es nicht zu unübersichtlichen Situationen im Set kommt. In diesem Fall werden zunächst die Schärfen genommen und anschließend drehfertig gemacht – die Schärfen schon während der Proben zu nehmen, kann vergeblich sein, solange die Inszenierung nicht abschließend fixiert ist. Je nach Größe des Sets, der Anzahl der Schauspieler, der Disziplin aller Beteiligten und der Schwierigkeit der Szene nimmt das Drehfertigmachen häufig mehr Zeit in Anspruch, als der Regie und auch den Schauspielern lieb ist. Auch deshalb sollte im Laufe der technischen Proben Schritt für Schritt alles soweit vorbereitet werden, dass das Drehfertigmachen nur noch die absolut notwendigen letzten Arbeiten umfasst.

Sind alle Abteilungen drehfertig, begeben sich auch die Mitarbeiter auf ihre Anfangspositionen. Jeder sollte eine Position einnehmen, die es ermöglicht, für die Dauer der Aufnahme Ruhe und Konzentration zu gewährleisten. An einem Filmset gibt es viele Möglichkeiten, falsch zu stehen. Das Team muss darauf achten, dass es nicht im Weg und nicht im Blick der Schauspieler steht, um diese nicht bei ihrem Spiel abzulenken (aufgrund von Positionsveränderungen im Raum kann es bei einer Einstellung viele verschiedene Blickrichtungen geben), und es darf auch nicht im Licht stehen oder andere Mitarbeiter bei deren Arbeit stören. Oft ist es auch gewünscht, dass keine Mitarbeiter zwischen Regie und Schauspielern bzw. Regie und Kamera stehen, damit diese während der Aufnahme Blickkontakt haben können. Insbesondere für denjenigen, der die Klappe schlägt, ist es nicht einfach, einen Platz zu finden, da er sich erst im allerletzten Moment aus der Bildmitte wegbewegen kann. Es ist sinnvoll, dass jeder Mitarbeiter für jeden Take einer Einstellung immer dieselbe

Anfangsposition einnimmt, so dass die Arbeitsabläufe von Aufnahme zu Aufnahme einen verlässlichen Rhythmus bekommen, was den Drehprozess beschleunigt.
Befinden sich alle Schauspieler und Mitarbeiter auf ihren Anfangspositionen, beginnt der Regieassistent mit den Startkommandos, die unabhängig vom technischen Aufnahmeformat stets demselben Prinzip folgen: Gemäß der Materialverbrauchskosten startet er zunächst den Ton, dann folgt die Kamera, und schließlich werden beide durch das Klappeschlagen miteinander synchronisiert. Diesem Ablauf können je nach Notwendigkeit weitere Startkommandos hinzugefügt werden. Um sicherzustellen, dass alles in Bewegung ist, wenn das Schauspiel beginnt, kann beispielsweise der Bildhintergrund (Komparserie und Autos) separat gestartet werden, und manchmal benötigen auch Zuspielungen, SFX-Effekte oder sonstige Dinge einen zeitlichen Vorlauf. Es kann auch sinnvoll sein, Teammitglieder durch Startkommandos anzuleiten, beispielsweise wenn Maske oder Garderobe im letzten Moment Tränen applizieren oder bei Regen Schirme aus dem Bild nehmen müssen. Ist die Klappe geschlagen und technisch alles bereit, signalisiert die Kameraabteilung dies durch ein hörbares „set" und der Regisseur startet das Spiel der Schauspieler. Ist es nicht möglich, eine Klappe vor Beginn der Aufnahme zu schlagen, etwa aus Platzgründen oder weil die Kamera sich zum Spiel der Schauspieler hinzuschaltet, kann dies auch erst nach Abschluss der Aufnahme erfolgen. Man spricht dann von einer Schlussklappe.
Der Regisseur bestimmt die Dauer eines Takes. In diesem Zeitraum darf die Aufnahme unter keinen Umständen gestört werden. Das bedeutet nicht nur, dass man Ruhe bewahrt, sondern auch, dass alle Bewegungen unterlassen werden müssen, die der Konzentration schaden – gerade die häufig am Set getragene Funktionskleidung kann recht geräuschintensiv sein. Jeder Mitarbeiter trägt dafür Sorge, dass er die Aufnahme so beobachten kann, wie es für seine Arbeit notwendig ist, sei es auf einem Videomonitor oder live. Nur in Ausnahmefällen darf ein Take von jemand anderem als dem Regisseur

beendet werden, da es Teil von dessen inszenatorischen Konzept sein kann, auch Fehler oder ungeprobte Nachläufe aufzunehmen und dadurch besondere Momente zu erzielen. Für gewöhnlich sind Kameramann und Tonmeister die einzigen Mitarbeiter, die abbrechen dürfen, wenn sie merken, dass eine Aufnahme technisch unbrauchbar ist – allerdings sollte das im Vorfeld mit dem Regisseur abgesprochen worden sein. Entsteht eine Situation, die eine Gefährdung darstellt, beispielsweise weil eine Sperrung durchbrochen oder ein Feuer außer Kontrolle geraten ist, dürfen auch 1. Regieassistent und Setaufnahmeleiter abbrechen.

Hat der Regisseur einen Take beendet, gibt er ein unmittelbares Feedback, wie er fortzufahren gedenkt. Es sind drei Möglichkeiten denkbar: War die Aufnahme schauspielerisch oder technisch fehlerhaft oder hat sie einfach nicht seinen Vorstellungen entsprochen, wird sie wiederholt. Ist das Ergebnis im Sinne des Regisseurs, wird er den Take verwenden und mit der nächsten Einstellung fortfahren. War nur ein Teil der Aufnahme brauchbar, kann es ausreichend sein, nur den jeweils anderen Teil wiederholen zu lassen, ein sogenannter „Pick-up". Ein unmittelbares Feedback ist wichtig, damit das Team sich direkt auf den Fortgang des Drehprozesses einstellen kann. Das hält die Aufmerksamkeit aufrecht und verhindert, dass die Mitarbeiter in ein Konzentrationsloch fallen, weil sie nicht wissen, wie es weiter geht. Soll ein Take oder ein Teil eines Takes verwendet werden, muss zunächst gecheckt werden, ob die Aufnahme technisch einwandfrei war, bevor fortgefahren werden kann. Solange müssen alle Mitarbeiter abwarten und dürfen nichts an der Einstellung verändern.

Hat der 1. Kameraassistent bestätigt, dass die Aufnahme verwendbar ist, nimmt die Regie im ersten und dritten Fall ihre Korrekturen vor bzw. bespricht mit den Schauspielern, welcher Teil der Einstellung wiederholt werden muss. Das Team wartet solange ab und bringt erst dann seinen Arbeitsbereich wieder auf Anfang, wenn die Regiekorrekturen abgeschlossen sind. Diese Abläufe gleichen denen, die man braucht, um drehfertig zu machen, fallen aber deutlich kürzer aus.

Im Fall, dass die Regie fortschreiten möchte, wird die folgende Einstellung besprochen und der dazugehörige technische Aufbau angesagt. Dessen Umfang richtet sich ganz nach den technischen Gegebenheiten der Einstellung und kann sich darauf beschränken, dass nur die Optik an der Kamera gewechselt wird. In diesem Fall bleiben alle Mitarbeiter am Set, bis dies geschehen ist und eine neue erste technische Probe stattfinden kann. Es ist die Aufgabe der Regieassistenz, den Umfang des Umbaus in Absprache mit den technischen Departments zu antizipieren und die entsprechenden Ansagen für das Team zu tätigen.

Sollte während der Aufnahme etwas passiert sein, das die Qualität der Aufnahme einschränkt und Einfluss auf die Entscheidungsfindung der Regie haben könnte, dann ist es die Aufgabe des zuständigen Mitarbeiters, dies dem Regisseur unmittelbar vor dessen Korrekturen mitzuteilen. Auf diese Weise kann dieser das Problem rechtzeitig in seine Überlegungen und Korrekturen einbeziehen – wenn er es nicht schon bei der Beurteilung bemerkt haben sollte. Hat dem Regisseur ein Aufnahme gefallen und der Umbau bereits begonnen, und erfährt er erst im Nachhinein von dem Problem, ist das insofern unglücklich, als möglicherweise alles wieder rückgängig gemacht werden muss. Auch deswegen wartet man immer die Bestätigung der Kameraabteilung ab, dass eine Aufnahme technisch einwandfrei war. Hat der Regisseur selbst Zweifel an der Qualität eines Takes, hält er unmittelbar danach Rücksprache mit dem Kameramann oder dem Tonmeister. Es ist die alleinige Entscheidung der Regie, ob ein Take wiederholt wird oder nicht, die Fachabteilungen können nur darum bitten.

Dieser Ablauf wiederholt sich in seiner Grundstruktur so lange, bis zunächst die erste Einstellung und schließlich alle Einstellungen eines Bildes abgedreht sind. Standfotos mit den Schauspielern werden am Ende einer Lichtrichtung vor einem technischen Umbau durchgeführt, und Tonaufnahmen wie Nachsprecher, Nur-Töne (mit und ohne Schauspieler) und Atmos (atmosphärische Tonaufnahmen) finden in dieser Reihenfolge nach dem abgeschlossenen bildtechnischen Aufnahmeprozesses der Szene statt. Aus Zeitgründen kann man Tonaufnahmen ohne Schauspieler auch erst am Ende eines Drehtages durchführen. Standfotograf und Tonmeister teilen dem Regieassistenten ihre Wünsche rechtzeitig mit, damit dieser sie in seine Planung und Ansagen einbeziehen kann.

Ist ein Bild abgedreht, setzen sich die Drehabläufe mit einer Stellprobe für das nächste Bild fort, bis entweder alle angesetzten Bilder eines Drehtages abgedreht sind oder aber die zur Verfügung stehende Drehzeit aufgebraucht ist.

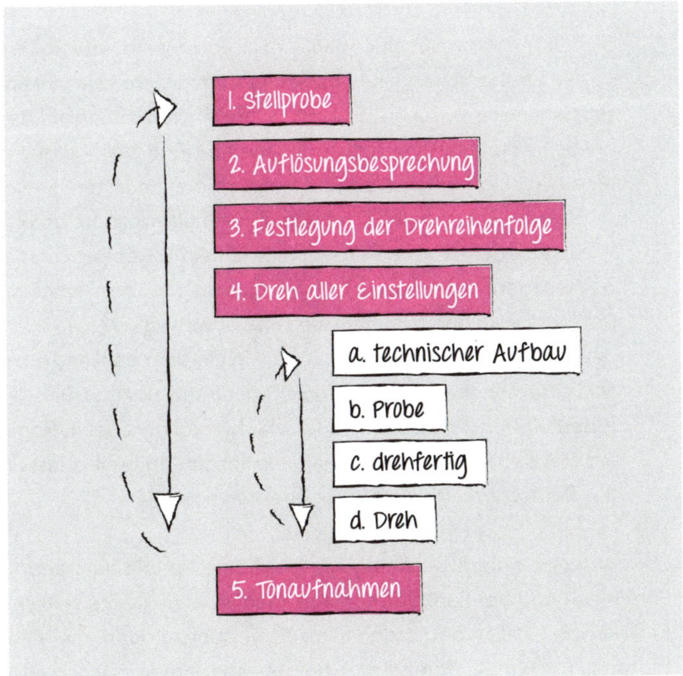

Abb. 6: Grundstruktur der Arbeitsabläufe bei der Umsetzung eines Bildes

Ansagen

Anekdote

Ich kann mich lebhaft an die geradezu traumatische Erfahrung erinnern, als ich das erste Mal in meiner Laufbahn an einem professionellen Set Ansagen machen musste. Ich war damals 2. Regieassistent bei einem größeren Kinofilm und kam in die Situation, den 1. Regieassistenten, der während der Dreharbeiten zu einer Krisenbesprechung ins Büro gebeten wurde, am Set vertreten zu müssen. Die Regie hatte sich mit diesem Vorgehen einverstanden erklärt, und so war es plötzlich meine Aufgabe, die Arbeitsabläufe am Set zu organisieren.

Es handelte sich um einen Kinderfilm und wir steckten mitten in den Dreharbeiten eines Bildes, in dem unsere neun Hauptdarsteller, alle zwischen 10 und 12 Jahre alt, zusammen mit den erwachsenen Stars im Hochsommer eine lange Dialogszene in einem stickig-heißen Klassenzimmer spielen mussten. Selten in meinem Leben habe ich mich ähnlich überfordert gefühlt wie in jenem Moment. Weder hatte ich ein Vokabular für meine Ansagen, noch wusste ich, wie man gegenüber Team und Schauspielern den richtigen Ton trifft. Soweit ich mich erinnere, habe ich fast gar nichts gesagt, weil ich in dem ganzen Trubel schlicht nicht dazwischen kam. Setorganisation konnte man das jedenfalls nicht nennen, und ich war heilfroh, als der 1. Regieassistent schließlich, ob meiner Überforderung breit grinsend, ans Set zurückkam und wieder übernahm.

Das folgende Kapitel verdeutlicht, wie elementar ein Verständnis vom Inhalt und der Funktion von Ansagen ist. Das größte zeitliche Einsparpotenzial an deutschen Filmsets liegt nicht darin, die Mitarbeiter zu noch mehr Tempo anzutreiben, sondern ironischerweise in einer Optimierung der Ansagen und Moderationsfähigkeiten der 1. Regieassistenten und Setaufnahmeleiter.

Welche Ansagen sollte ein Regieassistent oder Setaufnahmeleiter am Set machen und welche nicht? Diese Frage muss um eine weitere Fragestellung ergänzt werden, um sie beantworten zu können: Wie sollte man Ansagen machen? Eine gute Ansagenstruktur ist immer eine gelungene Kombination aus den Antworten auf diese beiden Fragen und entspricht sowohl den Eigenarten eines Projekts als auch dem individuellen Temperament des Ansagenden.
Zunächst einmal müssen alle Mitarbeiter jederzeit darüber informiert sein, wo im Drehablauf man sich befindet. Es muss klar sein, welches Bild gedreht wird, wann es abgedreht ist, mit welchem Bild es weitergeht usw. Änderungen am Ablauf der Tagesdisposition müssen rechtzeitig kommuniziert werden, damit die Abteilungen ausreichend Zeit haben, sich darauf vorzubereiten. Jede Einstellung wird mitsamt der benötigten Ressourcen so konkret wie möglich angesagt: Welcher Teil des Drehortes ist im Bild (was also „ist Set"), welches Personal vor und hinter der Kamera wird für die Aufnahme gebraucht und welches nicht, und was muss noch getan werden, bis die Einstellung geprobt werden kann? Diese Informationen sind für alle Mitarbeiter wichtig und werden deshalb laut angesagt. Im Unterschied dazu können spezielle Ansagen zu einer Einstellung oder vorausschauende Informationen, die erst einmal nur für eine Abteilung oder eine Position wichtig sind, im direkten Gespräch vermittelt werden. Insbesondere die Setaufnahmeleitung muss immer so konkret wie möglich über den geplanten Drehfortgang informiert sein, auch über Möglich- und Wahrscheinlichkeiten, da sie die langfristigsten Arbeitsschritte zu koordinieren hat (Mittagspause, An- und Abfahrten, Masken- und Kostümwechsel usw.). Vieles davon ist ebenfalls nicht für die Allgemeinheit bestimmt.
Innerhalb dieser Struktur wird jede Probe und jede Aufnahme angesagt („Wir richten uns ein auf ..."). Sind alle Vorbereitungen dafür abgeschlossen, ruft der Regieassistent alle Beteiligten auf ihre Anfangspositionen („Wir gehen auf Anfang.") und bittet um Ruhe („Ruhe bitte für eine Probe." / „Ruhe bitte wir drehen."). Die Probe bzw. der Take

sollte immer auch separat über Funk angesagt werden, damit die Setaufnahmeleitung die Möglichkeit hat, auch außerhalb des Sets für geordnete Drehkonditionen zu sorgen („Achtung Probe." / „Wir drehen."). Nachdem die Regie die Probe oder den Take beendet hat, wird dies vernehmlich und ebenfalls über Funk wiederholt („Probe aus." / „Danke aus.") und es folgt eine Ansage darüber, wie es weitergeht: ob eine weitere Probe folgt („Weitere Probe folgt."), drehfertig gemacht wird („Wir drehen die nächste." bzw. „Wir machen drehfertig."), die Aufnahme wiederholt wird („Wir machen es noch mal.") oder ob die Einstellung abgedreht ist oder ob eine Einstellung abgedreht ist. („Wir richten uns als nächstes ein auf ..."). Im jeweils ersten Fall ist die Ansage rein informativ, ohne dass eine Arbeitsaufforderung mit ihr verbunden wäre. Die konkrete Arbeitsaufforderung („Wir richten uns wieder ein.") erfolgt immer erst nach den Korrekturen der Regie. Diese basale Struktur wiederholt sich fortwährend und wird um weitere notwendige Ansagen ergänzt.

Umbauten oder Korrekturen werden immer mit ihrer konkreten Dauer angesagt. Die Dauer wird von den Abteilungen erfragt oder kann antizipiert werden, falls die Abteilungen wenig auskunftsfreudig sein sollten. Oft ist es gar nicht notwendig, die Zeit auf die Minute genau anzusagen, sondern es geht vor allem darum, dem Team ein Gefühl für die zur Verfügung stehende Zeit zu geben und dadurch indirekt die Konzentration zu steuern – kein Mensch kann mit gleichbleibender Aufmerksamkeit zwölf Stunden am Tag an etwas so komplexem und physisch Anstrengendem wie Filmdreharbeiten arbeiten. Die Ansage von Umbauzeiten gibt dem Stab also Gelegenheit, die verfügbare Zeit für sich selber oder für eigene Arbeiten zu nutzen. Gleichzeitig sind Umbauzeiten und deren regelmäßige Überprüfung aber auch eine Methode, um die Abteilungen zur Eile anzumahnen: Indem der Regieassistent ihnen die Zeit laut vor dem ganzen Team zugesteht, macht er sie auch für deren Einhaltung verantwortlich. Er sollte zunächst den Zeitansagen der Abteilungen vertrauen und ihnen die gewünschte

Zeit zugestehen, um dann aber nachzufragen, wenn trotz abgelaufener Zeit noch keine Ende des Umbaus oder der Korrektur in Sicht ist. Bemerkt er, dass Zeitansagen dauerhaft falsch sind, sowohl nach oben wie nach unten, sollte er das Gespräch mit der Abteilung suchen, da dies die Organisation der Abläufe erschwert. Sind etwa zehn Minuten Lichtumbau angesagt und der Oberbeleuchter ist schon nach fünf Minuten fertig, ist das keine Hilfe, weil Team und Schauspieler noch über den Drehort verstreut sind.

Der Regieassistent kann den Abteilungen weniger Zeit für ihren Umbau oder ihre Korrektur zugestehen, als diese erbeten haben. Das wird möglicherweise notwendig, wenn großer zeitlicher Druck auf den Abläufen liegt, beispielsweise weil das Tageslicht „weg geht", ein Schauspieler das Set verlassen muss oder die Drehzeit sich ihrem Ende entgegen neigt. Es darf auch nicht der Fall eintreten, dass Abteilungen in großer Ruhe und Detailversessenheit ihrer Arbeiten nachgehen und der Regie keine Zeit zur Inszenierung bleibt. In beiden Fällen muss der Regieassistent oder Setaufnahmeleiter korrigierend eingreifen und die Zeit in einem sinnvollen Verhältnis zuteilen. Es nimmt Spannung aus der Situation, wenn sie den betroffenen Mitarbeitern die Hintergründe erläutern – ein Oberbeleuchter kann nicht wissen, dass ein Schauspieler das Set verlassen muss, und einem Maskenbildner muss nicht bewusst sein, dass ein Tageslichtproblem bevorsteht. In den meisten Fällen teilen Filmschaffende ihre Arbeit aber intuitiv in einem guten Verhältnis zur Drehzeit ein.

Innerhalb der Abläufe sollte nie der Moment eintreten, in dem unklar ist, was gerade passiert oder was der nächste Arbeitsschritt ist. Solche Informationslöcher lassen die Konzentration abfallen, und im Zweifelsfall verstreicht wertvolle Drehzeit. Selbst wenn Arbeitsschritte nicht klar voneinander zu trennen sind oder es von Seiten der Regie keinen Plan gibt, wie es weitergehen soll, sollte der Ansagende bemüht sein, für das Team eine Struktur vorzugeben und über die Abläufe zu legen und die Ansagen nicht abreißen zu lassen.

Die Gefahr von Informationslöchern besteht vor allem nach einer Probe oder einem Take, wenn der Regisseur sich nicht unmittelbar zu entscheiden weiß, ob er eine weitere Probe oder einen weiteren Take benötigt. Häufig reicht in solchen Momenten eine Ansage, die nichts aussagen muss, sondern einfach nur stattfindet, um die Aufmerksamkeit hochzuhalten wie beispielsweise „Moment bitte, wir sagen gleich an, wie es weitergeht."

Die zweite Frage ist ungleich komplizierter zu beantworten: Wie sollte man etwas ansagen? Ansagen zu machen bedeutet vielfach nichts anderes, als dem Stab zu vermitteln, was er zu tun hat und – mindestens genauso häufig – was nicht. Zwar ist es jeder Mitarbeiter gewohnt, innerhalb von Ansagenstrukturen zu arbeiten, trotzdem lässt sich nicht jeder gerne sagen, wie er sich zu verhalten hat. Man versetze sich in die Situation, als junger Anfänger einem über 50jährigen Oberbeleuchter mit 30 Jahren Berufserfahrung sagen zu müssen, dass er seinen kiloschweren Scheinwerfer auf der Schulter jetzt bitte abstellen und auf keinen Fall durch die Stellprobe schleppen soll. Es ist eine Frage des individuellen Temperaments, in welchem Ton man dies tut und auf welche Art und Weise man am ehesten zu dem gewünschten Ergebnis kommt. Es gibt Regieassistenten oder Setaufnahmeleiter, die solche Situationen durch Humor und Witz aufzufangen versuchen, andere bemühen sich um große Nachdrücklichkeit oder plädieren an die Einsicht des Gegenübers – all dies kann richtig sein. Es sollte jedoch immer die Gefahr vermieden werden, fehlende bzw. falsch verstandene Autorität durch dominantes oder gar diktatorisches Auftreten zu kompensieren.

Jeder, der am Set Ansagen machen muss, ist also damit konfrontiert, seine Stimme zu finden. Dieser Findungsprozess kann durchaus mehrere Produktionen oder auch Jahre in Anspruch nehmen. Die größte Autorität erreicht ein Regieassistent oder Setaufnahmeleiter nicht durch einen bestimmten Tonfall, sondern durch ein umfangreiches Wissen über die Arbeitsprozesse aller Mitarbeiter und deren Zusammenhänge, was auch die Grundvoraussetzung dafür ist, diese moderieren zu können, und durch ein angemessenes Auftreten. Dazu gehört auch die Bereitschaft, fortwährend dazuzulernen und sowohl Fehler als auch Nichtwissen einzugestehen. Weder die Lautstärke der Stimme noch eine Wiederholung machen eine Ansage nachdrücklicher: Je lauter Ansagen werden, desto lauter wird meist auch das Set. Beginnen sie damit, Ansagen fortwährend zu wiederholen, reagiert bald keiner mehr auf die erste Ansage. Um nicht unglaubwürdig zu werden, sollten sie also nur so laut wie nötig und so leise wie möglich ansagen, und sie sollten darauf achten, keine Dinge anzusagen, die nicht stimmen oder nicht stattfinden – lagen sie ein paar Mal daneben, besteht die Gefahr, dass das Team bald nicht mehr auf sie hört. Gelingt all dies aber auf eine ideale Weise und ziehen auch die Mitarbeiter mit, können sie ein Set nur mit ihrer Stimme präzise moderieren und steuern – ein erstrebenswerter Zustand.

Man kann von einem Team erwarten und einfordern, dass es sich an Ansagenstruktur und Drehabläufe anpasst. Dazu gehört, dass Zeitansagen der Abteilungen realistisch sind und eine Bestätigung erfolgt, sobald eine Korrektur abgeschlossen oder ein Arbeitsbereich drehfertig ist. Allerdings fühlt sich nicht jeder Mitarbeiter wohl damit, laut am Set kommunizieren zu müssen. Häufig ist das aber auch gar nicht notwendig: Ein Blick oder eine leise Zeitansage im Vorbeigehen erfüllen genauso ihren Zweck und helfen obendrein, den Lautstärkepegel niedrig zu halten. Im Gegenzug darf ein Team aber auch erwarten, dass es vom Regieassistenten oder Setaufnahmeleiter auf dem Laufenden gehalten und mit allen notwendigen Informationen versorgt wird, um seine Arbeit gut machen zu können. Das ist eine Form von dialektischem Prozess: Jedes Set hat eigene Anforderungen, auf die man mit seinen Ansagen reagieren muss, während gleichzeitig das Set auf die Vorstellungen des Ansagenden reagiert. Nur so findet sich eine für jedes Set individuell stimmige Balance.

Ich bin immer gut damit gefahren, meine Ansagen unpersönlich zu halten und einzelne Mitarbeiter nur selten auf offenem Set anzusprechen. Stattdessen habe ich versucht, durch meine Stimme ein Gerüst, eine Art Rahmen über das Set zu legen, an dem sich alle Mitarbeiter zu jeder Zeit orientieren können. Ich habe weitestgehend nur Abläufe kommuniziert, die jeder eigenverantwortlich in eigene Arbeitsaufforderungen übersetzen muss. Tatsächlich weiß man ja häufig auch gar nicht, wie die Arbeit der Mitarbeiter im Detail aussieht, stattdessen versucht man dafür zu sorgen, dass die notwendigen Arbeiten zur richtigen Zeit durchgeführt werden, damit sie am Ende ein gemeinsames Ganzes ergeben. Und ich habe mich immer an der Prämisse orientiert „So viel wie nötig, so wenig wie möglich", und auf alles verzichtet, was Aufmerksamkeit auf meine Stimme lenken könnte. Nicht die Ansage sollte im Mittelpunkt stehen, sondern die Information dahinter, und durch eine gewisse Monotonie habe ich versucht zu erreichen, dass die Mitarbeiter intuitiv auf meine Stimme reagieren, ohne sie bewusst wahrzunehmen – auch deswegen sollte die Stimme an einem Set nicht gewechselt werden.

Eine solche intuitive Reaktion auf Ansagen kann natürlich nur dann funktionieren, wenn die immer gleichen Ansagen an den immer gleichen Stellen im Drehablauf kommen. Man darf sich aber nichts vormachen: Bei allem Bestreben nach Verbindlichkeit und Verlässlichkeit müssen Ansagen an die Gegebenheiten eines jeden Drehtages angepasst werden, und es kann und muss alles angesagt werden, was für ein Funktionieren der Abläufe notwendig ist. Auch wenn es selten sinnvoll ist, Ansagen zu wiederholen, um ihnen dadurch mehr Nachdruck zu verleihen, so kann es bei einem unruhigen oder unübersichtlichen Set doch von Vorteil sein, die Frequenz der Ansagen hochzufahren, um dadurch die Unruhe zu überlagern und zu kanalisieren. Ansagen haben schließlich immer auch einen hohen psychologischen Anteil.

Setetikette

An einem Set gelten alle Regeln eines zivilisierten Miteinanders, ganz wie in der „normalen Welt" auch. Manchmal hat man jedoch den Eindruck, dass Filmschaffende ihre gute Kinderstube in dem Moment abgeben, in dem sie ein Filmset betreten. Doch nur weil Drehbedingungen nicht immer einfach sind und der Druck immens sein kann, sollte man trotzdem nicht mit vollem Mund sprechen, Kollegen im Gespräch unterbrechen oder jemanden anblaffen. Es sollte immer genügend Zeit sein, um sich einen guten Morgen zu wünschen, und grundsätzlich sollte man höflich und respektvoll miteinander umgehen, unabhängig von der hierarchischen Stellung. Jede Position trägt eine hohe Verantwortung und ist essentiell für eine erfolgreiche Filmherstellung, und häufig bringen Filmschaffende ihre Arbeitskraft und ihr Handwerk weit über alle gesetzlichen Bestimmungen hinaus und mit einer gewissen Opferbereitschaft in eine Produktion ein. Das gilt selbstverständlich auch für Praktikanten, deren Tätigkeit unter gewissen Umständen nicht unter das Mindestlohngesetz fällt, die aber trotzdem bereits voll eingebunden sein können. Was sich möglicherweise wie eine bloße Selbstverständlichkeit anhört, ist leider keine: Man sollte am Set regelmäßig den eigenen Umgangston überprüfen – das gilt auch für Regisseure.

Darüber hinaus existieren eine Reihe ungeschriebener Gesetze, die sich aus den besonderen Gegebenheiten der Arbeit am Set ableiten und die man mit der Zeit verinnerlicht. Beispielsweise rennt man an einem Set nicht, egal wie hoch der Druck ist, weil der mögliche Zeitgewinn die Unruhe, die man dadurch verbreitet, nicht aufwiegt. Bevor man das Equipment einer anderen Abteilung verstellt oder gar benutzt, fragt man um Erlaubnis, und man nutzt es auch nicht ohne Rückfrage als Sitzgelegenheit, erst recht nicht die Optikkoffer der Kameraabteilung. Und Schauspieler, die in einer Einstellung nicht vor der Kamera zu sehen sind, spielen hinter der Kamera trotzdem grundsätzlich mit, sobald es eine verbale Interaktion oder eine

Blickverbindung mit den Kollegen vor der Kamera gibt, um diese bei deren Spiel zu unterstützen – das nennt man Anspielen. Gute Schauspieler stimmen sogar ihr Anspiel hinter der Kamera mit den Anpassungen der Regie ab und helfen dadurch ihren Kollegen dabei, die gewünschten Emotionen hervorzurufen.

Unabhängig von all diesen und vielen anderen Verhaltensvorgaben setzt der Regisseur die Regeln am Set und schafft sich dadurch den Raum, in dem er kreativ arbeiten kann und möchte. Man kann ein Set als geschlossenen Raum verstehen, dessen Wirkungsgefüge Voraussetzung für die kreative Arbeit aller Akteure ist, als eine Art Spielfeld für die Inszenierung und das Schauspiel – mit dem Regisseur als Spielleiter. Wie bei jedem Spiel muss es Regeln geben, deren Konsistenz Grundlage für das Vertrauen ist, das für die angestrebte kreative Konzentration notwendig ist. Man kann von einem Filmteam erwarten, dass es sich an die Spielregeln der Regie anpasst. Manchmal haben Filmschaffende die Tendenz, Dinge in guter Absicht tun zu wollen, die aber nicht unbedingt im Sinne der Spielleitung sind. In diesem Fall muss man sie besonders sensibel auf diese „Unverträglichkeit" hinweisen. Vorstellungen und Regeln sind nicht immer ausgesprochen, und manchmal schlagen sie sich nur in den Abläufen nieder. Sie funktionieren dann am besten, wenn sie vom ersten Tag an etabliert werden und die Regie sich zuvorderst selbst daran hält.

Zuletzt sei an dieser Stelle noch auf ein Thema eingegangen, über das sehr unterschiedliche Auffassungen existieren: Essen am Set. Manche Regisseure legen Wert darauf, dass am Set nicht gegessen wird. Dafür sprechen gute Gründe: Zum einen arbeiten Filmschaffende mit hochsensiblem und teurem Gerät, und es kann dem Equipment schaden, wenn man gleichzeitig mit fettigem Wurstbrot hantiert. Zum anderen ist es unhöflich gegenüber der Arbeit der Gewerke, die sich große Mühe geben, dass ihr Arbeitsbereich vor der Kamera gut aussieht, und es ist respektlos, wenn beispielsweise der Schauspieler nach dem Drehfertigmachen noch schnell einen Schokoriegel in sich hineinstopft und sich die Hände dann am

Kostüm abwischt. Zuletzt ist ein Set ein Ort von großer künstlerischer Konzentration: Die Schauspieler wären zu recht empört, wenn sie eine emotional komplizierte Szene spielen und der Regisseur dabei schmatzend hinter seinem Videomonitor sitzt.
Allerdings sieht die Mehrheit der deutschen Filmschaffenden es als ihr verbrieftes Grundrecht an, ihre Semmel jederzeit und insbesondere am Filmset essen zu dürfen. Dies mag auch daran liegen, dass sie sich in vielen Fällen von den Produktionen einen Cateringabzug von der Gage abziehen lassen muss und dafür die Qualität des Essens trotzdem oft genug zu wünschen übrig lässt. Leider fehlt es aber oftmals an dem notwendigen Feingefühl, und es ist keine Ausnahme, dass just in dem Moment, in dem alle drehfertig sind, das Obsttablett durch das Set getragen wird und jede Konzentration dahin ist. Lehnt der Regisseur Essen am Set ab, soll dadurch niemandem die Möglichkeit genommen werden, sich während der anstrengenden Arbeit angemessen zu verpflegen. Stattdessen wird der Settisch, auf dem rund um die Uhr Essen verfügbar ist, nicht am Set selber, sondern in dessen unmittelbarer Nähe aufgebaut, und jeder Mitarbeiter hat während des Drehablaufs normalerweise genügend Möglichkeiten, das Set zu verlassen und sich zu verpflegen.

Drehende

Die Dreharbeiten enden mit dem letzten Drehtag und das Drehende wird traditionell mit einem Abschlussfest begangen. Im Unterschied zum Warm-up hat das Abschlussfest eine ausschließlich soziale Funktion: Produzent und Regisseur, und manchmal auch der Redakteur, bedanken sich mit kleinen Reden beim Team für die geleistete Arbeit, als Erinnerung an die Produktion gibt es mehr oder weniger originelle Erinnerungsgeschenke, zumeist ein Teamfoto und irgendetwas mit einem inhaltlichen Bezug zum Film, und als gerne zelebrierter Höhepunkt wird dem Team ein erster Zusammenschnitt und manchmal auch ein Teamfilm gezeigt. Vor allem aber

bietet das Abschlussfest einen Rahmen, in dem alle Mitarbeiter ein letztes Mal zusammenkommen und sich voneinander verabschieden, bevor sie ihren Arbeitsbereich abwickeln und das Projekt für die meisten beendet ist.
In manchen Fällen kann mit einem nicht unerheblichen zeitlichen Abstand zum Drehende noch ein Nachdreh notwendig sein. Ein solcher wird nachträglich angesetzt, wenn sich im Schneideraum herausstellt, dass einzelne Einstellungen vergessen wurden oder dass der Film in seiner Struktur nicht funktioniert und zusätzliche Szenen nötig sind. Ein Nachdreh ist zeitlich von den Hauptdreharbeiten getrennt und muss nicht notwendigerweise vom selben Personal durchgeführt werden. Um eine gewisse inhaltliche Kontinuität zu gewährleisten, ist es dennoch sinnvoll, so viele ursprüngliche Teammitglieder wie möglich zusammenzubringen. Ein Nachdreh ist zwar zeitlich meist überschaubar, aber mit nicht unerheblichem Aufwand verbunden: Es braucht wieder eine vollständige Infrastruktur, ohne dass sich aber die Synergieeffekte eines Hauptdrehs ergeben. Es gibt durchaus Filme, bei deren Herstellung es nicht mit einem Nachdreh getan war.

A7 STRUKTURELLE PROBLEME

In der deutschen Filmbranche herrscht ein offensichtlicher Mangel an Wissen über die exekutiven Zusammenhänge einer Filmproduktion. Die Gründe dafür sind vielfältig.

Die wenigsten Filmberufe, insbesondere die wenig glamourösen handwerklichen und technischen Positionen, sind Ausbildungsberufe. Die Vita eines typischen Filmschaffenden beginnt mit einem Setpraktikum, bei dem der Nachwuchs bereits voll in die Abläufe eingebunden ist und keine Zeit für eine ordentliche Ausbildung bleibt. Anschließend folgt die Spezialisierung auf eine Fachabteilung, in der sich der Einsteiger dann über die Jahre von Position zu Position hocharbeitet. Auf diese Weise lässt sich zwar verhältnismäßig schnell recht gutes Geld verdienen, allerdings bleibt in dem zeitlich engen und stets unter Druck stehenden Drehablauf wenig Raum, um über den Tellerrand der eigenen Aufgaben hinaus zu schauen. Die Möglichkeit, andere Filmschaffende in der gleichen Position bei der Arbeit zu beobachten, fällt sogar völlig aus.

Filmschaffende sind daher meist so gut wie die Schule, aus der sie kommen – Schule meint in diesem Zusammenhang die Gruppe von Filmschaffenden, mit denen sie zu Beginn ihrer Karriere regelmäßig zusammengearbeitet und von der sie sich das grundlegende Handwerkszeug abgeschaut haben. Nicht immer sind die größten Namen oder die erfolgreichsten Filme die besten Schulen: Die künstlerische oder kommerzielle Qualität eines Films und das handwerkliche Niveau seiner Herstellung stehen in keinem direkten Zusammenhang. Eine Vita wird allerdings meist

nach genau diesen großen Namen oder erfolgreichen Filmen beurteilt – wonach auch sonst?
Der Filmemachernachwuchs, der mit dem Berufsziel Regie oder Produktion an einer deutschen Filmhochschule aufgenommen wurde, lernt wenig über Setabläufe. Filmhochschulen können praktische und professionelle Dreherfahrung nur bedingt vermitteln und konzentrieren sich deshalb auf die Ausbildung der künstlerischen, wirtschaftlichen und theoretischen Aspekte des jeweiligen Studienschwerpunkts. Nachwuchsregisseure und -produzenten weisen deshalb nicht selten einen Mangel an praktischen und handwerklichen Kenntnissen auf, der sie aber nicht davon abhält, in einer widersprüchlichen und hoch subventionierten, aber wenig marktwirtschaftlichen Branche, die sich in ihrem Selbstverständnis bis heute nicht zwischen Kultur und Industrie entscheiden konnte, Karriere zu machen. Private Schulen versuchen diese Lücke in der Ausbildung zu füllen und bieten zunehmend Kurse gerade für produktionskundliche Positionen wie Produktions- und Aufnahmeleitung oder Regieassistenz an, deren Akzeptanz allerdings nicht hoch ist. Zu groß ist in der Branche die Bedeutung von dem Stallgeruch, den man offenbar nur am Set erwerben kann.
Auf diese virulenten Probleme bei der Ausbildung des Nachwuchses weiß die kurzlebige deutsche Filmbranche keine Antworten – schlimmer noch, sie hat gar nicht die Möglichkeit, sich damit auseinander zu setzen. Die deutsche Filmwirtschaft ist direkt abhängig von den Filmförderungen und den Mitteln der Fernsehsender und damit auch von deren Wohlwollen und Vorgaben. Raum für grundlegende Strukturarbeit bleibt da keiner. Den Zusammenhang zwischen den zur Verfügung stehenden Produktionsmitteln und der handwerklichen Qualität der Filmschaffenden konnte man in der Vergangenheit am Beispiel gewisser Produktionsstandorte beobachten, an denen plötzlich sehr viel Geld zur Verfügung stand, ohne dass es aber eine stabile, organisch gewachsene Infrastruktur gab. Die Folge davon waren schlecht ausgebildete Filmschaffende in verantwortungs-

vollen Positionen und ein Produktionsstandort, der sich von dieser Strukturschwäche auf Jahre hinaus nicht erholen konnte.
Gegenwärtig erscheint aber selbst das wie ein Luxusproblem aus einer anderen Ära. In einer Zeit, in der selbst für öffentlich-rechtliche Fernsehproduktionen trotz gleichbleibender inhaltlicher Komplexität der Drehbücher zunehmend weniger Geld zur Verfügung gestellt wird und der öffentlich-rechtliche Rundfunk in der gesellschaftlichen Wahrnehmung um Legitimation bemüht sein muss, bleiben für die Produzenten meist nur die Gagen des Teams und der Schauspieler als letzte kalkulative Stellschraube, um eine Filmherstellung überhaupt möglich zu machen. Also engagiert man billige, unzureichend ausgebildete Filmschaffende und lässt sie unter prekären Produktionsbedingungen arbeiten, was nicht nur der Qualität der Filme schadet, sondern mittelfristig auch der handwerklichen Qualität einer ganzen Branche. Das Auftragsvolumen der global agierenden Video-on-demand-Dienste im deutschen Markt ist zu gering, um daran bisher etwas zu ändern. Wie man aus diesen tief liegenden und allgemein bekannten strukturellen Problemen einen Ausweg finden soll, darauf weiß niemand eine Antwort.

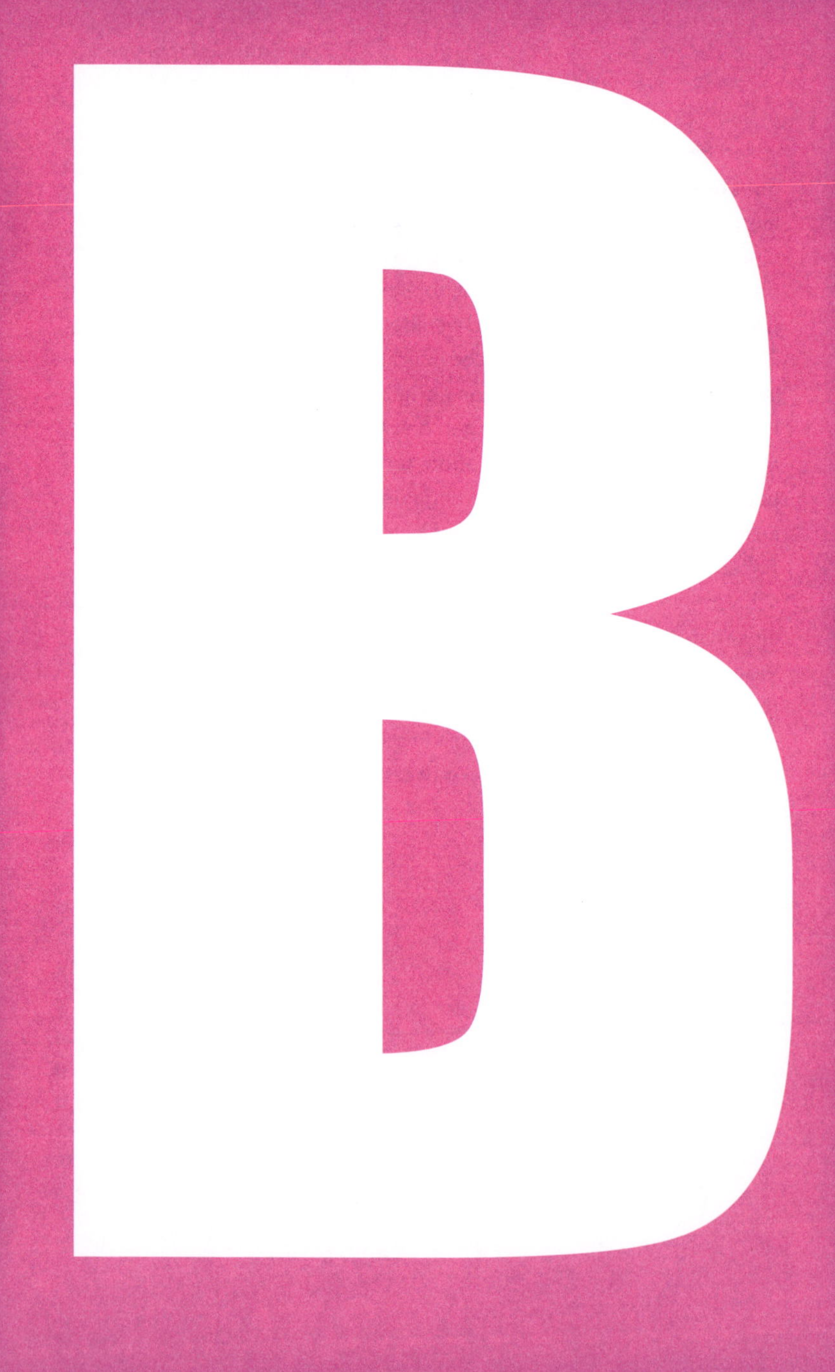
B

DIE ARBEIT AM DREHPLAN

Der Ablauf der Dreharbeiten wird im Drehplan als verbindliche Grundlage für die Arbeit der Abteilungen festgelegt. Der Drehplan folgt immanenten Zielen, resultiert aus der Summe der Abwägung aller Faktoren und gibt einer Filmproduktion die notwendige Struktur. Je nach Herstellungsphase hat er unterschiedliche Funktionen. Der Drehplan ist ein Dokument, das zum einen den gegenwärtigen Stand der Planung zusammenfasst. Er gewährleistet zu jeder Zeit einen Gesamtüberblick über den Drehablauf, wird dafür regelmäßig aktualisiert und an die Projektentwicklung angepasst und nimmt einen Großteil der exekutiven Arbeitsabläufe vorweg. Zum anderen ist er ein Werkzeug, mit dessen Hilfe sich der Prozess der Drehplanung moderieren und steuern lässt. In ihm bündeln sich alle Interessen einer Filmproduktion, die sich abhängig von der Projektentwicklung rasch verändern und sich teilweise auch widersprechen können, und deren Einfluss auf den Drehablauf gewichtet werden muss.
Dieser zweite Teil des Buches erklärt, wie man einen Drehplan erstellt und mit ihm arbeitet und wie man mit seiner Hilfe den Prozess der Drehplanung moderieren und steuern kann.

ABB. 7: AUSSCHNITT AUS EINEM DREHPLAN

» qr.halem-verlag.de/drehplanung/drehplan.pdf

B1 HIERARCHIE DER DREHPLANUNG

Der Drehplan ist zusammen mit dem Drehbuch und den Drehbuchauszügen die Arbeitsgrundlage einer Filmproduktion. Die drei Dokumente bauen aufeinander auf und sind für alle Abteilungen verbindlich.

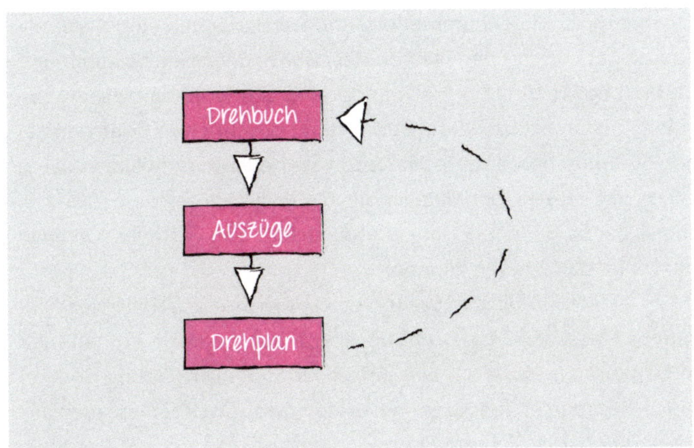

Abb. 8: Hierarchie der Drehplanung

Das Drehbuch ist die textliche Grundlage. Es wird vom Drehbuchautor primär in der Stoffentwicklung verfasst und entsteht unter Einflussnahme des Produzenten, des Regisseurs und im Fall einer Auftragsproduktion auch eines Redakteurs. Das Drehbuch umfasst die vollständige Geschichte eines Films vom Anfang bis zu ihrem Ende, es besteht aus Regie- und Kameraanweisungen sowie aus Dialogen und beschreibt faktisch, was der Zuschauer im Film sehen und hören soll. Die Schilderung von Gefühlen und Eindrücken gehört nicht zu seinen Aufgaben. Es ist stattdessen die Kunst des Autors, durch die Struktur der Geschichte und durch die Handlung der Figuren Emotionen beim Leser hervorzurufen. Ein Drehbuch wird textgetreu verfilmt.

Da ein Drehbuch nur Arbeitsgrundlage und Vorform im Hinblick auf die angestrebte Verfilmung ist, unterliegt es gewissen Formalien. Es ist in Szenen unterteilt, die man im weiteren Produktionsprozess synonym als Bilder bezeichnet. Sie definieren sich durch ihre zeitliche und räumliche Geschlossenheit und dauern stets bis zum nächsten Zeitsprung oder Ortswechsel der Geschichte an. Die Szenen sind chronologisch durchnummeriert, und werden durch eine Kopfzeile eingeleitet, welche den Namen des Motivs und die Lichtstimmung umfasst sowie die Information, ob eine Szene Innen oder Außen spielt. Ein Drehbuch ist entweder durchgeschrieben oder weist einen Seitenumbruch vor jeder neuen Szene auf. Die zweite Variante, auch „pagebreak" genannt, ist die im Produktionsalltag gebräuchlichere, da die Bilder und ihre Drehbuchseiten so getrennt voneinander behandelt werden können.

Unter einem Drehbuchauszug versteht man die tabellarische Zusammenfassung einer Drehbuchszene auf die darin enthaltenen Informationen sowie auf alle für die filmische Umsetzung notwendigen Ressourcen (engl.: Scene-breakdown). Dazu zählen auch alle Ressourcen, die nicht im Drehbuch aufgeführt sind und trotzdem bei den Dreharbeiten vor oder hinter der Kamera benötigt werden. Szenen, die nicht am Stück gedreht werden, sind unterteilt, und jedes Teilbild hat einen eigenen Auszug. Im Unterschied zum Drehbuch und zum Drehplan haben Drehbuchauszüge keine festgelegten Formalien und ihre äußere Form ist häufig abhängig davon, mit welcher Methode sie erstellt wurden. Auszüge werden detailliert im Kapitel *Drehbuchauszüge* auf Seite 167 erklärt.

Im Drehplan verteilt man die Szenen des Drehbuchs auf Basis der Auszüge auf die zur Verfügung stehende Drehzeit. Dafür werden die Drehtage kalendarisch definiert und jedes Bild bzw. jedes Teilbild einem Drehtag zugeordnet, wobei die Informationen und Ressourcen der Auszüge als ordnendes Prinzip fungieren. Die Bilder eines jeden Drehtages werden in eine Ordnung gebracht. Eine Kombination von Bildern, die in einer bestimmten Zeit umgesetzt werden soll, bezeichnet man als Pensum. Durch den zeitlichen Umfang, den man einem Bild für seine Umsetzung zugesteht, priorisiert man die verfügbare Drehzeit. Anhand eines Drehplans erhält man also sowohl einen Überblick über die Nutzung der Drehzeit als auch darüber, welche Bilder an welchem Drehtag in welcher Reihenfolge gedreht werden. Einem Drehplan sind immer auch die wichtigsten Ressourcen der Bilder zu entnehmen.

B2 DER DREHPLAN IN DEN HERSTELLUNGSPHASEN

Ein Drehplan hat in den verschiedenen Phasen der Filmherstellung unterschiedliche Funktionen. Dieses Kapitel beschreibt, wie die Arbeit mit einem Drehplan im Produktionsalltag aussieht.
Ein erster Drehplan entsteht meist schon lange vor Drehbeginn in der Finanzierung. Dieser Kalkulationsdrehplan wird von Herstellungs- oder Produktionsleitern angelegt, selten auch von Regieassistenten oder Aufnahmeleitern, wenn sie entweder fest mit dem vorgesehenen Regisseur zusammenarbeiten oder der Produktionsfirma bekannt sind. Ein Kalkulationsdrehplan liefert erste Rückschlüsse auf die Umsetzbarkeit eines Drehbuchs und ist Grundlage für die weitere Aufstellung der Produktion – man kann sich das bildlich vorstellen wie einen Kuchenteig, der zum ersten Mal ausgerollt wird und von dem niemand weiß, für wie viele Kekse er ausreicht. Der Kalkulationsdrehplan ist die Grundlage für die finanzielle Kalkulation einer Produktion. Aus der Anzahl der Einsatztage einer Ressource ergibt sich der Faktor, mit dem die Kosten der Ressource multipliziert werden müssen: Aus der Anzahl aller Drehtage errechnen sich die Kosten für den Stab, aus der Anzahl der Schauspielertage die Kosten für den Cast, aus der Anzahl der Drehtage eines Motivs die Motivkosten (Motivablöse genannt) usw. Zu diesem Zeitpunkt existiert in der Regel noch kein fertiges Drehbuch, und die wenigsten Parameter und Personalien sind bekannt, oft genug steht noch nicht einmal der Regisseur fest. Bei der Erstellung

eines Kalkulationsdrehplans konzentriert man sich deshalb auf die basalen Informationen und kostenrelevanten Ressourcen eines Drehbuches und versucht, die Bilder sowohl anhand von Kenntnissen über die Arbeitsweise der Regie als auch anhand von Erfahrungswerten aus anderen Projekten in eine Ordnung zu bringen, die möglich und realistisch erscheint. Da man in der Finanzierung noch nicht mit logistischen Einschränkungen konfrontiert ist, die später drehplanerische Umwege und zusätzliche Kosten nötig machen können, ist es sinnvoll, einen vertretbaren zeitlichen Puffer einzuplanen. Ist ein Kalkulationsdrehplan auf Kante gestrickt, kann das früher oder später in Form von nicht kalkulierten Mehrkosten auf die Produktion zurückfallen.
Bei einer Senderauftragsproduktion mit ihren meist klaren finanziellen Vorgaben stellt ein Kalkulationsdrehplan so etwas wie ein Korrektiv dar, anhand dessen die Umsetzbarkeit eines Drehbuchs kontrolliert wird. Bei einer Kinoproduktion, bei der es mehr offene Variablen gibt als bei einer Auftragsproduktion, fungiert er hingegen als hypothetischer Entwurf, wie eine Produktion machbar sein könnte. Die sich aus diesem Entwurf ergebenden Herstellungskosten werden in der Regel zum Finanzierungsziel. Es ist im Fall von beiden Produktionsformen wahrscheinlich, dass auf Basis des Kalkulationsdrehplans Diskussionen über die Machbarkeit eines Projekts stattfinden, dass die Anzahl der Drehtage korrigiert und das Drehbuch weiterentwickelt oder inhaltlich angepasst wird.
In der Vorbereitung wird der Drehplan vom 1. Regieassistenten in Zusammenarbeit mit dem 1. Aufnahmeleiter erstellt. Die Perspektiven der beiden ergänzen sich: Der Regieassistent kennt das Drehbuch im Detail und ist über die Vorstellungen der Regie von dessen Umsetzung informiert, und der Aufnahmeleiter trägt die logistischen Parameter bei (Verfügbarkeiten der Schauspieler und Motive, Genehmigungen usw.) und legt Wert auf eine funktionale Logistik. Regieassistent und Aufnahmeleiter bauen nicht auf einem möglicherweise vorliegenden Kalkulationsdrehplan auf, sondern beginnen noch

einmal bei null: Gerade Kalkulationsdrehpläne von Herstellungs- oder Produktionsleitern basieren häufig mehr auf kalkulativen als auf realistischen exekutiven Überlegungen. Da Regieassistenten und Aufnahmeleiter aus ihrer Praxis heraus Drehsituationen besser antizipieren können, ist es für ein Projekt von Vorteil, wenn sie früh in die Drehplanung eingebunden sind. Bei ihrer Arbeit halten sie regelmäßig Rücksprache mit allen Abteilungen, insbesondere mit Regie und Produktionsleitung.

Die Zusammenarbeit zwischen Regieassistent und Aufnahmeleiter ist abhängig von ihrem individuellen Temperament und ihrer jeweiligen Interpretation der Position. Entweder arbeiten sie im Pingpong-Verfahren, also einer der beiden – meist der Regieassistent – legt einen Stand vor, der dann vom anderen nachvollzogen und hinterfragt wird, oder sie erarbeiten gemeinsam einen Drehplanentwurf, auf dessen Basis sie dann im Produktionsverlauf abwechselnd im Pingpong-Verfahren weiterarbeiten. Die gemeinsame Drehplanerstellung hat den Vorteil, dass beide anschließend auf einem identischen Stand sind, weil alle Faktoren angesprochen und gemeinsam abgewogen wurden. Sie bietet sich allerdings nur dann an, wenn Herangehensweise und Arbeitstempo ähnlich sind: Hat einer von beiden das Gefühl, vom anderen ausgebremst zu werden, kann das zu einer frustrierenden Erfahrung werden. Die gemeinsame Drehplanerstellung nimmt deutlich mehr Zeit in Anspruch.

Alle Abteilungen benötigen in der Vorbereitung frühzeitig einen aussagekräftigen Drehplanentwurf, um ihre Arbeit strukturieren und gegebenenfalls kalkulieren zu können. Ein zu diesem Zeitpunkt vorliegender Drehplan muss noch nicht alle Fragen abschließend beantworten, aber er sollte eine Richtung vorgeben, an der sich alle Akteure orientieren können und die im Verlauf der Vorbereitung zunehmend präzisiert wird. In dieser Projektphase ergeben sich beinahe täglich neue Faktoren – besetzte Schauspieler, festgelegte Motive mit ihren Verfügbarkeiten, die Auflösung der Regie,

Drehbuchänderungen, Genehmigungslage usw. –, und auch die Fachabteilungen entwickeln als Reaktion auf die Regiearbeit Anforderungen an den Drehplan, die bedacht werden müssen. Aus diesen Gründen wird der Drehplan regelmäßig aktualisiert und alle Änderungen in sinnvollen Schritten kommuniziert.

Man unterscheidet zwischen einem internen und einem externen Drehplan. Ein interner Drehplan ist zum Gebrauch innerhalb einer Produktion bestimmt und dient als Diskussionsgrundlage und zur kontinuierlichen Abstimmung mit den Abteilungen. Da er regelmäßigen Veränderungen unterliegt, ist er eher Zwischenstand als ein fertiger Plan. Ein externer Drehplan wird dagegen nach vorheriger Freigabe durch den Produktionsleiter auch über das Produktionsbüro hinaus an Teammitglieder, Schauspieler und weitere an den Dreharbeiten beteiligte Einzelpersonen, Agenturen und Dienstleister verteilt. Im Sinne einer Planungssicherheit aller Beteiligten ist es wünschenswert, dass ein erster externer Drehplan möglichst früh herausgegeben wird. Nicht selten ist dieser allerdings identisch mit dem Drehplan, mit dem die Produktion dann auch in den Dreh geht, und manchmal liegt er erst zur Produktionsbesprechung oder sogar noch später vor. Nach Veröffentlichung eines externen Drehplans kann es schwierig sein, noch einmal Grundsätzliches an der Planung zu verändern.

Die Drehplanung ist aber nicht mit dem ersten Drehtag abgeschlossen. Es soll zwar schon vorgekommen sein, dass ein Drehplan in der Drehphase ohne Abweichungen herunterexekutiert wurde – die Regel ist das nicht. Zum einen ist es möglich, dass man absichtlich von dem vorgesehenen Ablauf abweicht, weil man neue Erfahrungswerte gewonnen oder schlicht bessere Lösungen gefunden hat. Zum anderen kann die Drehbucharbeit in der Drehphase andauern und auch der Vorbereitungsstand sich noch einmal verändern, worauf der Drehplan dann reagieren muss. Zuletzt besteht oft genug die Notwendigkeit, ungewollt und kurzfristig mit unvorhersehbaren Einflüssen umgehen und den Drehplan daraufhin umstellen zu müssen.

Auslöser dafür können das allmächtige Wetter sein oder Krankheiten und Ausfälle, aber auch der Drehablauf selbst, wenn man feststellen muss, dass man aus dramaturgischen oder inszenatorischen Gründen Wiederholungen oder Zusätze benötigt, oder wenn man schlicht zu langsam war und ein Pensum nicht geschafft hat. Wie man im Drehverlauf mit Änderungen am Drehplan umgeht, steht im Kapitel *Drehplanung als Prozess* auf Seite 256.
Wie schon in der Vorbereitung ist der Drehplan also auch in der Drehphase kein fester Plan, sondern lässt sich als Prozess begreifen. Regieassistent und Aufnahmeleiter vollziehen den Drehfortschritt und die sich daraus ergebenden Umstellungen täglich nach. Sollten die Veränderungen grundsätzlich sein und längerfristige Auswirkungen haben, stimmen sie sich über einen neuen externen Drehplan ab und verteilt diesen als Anhang zu Disposition, damit die Abteilungen ihre Arbeit anpassen können. Sind die Probleme, auf die sie reagieren müssen, so schwerwiegend, dass sie sich im Tagesgeschäft nicht im Pingpong-Verfahren lösen lassen, verabreden sich Regieassistent und Aufnahmeleiter parallel zum Drehfortschritt an der Basis, um gemeinsam einen neuen Drehplan zu erarbeiten. Der Regieassistent lässt sich dann am Set vom Setaufnahmeleiter oder von seinem 2. Regieassistenten vertreten. Es ist durchaus möglich, dass während einer Drehphase mehrfach neue Drehpläne mit teilweise deutlichen Umstellungen verteilt werden.
Die Drehplanarbeit ist mit dem Drehende abgeschlossen.

B3 VORARBEITEN DER DREHPLAN-ERSTELLUNG

Grundlage jeder Drehplanerstellung ist eine ausgiebige und detaillierte, am besten mehrmalige Lektüre des Drehbuchs. Dabei prägt man sich Inhalt und Szenen ein, und es entsteht ein Gefühl für den Rhythmus des Films. Eine Besprechung mit der Regie hilft, ein Gefühl für die Inszenierung und die dramaturgische Gewichtung der Szenen zu bekommen. Bevor man jedoch mit der Arbeit am Drehplan beginnen kann, sind drei Vorarbeiten notwendig bzw. hilfreich.

Vorstopp

Als Vorstopp bezeichnet man die geschätzte Zeit, die ein Bild im fertigen Film einnehmen wird. Stoppzeiten werden vom 1. Regieassistenten oder vom Script Supervisor angefertigt und helfen, das Pensum eines Drehtages bei der Drehplanarbeit besser einzuschätzen (siehe das Kapitel *Pensenbildung* auf Seite 194). Um eine Stoppzeit zu ermitteln, liest man sich mit einer Stoppuhr in der Hand die Dialoge laut vor und spielt die Regieanweisungen im Raum nach. Erfahrungsgemäß muss man ein Drehbuch mehrmals durchstoppen, bis man einen verlässlichen Mittelwert gefunden hat. Stoppzeiten werden in 5- oder 10-Sekunden-Intervallen angegeben und sind nicht selten Anlass für Anpassungen des Drehbuchs, insbesondere bei Auftragsproduktionen mit einer vertraglich festgelegten Gesamtlänge. Produktionell gesehen bedeutet ein Vorstopp, der darüber hinausgeht, eine Verschwendung von Ressourcen, künstlerisch kann er aber einen Gewinn darstellen, da die Regie im Schnitt Material zum Spielen bekommt. Es gibt auch den Fall, dass ein Drehbuch zu kurz geraten ist und Szenen hinzugefügt werden müssen, um die vorgesehene Gesamtlänge zu erreichen.

Spieltage und Spielzeiten

Der 1. Regieassistent teilt das Drehbuch in Absprache mit der Regie in Spieltage ein. Ein Spieltag ist jeder Tag innerhalb einer Geschichte, an dem ein Bild spielt. Spieltage werden chronologisch durchnummeriert, beginnend mit Spieltag „1". Tage innerhalb der Geschichte, an denen keine Szene spielt, werden übersprungen und erhalten keine Nummer. Tage, die aus der Chronologie der Geschichte herausfallen, wie beispielsweise Rückblenden, werden als X-Tage bezeichnet und entsprechend ihrer eigenen Chronologie ebenfalls fortlaufend als „X1", „X2" usw. nummeriert. In einem zweiten Schritt erhält jeder Spieltag ein Spieldatum und jede Szene eine Spieluhrzeit, die sogenannte Spielzeit.

Spieltage und Spielzeiten helfen dabei, ein Gefühl für die zeitliche Struktur einer Geschichte zu bekommen. Drehbücher sind aufgrund der notwendigen dramaturgischen Verdichtung und ihrer Formalien nur bedingt gut darin, vergehende Zeit zu erzählen. Dafür muss der Autor entweder mit eindeutigen Handlungsbildern arbeiten (jemand tut etwas nach einem Zeitsprung anders, als er es zuvor getan hat) oder er muss sich formaler Hilfsmittel bedienen, etwa Montagen oder Texttafeln im Bild. Der Regisseur hat ungleich mehr Möglichkeiten, um den Zuschauer anhand von subtilen Veränderungen im Film durch die vergehende Zeit zu führen. Die Einteilung der Spieltage ist daher ein wichtiger interpretativer Schritt und hängt eng mit der Vision von einer Geschichte zusammen. Es ist bemerkenswert, wie unterschiedlich ein Drehbuch in Bezug auf seine zeitliche Struktur gelesen werden kann. Da Veränderungen im Bild hergestellt werden müssen, sind zusätzliche Spieltage mit Mehrkosten verbunden. Spieltage und Spielzeiten helfen dabei, zeitliche Fehler oder Löcher im Drehbuch aufzuspüren und mithilfe von kleinen Anpassungen zu lösen. Folgen beispielsweise zwei Bilder mit einer Tag-Lichtstimmung aufeinander, die aber unterschiedlichen Spieltagen angehören, verändert es viel für das Zeitempfinden des Zuschauers, wenn eines der beiden Bilder in eine Nachtstimmung umgewandelt wird. Für die Regie sind Spieltage und -zeiten auch ein Hilfsmittel, um bei der Inszenierung emotionale Kohärenz zu erreichen. Weiß der Schauspieler, dass seit einer Szene innerhalb der Geschichte drei Tage vergangen sind, spielt er anders, als wenn er glaubt, dass die Szene unmittelbar zuvor stattgefunden hat. Ein Regisseur vermittelt seinen Schauspielern daher in der Stellprobe immer auch ein Gefühl für die zeitliche Struktur der Geschichte. Zuletzt sind Spieltage und -zeiten Vorgabe für die Arbeit der künstlerischen und technischen Abteilungen. Sie helfen dem Kostüm- und Szenenbild, alle Datums- und Zeitangaben im Griff zu behalten, sie sind Grundlage für alle Masken- und Kostümveränderungen, und die Lichtabteilung richtet die atmosphärische Qualität der Lichtsetzung nach ihren Vorgaben. Im Unterschied zu Spieltagen sind Spielzeiten für die Drehplanarbeit nicht von Belang.

Drehbuchauszüge

Drehbuchauszüge sind für die Drehplanerstellung obligatorisch. Wie bereits erläutert, versteht man unter einem Auszug die Zusammenfassung aller Informationen einer Drehbuchszene bzw. deren Herunterbrechen auf die für die Dreharbeiten relevanten Informationen und Ressourcen. Man unterscheidet zwischen Kalkulationsauszügen, die ein Herstellungs- oder Produktionsleiter in der Finanzierung als Grundlage für eine Kalkulation erstellt und die sich auf die basalen kostenrelevanten Informationen und Ressourcen eines Drehbuchs konzentrieren, und Regieauszügen, die sämtliche für die Dreharbeiten notwendigen Informationen und Ressourcen enthalten und die je nach Interpretation der Geschichte auch vom Drehbuch abweichen oder es ergänzen können. Der 1. Regieassistent fertig Regieauszüge in der Vorbereitung an, und sie sind im Drehablauf verbindlich.

72 EXT. SEE - NACHT 72

Wir sind auf dem See.

Wir hören nichts als Timos Schreie.

Das Kreuz ist heruntergebrannt.

Was heißt, daß das Feuer gleich Timos Körper erreicht.

Wenn er es nicht schafft, gefesselt das Floß zu drehen.

Und so zu ertrinken.

Nah: Timos Gesicht. Ein Lichtstreifen schwingt darüber.

TIMO
Hier! HIER!!! HILFE!!!

Ein Motor heult auf.

Offenbar ist man mit dem Boot extra über das Wasser geglitten, um Timo hören zu können.

Der Suchscheinwerfer erfasst ihn.

Das Fiberline der Wasserschutzpolizei kommt herangerast.

An der Reling stehen Lu und Ariane.

Als Ariane Timos wortwörtlich brenzlige Situation erfasst...

... springt sie vom Boot direkt ins Wasser.

Krault zu Timo.

Bindet ihn im letzten Moment los.

```
Schleppt ihn zum Boot, wo Lu wartet.

Ariane rettet Timos Leben.

Einen Moment umklammert Timo Arianes Hals, dann zieht Lu ihn
hoch.
```

Bild #72 | EXT | **See** | Nite

Spieltag: 6 | Lu und Ariane retten Timo

pgs. 7/8 **tm.** 1:20

Cast Members
1. Ariane Fink
2. Lu Reinhold
3. Timo Senst

Background Actors
Bootsführer (original)
Polizisten(4)

Stunts
4. Stuntdouble Timo
5. Stuntdouble Ariane

Stunt Action
Rettungsaktion

Special Effects
Kreuz runtergebrannt

Makeup/Hair
Timo blutend
Timo gefesselt
Timo zerbissen

Special Equipment
Arbeitsboot
Kameraponton

Additional Labor
Operator Arbeitsboot
Ponton-Crew
Rettungsschwimmer

Miscellaneous
Schwimmen Ariane

Vehicles
Fiberline Wasserschutz
Floß mit Kreuz

Sound
NT Schreie Timo

Mechanical Effects
Suchscheinwerfer

Date
Freitag, 1.11.2013

Abb. 9a: Drehbuchszene mit Kalkulationsauszug

```
2. Eisbahn                                               A/T

Sie gehen auf eine beleuchtete Eisbahn zu, wo sich
schon alle zum Weihnachtsausflug des Kindergartens
versammelt haben. Weihnachtslieder dudeln aus den
Lautsprechern. Schlittschuhläufer ziehen ihre ele-
ganten Kreise, Teenager flirten. Menschen stehen
mit roten Nasen und dampfendem Glühwein außen herum
und schauen den Läufern zu. Dazwischen stolpern die
Kinder mit bunten Bommelmützen übers Eis.

Julchen setzt sich auf eine Bank, damit Miriam ihr
die Schlittschuhe anziehen kann, dabei trifft Miri-
am der vorwurfsvolle Blick der pummeligen Erziehe-
rin.
```

```
        MIRIAM (lächelnd, zur Erzieherin)
        Wir haben's wieder nicht ganz pünktlich
        geschafft, tut mir leid.

    Die zu ihrem Übergewicht auch noch unvorteilhaft
    gekleidete Erzieherin hat heute nicht so gute Lau-
    ne.

        ERZIEHERIN (mürrisch)
        Das wäre doch mal ein schöner Vorsatz
        fürs nächste Jahr...

    Miriam wechselt einen Blick mit Julchen. Dies ist
    nicht ihre Lieblingserzieherin.

        MIRIAM (betont freundlich)
        Haben Sie denn auch schon einen schönen
        Vorsatz fürs nächste Jahr?

        JULCHEN (flüstert)
        Sie will Diät machen...

        MIRIAM (flüstert zurück)
        Gute Idee...

    Die beiden kichern verschwörerisch. Dabei zieht Mi-
    riam die letzte Schleife an den Schlittschuhen fest
    und hilft Julchen aufzustehen.

        MIRIAM
        Los mit dir, Hummelchen! Viel Spaß!

    Miriam winkt Julchen zu, die sich jetzt mit den an-
    deren Kindern fröhlich aufs Eis begibt und zurück-
    winkt.
```

Bild #2pt1/2 | EXT | **Eisbahn** | Day

Spieltag: 1 | später Tag | Julchen fährt Schlittschuh

Cast Members
1. Miriam Kirsch
2. Julchen Kirsch

Props
Glühwein
Schiebehilfen

Location:
Stachus

pgs. 1/8 **tm.** :10

Makeup/Hair
rote Nasen

Notes
dokumentarisch

Miscellaneous
Schlittschuhfahren Julchen

Art Department
Bänke auf Eis
Lautsprecher

Camera
Eisbahn beleuchtet

Wardrobe
Schlittschuhe Julchen

Date
23. Dezember 2011

Time
15.37

Bild #2pt2/2 | EXT | **Eisbahn** | Day
Spieltag: 1 | Julchen fährt Schlittschuh

Cast Members
1.Miriam Kirsch
2.Julchen Kirsch
18.pummelige Erzieherin

Background Actors
Kindergruppe(15)
Schlittschuhläufer(3)
Teenager(4)
Zuschauer(13)

Props
Glühwein
Leberkässemmeln
Schiebehilfen
weihnachtl. Requisiten

Makeup/Hair
Erzieherin mollig
rote Nasen

Special Equipment
Schmutzmatten für Eisarbeiten

Additional Labor
Blocker (4)

Miscellaneous
Schlittschuhfahren Julchen

Location:
Stachus
pgs. 6/8 **tm.** :50

Art Department
Bänke auf Eis
Lautsprecher

Camera
Eisbahn beleuchtet

Wardrobe
Erzieherin mollig
Kopfbedeckung mollig
Schlittschuhe Julchen

Date
23. Dezember 2011

Time
15.37

Abb. 9b: Drehbuchszene mit Regieauszug, das Bild ist aus motivischen Gründen in zwei Teilbilder gesplittet

Bei der Erstellung von Auszügen markiert man zunächst alle im Drehbuch beschriebenen Informationen und Ressourcen. Der Übersichtlichkeit halber kann man sich dabei verschiedener Farben bedienen, welche jeweils einer Auszugsposition zugeordnet sind. Anschließend fasst man die Informationen und Ressourcen tabellarisch für jedes Bild und Teilbild zusammen. Dabei stellen sich für gewöhnlich inhaltliche Fragen, auf die das Drehbuch keine Antworten liefert. Ein Drehbuch ist nicht immer formal korrekt geschrieben, kann logische Fehler oder Missverständliches in sich bergen und hält aufgrund seiner dramaturgischen Verdichtung nur selten einer eingehenden inhaltlichen Prüfung stand. Eine typische Frage kann beispielsweise sein, ob eine Figur, die im Drehbuch nicht erwähnt ist, trotzdem an dem beschriebenen Familienabendessen teilnimmt. Für die geschriebene Szene mag die Anwesenheit der Figur keine Rolle spielen, weil sie keinen Dialog hat, in der filmischen Umsetzung macht es aber logischerweise einen großen Unterschied aus, ob die

Figur zu sehen ist oder nicht. Und was ist mit einer Figur, die in einen Misthaufen fällt und gleich darauf in einer Liebesszene zu sehen ist – hat sie sich in der Zwischenzeit umgezogen oder nicht?

Es ist Aufgabe der Regie, auf diese Fragen eine Antwort zu finden. Der Regisseur sollte das Drehbuch dabei ernst nehmen: Nicht alles, was auf den ersten Blick wie ein Fehler wirkt, muss ein solcher sein, und aus vordergründigen Widersprüchen können sich wundervolle szenische Lösungen ergeben. Handelt es sich etwa bei dem Misthaufen-Beispiel um eine Komödie, kann es ein gelungener, humoriger Effekt sein, wenn die Figur die Liebesszene in verdreckter Kleidung absolviert. Aber vielleicht hat das sogar in einem strengen Drama einen Mehrwert? Gute Regisseure sind immer bereit, ihre Vorstellungen zu überdenken und ein Drehbuch zunächst als Herausforderung zu begreifen, bevor sie es in Frage stellen. Haben sie ein gutes, vertrauensvolles Verhältnis zum Drehbuchautor, erkundigen sie sich manchmal sogar bei diesem, wie eine Situation gemeint ist.

Kalkulationsauszüge sind nicht zur Verteilung bestimmt. Sie stellen als Basis des Kalkulationsdrehplans einen hypothetischen Entwurf dar, wie das Drehbuch umsetzbar sein könnte. Es ist für die Kalkulation nicht wichtig, ob die Kleidung in der Liebesszene sauber oder verdreckt ist und welches Requisit in welchem Bild zu sehen ist, aber es ist von Bedeutung, ob der Schauspieler an dem Abendessen teilnimmt, dass ein Stunt stattfindet oder dass ein Bild nur mithilfe von VFX umgesetzt werden kann. Aus diesem Grund versucht man bei der Erstellung von Kalkulationsauszügen die Vorstellungen der Regie zu antizipieren und Antworten in ihrem Sinne zu finden.

Bei der Erstellung von Regieauszügen lässt der Regieassistent solche Situationen zunächst offen und notiert sich alle Fragen und Unklarheiten. Die dabei entstehende Liste ist häufig Grundlage für die Struktur und den Ablauf der Vorbereitung, deren Ziel es immer ist, alle Fragen bis zu Beginn der Dreharbeiten zu klären. Allerdings sollte er die Punkte auf dieser Liste priorisieren: Wie in dem Kapitel *Strategien*

der Vorbereitung (Seite 58) beschrieben, stellt er Fragen mit kalkulativen oder logistischen Auswirkungen früher als solche, ob ein Requisit in einer Szene zu sehen ist oder nicht. Ergibt sich im Verlauf der Vorbereitung eine Antwort, ergänzt oder korrigiert er diese in den Regieauszügen. Im Zweifelsfall fragt der Regieassistent lieber einmal zu viel, als dass er eine Unklarheit in Kauf nimmt.
Aufgrund dieser Vorgehensweise hat es sich bewährt, Regieauszüge zweimal zu verteilen: einmal zu Beginn der Vorbereitung mit allen Informationen und Ressourcen, die sich aus dem Drehbuch und möglicherweise auch schon aus einer ersten Regiebesprechung ergeben haben und die den Abteilungen bei ihrer Vorbereitung helfen, ein weiteres Mal dann kurz vor Drehbeginn mit dem gesamten Informationsstand als verbindliche Grundlage für die Drehphase. Man unterscheidet zwischen den Regieauszügen selber (alle Bilder in chronologischer Reihenfolge) und der Drehfolge (alle Bilder in der Reihenfolge des Drehplans), die der Regieassistent manchmal nur wochenweise herausgibt, wenn er absehen kann, dass der Drehplan sich in der Drehphase verändern wird. Der Produktionsleiter muss Regieauszüge vor ihrer Verteilung freigeben. Da bei einer transparenten Vorbereitung alle nennenswerten Ressourcen miteinander abgestimmt worden sind, sollte es bei dieser Freigabe für gewöhnlich keine Überraschungen geben.
Die folgenden Positionen sind sowohl für Kalkulations- als auch für Regieauszüge obligatorisch. Man entnimmt sie der Kopfzeile einer Drehbuchszene.

Bild

Die Szenen eines Drehbuchs sind chronologisch nummeriert, und diese Nummern übernimmt man in die Auszüge. Werden über farbige Seiten Szenen hinzugefügt oder gestrichen, so ändert das nichts an der Nummerierung: Neue Szenen erhalten dann im Drehbuch und in den Auszügen eine A-Nummer (später eine B-Nummer usw.). Eine zusätzliche Szene zwischen den Bildern #55

und #56 bekommt also die Nummer „#55A". Gestrichene Bilder werden aus den Auszügen entfernt.
Im Falle eines Splits (siehe das gleichnamige Kapitel auf Seite 285) macht man sich nicht die Mühe, die Nummerierung im Drehbuch formal anzupassen. In Abweichung zum Buch arbeitet man in den Auszügen dann entweder mit einer A- und B-Nummerierung, zur besseren Unterscheidung bietet es sich aber an, Teilbilder zu verwenden. Aus der Bildnummer #26 im Drehbuch werden in den Auszügen die zwei Teilbilder „#26T1" und „#26T2" (oder „#26pt1/2" und „#26pt2/2" – diese Bezeichnung erklärt auch formal, aus wie vielen Teilbildern ein Bild besteht). Da diese Bezeichnungen im Fall von sehr vielen Teilbildern irgendwann unübersichtlich werden, kann man sich auch für aussagekräftigere Bezeichnungen entscheiden: „#26vfx" und „#26stunt" bedeuten beispielsweise, dass es jeweils ein Teilbild mit VFX-Anteil und ein Teilbild mit einem Stunt gibt. Eine solche Präzisierung kann alternativ auch über die Synopsis (siehe Seite 176) vorgenommen werden. Der formalen Kreativität sind keine Grenzen gesetzt, das Ziel ist immer eine möglichst große Übersichtlichkeit.
Fest definiert sind hingegen die Bezeichnungen „R", „W" und „Z", die allerdings erst im Drehablauf eine Rolle spielen. „#26R" bedeutet, dass das nicht gesplittete Bild #26 nicht in seiner Gänze abgedreht und ein Rest noch offen ist. „#26W" bedeutet, dass das abgedrehte Bild #26 wiederholt werden muss, und „#26Z" steht für einen Zusatz zu dem bereits abgedrehten Bild #26. Die beiden letzten Fälle können aus inszenatorischen, dramaturgischen oder technischen Gründen notwendig werden.

INT/EXT

Unabhängig davon, wo die Aufnahme tatsächlich stattfindet, bezeichnet diese Position, wo ein Bild räumlich spielt: Innen („INT"), Außen („EXT") oder beides („I/E"). Eine Außenbild bleibt auch dann eine Außenbild, wenn es in einem Studio gedreht wird. Eine I/E-Situation ergibt sich dann, wenn eine Szene beispielsweise in einem

Wohnzimmer mit offener Tür zur Terrasse spielt und die Figuren im Verlauf des Bildes so regelmäßig hin und her wechseln, dass sich die beiden Drehsituationen nicht voneinander trennen lassen. Auch eine Dialogszene in einem Auto, das vor einem Haus geparkt ist, stellt eine I/E-Situation dar. I/E-Bilder mit einem klaren Übergang von innen nach außen oder andersherum trennt man hingegen von vornherein, da jeder Teil für sich eine Drehsituation bedeutet, die technisch unterschiedlich bedient werden muss.

Lichtstimmung

Diese Position beschreibt, zu welcher Tageszeit ein Bild spielt und zwar unabhängig davon, wie die Lichtstimmung technisch hergestellt wird bzw. in welcher Lichtstimmung die Umsetzung tatsächlich stattfindet. Man beschränkt sich auf die Lichtstimmungen Tag („Day"), Nacht („Night") und Dämmerung („Däm"), manchmal unterteilt in Morgen („Mor") und Abend („Eve"). Die Lichtstimmung und die Position INT/EXT sind die elementaren Parameter für die Arbeit der technischen Abteilungen, aus denen sich der Lampentyp (Tageslicht, Kunstlicht oder Mischlicht) und die benötigte Lichtintensität ableiten. Die Kameratechnik reagiert auf die Lichtsetzung mit der Wahl des Filmmaterials, das unterschiedlich lichtempfindlich ist, bzw. bei der digitalen Filmaufzeichnung mit der Einstellung der Lichtempfindlichkeit an der Kamera. Der Umgang mit Lichtstimmungen wird ausführlich im Kapitel *Lichtstimmungen* auf Seite 231 beschrieben.

Motiv

Der Motivname benennt den Ort, an dem eine Szene inhaltlich spielt. In den meisten Fällen kann diese Information einfach aus der Kopfzeile der Szene übernommen werden. Je nachdem wie formal korrekt ein Drehbuch geschrieben ist, kann es aber mit Blick auf die Drehplanarbeit sinnvoll sein, Differenzierungen vorzunehmen. Im Drehbuch kann etwa bei jeder Szene in einer Wohnung dieselbe

Motivbezeichnung stehen, unabhängig davon, in welchem Zimmer das Bild spielt („Wohnung Peter"). Da produktionell betrachtet jeder Raum aber ein eigenes Set darstellt, das separat behandelt werden muss, sollte man diese Ausdifferenzierung in den Auszügen kenntlich machen, soweit sie sich aus dem Drehbuch herauslesen lässt („Wohnung Peter / Schlafzimmer"). Läuft man dabei Gefahr, die Motivbezeichnung aus dem Drehbuch gänzlich zu verlieren, kann man die Differenzierung in Klammern anfügen, so dass eine Drehbuchreferenz erhalten bleibt: „Altbau (Wohnung Peter / Schlafzimmer)". Alternativ kann man eine solche Präzisierung auch über die Synopsis vornehmen.
Die drei folgenden statistischen Positionen sind bei der Drehplanarbeit maßgeblich für die Beurteilung der Pensen. Soweit sie bekannt sind, werden sie obligatorisch in den Auszügen erfasst. Liegen sie nur für ein ganzes Bild vor, ist dieses aber in zwei oder mehrere Teilbilder unterteilt, dann teilt man auch die Größen entsprechend auf die Teilbilder auf, in einem Verhältnis, das angemessen erscheint. Mehr zu diesen Positionen in dem Kapitel *Pensenbildung* auf Seite 194.

Stoppzeit/Seiten/Setups

Die Stoppzeit ist der Vorstopp des Bildes, Seiten geben die geschriebene Länge im Drehbuch an und Setups sind die vorgesehenen Kameraeinstellungen.

Synopsis

Ein durchschnittliches Spielfilmdrehbuch umfasst 100 Szenen und mehr – zusammen mit den diversen Teilbildern, Resten und Zusätzen kann das schnell unübersichtlich werden. Da es bei der Drehplanarbeit unpraktisch ist, immer anhand der Bildnummern im Drehbuch nachschlagen zu müssen, was in einer Szene eigentlich passiert, sucht man von vornherein für jedes Bild nach einer kurzen, prägnanten Synopsis, mit deren Hilfe es sich eindeutig zuordnen

lässt. „Peter spricht mit Silke" ist zu allgemein gehalten und hat keinen Aussagewert, „Peter macht Silke einen Heiratsantrag" dagegen schon – beide Synopsen können dieselbe Szene beschreiben. Die Synopsis eignet sich auch für sonstige, durchaus auch technische Spezifikationen, die man bei der Drehplanarbeit unmittelbar sichtbar haben möchte („Heiratsantrag/VFX Sternenhimmel"). Dabei bemüht man sich um Allgemeinverständlichkeit: Auch für Stab und Cast muss eine Szene im Produktionsablauf anhand seiner Synopsis identifizierbar sein.
Es kann bei der Erstellung von Synopsen hilfreich sein, auf das zentrale innere Ereignis der Szene zurückzugreifen. Dieser Begriff stammt aus der Dramaturgie (Weston, Judith (1998): *Schauspielführung in Film und Fernsehen*. Frankfurt am Main, S. 316ff) und bezeichnet den Grund für die Existenz einer Szene. Das ist meist ein Vorgang, der entweder die Handlung oder die Beziehung der Figuren vorantreibt und jeder Szene seine Daseinsberechtigung innerhalb der Geschichte gibt. Jedes zentrale innere Ereignis ist daher dramaturgisch einzigartig und wiederholt sich innerhalb der Geschichte nicht. „Peter lernt Silke kennen" ist genauso ein zentrales Ereignis wie „Peter entdeckt, dass Silke verheiratet war" – beide zentralen Ereignisse können nur einmal vorkommen, vermitteln ein vitales Bild vom Szeneninhalt und dessen Ablauf und eignen sich als Synopsis. „Peter spricht mit Silke" treibt dagegen weder die Geschichte voran, trifft auf vermutlich jedes zweite Bild mit Silke und Peter zu und vermittelt keinen plastischen Eindruck.
Ganz nebenbei überprüft man ein Drehbuch so auch auf seine dramaturgische Stringenz und bekommt ein gutes Gefühl für die Funktion und Bedeutung der Bilder innerhalb der Geschichte.

Spieltag

Spieltage wurden bereits im Kapitel *Spieltage und Spielzeiten* (Seite 166) erklärt. Die Nummer des Spieltages, an dem eine Szene spielt, übernimmt man in die Auszüge.

Rollen

Diese Position umfasst alle Figuren, die in einer Drehbuchszene genannt sind und/oder Dialog haben. In den Auszügen wird jeder Figur eine Rollennummer zugeordnet, die der Bedeutung der Rolle innerhalb der Geschichte entspricht. Die Produktion gibt diese Nummerierung meist vor, und sie folgt häufig politischen Gesichtspunkten. Ist keine Nummerierung vorgegeben, legt man sie bei der Auszugserstellung selber an, im Bewusstsein dessen, dass man die Rollen bei der Drehplanarbeit anhand ihrer Rollennummern identifizieren muss und die Nummerierung sich durch alle Produktionsunterlagen zieht. Rolle „1" bezeichnet immer die Hauptrolle.

Es gibt Fälle, in denen Figuren in einer Drehbuchszene nicht genannt sind, aber logisch anwesend sein müssen. Drehbuchautoren haben eine andere Perspektive auf das Drehbuch als Regisseure. Wie bereits erläutert schreiben sie sowohl aus einer dramaturgischen Verdichtung heraus, als auch aus der emotionalen Perspektive der Figuren, und konzentrieren sich deshalb eher auf den Kern einer Szene und weniger auf logische Kohärenz bis in die äußerste Verästelung der Geschichte. Dabei übersehen sie manchmal Figuren, die für eine Szene keine Rolle spielen, die aber dennoch anwesend sein müssen. Es gibt auch den Fall, dass die Anwesenheit einer Rolle motivabhängig ist und sich aus der räumlichen Umsetzung ergibt, die der Regisseur sich vorstellt. Zuletzt kann auch ein Phänomen vorliegen, das als Drehbuchlogik bezeichnet wird: Damit meint man, dass die geschilderten Zusammenhänge auf dem Papier zwar effektvoll und in sich stimmig sein können und auch funktionieren mögen, man in der filmischen Umsetzung aber mit logischen Vorbehalten oder Akzeptanzproblemen konfrontiert sein kann. Es ist Aufgabe der Regie, in ihrer Interpretation des Drehbuchs eine vermittelnde Position einzunehmen, damit der Zuschauer solche Zusammenhänge nicht als Fehler wahrnimmt.

Anekdote

Diese Grundzüge lassen sich auf andere Positionen übertragen. Ich habe mal an einem Film mitgewirkt, in dem eine Figur in einem Wald in einen monströsen Schneesturm geraten sollte. Der Überlebenskampf der Figur war im Drehbuch unterschnitten mit dem Geschehen auf einem nahegelegenen Bauernhof, an dem der Schneesturm allerdings nicht vorkam. Die Autoren hatten ihn sich dort nicht vorgestellt und fanden ihn auch nach Rücksprache dramaturgisch unnötig. Eine Interpretation, der wir zunächst alle aus ganz unterschiedlichen Gründen gerne gefolgt sind. Als wir dann aber darüber sprachen, wie gewaltig ein Schneesturm sein muss, damit eine Figur glaubwürdig in Lebensgefahr geraten kann (die Regie wünschte sich einen von einem Hubschrauber hergestellten Schneesturm), mussten wir alsbald feststellen, dass wir zumindest dessen Ausläufer am Bauernhof miterzählen müssen, damit der Zuschauer den Sturm glauben kann. Die Kosten, die dadurch notwendig wurden, waren nicht kalkuliert und erheblich.

Manchmal sind Figuren in einer Szene nicht genannt, aber der Regisseur stellt sie sich aus inszenatorischen Gründen trotzdem vor. Diese Situationen sind schwieriger zu identifizieren, weil sie im Unterschied zu den bisher beschriebenen Fällen nichts mit innerer Kohärenz oder Logik zu tun haben, sondern mit Interpretation. Bei dem Film, bei dessen Dreharbeiten es zu dem Vorfall mit dem Schneesturm kam, handelte es sich um einen Ensemblefilm, der zu großen Teilen auf dem besagten Bauernhof spielte. Der Regisseur legte Wert darauf, dass grundsätzlich immer alle Familienmitglieder gemeinsam am Esstisch sitzen – unabhängig davon, wer im Drehbuch beschrieben war und wer nicht. Auch bei anderen Gruppenszenen gab er vor, dass immer das ganze Ensemble anwesend sein sollte, mit Ausnahme der Rollen, für die es im Drehbuch begründete

Hinweise darauf gab, warum sie gerade abwesend sind. Trotz dieser an sich sehr klaren Ansagen mussten wir für manche Szenen einzeln absprechen, welche Figuren zu sehen sein sollten und welche nicht, weil deren An- bzw. Abwesenheiten sehr unterschiedlich interpretiert werden konnten.

Solche Rollenzusätze ergeben sich in vielen Fällen durch ihr inszenatorisches und dramaturgisches Potenzial. Wenn der geschiedene und im Drehbuch nicht beschriebene Ex-Ehemann von Silke ein Gast auf ihrer Hochzeit mit Peter sein kann, öffnet das noch einmal eine völlig neue emotionale Ebene – man stelle sich nur das inszenatorische Potenzial der Blicke zwischen den drei Figuren oder der Reaktion der Hochzeitsgesellschaft vor. Manchmal ist ein Rollenzusatz der Regie wichtig, manchmal ergibt sich eine Möglichkeit dazu aber auch aus dem Drehplan selber. Ist der Schauspieler des Ex-Ehemanns am Drehtag der Hochzeit ohnehin für ein anderes Bild am Set, entstehen durch seine Anwesenheit bei dem Hochzeitsbild nicht einmal zusätzliche Kosten, abgesehen vielleicht von den Kosten für sein Hochzeitskostüm. Es ist ratsam, einen Drehplan immer auch im Hinblick auf die Möglichkeit solcher Zusätze durchzusehen, um sie dem Regisseur gegebenenfalls vorschlagen zu können.

Von allen Ressourcen, die man in Auszügen vergessen kann, ist das Übersehen einer Rolle am schwerwiegendsten. Wenn ein solcher Fehler nicht rechtzeitig bemerkt wird, ist die Situation im Drehablauf kaum noch zu retten, weil man einen Schauspieler nicht kurzfristig „mal eben so" ans Set holen kann. Während es im Fall von Requisiten oder technischen Zusätzen noch mit viel gutem Willen die Möglichkeit zur Improvisation gibt, ist das bei Rollen in der Regel nicht möglich. Aus diesen Gründen sollte man die Vollständigkeit dieser Position immer noch einmal von einem anderen Mitarbeiter überprüfen lassen und den Regisseur im Zweifelsfall lieber einmal zu viel fragen als einmal zu wenig.

In seltenen Fällen wird ein Schauspieler für die Umsetzung eines Bildes nur zum Anspielen gebraucht, ist aber nicht vor der Kamera zu

sehen. Das kann bei Telefonaten (siehe das Kapitel *Sonderfälle der Drehplanung* auf Seite 280), bei Teilbildern oder bei Resten eintreten. Man nimmt dann seine Rollennummer auf und vermerkt in den Auszügen in einer separaten Notiz, dass er für die Umsetzung nicht in Maske und Kostüm sein muss.
Die nun folgenden Positionen gehören zu den basalen, kostenrelevanten Informationen und Ressourcen. Sie ergeben sich teilweise aus dem Drehbuch, teilweise klären sie sich aber auch erst im Verlauf einer Vorbereitung. Aufgrund ihrer kalkulativen Bedeutung versucht man sie bei der Erstellung von Kalkulationsauszügen so weit wie möglich im Sinne der Regie zu antizipieren.

Komparserie

Zur Komparserie gehören alle Personen in einem Bild, die keine Rollen sind. Im Sinne einer klaren Trennung dieser beiden Positionen bietet es sich an, alle Figuren mit Text als Rollen zu betrachten und alle Figuren ohne Text als Komparserie. Es gibt allerdings Fälle, in denen eine Figur zwar keinen gesprochenen Text hat, aber trotzdem einen nicht unerheblichen Auftritt. Bei größeren Produktionen unterscheidet man deshalb zusätzlich zwischen stummen Rollen (bzw. Bit-Parts, was bei seriellen Produktionen Episodenrollen bezeichnet) und Massenkomparserie. Eine solche Unterscheidung ist sinnvoll, weil Massenkomparserie meist aus einem großen Pool oder über eine Komparsenagentur bedient wird, wohingegen stumme Rollen spezielle Fähigkeiten mitbringen und deshalb gesondert besetzt werden müssen – sie können etwa schauspielerische Fähigkeiten, ein besonderes Aussehen oder eine spezielle Begabung (Musiker, Tänzer usw.) benötigen. Auch jede Form von Double (Körper-, Hand-, Fahr-, Tanzdouble usw.) zählt zur Position der stummen Rollen. Ausnahme sind Stuntdoubles, für die es eine eigene Position gibt, weil sie über die Stuntabteilung besetzt werden.
Während stumme Rollen einzeln mit ihrer Rollennummer aufgeführt werden, fasst man Massenkomparserie gemäß ihrer Funktion mit der

jeweiligen Anzahl zusammen („Hochzeitsgäste(50)", „Freundinnen Silke(12)", „Bedienung(2)" usw.). Auch wenn die Regieassistenz die Komparserie zur besseren Übersichtlichkeit immer zusätzlich noch einmal in einer separaten Komparsenliste zusammenfasst, so vermittelt sie schon in den Auszügen einen Eindruck von deren Zusammensetzung. Die genaue Anzahl der Komparserie ist häufig eine der letzten Festlegungen vor Drehbeginn, da sie von vielen anderen Entscheidungen abhängt. Insbesondere die Motivauswahl und die szenische Auflösung haben Einfluss darauf, wie viele Komparsen benötigt werden, um das Bild so zu füllen, wie die Regie sich das vorstellt. Da die Komparsenzahl einen nicht unerheblichen Kostenfaktor darstellt, sollte man bereits für Kalkulationsauszüge zumindest Tendenzen aus einem Drehbuch herauslesen.

Tiere

Diese Position ist selbsterklärend. Zu jedem Tier gehört immer eine Betreuung oder ein Trainer.

Fahrzeuge

Spielfahrzeuge sind in der Auszugsarbeit weniger trivial, als sie zunächst erscheinen mögen. Das liegt daran, dass Fahrzeuge nicht nur gefahren werden, sondern auch geparkt sein können. Gerade an Hauptmotiven ist man häufig mit Situationen konfrontiert, in denen Spielfahrzeuge aus Anschlussgründen vor einem Motiv geparkt und durch Fenster oder bei Außenaufnahmen im Bild sind, möglicherweise ohne jemals bewegt zu werden. Da Spielfahrzeuge einen Kostenfaktor darstellen, benennt man solche Situationen rechtzeitig: Produktionen sind dann meist bemüht, kostengünstige Lösungen für ihre Organisation zu finden, beispielsweise indem sie aus der Flotte der Produktionsfahrzeuge entnommen werden. Die Organisation von Komparsenautos ohne Anschluss (das sind Autos, die keine Kontinuität über ein Bild hinaus haben), ist dagegen simpel und – gemessen an ihrem Effekt im Bild – zur Abwechslung auch erfreulich günstig.

In der Regel bucht man sie für einen kleinen Aufpreis zusammen mit dem dazugehörigen Komparsen, und mit etwas Sorgfalt und Glück lassen sich auf diese Weise sogar ausgefallene Modelle organisieren. Allerdings ist bei den Farben Vorsicht geboten: Eine ungünstige Autofarbe kann im Bild unangenehm dominant sein.

Stunt

Diese Position umfasst alle Ressourcen, die man stuntseitig für die Umsetzung eines Bildes benötigt. Dazu gehören Stuntbetreuer oder -koordinator, Stuntmen, Stuntdoubles oder -fahrer, aber auch Stuntmatten und Protektoren. Die genaue personelle Zusammensetzung klärt sich im Laufe der Vorbereitung, wenn das Motiv bekannt ist und der Regisseur seine Vorstellungen mit dem Stuntbetreuer besprochen hat. Erfahrene Drehplaner können anhand ihrer Erfahrungswerte aber häufig schon im Kalkulationsstadium präzise Rückschlüsse aus einem Drehbuch ziehen.

SFX

Als Spezialeffekte bezeichnet man Effekte, die während der Filmaufnahme am Set analog hergestellt werden. Dazu gehören die Bereiche Wetter, Pyrotechnik, Waffen und sonstige singuläre Effekte. In den Kalkulationsauszügen beschränkt man sich auf eine Effektbeschreibung („Regen", „Windböen", „Körpereinschuss Peter", „platzender Fahrradreifen" usw.). Die technische Umsetzung ist in starkem Maße abhängig von der gewünschten Intensität des Effekts und vom Bildausschnitt und wird nach erfolgter Besprechung mit dem SFX-Supervisor in den Regieauszügen ergänzt.

VFX

Als visuelle Effekte bezeichnet man im Unterschied zum SFX solche Effekte, die einem Film nachträglich in der Postproduktion hinzugefügt werden. Früher geschah dies durch analoge Arbeiten im Trickstudio, heute wird das quasi ausschließlich mithilfe einer digitalen

Bildbearbeitung vorgenommen. Zum VFX gehören das Hinzufügen von computergenerierten Bildern (CGI), das Zusammenfügen von Compositings (Green- oder Bluescreenaufnahmen) sowie das Einfügen von Titeln und deren Animation. In den Kalkulationsauszügen beschränkt man sich auf eine Beschreibung der Effekte, die sich aus einem Drehbuch herauslesen lassen („sinkendes Piratenschiff“, „Grün: Peter vor Untergang Atlantis“, „Titel: zwei Wochen später“ usw.). Im Verlauf der Vorbereitung und nach erfolgter Auflösung werden sie dann in den Regieauszügen präzisiert.

Vorproduktion
Im Unterschied zur gelegentlich in der Literatur anzutreffenden Definition ist eine Vorproduktion kein Synonym für die Vorbereitungsphase einer Filmproduktion. Stattdessen bezeichnet eine Vorproduktion die Herstellung eines Requisits oder Mediums mit Beteiligung eines oder mehrerer Schauspieler, welches für die Umsetzung einer Szene benötigt wird. Wenn etwa nach der Trauung unserer Freunde Silke und Peter ein Hochzeitsfoto in deren Wohnzimmer stehen soll, dann muss dieses Foto rechtzeitig vor den Aufnahmen von allen Wohnzimmerszenen, die nach der Hochzeit spielen, vorproduziert werden. Falls Peter ein Video der Trauung anschauen will, muss dieses Video bis zum Tag der Aufnahme vorproduziert werden. Und falls Silke auf der Hochzeit für ihren Mann ein Lied singen soll, erspart man es der Schauspielerin, im Rahmen der Aufnahmen live und zwanzigmal in allen Kameraeinstellungen singen zu müssen, sondern produziert rechtzeitig vorher ein mischungsfähiges Playback, zu dem sie dann bei den Dreharbeiten nur noch synchron den Mund bewegen muss.
Diese Auszugsposition führt also alle Vorproduktionen auf, die für die Umsetzung des jeweiligen Bildes notwendig sind, meint aber nicht die Herstellung einer Vorproduktion selber. Diese vermerkt man separat im Drehplan. Poster oder Grafiken, die ohne Beteiligung von Schauspielern entworfen und erstellt werden, und private

Fotos, die die Schauspieler dem Szenenbild für die Dreharbeiten zur Verfügung stellen, bezeichnet man nicht als Vorproduktion. Entscheidet man sich dafür, dass Peter das Hochzeitsvideo auf einem grünen Monitor anschaut, um das Video in der Postproduktion als VFX in den Monitor einzustanzen, dann muss das Video zwar immer noch irgendwann produziert werden, aber es ist dann innerhalb des Auszugs für das Bild keine Vorproduktion mehr, sondern VFX.

Zusatzequipment

Eine Produktion ist so aufgestellt, dass sie die Mehrheit aller Drehsituationen mit durchgängig geladenem Equipment abdecken kann. Es gibt aber immer auch Bilder oder Motive, für welche aus ästhetischen, technischen oder logistischen Gründen spezielles technisches Equipment benötigt wird, das aus Kostengründen nicht permanent an Bord ist. Dazu zählen beispielsweise Trailer für Fahraufnahmen, eine zweite (oder dritte usw.) Kamera, Steadicam, Kran, Hubschrauber mit Kameramount (eine Befestigung für die Durchführung von Flugaufnahmen), ausgefallene Optiken, Hebebühnen und Steiger für erhöhte Lampenpositionen usw. Manches Zusatzequipment kann man mit Erfahrungswerten aus einem Drehbuch herauslesen, andere Gerätschaften werden von Kameramann oder Oberbeleuchter nach der technischen Motivbesichtigung angesagt. Identifiziert man im Drehbuch etwa einen „Walk-and-Talk" (eine Szene, in der die Schauspieler ihren Text im Gehen sprechen), kann man mit großer Wahrscheinlichkeit davon ausgehen, dass dieser mithilfe einer Steadicam umgesetzt werden wird. Diese Position umfasst keine aufnahmeleiterische Logistik gemäß des Kapitels *Basis und Set* (Seite 103), sondern nur Equipment, das man direkt für die Umsetzung selber benötigt.

Zusatzpersonal

Auch personell kann eine Produktion die Mehrheit der Drehsituationen mit dem durchgängig beschäftigten Stab abdecken. Für die Umsetzung einiger Bilder benötigt man jedoch zusätzliches Personal.

Man unterscheidet drei Arten von Zusatzpersonal: Zum einen die Ansprechpartner für tageweise benötigte Ressourcen (Tiertrainer oder -betreuer, VFX-Supervisor, Waffenmeister usw.), zum anderen Fachbetreuer oder Trainer, die häufig bereits in der Vorbereitung mit den Schauspielern besondere Fähigkeiten geprobt haben und deren Anwesenheit am Set von der Regie gewünscht wird. Und zuletzt zählt auch logistisches Personal, das keinen direkten Einfluss auf das Geschehen vor der Kamera hat, zu dieser Position. Die benötige Personenanzahl ergänzt man jeweils in Klammern: „Blocker(8)", „Komparsenbetreuer(10)", „Bootsführer" usw.
Die nun folgenden Positionen haben zwar allesamt geringen kalkulativen Einfluss, können für die Arbeit am Drehplan aber trotzdem relevant sein. Bei der Erstellung von Kalkulationsauszügen konzentriert man sich deshalb auf die Positionen, bei denen Letzteres der Fall ist. In Regieauszügen sind diese Positionen allesamt obligatorisch erfasst.

Ausstattung / Setdressing / Requisiten
Diese drei Positionen betreffen das Szenenbild. Da sie unterschiedliche Aspekte der Arbeit der Abteilung bezeichnen, lohnt eine Ausdifferenzierung.
Ausstattung meint die grundlegende Einrichtung, die in einem Set aufgebaut ist und meist nicht bewegt wird (das „was"). Dazu gehören Ressourcen wie „Klingelschild Peter", „Briefkasten", „kaputter Wohnzimmerschrank" usw. Häufig ist die Einrichtung eines Sets für alle dort spielenden Bilder identisch, es gibt aber auch Fälle, in denen eine Ressource auf ein oder mehrere Bilder beschränkt ist: „Weihnachtsbaum", „Hochzeitstafel", „Terrassenmöbel" usw. Es ist ratsam, sich in den Auszügen auf die Einrichtungsgegenstände zu konzentrieren, die in den Regieanweisungen erwähnt oder aus inszenatorischen Gründen über das Drehbuch hinaus besprochen wurden. Da das Szenenbild viele weitere Änderungen an einem Drehort vornimmt, die in ihrem eigenen künstlerischen Ermessen liegen, aber natürlich mit der Regie abgesprochen sind, wird diese Position sonst sehr

unübersichtlich. Im Unterschied zur Ausstattung meint Setdressing den Einrichtungszustand eines Sets oder einer Requisite (das „wie"), welcher sich im Verlauf der Geschichte verändern kann: „Weihnachtsbaum geschmückt", „Hochzeitstafel abgegessen", „Schrank eingerichtet" usw. Requisiten listet schließlich alle Spielrequisiten auf, mit denen die Schauspieler in der Szene spielen bzw. die im Bild zu sehen sind, auch wenn nicht mit ihnen gespielt wird: „Tüte mit Geschenken", „Weihnachtsgans(mehrmals)", „Schrankschlüssel" usw.

Nur in seltenen Fällen sind die Ressourcen dieser drei Positionen auf die Bilder beschränkt, in denen sie im Drehbuch tatsächlich genannt sind. Stattdessen müssen sie häufig schon vorher eingeführt und nachher weitererzählt werden (der Wohnzimmerschrank wird nicht erst kaputt sein, wenn das eine Rolle für die Geschichte spielt, sondern auch vorher und danach). Um die Gefahr von Anschlussfehlern zu minimieren, weil ein Requisit im Drehbuch nicht genannt ist, logischerweise aber zu sehen sein müsste, sollte man sich darüber schon bei der Drehbuchlektüre Gedanken machen. Tatsächlich ist das eine der zeitaufwendigsten Aufgaben bei der Erstellung von Auszügen. Die sich daraus ergebenden Fragen klärt man dann im Rahmen der Requisitenbesprechung mit der Regie.

Das beschriebene Vorgehen wendet man auch auf die beiden nächsten Positionen an – mit dem Unterschied, dass offene Fragen bezüglich der Anschlüsse in der Besprechung mit der jeweiligen Abteilung geklärt werden.

Kostüm / Maske

Diese beiden Positionen umfassen alle relevanten Informationen für die jeweilige Fachabteilung. Auch hier konzentriert man sich auf die Informationen, die sich aus dem Drehbuch ergeben, um den Umfang der Auszüge nicht zu sprengen. Da diese Positionen aber nicht so umfangreich ausfallen wie für das Szenenbild, fasst man das „was" („Morgenrock Silke", „Bart Peter") und das „wie" („Morgenrock zerrissen", „Peter unrasiert") meist in einer Position zusammen.

Kamera / Licht / Ton

Falls notwendig, kann man für jede technische Fachabteilung eine eigene Position führen. Manchmal reicht es aber auch aus, deren Ressourcen unter einer gemeinsamen Position als Zusatzequipment zusammenzufassen. Für den Ton sind vor allem Zuspielsituationen (siehe unten) wichtig, bei denen Musikstücke oder ähnliches am Set eingespielt werden müssen. Da eine Tonabteilung im Drehablauf selten mit Zusätzen zu tun hat, kann eine solche Anforderung leicht übersehen werden.

Musik / Zuspielung

Diese Positionen sind vor allem aus produktionellen Gründen wichtig. Soll ein Musikstück in einem Film verwendet werden, muss die Verwendung rechtlich geklärt sein. Das geschieht für gewöhnlich erst in der Postproduktion, wenn klar ist, ob das im Drehbuch beschriebene Musikstück auch tatsächlich verwendet wird oder vielleicht doch nicht. Falls die Musik aber schon beim Dreh benötigt wird, beispielsweise weil Silke ein Lied summen oder Peter eine Melodie pfeifen soll, dann muss die Verwendung schon in der Vorbereitung zumindest soweit geklärt werden, dass der Rechteerwerb zu einem späteren Zeitpunkt kein Problem mehr darstellt. Die Position Musik benennt das Musikstück oder Lied selber, Zuspielung meint den physischen Tonträger für die Zuspielsituation am Set und ist nicht auf Musikstücke beschränkt, sondern umfasst auch alle Zuspielungen im Bild, die über das Szenenbild bedient werden (Videozuspielungen usw.).

Spieldatum / Spielzeit

Diese beiden Positionen wurden im Kapitel *Spieltage und Spielzeiten* (Seite 166) erläutert. Sie haben weder kalkulative noch drehplanerische Auswirkungen und sind deshalb nur in Regieauszügen enthalten.

Farbe der Drehbuchseite

Diese Position ist ebenfalls nur in Regieauszügen von Belang. Wurde ein Drehbuch mit farbigen Änderungsseiten ergänzt, besteht die Gefahr, dass jemand im Drehablauf die aktualisierten Seiten und damit entscheidende Drehbuchinformationen oder Dialoge übersieht. Schauspieler, die den falschen Text gelernt haben, können am Drehtag sogar zu einem ernsthaften Problem werden. Man kann gar nicht häufig genug auf die aktuell gültige Farbe einer Drehbuchseite hinweisen und verlinkt deshalb jede Bildnummer in allen Produktionsunterlagen beginnend mit den Auszügen immer mit der jeweils gültigen Seitenfarbe (man spricht dann von „#26blau" oder „#26Rest zweite lachsfarbene Fassung"). Insbesondere bei vielen unterschiedlichen farbigen Seiten ist dieses Vorgehen günstig.

Diese Auflistung gibt nur einen Überblick über die gebräuchlichsten Auszugspositionen, die in den Vorlagen und in den gängigen Drehplanprogrammen angelegt sind. Je nach Arbeitsweise desjenigen, der die Auszüge erstellt, und den Anforderungen des jeweiligen Projekts können sie beliebig ergänzt werden. Sinnvoll sind auch eigene Positionen für den Namen des Drehorts, für die technische Umsetzung der jeweiligen Lichtstimmung (siehe das Kapitel *Lichtstimmungen* auf Seite 231) und für all die Anforderungen, die eine Szene an die Fertigkeiten der Schauspieler stellt („Autofahren Peter", „Hochzeitswalzer Silke", „Essen Großmutter" usw. – siehe das Kapitel *Probenarbeit* auf Seite 83). Auch Positionen für Kommentare, Bemerkungen oder offene Fragen können hilfreich sein, um stets einen Gesamtstand der Auszüge zu gewährleisten, gerade in einer frühen Phase des Projekts.

Grundsätzlich gilt bei der Erstellung von Auszügen: Je effektiver die Ressourcen im Hinblick auf das individuelle Projekt vorstrukturiert sind und je mehr Informationen man bei der Drehplanarbeit verfügbar hat, desto einfacher ist im nächsten Schritt die Erstellung eines Drehplans.

B4 ERSTELLUNG EINES DREHPLANS

Das Prinzip der Drehplanarbeit geht zurück auf die händische Drehplanung, bei der die Bilder des Drehbuchs mit der Hand in eine Reihenfolge gebracht wurden. Dafür hat man die Informationen und Ressourcen eines Bildes handschriftlich auf längliche Pappstäbchen eingetragen und sie anschließend in ein spezielles, aufklappbares Klemmbrett eingesteckt. Die Stäbchen wurden den zur Verfügung stehenden und zuvor definierten Drehtagen zugeordnet und in eine Bildreihenfolge gebracht („sie werden gesteckt"). Die Beschriftung erfolgte mit Bleistift, um die Stäbchen jederzeit anpassen zu können, und das Album war so beschaffen, dass man es nicht nur in seiner Gänze ausbreiten konnte, sondern es war auch transportfähig und halbwegs wetterfest. Heute geschieht die Drehplanarbeit mithilfe von Computerprogrammen, in denen automatisierte Funktionen die Arbeit erleichtern und zusätzliche Möglichkeiten bieten. An dem grundlegenden Prinzip hat sich jedoch nichts verändert.

Methoden

Die Vorteile der händischen Drehplanung sind bis heute ihre Übersichtlichkeit und Haptik. Man hat alle Stäbchen und den Drehzeitraum in seiner Gänze vor sich (oft auf einem sehr großen Tisch ausgebreitet oder an der Wand hängend) und kann dadurch Zusammenhänge gut erkennen. Bei der softwaregestützten Drehplanung ist dagegen die Auflösung des Monitors die natürliche Begrenzung des Drehplanboards (die digitale Entsprechung des traditionellen Klemmbretts), weshalb man manchmal – je nach Größe des Monitors und Anzahl der Stäbchen – nicht mehr als zwei oder drei Drehtage zur selben Zeit überblicken kann. Die händische Drehplanung bietet sich deshalb bei der Arbeit zu zweit an, da man so zur selben Zeit an unterschiedlichen Stellen grübeln kann, ohne die Gedanken des anderen durch die begrenzte Darstellung auf dem Monitor einzuschränken. Um sich die Beschriftung der Stäbchen zu ersparen, kann man digital erstellte Stäbchen ausdrucken und ausschneiden. Es gibt immer noch viele, vor allem ältere Filmschaffende, die nicht auf die händische Drehplanung verzichten wollen, und manchmal sieht man tatsächlich noch die traditionellen Klemmbretter.
Allen Softwarelösungen gemeinsam ist dagegen eine automatisierte Verknüpfung zwischen Auszugsmodul (die tabellarische Datenbank der Auszugspositionen) und Drehplanboard, was das Beschriften der Stäbchen erspart und es ermöglicht, in beliebig vielen Drehplänen gleichzeitig zu arbeiten. Ein weiterer Vorteil im Vergleich zur händischen Drehplanung sind die vielfältigen und sehr nützlichen Funktionen und Automationen, zum Beispiel bei Sperrtagekonflikten oder zwischen Kalender und Drehplan, sowie die umfangreichen Exportoptionen, die eine individuell abgestimmte Erstellung von Produktionsunterlagen ermöglichen. Je nach Position, Computersystem

und Arbeitsschwerpunkt sind verschiedene Programme branchengängig, die untereinander jedoch nicht miteinander kompatibel sind. Da es nicht üblich ist, dass eine Produktion ihren Mitarbeiter für die Produktionsdauer Softwarelizenzen zur Verfügung stellt, führen Produktionsleiter, Regieassistent und Aufnahmeleiter manchmal jeder einen eigenen Drehplan mit ihrer jeweiligen Softwarelösung. Das dadurch bei Änderungen notwendige manuelle Aktualisieren ist nicht nur unpraktisch, sondern auch eine ständig sprudelnde Quelle für Reibungsverluste und Flüchtigkeitsfehler.

Elemente des Drehplans

Ein Drehplan besteht aus Stäbchen. Jedem Bild, auch jedem Teilbild, Rest, Zusatz usw., ist ein eigenes Stäbchen mit den wichtigsten Bildinformationen zugeordnet, dessen Farbe der Lichtstimmung der Szene entspricht. Bei der händischen Drehplanung können die Stäbchen mit Buntstift farbig markiert werden. Bei der softwaregestützten Drehplanung sind die Informationen und Ressourcen aus dem Auszugsmodul, hier Elemente genannt, direkt mit den Stäbchen verknüpft, was deren Beschriftung obsolet macht. Beiden Methoden ist gemeinsam, dass man individuell festlegen kann, welche Positionen man auf den Stäbchen eintragen möchte bzw. welche angezeigt werden sollen.
Zwischen den Bildern gibt es sogenannte Tagtrenner, auch Daybreaks genannt. Das sind schwarze Stäbchen, die das Ende eines Drehtages markieren. Ein Drehtag definiert sich durch alle Bilder zwischen zwei Daybreaks bzw. aller Stäbchen vor dem ersten Daybreak. Bei der softwaregestützten Drehplanung enthalten Daybreaks automatisiert das Datum, die fortlaufende Nummerierung der Drehtage, die Summe der Stoppzeiten aller Bilder des Drehtages und die Summe der geschriebenen Seiten aller Bilder des Drehtages. Die beiden Summen sind für die Beurteilung der Pensen hilfreich. In den meisten Drehplanprogrammen können Daybreaks nicht individuell beschriftet werden.

Das dritte Element im Drehplan sind Banner: leere Stäbchen in einer festgelegten Farbe, die sich individuell beschriften lassen und denen bei der softwaregestützten Drehplanung keine Automation zugeordnet ist. Sie dienen der besseren Übersichtlichkeit, und sie werden benutzt, um den Drehplan zu formatieren und ihn über die Informationen und Ressourcen der Bilder hinaus mit nützlichen Informationen zu versehen (siehe die *Abbildung 7* auf Seite 156).

Aufbau eines Drehplans

Der Drehplankopf enthält den Titel der Produktion, das Datum des Drehplans und gegebenenfalls dessen Namen, die zugrunde liegende Drehbuchfassung inklusive aller farbiger Änderungsseiten und den Namen und Kontakt des Drehplanerstellers. Da im Produktionsverlauf eine Vielzahl von Drehplanentwürfen und -varianten entstehen und kursieren, ist auf eine eindeutige Datierung zu achten. Es hat sich bewährt, jedem Drehplan einen eigenen Namen zu geben. Um die Drehpläne in ihrer zeitlichen Abfolge auch anhand ihrer Namen kenntlich zu machen, kann man bei der Namensgebung im Produktionsverlauf beginnend mit A den Buchstaben des Alphabets folgen: „Drehplan Amsel", „Drehplan Buntspecht" usw. ist leichter zuzuordnen als „Drehplan vom 14. Mai", „Drehplan vom 16. Mai" usw. Der Drehplankopf wird mithilfe von Bannern gestaltet.

Hauptbestandteil eines Drehplans sind die Drehtage selber. Sie werden vor Beginn der Arbeit kalendarisch definiert und mithilfe von Bannern um Informationen ergänzt, die bei der Drehplanarbeit hilfreich sein können. Dazu gehören neben Sperrtagen und Sonnenauf- und -untergangszeiten (wichtig für tageslichtabhängige Drehsituationen) auch alle Faktoren, die Auswirkungen auf die Drehdurchführung haben: Feiertage, Ferienzeiten, Umstellung der Uhrzeit, sonstige außergewöhnliche Umstände (wir erinnern uns an den Papstbesuch) und sogar wichtige Fußballspiele. Die Drehtage nehmen den mit Abstand größten Raum in einem Drehplan ein.

Am Ende eines Drehplans gibt es die Kategorie „offene Bilder", in der man alle Stäbchen einordnet, die noch keinem Drehtag zugeordnet, also „nicht gesteckt" sind. Gründe, warum ein Bild nicht gesteckt ist, kann es viele geben: Sei es, dass ein Bild aufgrund seines geringen Aufwandes im Drehplan flexibel behandelt werden soll (ablauftechnische Gründe) oder dass die zur Verfügung stehende Drehzeit nicht ausreicht und man das auf diese Weise kenntlich machen möchte (politische Gründe). Bilder in der Kategorie offene Bilder bleiben im Bewusstsein aller Beteiligten und gehen nicht verloren. Da ein ausgedruckter Drehplan mehrere Seiten umfasst, ist auf einen klaren formalen Abschluss zu achten – das Drehende. Die Kategorie offene Bilder und das Drehende werden mit Bannern gestaltet. Manche Computerprogramme haben zusätzlich einen Boneyard. Das ist ein ausgelagerter Programmbestandteil, in dem gestrichene, gelöschte oder aus anderen Gründen nicht im Drehplan gesteckte Bilder gesammelt werden. Der Boneyard wird bei einem Ausdruck des Drehplans nicht automatisch angezeigt und ist vergleichbar mit Stäbchen, die händisch aus einem Klemmbrett herausgenommen wurden. Im Boneyard kann man gestrichene Bilder sammeln, ohne sie ganz löschen zu müssen, da man später aus verschiedenen Gründen nicht selten noch einmal auf ihre Informationen zurückgreifen möchte. Es empfiehlt sich allerdings, nicht gesteckte Bilder in der Kategorie offene Bilder zu sammeln, damit sie nicht aus Versehen im Boneyard verloren gehen.

Pensenbildung

Ein Pensum wird anhand von drei Größen auf seinen zeitlichen Aufwand beurteilt: Seiten, Vorstopp und Setups. Nicht immer liegen alle drei Informationen vor, je mehr Größen man jedoch einbeziehen kann, desto präziser lässt sich ein Pensum einschätzen.
Die Seiten lassen sich direkt aus dem Drehbuch ablesen und liegen deshalb in jedem Fall vor. Eine Drehbuchseite wird dafür in

1/8-Schritten aufgeteilt und branchenüblich auch in 1/8-Schritten angegeben (eine Drehbuchszene mit einer Länge von einer halben Seite umfasst also „4/8"-Seiten). Seiten sind jedoch als Größe für die Beurteilung des zeitlichen Aufwandes irreführend, weil identische Szenenlängen nicht automatisch einen identischen Aufwand bedeuten: „Peter betritt das Haus" entspricht zwar 1/8-Seiten, hat aber einen deutlich geringeren Aufwand als „Piraten entern Silkes Schiff", obwohl auch dieses Bild eine Länge von 1/8-Seiten hat. Auch ist eine einseitige Dialogszene in der Regel schneller umsetzbar als eine Seite, die ausschließlich aus Regie- und Kameraanweisungen besteht. Seiten eignen sich deshalb als statistische Größe für die Pensenbildung nur mit Einschränkungen und wenn man sich weitere Informationen hinzudenkt. Ist man alleine auf die Seiten als Größe angewiesen, kann man sich lose an der traditionellen Faustregel orientieren, dass eine Drehbuchseite in etwa einer Filmminute entspricht. Das stimmt zwar nicht auf jedes einzelne Bild bezogen, mag sich aber in der Summe über die volle Drehbuchdistanz ausgleichen. Da die Sehgewohnheiten sich in den letzten 30 Jahren allerdings nachdrücklich verändert haben, sollte man heute lieber gleich von 45 bis 50 Sekunden Filmzeit pro Drehbuchseite ausgehen.

Die zweite Größe zur Beurteilung eines Pensums ist der Vorstopp. Liegen keine Stoppzeiten vor, erstellt man sie vor Beginn der Drehplanarbeit. Der Vorstopp gleicht zwar die Ungenauigkeit der Seiten in Bezug auf die Szenendauer aus, eignet sich allerdings ebenfalls nur mit Einschränkungen zur Einschätzung des zeitlichen Aufwandes: Eine Dialogszene mit einer Stoppzeit von zwei Minuten hat einen deutlich geringeren Aufwand als eine Actionszene mit einer Stoppzeit von zwei Minuten. In Kombination mit den Seiten ermöglicht der Vorstopp dennoch eine genauere Beurteilung eines Pensums als eine Größe alleine. „Peter betritt das Haus" wird im Film eine Stoppzeit von zehn Sekunden haben, „Piraten entern Silkes Schiff" ist hingegen deutlich länger. Zwei Größen helfen also bei der Beurteilung eines Pensums die Ungenauigkeit der jeweils anderen Größe auszugleichen.

Die beste Grundlage zur Beurteilung eines Pensums ist die Anzahl der Setups pro Bild, weil diese Größe als einzige eine Relation zum zeitlichen Aufwand hat. Wie viele Einstellungen an einem Drehtag machbar sind, ist abhängig von der Arbeitsweise und -geschwindigkeit von Regie und Kamera, was wiederum abhängig davon ist, wie viel Drehzeit insgesamt für die Umsetzung des Drehbuchs zur Verfügung steht. Bei einer Auftragsproduktion arbeiten beide schneller als bei einem gut finanzierten Kinofilm. Als Richtwert für ein professionelles Filmteam kann man von einem Zeitaufwand von ca. 30 Minuten pro Einstellung ausgehen, was bei einer zur Verfügung stehenden mittleren Drehzeit von zehn Stunden (siehe das Kapitel *Arbeitsschutz* auf Seite 216) einem Pensum von 18 bis 20 Einstellungen entspricht, Proben und Aufbauzeiten eingerechnet. Setups weisen allerdings ebenfalls eine Ungenauigkeit auf: Sie treffen keine Aussage über die tatsächlich notwendige, absolute Arbeitszeit, weil sie Motivwechsel und andere zeitaufwendige Arbeitsschritte nicht berücksichtigen. Zum Zeitpunkt der Drehplanerstellung gibt es nur in seltenen Fällen eine Auflösung, so dass man auch nur selten auf Setups zurückgreifen kann.

Ist man sich unabhängig von der Anzahl der Größen bei der Beurteilung eines Pensums unsicher, hilft es, den Drehtag zeitlich durchzurechnen. Dazu bestimmt man einen Probenbeginn und kalkuliert ausgehend von diesem die Dauer aller notwendigen Arbeitsschritte in 15-Minuten-Intervallen: Dazu zählt die Dauer der Stellproben, der erste technische Aufbau eines jeden Bildes, die Drehzeit eines Bildes (technische Umbauten eingerechnet), Motivwechsel und Mittagspause. Sind andere zeitaufwendige Arbeitsschritte aus einem Pensum herauszulesen, berücksichtigt man diese ebenfalls. Der Zeitaufwand, den man für jeden Arbeitsschritt ansetzt, ist ein Erfahrungswert, der von Projekt zu Projekt variieren kann. Die nachfolgenden Zeitangaben für einen Fernsehfilm verstehen sich daher als neutraler Mittelwert für den Fall, dass man für eine Regie/Kamera-Konstellation noch keine Erfahrungswerte besitzt, und können relativ an ein anderes Projekt angepasst werden. Die Rechnung basiert auf den Arbeitsabläufen, die in dem Kapitel *Drehabläufe* (Seite 127) beschrieben sind.

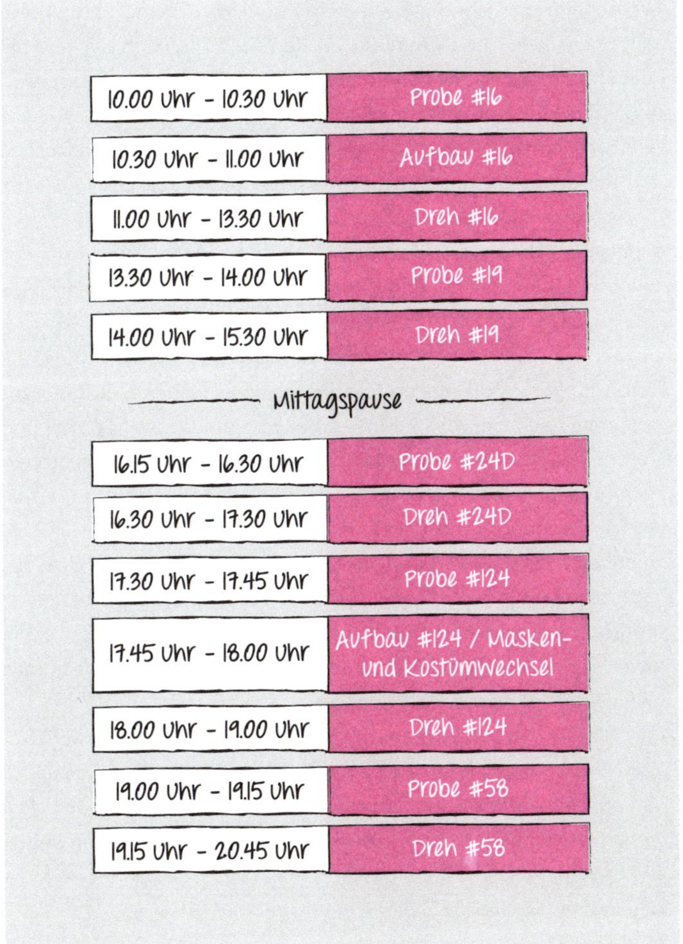

Abb. 10: Zeitlicher Ablauf von Drehtag #2 auf Seite 156

Eine Stellprobe dauert für gewöhnlich zwischen 15 Minuten bei einem kurzen Bild und in Ausnahmefällen 45 Minuten bei einem sehr schwierigen Bild. Ein zweiseitiges Dialogbild sollte sich in 30 Minuten proben lassen. Den ersten technischen Aufbau eines Tages veranschlagt man ebenfalls mit 30 Minuten, da sich die Technik erst noch entwickeln muss. Den technischen Aufwand nach der zweiten Stellprobe eines Tages kann man dann auf 15 Minuten reduzieren, da die Technik parallel zum Drehfortschritt Gelegenheit zur Vorbereitung hatte – stehen allerdings Masken- und Kostümwechsel oder andere zeitaufwendige Arbeitsschritte an, sollte man wieder 30 Minuten einkalkulieren. Die Drehzeit für ein Bild inklusive aller technischen Umbauten lässt sich abhängig von der Anzahl der Einstellungen schätzen: Für fünf Einstellungen veranschlagt man 1,5 bis 2 Stunden Drehzeit, acht Einstellungen werden möglicherweise drei Stunden in Anspruch nehmen und zwölf Einstellungen würden dann vier bis fünf Stunden Drehzeit bedeuten. Innerhalb dieses Rahmens passt man nach Gefühl an. Mittagspause bedeutet 45 Minuten und ein Motivwechsel besteht individuell aus Zusammenpacken (abhängig vom technischen Aufwand des letzten Bildes: 30 bis 45 Minuten), Fahrtzeit (abhängig von der Distanz der Drehorte) und Entwicklung am neuen Motiv (30 Minuten). Dabei zieht man in Betracht, dass die Regie am zweiten Motiv bereits mit den Schauspielern proben kann, während die Technik noch mit Umsetzen und Entwicklung beschäftigt ist. Für die erste Technikzeit am zweiten Motiv veranschlagt man dann wieder 30 Minuten.
Auf diese Weise erhält man einen zeitlichen Ablauf, der recht verlässlich hilft, ein Pensum zu beurteilen. Vor Drehbeginn schlüsselt man auf diese Weise den kompletten Drehablauf, oder zumindest Drehwoche für Drehwoche, auf, weil die daraus gewonnenen Zeiten die Basis für die Disposition der einzelnen Drehtage darstellen. Mehr dazu in dem Kapitel *Zeitlicher Ablauf* auf Seite 310.

Vorgehen

Ist man zum ersten Mal damit konfrontiert, einen Drehplan erstellen zu wollen, kann das eine verwirrende und einschüchternde Erfahrung sein. Man sitzt an einem Tisch oder vor einem Monitor und hat eine Menge Stäbchen vor sich, die in eine Reihenfolge zu bringen sind. Dieses Kapitel skizziert einen handwerklichen Ablauf, an dem man sich bei jeder Drehplanerstellung orientieren kann, und dem ein Teil der notwendigen Abwägungen bereits zugrunde liegt und diese sozusagen automatisiert. In den folgenden Kapiteln werden dann detailliert die projektspezifischen Faktoren beschrieben, die in diesen Ablauf einbezogen und individuell gewichtet werden müssen. Wie geht man also genau bei einer Drehplanerstellung vor?

1. Chronologie

Im ersten Schritt bringt man alle Stäbchen in die chronologische Reihenfolge des Drehbuchs. Bei der softwaregestützten Drehplanung behält man diese Chronologie in einem eigenen Board bei und aktualisiert sie bei allen folgenden Drehbuchänderungen. Bei der händischen Drehplanung ist das nicht ohne Weiteres möglich, weil man nicht mit mehreren Boards gleichzeitig arbeiten kann, ohne die Stäbchen mehrfach zu beschriften. Die Chronologie ist ein hilfreiches Werkzeug, das man als Dokument in regelmäßigen Abständen ans Team verteilen sollte. Sie ermöglicht einen konzentrierten Überblick über das Drehbuch, den Rhythmus der Bilder und deren Zusammenhänge und erspart im hektischen Drehalltag häufig das lästige Blättern im Drehbuch: Vor wie vielen Bildern wurde eine Figur das letzte Mal gezeigt? Wie viel Filmzeit ist seitdem vergangen? Welche Bilder aus einer Sequenz sind noch offen? Die Antworten auf solche Fragen lassen sich aus der Chronologie ablesen. Eine Chronologie ist insbesondere auch als dramaturgische Übersicht über die zeitliche Struktur eines Drehbuchs hilfreich. Anhand der unterschiedlichen Farben der Stäbchen ist erkennbar, ob die Lichtstimmungen rhythmisch aufeinander aufbauen oder ob zwischen zwei Spieltagen ein Wechsel der Lichtstimmungen fehlt. Hat man bei der Drehplanarbeit Probleme (siehe das Kapitel *Lichtstimmungen* auf Seite 231), lässt sich aus der Chronologie ablesen, inwiefern eine Veränderung der Lichtstimmungen als Anpassung des Drehbuchs an den Drehplan möglich ist. Und auch als Vorbereitung auf die Inszenierung lässt sich die Chronologie verwenden: Entdeckt man dort beispielsweise, dass eine Figur über eine lange Strecke nicht zu sehen ist, kann man darüber nachdenken, was sie in der Zwischenzeit tut und wie man das in die Inszenierung einbauen könnte.

2. Motive

Als nächstes sortiert man die Bilder nach Motiven. Dabei orientiert man sich lose an dem zeitlichen Umfang der Dreharbeiten: Zunächst steckt man alle Bilder des Hauptmotivs zusammen, danach alle Bilder des zweitgrößten Motivs usw. Wenn man so weit gekommen ist, dass das Pensum an einem Motiv nicht umfangreich genug für einen Drehtag ist, dann steckt man alle noch übrigen Bilder zusammen unter eine Rubrik „kleine Motive". Bilder, die sich nicht eindeutig einem Motiv zuordnen lassen, von denen man aber den Eindruck hat, sie könnten bei einem ansonsten vorhandenen Motiv funktionieren, steckt man dagegen von vornherein zu diesem hinzu. Hat man etwa ein einzelnes Motiv „abgelegene Kieselstraße" und dreht sowieso in dem Motiv „Steinbruch", dann ist die Wahrscheinlichkeit groß, dass man beide Motive an einem Drehort kombinieren kann. Kleine Bilder, die an verschiedenen Motiven spielen, die aber unter einem ähnlichen technischen Oberbegriff stehen, fasst man ebenfalls zusammen (Fahraufnahmen, Establisher, 2nd-Unit-Bilder usw.). Finden die Dreharbeiten an zwei oder mehr Produktionsstandorten statt, verteilt man die Motive auf diese Orte. Zunächst steckt man alle Motive an Produktionsstandort eins, es folgen alle Motive an Produktionsstandort zwei, alle Motive an Produktionsstandort drei usw. Bilder, die sich keinem Produktionsstandort zuordnen lassen,

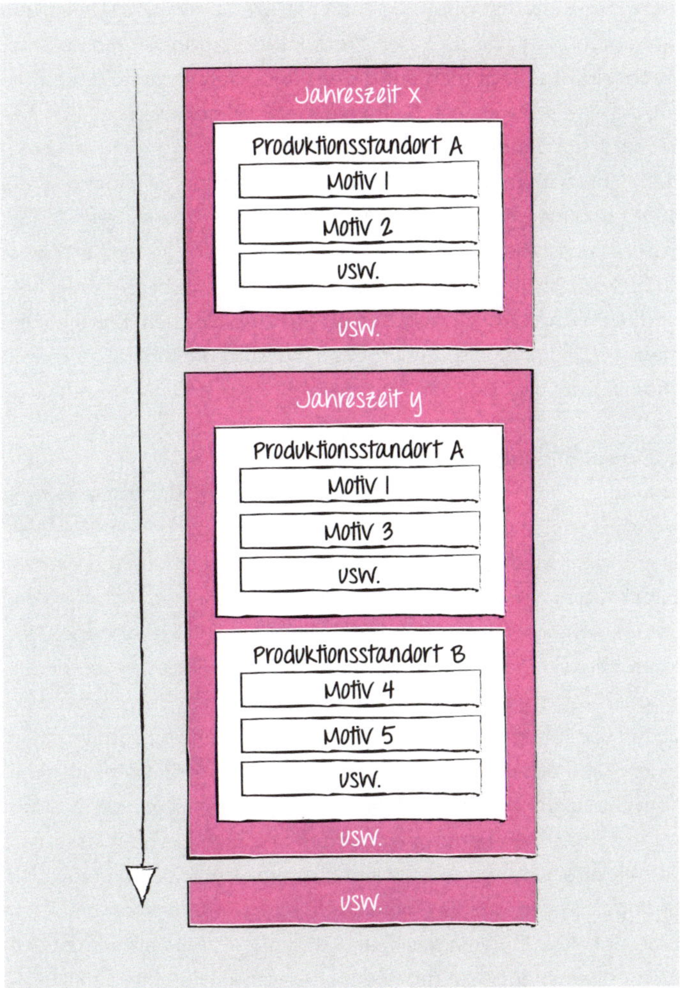

Abb. 11: Gliederung nach Produktionsstandorten und Motiven, „Produktionsstandort A" und „Motiv 1" werden aufgrund der übergeordneten Kategorie „Jahreszeiten" zweimal bedient

lässt man zunächst offen. Da man mit großer Wahrscheinlichkeit nicht mehrmals zwischen den Produktionsstandorten hin und her wechseln wird, legt man auf diese Weise bereits die Grundstruktur des Drehablaufs fest. Sollte ein mehrmaliger Wechsel aber tatsächlich notwendig sein, weil man etwa aufgrund von wechselnden Jahreszeiten an einem Produktionsstandort zweimal drehen möchte, dann unterteilt man die Motive an dem entsprechenden Produktionsstandort erneut nach dieser übergeordneten Kategorie. Zuletzt sortiert man die einzelnen Motivblöcke nach dem zeitlichen und räumlichen Ablauf der Dreharbeiten: An welchem Produktionsstandort beginnen die Dreharbeiten mit welchem Motiv und an welchem Produktionsstandort enden sie?

3. Pensenbildung

Nun teilt man die Bilder in realistische Pensen ein. Dabei richtet man sich nicht nach einer möglicherweise vorgegebenen Anzahl an Drehtagen, sondern orientiert sich am eigenen Empfinden, welche Bilder zusammen an einem Tag umsetzbar erscheinen. Aufgrund der vorausgegangenen Einteilung nach Motiven (und gegebenenfalls Produktionsstandorten usw.), sind die Möglichkeiten von vornherein eingeschränkt, was die Arbeit erheblich erleichtert. Es gibt drei mögliche Fälle: Motive, denen Bilder mit einem Pensum von ungefähr einem Drehtag zugeordnet sind, Motive mit größerem Pensum als einem Drehtag und Motive mit geringerem Pensum als einem Drehtag. Motive mit einem Pensum von ungefähr einem Drehtag lässt man so, wie sie sind, und schließt sie mit einem Daybreak ab. Motive mit geringerem Pensum als einem Drehtag (hat man sich an die Anleitung gehalten, dürften das nicht viele sein) kombiniert man entweder untereinander oder mit Bildern aus den kleinen Motiven. Dabei versucht man, Motivwechsel zu vermeiden, beispielsweise indem man zwei Motive an einem Drehort kombiniert, und nur wenn es gar nicht anders geht, steckt man ein Pensum mit einem Motivwechsel. Bei diesem Arbeitsschritt versucht man, so vielen Faktoren

wie möglich aus dem Kapitel *Motive und Sets* (Seite 220) gerecht zu werden. An die kleinen Bilder unter einem ähnlichen technischen Oberbegriff geht man zunächst nur dann ran, wenn sie sich ohne zusätzlichen Aufwand in ein Pensum integrieren lassen. Jede Kombination, mit der man zufrieden ist, schließt man mit einem Daybreak ab. Zuletzt erfolgt die Unterteilung der Motive mit mehr Pensum als einem Drehtag. Diese Arbeit kann je nach Menge der Bilder und Sorgfalt viel Zeit in Anspruch nehmen, da die Kombinationsmöglichkeiten und die Anzahl der zu beachtenden Faktoren sehr groß sind. Es ist abhängig vom Zweck der Drehplanerstellung, wie viel Zeit man investiert: Während es bei einem Kalkulationsdrehplan darum geht, eine realistische Anzahl an Drehtagen und der sich daraus ergebenden Ressourcen zu ermitteln, es also nicht im Detail auf die Abfolge der Bilder ankommt, sucht man in der Vorbereitung nach einem tatsächlich denkbaren und effizienten Ablauf, was ungleich aufwendiger ist. Das Ende eines jeden Drehtages markiert man wie gehabt mit einem Daybreak.
Bei der Zusammenstellung der kleinen Bilder ändert sich das Vorgehen. Bei ihnen kann man sich meist nicht an Motiven orientieren, sondern muss stattdessen eine technische Idee zu ihrer Umsetzung entwickeln und diese der Pensenbildung zugrunde legen. So kann es bei einer großen Anzahl an Greenscreen-Aufnahmen sinnvoll sein, diese Bilder zu einem Studiotag zusammenzufassen. Neutrale Establisher finden entweder an einem eigenen 2nd-Unit-Tag statt oder werden an den Anfang oder das Ende von bestehenden Pensen gesteckt, wo sie von einem reduzierten, kleinen Rumpfteam umgesetzt werden können. Der Umgang mit Fahraufnahmen ist ein Thema für sich und wird separat in dem gleichnamigen Kapitel auf Seite 281 behandelt.
Sind alle Bilder Pensen zugeordnet, zählt man die Anzahl der Drehtage und vergleicht das Ergebnis mit den Vorgaben bzw. den Möglichkeiten der Produktion. Ergibt sich dabei eine Diskrepanz, versucht man die Anzahl der Pensen an die Vorgaben anzupassen, bis man diese entweder erfüllt oder aber konstatieren muss, dass

einem eine Umsetzung innerhalb der vorgesehenen Parameter nicht möglich erscheint. In diesem Fall führt man die Drehplanerstellung trotzdem fort, um eine Grundlage für die dann notwendigen Projektanpassungen zu entwickeln (siehe das Kapitel *Die Politik des Drehplans* auf Seite 290). Es ist schon vorgekommen, dass Filmprojekte nicht realisiert wurden, weil die Anzahl der Drehtage sich nicht auf eine finanziell abbildbare Größe reduzieren ließ. So besteht etwa bei Kinderfilmen die Gefahr, dass bei der Entwicklung des Drehbuchs die gesetzlichen Vorgaben zur Kinderarbeit nicht mitbedacht wurden und man nun mit Pensen konfrontiert ist, die nur einen halben Drehtag füllen. Ein solches Problem sollte spätestens im Kalkulationsdrehplan auffallen.

4. Kalender

Auf die Festlegung der Pensen folgt die Definition der Drehtage. Es ist immer günstig, Dreharbeiten an einem Dienstag oder Mittwoch zu beginnen, damit das Team an dem oder den Werktagen zuvor noch das Equipment laden und auf kurzfristige Entwicklungen reagieren kann. Anschließend orientiert man sich an einer normalen Arbeitswoche von Montag bis Freitag, an die zwei freie Wochenendtage anschließen und die sich in der folgenden Kalenderwoche im selben Rhythmus fortsetzt. Für die erste Drehwoche bedeutet das also meist nur vier oder gar drei Drehtage, da der Montag bzw. der Montag und Dienstag noch Vorbereitungstage sind. Bei einem Dreh an verschiedenen Produktionsstandorten definiert man Reisetage, damit die Produktion sich bewegen kann, und behandelt diese wie Arbeitstage. Feiertage führen zu einer Verschiebung des Wochenrhythmus. Zweimal im Jahr fallen Dreharbeiten auch in die Phase um die Zeitumstellung herum, was im Herbst zu einem Verlust von einer Stunde Ruhezeit über ein Wochenende führt und im Frühjahr zum Gewinn von einer Stunde. Der Wochenrhythmus muss dem Arbeitsschutz genügen (siehe das Kapitel *Arbeitsschutz* auf Seite 216) und sowohl freie Tage als auch Ausgleichstage beachten.

Es gibt Motive, die aus unterschiedlichen Gründen unter der Woche nicht gedreht werden können. Zu diesen zählen öffentliche Gebäude, Drehorte mit Publikums- oder Kundenverkehr und Motive mit einer prominenten Straßensperrung. Im Hinblick auf solche Pensen definiert man von vornherein Drehtage außerhalb einer normalen Arbeitswoche und passt den Wochenrhythmus entsprechend an. Weiterhin gibt es Pensen, die man aufgrund von Motivvorgaben an speziellen Wochentagen ansetzen muss: Will man beispielsweise nicht in die Situation geraten, den Umsatz eines Restaurant ablösen zu müssen, sollte man das Pensum auf dessen Ruhetag oder Ruhezeiten legen. Bei der Definition der Drehtage achtet man von vornherein darauf, dass entsprechend benötigte Wochen- und Wochenendtage ausreichend zur Verfügung stehen. Mehr zu Problemen, die sich aus einem ungleichmäßigen Wochenrhythmus ergeben können, in dem Kapitel *Anpassung des Kalenders* auf Seite 268.

Zur Definition des Kalenders gehört es auch, sämtliche Tage im Drehzeitraum im Hinblick auf die noch folgenden Arbeitsschritte mit allen Sperrtagen und Einschränkungen sowie mit Sonnenauf- und -untergangszeiten zu ergänzen. Manche Drehplanprogramme bieten dafür eigene Funktionen, ansonsten behilft man sich mit Bannern. Auch sonstige Informationen, die Einfluss auf den Drehablauf nehmen könnten, trägt man in den Drehplan ein: Ferien, Feiertage, Zeitumstellung usw. Es hilft ungemein, wenn diese Informationen bei der Drehplanarbeit sichtbar sind.

5. Verteilung der Pensen

Nun verteilt man die Pensen auf die definierten Drehtage. Dabei müssen alle Vorgaben, Einschränkungen und Sperrtage obligatorisch beachtet und alle anderen Faktoren zumindest gewichtet werden. Welche Faktoren das im Einzelnen sind und wie man mit ihnen umgeht, beschreiben die Kapitel *Produktionelle Faktoren* auf Seite 216 und *Inszenatorische und dramaturgische Faktoren* auf

Seite 245. Zur Verteilung der Pensen gehört auch die Festlegung der Bildreihenfolge innerhalb der Drehtage.

Die Verteilung der Pensen gestaltet sich meist schwieriger, als sich das zunächst anhören mag. Bei diesem Schritt werden der Inhalt des Drehbuchs und die kreativen Ideen der Regie mit den faktischen Möglichkeiten der Zeit zusammengebracht. Dabei zeigt sich, wie gut man vorgearbeitet hat und wie hoch die Flexibilität des Drehplans tatsächlich ist. Ausgehend von den Problemen, die sich dabei mit großer Sicherheit ergeben, ist es notwendig, noch einmal alle Schritte der Drehplanerstellung zurückzugehen und bereits getroffene Entscheidungen zu verändern: Pensen müssen umgestellt und neu kombiniert werden, der Kalender korrigiert und Reisetage angepasst werden, und selbst zwischen den Produktionsstandorten müssen Pensen noch einmal getauscht werden. Die Anpassungen können sogar so weit gehen, dass man bis auf die Drehbuchebene zurückgehen muss, um einen Drehplan überhaupt möglich zu machen.

Die Verteilung der Pensen ist also wie ein unendliches Logikrätsel, vergleichbar mit dem eingangs erwähnten Sudoku, und nimmt aus diesem Grund auch die meiste Zeit der Drehplanerstellung in Anspruch. Sie endet erst, wenn man einen Drehplanentwurf vorliegen hat, der in jeder Hinsicht möglich erscheint. Solange noch irgendwo im Ablauf irgendetwas nicht passt oder unrealistisch erscheint, sollte man sich um weitere Verbesserungen bemühen. Es gibt dabei nicht die eine Lösung, sondern immer nur Näherungswerte – das Limit ist der eigene Anspruch.

6. Optionen einbauen

Auf Basis des schließlich vorliegenden Entwurfs werden Optionen in den Drehplan eingebaut. Dazu überlegt man sich, was im Drehverlauf alles passieren könnte, und erarbeitet Lösungen, wie man den Drehplan von vornherein auf solche Unwägbarkeiten vorbereiten kann. Wie man dabei strategisch vorgeht, beschreibt das Kapitel *Drehplanung als Prozess* (Seite 256).

Ein Drehplan bildet immer nur einen Drehablauf unter optimalen Bedingungen ab. Manchmal ist es ausreichend, ihn im Detail zu optimieren, etwa wenn man feststellt, dass eine veränderte Bildreihenfolge eine Reaktion auf äußere Einflüsse vereinfacht (siehe das Kapitel *Bilder hängen lassen* auf Seite 265). In diesem Fall muss das nicht extra kenntlich gemacht werden. Wenn die alternativen Drehabläufe aber so grundsätzlich vom optimalen Drehablauf abweichen, dass die Abteilungen sich von vornherein anders vorbereiten müssen, dann muss das auch formal erkennbar sein. Zwar kann man einen Drehplan mithilfe von Bannern um zusätzliche Informationen ergänzen und beispielsweise Varianten vermerken, allerdings lassen sich die Folgen solcher Optionen auf einen Drehablauf nicht darstellen. Dafür bräuchte man einen zweiten Drehplan, der dann aber wiederum die ursprüngliche Variante nicht abbildet. Letztendlich ist man deshalb mit der Aufgabenstellung konfrontiert, die Optionen in all ihrer Vielfalt wie eine zusätzliche Ebene unter den eigentlichen Drehpan denken und gleichzeitig auf ihre Machbarkeit hin überprüfen zu müssen.
Im Unterschied zur Verteilung der Pensen, bei der eine Umsetzung überhaupt erst grundsätzlich möglich gemacht werden musste, geht es beim Einbau von Optionen um eine Optimierung im Rahmen der Möglichkeiten, die der jeweilige Drehplanentwurf bietet. Daher fallen Anpassungen nun weit weniger grundsätzlich aus. Im Falle der Erstellung eines Kalkulationsdrehplans ist die Arbeit an dieser Stelle beendet.

7. Überprüfung und Aktualisierung

Bei einer „heißen" Drehplanerstellung wird das Ergebnis zusammen mit allen Abteilungen überprüft, insbesondere mit Regie, Produktion und Szenenbild. Im Zuge dessen passt man den Drehplan im weiteren Verlauf der Drehvorbereitung und der Drehphase kontinuierlich an alle Entwicklungen an. Während die Überprüfung mit Regie und Produktion im Rahmen der in dem Kapitel *Die Politik des Drehplans* (Seite 290) geschilderten Drehplanbesprechung stattfindet, gleicht man den Arbeitsstand mit allen technischen und künstlerischen Abteilungen entweder regelmäßig in einer beispielsweise wöchentlichen Besprechung ab oder man verteilt einfach jeden neuen Drehplanentwurf und sammelt alle Rückmeldungen. Diese Anmerkungen werden dann soweit möglich und sinnvoll mit allen anderen zwischenzeitlich neuen Faktoren in einem neuen Drehplanentwurf umgesetzt. Dabei ist es immer das Ziel, den Drehplan mitsamt seinen Optionen auf dem bereits erreichten Niveau entweder zu halten oder zu verbessern – ein fortdauernder Prozess, der erst mit dem letzten Drehtag endet.

B5 DIE ZIELE DER DREHPLANUNG

Die Erstellung eines Drehplans ist eine logistisch-administrative Aneignung eines Projekts, so wie die Arbeit der Regie eine künstlerische Aneignung der Geschichte ist. Zwar muss ein Drehplan Vorgaben und Faktoren von allen Seiten berücksichtigen, in sich folgt er aber seiner eigenen Vision und seinen eigenen Gesetzen und entwirft einen Drehablauf, der in Anbetracht aller Umstände als der bestmögliche erscheint. Ein Drehplan ist vergleichbar mit einer logistischen Matrix, die sich über die künstlerischen, technischen und produktionellen Entscheidungen einer Filmproduktion legt und diese sortiert. Aus diesem Grund kann die Drehplanung eines Films auch unabhängig von dessen künstlerischer Umsetzung betrachtet und bewertet werden.

Ein Drehplan ist die Folge einer Vielzahl von Abwägungen. Bei seiner Erstellung sind Faktoren zu beachten, die sich zum einen dramaturgisch aus dem Drehbuch und zum anderen aus den beschriebenen Arbeitsabläufen eines Filmsets ergeben. Je größer die Erfahrung und das Verständnis für die Zusammenhänge, desto einfacher gelingt die Arbeit und desto schneller kommt man zu einem

Ergebnis. Mit wenig Berufserfahrung kann es aber schwierig sein, alle Möglichkeiten überhaupt zu überblicken, geschweige denn sie gegeneinander abzuwägen und sich für die im Sinne des Projekts bestmögliche zu entscheiden. Jede Entscheidung ist immer auch eine Entscheidung gegen eine Vielzahl von Alternativen und mit nicht unerheblichen Einschränkungen verbunden. Um bei der Drehplanerstellung einen Überblick zu behalten, braucht es klare Prämissen.

Als ich das erste Mal als Regieassistent für einen Drehplan verantwortlich zeichnete, war es der erfahrene 1. Aufnahmeleiter, der mich durch den Prozess von dessen Erstellung geführt hat. Danach dauerte es noch einmal zwei Produktionen, bis ich eine Routine bei der Drehplanarbeit bekommen hatte. Die beiden Produktionen in der Zwischenzeit waren exorbitant schwierig, und in ihrem Verlauf fanden wir uns nicht nur einmal an dem Punkt wieder, keine Antworten mehr auf die Herausforderungen des Drehplans zu haben, was allerdings weniger mit dem Drehplan selber als mit den Parametern der Produktionen zu tun hatte. Es waren genau diese negativen Erfahrungen dessen, was alles schief gehen kann, aus welchen Gründen auch immer, die mir geholfen haben, einen Drehplan nicht bloß als faktischen Ablauf anzusehen, sondern dessen immanente Ziele zu verstehen.

Jeder gute Drehplan verfolgt drei Ziele: Er ist zeit- und kosteneffektiv bei gleichzeitiger Rücksichtnahme auf den kreativen Prozess und beinhaltet Fallback-Optionen für Unwägbarkeiten. Diese drei Ziele widersprechen sich, sind aber allesamt notwendig, um den vielfältigen Interessen und Erwartungen an einen Drehablauf gerecht zu werden. Sie bilden sich in der Summe der Gewichtung aller Faktoren ab, die in den folgenden Kapiteln beschrieben sind. Die Gewichtung selber ist abhängig von der Produktionsform, von der politischen und finanziellen Aufstellung des Projekts und von den Anforderungen der Drehbuchvorlage.

Zeit- und Kosteneffizienz

Die Ressourcen einer Filmproduktion werden branchenüblich auf Basis von ganzen Arbeitstagen bezahlt. Das ermöglicht eine leicht zu überblickende Korrelation zum Drehplan. Da man heutzutage davon ausgehen muss, dass die Mehrheit aller Projekte unterfinanziert ist, achtet man bei der Drehplanerstellung immer darauf, die Bilder zusammenzulegen, für deren Umsetzung dieselben Ressourcen benötigt werden, um die Einsatztage aller Ressourcen gering zu halten. Je weniger Drehtage ein Schauspieler, ein Spielauto, ein Kran oder ein Hund mit Trainer benötigt, desto weniger Kosten verursachen sie. Untereinander priorisiert man die Ressourcen ebenfalls anhand ihrer Kosten: Ein Schauspieler kostet pro Tag mehr als ein Spielauto und ein Kran mit Personal mehr als ein Hund mit Trainer – also konzentriert man sich zunächst auf den Schauspieler und auf den Kran. Komplizierter ist der Faktor Zeit, der allerdings mit ökonomischen Aspekten Hand in Hand geht. Man unterscheidet zwischen Arbeitszeit und Drehzeit. Arbeitszeit meint die Zeit, die ein Filmschaffender am Arbeitstag für ein Projekt zur Verfügung steht, abzüglich Pausen, sofern diese innerhalb der gesetzlichen Vorschriften stattfinden. Drehzeit bezeichnet die Zeit, die effektiv nach Abzug von An- und Abfahrt (falls diese zur Arbeitszeit zählt), Auf- und Abbau sowie der Entwicklungszeit der Abteilung für die Dreharbeiten bleibt, also die Zeit vom Beginn der ersten Stellprobe bis zum Drehschluss. Man geht davon aus, dass ein Film qualitativ besser wird, je mehr Drehzeit zur Verfügung steht. Daraus ergibt sich für die Drehplanung die Vorgabe, die Anzahl der Drehtage als auch die Arbeitszeit des Stabes so gering wie möglich zu halten, um Kosten zu sparen. Gleichzeitig versucht man die Abläufe so zu optimieren, dass möglichst viel Drehzeit bleibt: Alle Arbeitsschritte wie Umbauten, Motivwechsel, Masken- und Kostümwechsel usw., die auf Kosten der Drehzeit gehen, werden auf ein notwendiges Minimum reduziert oder sollten parallel zu anderen Arbeitsschritten stattfinden, um zeitlich nicht ins Gewicht zu fallen. Die Drehzeit lässt

sich pro Arbeitstag nicht beliebig erhöhen, da die Arbeitszeit eines jeden Mitarbeiters durch gesetzliche Vorgaben beschränkt ist.
Nicht immer sind die Folgen, die sich daraus für den Drehplan ergeben, identisch mit denen, die sich aus den Überlegungen zur Kosteneffizienz der Ressourcen ergeben. Zwar kann man versuchen, einen Schauspieler beispielsweise um einen Drehtag zu reduzieren, indem man zwei Motive zusammenlegt, an denen er jeweils in einem Bild dran ist. Dadurch kann sich allerdings auch ein zusätzlicher Motivwechsel ergeben, der sowohl die Drehzeit an dem Drehtag dramatisch reduziert, als auch die Arbeitszeit der Abteilungen drastisch erhöht, was die Ersparnis durch den eingesparten Schauspielertag wieder zunichtemachen würde. Trotz des finanziellen Drucks, der auf einer Produktion lasten kann, kosten Dreharbeiten Zeit und Geld, und hat man das Gefühl, der Drehplan macht sich zum Erfüllungsgehilfen einer reiner Ökonomiepolitik und fährt auf Kosten von seriösen Arbeitsabläufen Schlangenlinien in der Hoffnung auf eine Ersparnis, die das Projekt eigentlich nicht hergibt, dann ist meist eine Grenze überschritten. Innerhalb seiner Abläufe muss ein Drehplan sinnvoll umsetzbar sein.
Vorbereitungszeit ist günstiger als Arbeitszeit im Drehzeitraum, da in der Drehvorbereitung nur ein Teil des Stabes engagiert ist. Umso erstaunlicher ist es, dass auch Vorbereitungszeit zunehmend eingespart wird, anstatt sie dafür zu nutzen, die Dreharbeiten durch eine seriöse Planung zu entlasten.

Rücksichtnahme auf den kreativen Prozess

Trotz des ökonomischen Drucks ist Filmemachen ein kreativer Prozess. Dreharbeiten sind keine rein administrative Veranstaltung, in der die Vorstellungen eines Regisseurs nach einem vorgegebenen Drehplan runterexekutiert werden, sondern sie sind ein bewegliches System, das zwar einem gerichteten Ablauf folgt, dessen Resultat sich aber immer erst in dem Augenblick seiner Entstehung manifestiert. Was ist damit gemeint?

Der Regisseur entwickelt früh eine künstlerische Vision von der Umsetzung des Stoffes und vermittelt sie seinen Schauspielern und Mitarbeitern. Diese vollziehen sie in ihrem Arbeitsbereich nach und setzen sie um. Innerhalb der komplexen Arbeitsabläufe mit ihren vielfältigen Kommunikationsstrukturen geschieht das nicht ohne Reibungsverluste, und zumindest in deutschen Produktionsstrukturen lässt sich nur bedingt auf Abweichungen von der ursprünglichen Vision oder auf Fehler im Drehablauf reagieren – bei großen, internationalen Blockbusterproduktionen mag das anders sein. Im Drehablauf gibt es allerdings eine Vielzahl von Einflüssen, mit denen der Regisseur umgehen muss, ob er will oder nicht. Aufgrund der eingeschränkten finanziellen Möglichkeiten kann er seine Arbeit aber bestenfalls so strukturieren, dass für den Moment der Aufnahme alles bereitgestellt ist, was er dafür braucht. Auf dem Weg dahin hat er aber nicht die Möglichkeit, seine Vorstellungen bereits so weit zu überprüfen und gegebenenfalls zu korrigieren, dass er sein gewünschtes Ergebnis sicherstellen kann.

Ein Regisseur versucht also am Set, seiner Vorstellung so nahe wie möglich zu kommen. Im Anschluss daran muss er mit dem erreichten Ergebnis umgehen und die noch offenen Bilder unabhängig von seiner ursprünglichen Vorstellung an das bereits gedrehte Material anpassen, falls das notwendig werden sollte. Man kann sich das vorstellen wie ein Puzzle, dessen Motiv der Regisseur zu Beginn der Dreharbeiten kennt, das aber noch nicht zugeschnitten ist. Im Verlauf der Dreharbeiten schneidet er ein Puzzlestück nach dem anderen aus, und jedes Teil entspricht einer Szene im Drehbuch. Die Kantenführung eines jeden neuen Teils muss er nach den bereits ausgeschnittenen Puzzlestücken richten, damit am Ende alles wieder zusammenpasst. Sind irgendwann alle Teile ausgeschnitten, setzt er das Puzzle – im Schnitt – wieder zusammen, in der Hoffnung, dass er beim Ausschneiden keine Fehler gemacht hat. Unabhängig davon, ob die Puzzleteile passen oder nicht, wird er dabei feststellen, dass sich das Motiv selber im Verlauf der Arbeit verändert hat.

Dieser sehr komplexen Puzzlearbeit, die für die meisten Mitarbeiter gar nicht sichtbar wird, muss ein Drehplan gerecht werden. Er sollte die Reise der Geschichte in der Umsetzung spiegeln und sie so für Regie und Schauspieler kognitiv und emotional nachvollziehbar machen. Man kann den Drehplan als einen Rahmen verstehen, der es den Kreativen ermöglicht, kreativ zu sein, Ideen zu entwickeln und auszuprobieren und auf dem Erarbeiteten weiter aufzubauen. Nicht zufällig impliziert der Wortstamm „Spiel" in Schauspiel die Freude an der gemeinschaftlichen thetischen Haltung. Situationen, die den Möglichkeiten des Spiels entgegenlaufen oder dessen Regelwerk widersprechen, die also Druck ausüben oder einschränkend wirken, sollte man zu vermeiden versuchen. Stattdessen gilt es, den kreativen Raum zu schützen und zu befeuern. Ich habe es nicht nur einmal erlebt, dass die schönsten Momente eines Films die geworden sind, die in keinem Drehbuch standen, sondern sich spontan aus einer günstigen Konstellation heraus am Set ergeben haben.

Optionen für Unwägbarkeiten

Ein Drehplan ist eine Gratwanderung, die schon durch kleine Erschütterungen mittelschwer durcheinander gebracht werden kann. Es gibt eine Menge Einflüsse, die Auswirkungen auf den Drehablauf haben können: das Wetter, Verspätungen bei Anreisen und Abholungen, die Verkehrslage, technische Probleme, menschliche Unpässlichkeit, Viehtriebe usw. Aber auch Entwicklungen aus dem Drehablauf heraus sind als Auslöser möglich: Bilder, die nicht geschafft werden und hängenbleiben, die Notwendigkeit von Nachdrehs aus inhaltlichen oder technischen Gründen, dramaturgisch bedingte Zusätze usw. Manche Einflüsse kann man absehen und nimmt sie von vornherein in die Überlegungen mit auf, andere Faktoren versucht man zu kontrollieren und dadurch weitestgehend zu neutralisieren. Aber das gelingt nicht in jedem Fall, und unter dem Strich kann außerplanmäßig eine Menge passieren, das zur Folge

hat, dass ein Drehtag nicht so abläuft wie geplant. Auf diese Möglichkeiten muss ein Drehplan reagieren können.
Je nachdem wie flexibel ein Drehplan zu Drehbeginn ist, behilft man sich zunächst mit Umstellungen. Allerdings sind die Möglichkeiten, Unwägbarkeiten kostenneutral aufzufangen, begrenzt. Änderungen im Drehablauf bedeuten in jedem Fall Mehrarbeit, und da diese mit zusätzlichen Kosten verbunden ist, sollte es immer oberste Maxime sein, den ursprünglichen Drehplan einzuhalten (aus diesem Grund ist der Druck auf einen Drehplan auch umso größer, je knapper budgetiert und „unkünstlerischer" ein Projekt aufgestellt ist). Bei jeder Änderung muss man darauf achten, keinen Faktor zu übersehen und ungewollt unkalkulierte Kosten zu verursachen. Je mehr Optionen und Varianten man deshalb frühzeitig durchdacht und in den Drehplan eingebaut hat, desto größer ist die Wahrscheinlichkeit, dass alle Beteiligten auf die jeweilige Einflüsse vorbereitet sind und die daraus resultierenden Änderungen im Drehplan geräuschlos und kostenneutral auffangen können.

B6 PRODUKTIONELLE FAKTOREN

Dieses Kapitel beschreibt die produktionellen Faktoren der Drehplanung, die auf den Prinzipien der Zeit- und Kosteneffizienz basieren.

Arbeitsschutz

Die zeitliche Struktur eines Drehplans ergibt sich aus den arbeitsschutzrechtlichen Vorgaben des Gesetzgebers. Diese sind in Deutschland im Arbeitszeitgesetz (ArbZG) geregelt und im Tarifvertrag für auf Produktionsdauer beschäftige Film- und Fernsehschaffende (TV FFS) ergänzt. Bei der Bildung der Pensen und deren

Kombination muss man darauf achten, dass diese Vorschriften im Drehablauf obligatorisch eingehalten werden können.
Eine normale Arbeitswoche umfasst fünf Arbeitstage, auf die zwei freie Tage Wochenende folgen. In begründeten Ausnahmefällen ist eine Sechstagewoche zulässig, allerdings muss dann der sechste Arbeitstag einer Arbeitswoche mit einem zusätzlichen freien Tag im Produktionszeitraum ausgeglichen werden. Ein Arbeitstag besteht für alle Produktionsmitarbeiter aus maximal zwölf Arbeitsstunden, bei sogenannten hochfrequenten Fernseh-Serienproduktionen an einem Tag pro Kalenderwoche aus bis zu 13 Stunden. Überschreitungen sind nur in begründeten, im Tarifvertrag definierten Ausnahmefällen mit Zustimmung des Arbeitnehmers möglich. Zwischen zwei Arbeitstagen müssen elf Ruhestunden gewährleistet sein (bei einer Überschreitung von 13 Arbeitsstunden: zwölf Ruhestunden). Der Arbeitsbeginn am ersten Tag einer Arbeitswoche ist mit mindestens 24 + 11 bzw. + 12 Stunden Ruhezeit vom Arbeitsende der vorherigen Arbeitswoche zu berechnen, und einmal im Monat müssen zwei zusammenhängende freie Tage gegeben sein (48 + 11 bzw. 48 + 12 Stunden). Spätestens sechs Stunden nach seinem individuellen Arbeitsbeginn hat jeder Filmschaffende das Anrecht auf eine 45-minütige Mittagspause. Nach neun Stunden und nach zwölf Stunden muss jeweils eine weitere, mindestens 15- bzw. 30-minütige Pause gewährt werden. Pausen zählen grundsätzlich nicht zur Arbeitszeit.
Es ist finanziell günstiger, Mehrarbeit abzugelten als zusätzliche Drehtage aufzumachen. Aus diesem Grund ist man bemüht, die Arbeitszeit innerhalb des gesetzlichen Rahmens auszureizen. Ein Pensum sollte demnach einen Drehtag nicht nur ausfüllen, sondern der zeitliche Ablauf der Drehtage muss im Wochenverlauf aufeinander aufbauen. Dabei sind An- und Abfahrtzeiten zum Drehort, die zur Arbeitszeit zählen, und Motivwechsel und Nachbearbeitungszeiten der Abteilungen nach Drehschluss zu beachten, die sich nicht unmittelbar aus einem Pensum ergeben, die aber in den zeitlichen Ablauf eingerechnet werden müssen. Allerdings sind Nachbearbeitungszeiten

meist vom Verlauf eines Drehtages abhängig und können vorab nur schwer antizipiert werden (siehe das Kapitel *Zeitlicher Ablauf* auf Seite 310). Im Verlauf einer Arbeitswoche ist es nicht ohne Arbeitszeitverlust möglich, das Verhältnis von Tag- zu Nachtdreh, das als Versatz bezeichnet wird, zu halten: Normalerweise verschiebt sich der Versatz im Verlauf einer Drehwoche automatisch zugunsten eines Nachtdrehs nach hinten. Daher steckt man Nachtbilder eher gegen Ende einer Drehwoche und achtet darauf, dass der Nachtanteil der Pensen von Drehtag zu Drehtag zunimmt, ohne dass aber der Turnover über das Wochenende – das ist der Rhythmuswechsel vom fünften Tag einer Arbeitswoche zum neuen ersten Tag der darauffolgenden Arbeitswoche – die gesetzlichen Vorgaben unterschreitet. Aus diesen Gründen ist es auch nur in sorgsam geplanten Einzelfällen möglich, sich von einem Drehtag zum anderen „nach vorne zu arbeiten", also am folgenden Arbeitstag früher anzufangen als am gegenwärtigen Arbeitstag. Dafür muss man entweder den Drehtag früher beenden, als es von den Arbeitszeiten her möglich wäre, um elf bzw. zwölf Stunden später wieder beginnen zu können, oder man pausiert einen Kalendertag und dreht erst am übernächsten Tag weiter. Dieser freie Kalendertag zählt aber nur dann als freier Tag, wenn er mindestens 24 + 11 (bzw. 24 + 12) Stunden Ruhezeit umfasst. Tut er das nicht, gilt er als Turnover-Tag und muss, wenn auch nicht als Arbeitstag, so doch als Sozialversicherungstag bezahlt werden, da er den Produktionszeitraum um einen Tag verlängert.
Eine Arbeitswoche dauert in der Regel von Montag bis Freitag. Aufgrund von Motivvorgaben oder Schauspielerverfügbarkeiten kann es notwendig werden, den Wochenrhythmus zu verschieben, um Dreharbeiten auch an Samstagen oder Sonntagen durchführen zu können. Dabei ist zu beachten, dass Sonntags- und Feiertagsarbeit zwar in begründeten Ausnahmefällen möglich, aber mit hohen Zuschlägen versehen ist und mit einem zusätzlichen bezahlten Arbeits- oder Urlaubstag im Produktionszeitraum ausgeglichen werden muss – wenn möglich sollte man beides also vermeiden. Auch Sechstage-

wochen sind mit Zuschlägen verbunden. Reisetage gelten wie normale Arbeitstage, und die tatsächlich aufgewendete Reisezeit wird wie normale Arbeitszeit ohne Zuschläge vergütet. All das ist bei der Festlegung des Kalenders und der Definition der Drehtage mit zu bedenken. Welche Aspekte man bei einer Veränderung des Kalenders im Drehablauf zu beachten hat, beschreibt das Kapitel *Anpassung des Kalenders* auf Seite 268.
Nur weil eine Variante auf dem Papier funktioniert, muss sie sich noch lange nicht als Drehablauf eignen. Natürlich ist es prinzipiell möglich, einen Drehtag um Mitternacht zu beginnen, da dies aber mutwilliger Raubbau an den Kräften des Teams ist, sollte man so etwas tunlichst unterlassen. Ohnehin versucht man Dreharbeiten nach Mitternacht – spätestens nach zwei Uhr nachts – zu vermeiden: Die Konzentration nimmt ab, die Abläufe verlangsamen sich und auch das Ergebnis leidet sichtbar.
Bei einem Dreh mit Kindern müssen die gesetzlichen Vorgaben besonders streng eingehalten werden, da Kinderarbeit in Deutschland grundsätzlich verboten ist. Die regional zuständige Aufsichtsbehörde kann Kinderarbeit jedoch auf Antrag bewilligen. Die Rahmenbedingungen dafür sind im Jugendarbeitsschutzgesetzt (JArbSchG) geregelt: Kinder ab sechs Jahren und Jugendliche bis einschließlich 15 Jahren bzw. bis zur mittleren Reife dürfen bis zu drei Stunden täglich arbeiten, in einem Zeitraum von acht Uhr bis 22 Uhr bei maximal fünf Stunden Aufenthalt am Set. Kinder zwischen drei und sechs Jahren dürfen zwei Stunden täglich arbeiten in einer Zeit von acht Uhr bis 17 Uhr. Für Kinder unter drei Jahren hat jedes Bundesland eigene Vorgaben, und teilweise gibt es für dieses Alter keine Einschränkungen, da der Gesetzgeber sich nicht vorstellen kann, dass Säuglinge oder Kleinkinder arbeiten. Über diese Regelungen hinaus existieren für alle Altersstufen diverse weitere Auflagen und Einschränkungen, die regional unterschiedlich ausfallen. Die geplanten Arbeitszeiten müssen im Vorfeld bei der zuständigen Aufsichtsbehörde angemeldet werden und sind

verbindlich einzuhalten. Dazu zählt auch die Sicherstellung der Betreuung und Beaufsichtigung am Set.

Motive und Sets

Motive sind die im Umgang komplexeste Ressource einer Filmproduktion. Ihre Kosten sind abhängig von ihrer motivischen Qualität und dem individuellen Verhandlungsgeschick: Die Bayerische Staatsoper kostet deutlich mehr Motivablöse als eine Waldhütte aus privater Hand im Unterhachinger Forst. Bevor ein Motiv gedreht werden kann, muss es logistisch und szenenbildnerisch vorbereitet werden, was je nach Motiv unterschiedlich viel Zeit und Aufwand bedeutet. Das Szenenbild konzipiert und organisiert die Einrichtung und verändert den Drehort gegebenenfalls baulich, und die Aufnahmeleitung stellt die notwendige Logistik auf. Auch das Team muss vor Beginn der Dreharbeiten zunächst einmal zum Drehort übersetzen und sich installieren. Nach Abschluss der Dreharbeiten müssen der Drehort zurückgebaut und die Einrichtung zurückgeliefert werden. Damit man ein Motiv nur einmal zu bedienen braucht und um kostspielige Standtage zu vermeiden, legt man im Drehplan immer alle Bilder eines Motivs zusammen.
Das Übersetzen von einem Drehort zum anderen bezeichnet man als Motivwechsel. Jeder Motivwechsel setzt sich zusammen aus dem Abbau von Technik und Logistik am ersten Drehort, dem Übersetzen von Personal und Fahrzeugen von einem Drehort zum anderen sowie der Neuinstallation der Logistik und der Entwicklung aller Abteilungen am zweiten Drehort. Motivwechsel haben immer eine unplanbare Komponente. Die Ankunft der Abteilungen am zweiten Drehort erfolgt willkürlich in Abhängigkeit von ihrem Abbau am ersten Drehort und davon, wie gut sie durch den Verkehr gekommen sind. Da die Entwicklung der Abteilungen am neuen Motiv nicht kontrolliert ineinander greifen kann und die Abläufe sich erst von Grund auf neu finden müssen, entstehen für Teile des Teams mitunter lange

Wartezeiten. Motivwechsel bergen aber auch konkrete Gefahren: Man erinnere sich an den in einem früheren Kapitel erwähnten Viehtrieb, der dafür gesorgt hat, dass unser Drehtag abgebrochen werden musste. Aus diesen Gründen werden Motivwechsel innerhalb eines Drehtages soweit wie möglich vermieden.

Ist ein Motivwechsel unvermeidlich, kann die Möglichkeit erwogen werden, Personal, Technik, Logistik und Fuhrpark nur eingeschränkt mitzuziehen. Bei solchen „kleinen Motivwechseln" werden alle Arbeitsschritte, die auf die Logistik einer Basis angewiesen sind, am entwickelten Hauptmotiv durchgeführt. Von dort aus bewegt sich nur das benötigte Personal und die benötigte Technik zum neuen, kleinen Motiv, während die Logistik und alle nicht benötigten Ressourcen am Hauptmotiv verbleiben, zu dem man nach Abschluss der Dreharbeiten am kleinen Motiv zurückkehrt. Mit dieser Vorgehensweise erspart man sich die Notwendigkeit, die Logistik abzubauen, umzusetzen und wieder aufzubauen, weshalb kleine Motivwechsel nur einen Bruchteil der Zeit eines regulären Motivwechsels in Anspruch nehmen. Allerdings müssen die Abteilungen dafür sehr genau planen, welches Equipment sie am kleinen Motiv benötigten und dorthin mitziehen, was die inszenatorischen und technischen Möglichkeiten dort eingeschränkt. Hat eine Abteilung eine Ressource übersehen und muss man diese nachträglich von der Basis organisieren, kann wertvolle Zeit verloren gehen. Kleine Motivwechsel bieten sich dann an, wenn ein kleines Motiv eine gewisse räumliche Nähe zu einem Hauptmotiv hat.

ABB. 12: BEISPIEL FÜR ZWEI DREHTAGE MIT EINEM KLEINEN MOTIVWECHSEL

» qr.halem-verlag.de/drehplanung/motivwechsel.pdf

Wenn sich ein Motivwechsel nicht vermeiden lässt, dann ist er von einem Drehtag zum anderen die beste Lösung. Das kostet nur die Arbeitszeit der unmittelbar beteiligten Abteilungen, man erspart

sich die Gefahr, dass im Motivwechsel etwas schief läuft und den Fortgang des Drehtages gefährdet, und außerdem kann man am folgenden Drehtag mit einem strukturierten Arbeitsbeginn aller Abteilungen am neuen Motiv starten. Allerdings ist die für den Motivwechsel aufgebrachte Arbeitszeit der beteiligten Abteilungen bei der Berechnung des Turnovers zwischen den beiden Drehtagen zu beachten. Durch den notwendigen Abbau und die Neuinstallation der Logistik kann insbesondere die Aufnahmeleitung erhebliche Nachbearbeitungs- und Vorlaufzeiten haben. Zur besseren Lesbarkeit werden Motivwechsel im Drehplan mit einem Banner vermerkt. Insbesondere die Sets von Hauptmotiven haben im Verlauf einer Geschichte manchmal verschiedene Einrichtungsstadien, die es bei der Drehplanarbeit zu beachten gilt. Das Motiv „Wohnung Peter" kann beispielsweise zunächst von Peter angemietet werden, dann richtet er sich ein und nach der Hochzeit wohnen Silke und Peter dort gemeinsam. Falls das Drehbuch keine konkreten Vorgaben dazu macht, legt man in der Requisitenbesprechung fest, ob bzw. wie die Regie die Veränderungen der Wohnung optisch erzählen möchte. Gehen wir davon aus, dass wir das Motiv in einem vollständig leeren Zustand brauchen (Stadium 1), dann ist sie von Peter als Singlewohnung eingerichtet (Stadium 2) und nach der Hochzeit hat Silke sie grundlegend umgestaltet (Stadium 3). Diese Stadien sind mit szenenbildnerischen Veränderungen verbunden, weshalb man nicht beliebig zwischen ihnen springen kann.
Also legt man zunächst alle Bilder des jeweiligen Stadiums zusammen und sucht in Absprache mit dem Szenenbild nach einer Lösung für die notwendigen Umbauzeiten. Im einfachsten Fall ist das zwischen zwei Drehtagen quasi über Nacht möglich oder sogar im laufenden Drehbetrieb, falls der zeitliche Aufwand so gering ist, dass keine allzu langen Wartezeiten entstehen. Scheiden beide Möglichkeiten aus, sucht man nach Bildern, deren Umsetzung unabhängig von der Umgestaltung der Wohnung möglich ist und die dem Szenenbild die notwendige Zeit verschaffen.

Es kann aber auch eine Lösung sein, die Wohnung nicht sofort ganz umzugestalten, sondern in Abhängigkeit vom Drehfortschritt nacheinander Set für Set: Während man noch im Wohnzimmer dreht, wird bereits das Schlafzimmer umgebaut, und wenn man dann im Schlafzimmer das neue Stadium dreht, kann im Rücken des Drehs das Wohnzimmer umgestaltet werden. Das funktioniert natürlich nur, wenn es zwischen den Sets keine optische Verbindung gibt bzw. wenn diese rausgehalten wird.

Man kann von einem Szenenbildner erwarten, dass er bei der Konzeption der Stadien auf den Drehplan zumindest Rücksicht nimmt. Natürlich wäre es inhaltlich und optisch „schön", wenn Silke die Wohnung nach ihrem Einzug gestrichen hätte – wenn der Zeitaufwand für das Umstreichen aber so groß sein sollte, dass man das Motiv verlassen müsste und erst ein paar Tage später zurückkehren könnte, dann sollte man diese Idee lieber schnell wieder verwerfen. Vielleicht kann Silke stattdessen neue Möbel und Vorhänge gekauft haben?

Nicht nur bei der Suche nach solchen drehplanerischen Lösungen, sondern auch um die Motivsuche zu vereinfachen und Motivwechsel zu vermeiden, hilft es, wenn ein Drehort verschiedene Motive abdeckt. Nicht jedes Motiv muss einen eigenen Drehort haben, manchmal kann man Bilder zu einem vorhandenen Motiv hinzufügen, obwohl sie eigentlich ganz woanders spielen. Besteht die „Wohnung Silke" beispielsweise nur aus zwei Bildern im „Schlafzimmer Silke", dann kann man möglicherweise ein Zimmer des Drehortes „Wohnung Peter" als Set „Schlafzimmer Silke" herrichten. Dadurch spart man nicht nur einen Motivwechsel, sondern gibt dem Drehplan auch zusätzliche Flexibilität. In unserem Fall kann die „Wohnung Peter" umgestaltet werden, während im „Schlafzimmer Silke" gedreht wird, und anschließend kann man in die dann umgestaltete „Wohnung Peter" zurückkehren. Je mehr solcher motivischer Synergien man bereits bei der Motivsuche anlegt, desto länger kann man einen Drehplan flexibel halten, was strategisch wertvoll ist (siehe das Kapitel *Verlust der Initiative* auf Seite 270). Manchmal hat der Szenenbildner

eine entsprechende Idee, manchmal entsteht sie aus der Drehplanarbeit heraus – in jedem Fall muss sie vom Regisseur auf einer Motivbesichtigung vor Ort überprüft werden.
Ein Drehort sollte für Dreharbeiten grundsätzlich ganztags verfügbar sein. Gerade bei unterfinanzierten Projekten kommt man allerdings in die Situation, dass Dreharbeiten in einem Motiv zeitlich beschränkt sind, weil sich dadurch die Motivablöse verringern lässt. Im Fall eines Restaurants, das beispielsweise ab dem Nachmittag geöffnet hat, müsste man bei einem ganztägigen Dreh auch den Umsatz ablösen, was sich vermeiden ließe, wenn man die Dreharbeiten auf den ohnehin geschlossenen Vormittag beschränkt. Wenn irgend möglich und finanziell vertretbar, sollten solche zeitlichen Einschränkungen innerhalb eines Drehtages allerdings vermieden werden, weil sie sich am Drehtag zu einem großen Stressfaktor für alle Beteiligte auswachsen können (siehe das Kapitel *Optionen lassen* auf Seite 250). Das gilt auch für Sperrungen und Parkverbotszonen sowie andere denkbare logistische Einschränkungen, welche die Kontrolle über ein Motiv verringern.

Schauspieler

Ein entscheidender Bestandteil jeder Drehplanung ist der Umgang mit Schauspielern. Schauspieler werden pro Drehtag bezahlt, und zwar unabhängig davon, ob sie im Laufe eines Drehtags einmal über die Straße gehen oder drei Seiten Dialog abliefern müssen. Schauspielergagen variieren, sie richten sich nach dem Marktwert des Schauspielers sowie den finanziellen Möglichkeiten der Produktion und werden individuell vereinbart. Sie sind einer der größten Einzelposten einer Kalkulation und können sich selbst bei einer normalen öffentlich-rechtlichen Auftragsproduktion auf einen sechsstelligen Betrag summieren – zuzüglich An- und Abreisen, Unterkunft und sonstiger Kostenfaktoren, die sich aus einem Engagement ergeben. Man ist deshalb bei der Drehplanarbeit bemüht, die Anzahl der Schauspielerdrehtage möglichst gering zu halten.

Untereinander gewichtet man die Schauspieler anhand ihrer Tagesgage, und für einen günstigen Schauspieler macht man eher einen zusätzlichen Drehtag auf als für einen Spitzenverdiener. Allerdings vereinbaren Produktionen manchmal Pauschalen für eine individuell verhandelte Drehtageanzahl oder gleich für den gesamten Drehzeitraum, bei denen Drehtage über die verhandelte Anzahl hinaus dann mit Tagesgagen vergütet werden, die sich zur Pauschale hinzuaddieren. Hat man es mit einer solchen Vertragsgestaltung zu tun, spart es nicht unbedingt Kosten, wenn man die Anzahl der Schauspielertage reduziert. Falls man innerhalb einer Pauschale aber Tage offen hat, können sich daraus neue Optionen ergeben, mit denen man im Drehplan spielen kann. Die „Day Out Of Days" der Schauspieler (kurz DOODS genannt), in denen sowohl die einzelnen Drehtage als auch deren Gesamtzahl angegeben sind, sind fester Bestandteil eines jeden Drehplanentwurfs.
Es gibt verschiedene vertragliche Regelungen, wie mit dem Fall umzugehen ist, dass ein Schauspieler zwar disponiert war, aber kein Dreh mit ihm zustande kam. In den meisten Fällen gilt, dass ein Schauspieler dann Anrecht auf eine volle Tagesgage hat, wenn er in Maske oder Kostüm war. War er zwar disponiert, aber weder in Maske noch Kostüm, dann ist seine Tagesgage entweder anteilig fällig oder gar nicht. Schauspieler, die nicht von Anfang eines Drehtages an benötigt werden, sind „auf Abruf" disponiert und müssen sich erst ab einer bestimmten Zeit zur Abholung bereithalten, was ihre Tagesgage aber nicht verändert. Im Drehablauf ist man deshalb gelegentlich mit der Situation konfrontiert, dass es aufgrund von Verzögerungen oder Umstellungen unklar ist, ob ein abgerufener Schauspieler noch gedreht werden kann oder nicht. In dem Fall hält man die Masken- und Kostümzeit solange zurück, bis darüber Klarheit herrscht. Es sollte jedoch später zu keinen weiteren Verzögerungen kommen, weil der Schauspieler zu lange zurückgehalten wurde und er deshalb nicht rechtzeitig drehfertig ist. Im Zweifelsfall erfragt man die vertragliche Absprache bei der Produktion und entscheidet

dann über das weitere Vorgehen. Da es für Schauspieler sehr unangenehm sein kann, wenn sie auf Abruf stehen und stundenlang warten müssen, sollte man nicht eindeutige Situationen von vornherein im Drehplan vermeiden.

Eines der größten Problemfelder jeder Drehplanarbeit ist der Umgang mit Sperrtagen. Wie in dem Kapitel *Besetzung* (Seite 68) ausgeführt, fragt die Produktion nach einer Besetzung die Sperrtage des Schauspielers ab. Akzeptiert man diese, werden sie Vertragsbestandteil und müssen obligatorisch eingehalten werden. Sperrtage sind von fortwährender Brisanz, da kein anderer Faktor eine ähnlich hohe Fehlergefahr birgt und die Möglichkeiten eines Drehplans ähnlich radikal einschränken kann. Häufig sind sie unzusammenhängend und passen deshalb nur bedingt mit Motivanforderungen zusammen, sie folgen in ihrer Summe und Verteilung dem Zufall und am Anfang eines Projekts ist selten absehbar, wie groß ihr Einfluss im Verlauf des Produktionsprozesses werden wird. Eine Produktion sollte sich von Beginn an Strategien überlegen, wie sie Sperrtage vermeiden kann, damit man später bei der Drehplanarbeit nicht nur damit beschäftigt ist, sie zu umgehen.

Das Thema Sperrtage ist mit deren Vertragsaufnahme keineswegs abgeschlossen. Stattdessen unterliegen sie im Produktionszeitraum ständigen Veränderungen und nehmen meist sogar zu. Es können Engagements der Schauspieler bei anderen Produktionen hinzukommen, mit denen man sich terminlich abstimmen muss und deren Drehplanung genauso prozesshaft abläuft wie die eigene. Theaterengagements und der dazugehörige Probenbetrieb lassen sich nur schwer mit den flexiblen Anforderungen von Filmdreharbeiten vereinbaren. Darüber hinaus stehen gerade prominente Schauspieler in der öffentlichen Aufmerksamkeit und werden häufig für PR-Veranstaltungen, Preisverleihungen, Medienauftritte usw. angefragt. Da Schauspieler tageweise gebucht und bezahlt werden, haben sie ein nachvollziehbares Interesse daran, an freien Tagen im Produktionszeitraum anderen Beschäftigungen nachgehen zu können.

Mit den Anforderungen einer Filmproduktion passt das nur bedingt zusammen. Zwar könnte man sich als Produktion auf den Standpunkt stellen, dass nur die ursprünglich akzeptierten Sperrtage als solche gelten, allerdings kann man einem Schauspieler nicht pauschal für einen kompletten Drehzeitraum andere Engagements verweigern, insbesondere dann nicht, wenn er nur mit wenigen Drehtage bei der eigenen Produktion eingeplant ist. Die Mehrheit der deutschen Filmschauspieler lebt von wenigen Drehtagen im Jahr, weshalb eine solche Produktionshaltung für sie existenzgefährdend wäre. Allen Beteiligten bleibt deshalb nichts anderes übrig, als sich mit diesen strukturellen Widersprüchen zu arrangieren – das gilt für Produktionen genauso wie für Schauspieler und ihre Agenten.

Dadurch, dass verschiedene Engagements miteinander in Einklang gebracht werden müssen, hat sich die Sprachregelung der sogenannten Priorität etabliert. Das bedeutet, dass sich alle anderen Produktionen bei ihrer Terminplanung nach der Produktion richten müssen, die für einen Zeitraum Priorität hat. In der Praxis funktioniert das jedoch nicht – zwar mag eine Agentur bei der Besetzung noch bereit sein, einer Produktion Priorität zuzugestehen, wenn zu einem späteren Zeitpunkt aber eine andere Produktion mit doppelt so vielen Drehtagen anfragt, dann ist die Macht des Faktischen stärker als jede Priorität dieser Welt. Bei diesem thematischen Komplex darf man nicht vergessen, dass Produktionen immer auch um Sicherheit bemüht sein müssen: Was nutzt die Priorität, wenn der Schauspieler am fraglichen Drehtag nicht auftaucht, weil er in einer anderen Stadt einen anderen Film dreht? Vielleicht bekäme die Produktion ein halbes Jahr später vor Gericht sogar Recht, aber das würde ihr den Film dann auch nicht mehr retten. Drastischer formuliert: Als Produktion ist man erpressbar, und jeder Akteur, der es darauf ankommen lassen will, ist sich dessen bewusst.

Eine Produktion tut sich deshalb politisch so schwer, weil immer die Gefahr besteht, dass sie sich zwischen zwei Interessen wiederfindet. Auf der einen Seite stehen Agentur und Schauspieler mit ihren

Terminvorstellungen, auf der anderen Seite der Regisseur, der sich nach einem intensiven Prozess für eine Besetzung entschieden hat und den Schauspieler nicht wieder verlieren möchte. In diesem Dilemma fällt es schwer, konsequent nach außen aufzutreten, wenn das finale Druckmittel – die Androhung einer Umbesetzung – gar nicht zur Verfügung steht. Einige wenige Regisseure stehen in dem Ruf, dass sie eine Besetzung nur bei uneingeschränkter Verfügbarkeit des Schauspielers akzeptieren, und in diesen Konstellationen tun sich Produktionen deutlich leichter, konsequente Vorgaben für eine Zusammenarbeit zu machen. Im Fall eines Terminkonflikts sollte man sich in jedem Fall abstimmen, wie wichtig die fragliche Besetzung ist. So habe ich es nicht nur einmal erlebt, dass eine Produktion Zugeständnisse gemacht hat, um eine Besetzung zu halten, um dann im Nachhinein zu erfahren, dass diese Besetzung weder dem Regisseur noch dem Produzenten sonderlich am Herzen lag.
Bei der Drehplanarbeit hält man sich Optionen möglichst lange offen. In Bezug auf die Drehtage der Schauspieler kann man beispielsweise von der Besetzung an kommunizieren, man ginge davon aus, dass alle Daten, die nicht als Sperrtage genannt sind, für die Produktion auch zur Verfügung stehen. Das sollte zwar eigentlich selbstverständlich sein, erhöht aber den Druck auf die Agenturen, keine Termine mit Dritten ohne Rücksprache anzunehmen. Idealerweise behält man dadurch die Kontrolle über die Zeit der Schauspieler und kann jede neue Sperranfrage individuell absprechen und mit einem Blick auf den eigenen Planungsstand freigeben oder eben auch nicht. Den Zeitpunkt, zu dem man konkrete Drehtermine herausgibt, wägt man sorgfältig ab, weil sich Tage, die man einmal freigegeben hat, nur sehr schwer wieder einfangen lassen. Man kann das aber auch nicht zu lange hinauszögern, weil alle Beteiligte ein berechtigtes Interesse an Planungssicherheit haben.
Es kann erstaunlich kompliziert sein, im Verlauf einer Produktion einen Überblick über alle Sperrtage zu behalten. Zum einen liegt das an der sehr unterschiedlichen Kommunikation der Schauspieleragenturen:

Während manche routinemäßig immer wieder einen aktualisierten Überblick schicken, übermitteln andere Agenturen Sperrtage nur bei Veränderungen oder auf Nachfrage, und nicht in jedem Fall stimmt der Stand der Agentur mit dem Stand ihrer Klienten überein. Zum anderen ist es bei diesem Vorgehen nicht immer nachvollziehbar, woher welcher Sperrtag kommt. Hat sich beispielsweise ein Drehtag bei einer anderen Produktion verschoben, so bekommt man zwar den neuen Sperrtag mitgeteilt, aber es wird nicht gleichzeitig klar, welcher andere Tag dafür frei geworden ist. Bei der Drehplanarbeit ist man deshalb je nach eigener Sorgfalt gelegentlich mit terminlichen Relikten konfrontiert, deren Herkunft nur noch bedingt nachzuvollziehen ist. Aufgrund der Brisanz des Themas führt jede Produktion einen Ordner, in dem alle offizielle Korrespondenz zum Thema Schauspielerverfügbarkeit lückenlos abgeheftet wird.
An einem Drehtag, an dem ein Schauspieler gesperrt ist, kann man keine Bilder mit ihm drehen. Auch an einem Drehtag, an dem ein Schauspieler eingeschränkt verfügbar ist, sollte man nur in Ausnahmefällen auf ihn zurückgreifen. Erst wenn man feststellt, dass einem die Drehplanmöglichkeiten ausgehen, denkt man darüber nach, ob die mit dem Drehtag einhergehenden Einschränkungen es wert wären. In diesen Überlegungen muss man die Art des Sperrtags einbeziehen: Dreht man in den Alpen und handelt es sich bei dem Sperrtag um eine Abendveranstaltung in Hamburg, wird es nicht gelingen, den Schauspieler am nächsten Morgen wieder frühzeitig am Set zu haben – ganz abgesehen davon, dass dafür die Logistik der Wiederanreise zu zeitaufwendig ist, wird der Schauspieler wenig Lust verspüren, nach seiner Preisverleihung um vier Uhr morgens aufzustehen, um in das erste Flugzeug zu steigen. Andersherum kann das aber die Möglichkeit eröffnen, am Tag der Abendveranstaltung noch bis 16 Uhr mit ihm zu drehen. Aufgrund solcher Konsequenzen ist es wichtig, immer auch die Art eines Sperrtags zu kennen. Man nimmt dafür nicht nur die Sperrtage selbst in den Drehplan auf, sei es als Banner oder über die dafür vorgesehenen Module der

Drehplanprogramme (am besten über beide), sondern auch deren Rahmenbedingungen: Warum ist der Schauspieler gesperrt? Wo muss er hin? Wann muss er dafür spätestens vom Set und wann kann er wieder anreisen? Je mehr Informationen man zu einem Sperrtag parat hat, desto leichter fällt die Drehplanarbeit.

ABB. 13: BEISPIEL FÜR EINEN DREHTAG, AN DEM ROLLE 1 DAS SET UM 15 UHR VERLASSEN MUSS

» qr.halem-verlag.de/drehplanung/sperrtag.pdf

Sperrtage können einen Drehplan unerhört einschränken. Zwei Vorgehensweisen helfen, um auch in verfahrenen Situationen noch Lösungen zu finden. Teilt man sich einen Schauspieler mit einer anderen Produktion und kommt es dabei zu terminlichen Überschneidungen, lohnt es sich, direkt mit der anderen Produktion Kontakt aufzunehmen. Manchmal kennt man sich, schließlich ist die Branche überschaubar, ansonsten stellt meist der Produktionsleiter eine Verbindung her, damit die Drehplanverantwortlichen auf beiden Seiten ihre jeweiligen Terminanforderungen miteinander absprechen und im Kollisionsfall gemeinsam nach einer Lösung suchen können. Nicht selten ergeben sich dabei ganz neue Möglichkeiten, beispielsweise wenn man feststellt, dass ein gesperrter Drehtag für die andere Produktion nicht so wichtig ist und diese gerne bereit ist, den Sperrtag gegen einen anderen Tag einzutauschen. Gerade im Fall von kurzfristigen Umstellungen ist ein solcher direkter Draht viel wert, und meistens haben beide Produktionen davon einen Vorteil.

Die andere Möglichkeit besteht darin, direkt mit dem Schauspieler in Kontakt zu treten. Dabei muss man sich aber bewusst sein, dass es die Aufgabe von Agenturen ist, genau solche Themen von ihren

Klienten fernzuhalten und diese zu schützen. Es gibt deshalb nicht wenige Schauspieler, die darauf bestehen, terminliche Dinge über ihre Agentur zu regeln. Das muss man respektieren. In manchen Fällen kennt man sich aber von anderen Produktionen und hat ein gutes Verhältnis zueinander, und schildert man das Dilemma, ist der Schauspieler gerne bereit, gemeinsam nach einer Lösung zu suchen. So hatte ich einmal in einem Drehplan absolut keine Möglichkeit, den letzten Drehtag eines Schauspielers im Drehzeitraum unterzubringen. Über einen direkten Kanal zum Schauspieler haben wir schließlich folgende Lösung gefunden: Der Schauspieler hat von sich aus angeboten, nach einem Nachtdreh in Berlin am Vormittag bei uns in Köln zu drehen, aber nur unter der Bedingung, dass er am Nachmittag pünktlich bei einer Probe in Hamburg sein kann. Das passte zeitlich mit den inhaltlichen Vorstellungen der Regie, und während wir mit dem Schauspieler gedreht haben, stand der Fahrer mit laufendem Motor vor der Tür des Motivs, um ihn entweder zum Flughafen oder, falls nötig, direkt nach Hamburg zu fahren. Offiziell gesperrt waren beide Tage.

Lichtstimmungen

Der Umgang mit Lichtstimmungen ist bei der Drehplanarbeit essentiell. Dafür ist ein grundsätzliches Verständnis ihrer technischen Umsetzung notwendig, die wiederum abhängig ist von der Vision der Regie und von dem Beleuchtungskonzept von Kamera und Oberbeleuchter. Die folgenden Ausführungen beschreiben die branchenübliche Herangehensweise, die aber nicht generalisiert werden kann. Licht ist der für das Auge sichtbare Teil der elektromagnetischen Strahlung. Das Auge passt sich an die Lichtintensität an, weshalb sich die empfundene Helligkeit von der tatsächlichen Lichtintensität unterscheidet. Die Intensität und Qualität der elektromagnetischen Strahlung ist im Tagesverlauf in Abhängigkeit von Sonnenstand und Wetter permanenten Veränderungen unterworfen. Die maßgebliche

Lichtquelle bei Tag ist bekanntlich die Sonne. Durch den wandernden Sonnenstand ändert sich sowohl die Lichtintensität als auch der Winkel des Lichteinfalls und mit ihm der Schattenwurf. Bei Nacht gibt es keine direkte natürliche Lichtquelle. Durch die Reflexion des Sonnenlichtes über den Mond kommt es aber ebenfalls zu Veränderungen der Lichtintensität und des Schattenwurfs, allerdings in viel geringerem Maße als bei Tag.
Sowohl bei der analogen als auch bei der digitalen Filmaufzeichnung werden die Lichtintensität und ihre Qualität genormt aufgenommen, weshalb die ausgleichende Wirkung des Auges wegfällt. Weiterhin unterscheidet sich die Dauer des Aufnahmeprozesses einer Szene eklatant von ihrer Stoppzeit, der Dreh eines dreiminütigen Bildes kann etwa einen ganzen Drehtag oder mehr in Anspruch nehmen. Aus diesen beiden Gründen ergibt sich bei der Filmaufnahme die Notwendigkeit, eine Lichtstimmung konstant zu halten und sie kontrollieren zu können. Dafür haben sich zwei lichttechnische Grundprinzipien etabliert: Entweder man arbeitet mit vorhandenem Licht und modifiziert es in einer Weise, die es für die Filmaufnahme geeignet macht, oder man stellt eine Lichtstimmung selber her. Je nachdem, ob eine Szene außen oder innen spielt, hat man es bei Tag mit einer starken oder einer mittleren natürlichen Lichtintensität zu tun. Bei Nacht herrscht in beiden Fällen eine geringe natürliche Lichtintensität. Aufgrund des technischen Aufwandes, der sich aus der vorhandenen Lichtintensität ergibt (eine starke natürliche Lichtintensität bedarf großer Einheiten, um überhaupt einen Effekt zu erzielen: das Tageslicht muss sozusagen weggeleuchtet werden), arbeitet man bei Tag eher mit Modifikationen als bei Nacht, die sich mit weniger lichtstarken Einheiten herstellen lässt. Für den Betrachter muss sich das Ergebnis eindeutig als die im Drehbuch vorgegebene Tageszeit vermitteln.
Falls man mit Modifikationen arbeitet, legt die vorhandene Grundlichtstimmung die Basis und gibt vor, zu welcher Tageszeit das Bild gedreht werden kann.

Außen/Tag	=	bei Tageslicht gedreht
Außen/Nacht	=	bei Nacht gedreht
Innen/Tag	=	bei Tageslicht gedreht
Innen/Nacht	=	bei Nacht gedreht

Was sich zunächst banal anhören mag, kann im Drehplan schnell zu einem Problem werden. Je nach Jahreszeit ist die Dauer des Tageslichts begrenzt (zwischen ca. 16,45 Stunden zur Sommer- und ca. 7,45 Stunden zur Wintersonnenwende), im Winter kann die Lichtintensität des Tageslichts je nach Wetterlage zusätzlich sehr gering ausfallen. Das kann es bisweilen schwierig machen, die Bilder im Drehplan auf die Grundlichtstimmungen zu verteilen und gleichzeitig allen anderen Faktoren gerecht zu werden. Im Winter bedarf es eines sehr präzisen Zeitmanagements, um an jedem Drehtag den Wechsel von Tag zu Nacht genau zu treffen – tatsächlich ist der Satz „das Licht geht weg" an Filmsets sehr häufig zu hören –, zudem besteht die Gefahr, dass man durch das kurze Tageslicht Drehzeit verschenkt. Im Sommer fehlt es hingegen oft an Nachtstimmung, weshalb sich die Dreharbeiten weit in die Morgenstunden verschieben, was sehr unangenehm ist.

Bei diesen Schwierigkeiten hilft das zweite Prinzip, nämlich die Lichtstimmung vollständig selbst herzustellen. Im Fall eines Bildes, das Innen/Tag spielt und lichtunabhängig bei Nacht gedreht wird, spricht man von nachgeleuchtet. Andersherum ist ein Bild, das Innen/Nacht spielt und durch eine künstliche Abdunkelung des Raumes bei Tag gedreht wird, abgehängt. Eine Nachtstimmung, die auch wirklich bei Nacht gedreht wird, bezeichnet man als Originalnacht. Während man in einem sehr eingeschränkten Umfang auch Außenbilder nachleuchten kann, etwa flach gegen eine Wand, kann man nur solche Bilder abhängen, die in Räumen spielen, die man mit mehr oder weniger Aufwand lichtunabhängig machen kann. Dies geschieht

zumeist durch Molton, das ist ein lichtdichter, schwarzer Stoff, der entweder plan vor alle Fenster, Türen und sonstige Ausblicke gespannt oder in Form von großen Kästen davor gestellt wird. Solche Kästen schaffen durch eine zusätzliche Ebene mehr Tiefe im Bild, was als ästhetisch schöner wahrgenommen wird.
Da sowohl nachgeleuchtete als auch abgehängte Bilder mit künstlerischen und technischen Einschränkungen verbunden sind (da man im Bild weder Fenster noch Ausblicke zeigen darf, können sich die Schauspieler nicht frei im Raum bewegen), sind beide Vorgehensweisen nicht in jedem Motiv möglich und müssen im Einzelfall mit Regie, Kamera und Oberbeleuchter besprochen werden. Im Drehplan schaffen solche technischen Möglichkeiten aber zusätzliche Optionen und mindern die Gefahr, Pensen nicht zu schaffen, weil beispielsweise das Tageslicht sich dem Ende entgegen neigt. Im Zweifelsfall steckt man in einer solchen Situation ein lichtunabhängiges Bild in die Übergangsphase von Tag zu Nacht, das man im Fall einer Verzögerung auch nachgeleuchtet bedienen kann. Bilder, die von vornherein abgehängt oder nachgeleuchtet geplant sind oder bei denen man gerne die Option dazu hätte, macht man im Drehplan als solche kenntlich.
Es gibt aber noch weitere mögliche Lichtstimmungen:

Innen/Dämmerung	=	bei Tag gedrehte Mischlichtsituation ohne direkte Sonne
Außen/Dämmerung	=	entweder bei Tag gedrehte Mischlichtsituation ohne direkte Sonne oder blaue Stunde („Magic Hour")

Als Mischlichtsituation bezeichnet man eine Lichtstimmung, in der sowohl Tageslicht als auch Kunstlicht vorkommt, und die vom Betrachter als Dämmerung wahrgenommen wird. Als blaue Stunde bezeichnet man einen kurzen Zeitraum in der Dämmerung nach

Sonnenuntergang oder vor Sonnenaufgang, der sich durch einen intensiven natürlichen Blaustich des Lichts auszeichnet. Dreharbeiten bei Original-Dämmerung müssen sorgfältig geplant sein, da nur ein kurzes Zeitfenster zur Verfügung steht, oft weniger als eine halbe Stunde. Im Zweifelsfall muss das vorherige Bild unterbrochen und anschließend fortgesetzt werden, was aber nur möglich ist, wenn es sich lichtunabhängig umsetzen lässt. Das ist bei der Drehplanung entsprechend zu beachten.

Doch nicht nur die Frage, zu welcher Tageszeit sich welche Lichtstimmung drehen lässt, bestimmt die Arbeit am Drehplan. Auch die Frage nach dem technischen Aufwand spielt eine Rolle.

Die Lichttechnik ist von allen technischen Abteilungen diejenige mit den längsten und aufwendigsten Auf- und Umbauzeiten am Set. Die lichttechnischen Einheiten haben sehr unterschiedliche Größen, und nicht selten werden zwei oder mehr Lkws benötigt, um das Equipment zu transportieren. Dazu kommen technische Zusätze. Bedient werden sie von einem festen Beleuchterteam, das bei Bedarf durch Zusatzpersonal verstärkt wird. Das Equipment ist so zusammengestellt, dass alle Lichtsituationen abgedeckt werden können, und es kommt nicht selten vor, dass ein Großteil des Equipments an einem Drehtag auch im Einsatz ist. Aufgrund seiner Größe und seines Gewichts kann es nicht „mal eben so" umgeräumt werden, sein Einsatz muss einigermaßen geplant ablaufen. Von allen Abteilungen ist die Lichttechnik besonders stationär, daher auch die langen Umbauzeiten.

Grundsätzlich gelten folgende Regeln in Bezug auf den Aufwand einer Lichtstimmung:

Innen/Tag = mittlerer technischer Aufwand
Außen/Tag = geringer technischer Aufwand
Innen/Nacht = mittlerer technischer Aufwand
Außen/Nacht = hoher technischer Aufwand

Aus ästhetischen Gründen ist man in der Regel bestrebt, die Lichtstimmungen innerhalb eines Films realistisch und in sich konsistent zu erzählen. Dafür orientiert man sich am Lichtfall in der Wirklichkeit. Innen/Tag wird mithilfe von mittelgroßen Tageslichteinheiten vor Fenstern und Türen geleuchtet, die das einfallende Tageslicht simulieren. Ihre Größe richtet sich nach der vorhandenen Tageslichtintensität, die entweder verlängert oder sogar verstärkt wird, etwa um einen wandernden Sonneneinfall zu überleuchten. Außen/Tag wäre nur mit exorbitantem technischen Aufwand zu kontrollieren, da die Scheinwerfer gegen die Lichtintensität der Sonne ankommen müssten, was heutzutage nicht mehr üblich ist. Stattdessen modifiziert man das vorhandene Tageslicht unter Zuhilfenahme von Reflektoren und Sonnenblenden und nimmt dabei kleine Fehler wie wandernde Schatten in Kauf. Der technische Aufwand ist daher gering. Innen/Nacht wird von innen mithilfe von kleinen Kunstlichteinheiten gestaltet. Im Unterschied zu Tagbildern, bei denen inhaltlich nur die Sonne als logische Lichtquelle in Frage kommt, muss bei Nachtbildern die logische Lichtquelle zunächst einmal im Bild etabliert werden. Das geschieht durch sogenannte „Practicals": bildfähige Lampen, die Bestandteil des Szenenbildes sind und deren Lichtfall durch lichttechnische Einheiten verstärkt wird. Je nach gewünschter Atmosphäre kann auch mit (künstlichem) Mondlicht von außen gearbeitet werden. Der Aufwand für Außen/Nacht richtet sich in stärkerem Maße als bei allen anderen Lichtstimmungen nach der Größe des Sets. Auch hier kommt zunächst nur der Mond als logische Lichtquelle in Frage, weshalb dessen Charakteristik durch große Einheiten in großer Höhe bei gleichzeitig geringer Lichtintensität nachgebaut wird. Häufig werden dafür Hebebühnen und Steiger sowie Balloon-Lights verwendet. Dazu kommen kleinere Kunstlichteinheiten, die vorhandene Practicals verstärken. Unterm Strich fällt die technische Herstellung einer Nachtstimmung viel kleinteiliger als die einer Tagstimmung aus, selbst wenn die Lichtintensität geringer ist.

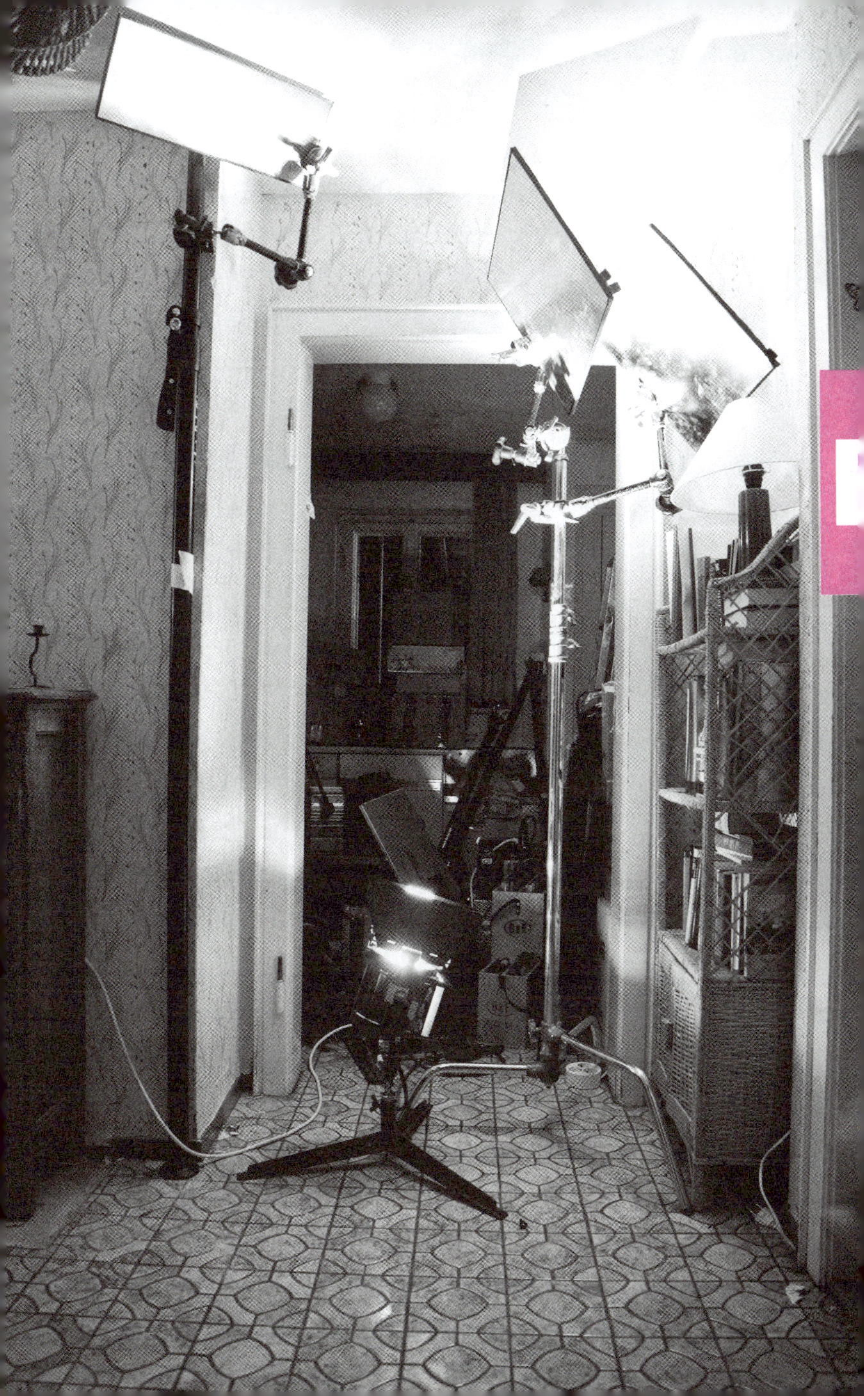

Ausnahmen von diesen Regeln gibt es viele. Beispielsweise kann der lichttechnische Aufwand für Außen/Nacht bei einer digitalen Filmaufzeichnung und ihrer im Vergleich zum analogen Filmmaterial höheren Lichtempfindlichkeit geringer ausfallen.Das vorhandene Mondlicht reicht dann zwar als Grundlicht aus, sorgt aber auch für matschige, weniger plastische Bilder mit geringer Tiefe. Darüber hinaus gibt es viele weitere technische Verfahren, die jedes für sich ebenfalls spezifische Vorgaben an die Drehplanung stellen („Day For Night", zeichnender Himmel bei Nacht usw.).

Was bedeutet der technische Aufwand nun für die Drehplanung? An einem Motiv kann es Bilder mit unterschiedlichen Lichtstimmungen geben. Um die technischen Abläufe zu optimieren, sollten Bilder mit derselben Lichtstimmung zusammengelegt werden, da ein Wechsel von einem Tagbild auf ein Nachtbild oder umgekehrt einen vollständigen Wechsel der lichttechnischen Einheiten bedeutet. Innen- und Außenbilder am selben Motiv müssen miteinander abgestimmt werden, damit bei einem auf ein Innenbild folgendes Außenbild nicht noch die Lampen vor den Fenstern stehen und zeitaufwendig abgebaut werden müssen. Im Falle eines Motivwechsel sollte darauf geachtet werden, dass das letzte Bild am ersten Motiv keinen ähnlichen lichttechnischen Aufwand hat wie das erste Bild am zweiten Motiv, weil dies den Motivwechsel um die Ladezeit der Lichttechnik am ersten Motiv und um ihre Aufbauzeit am zweiten Motiv verlängern würde. Beginnt man am zweiten Motiv stattdessen mit einem Außen/Tag-Bild, gibt man der Lichttechnik Gelegenheit, sich parallel dazu für die folgenden Innenbilder zu entwickeln und diese vorzubauen. Außenbilder bei Nacht werden an das Ende einer Drehwoche gesteckt, um sich im Verlauf der Woche „in die Nacht hinein" zu arbeiten, und weil die gesetzlichen Ruhezeiten es quasi unmöglich machen, einen Arbeitsbeginn früher als am vorherigen Drehtag anzusetzen. Reine Außen/Nacht-Pensen, die einen Drehschluss in den Morgenstunden bedeuten, sollten unter allen Umständen vermieden werden, weil sie außergewöhnlich anstrengend für Team und Schauspieler sind.

Wie immer beim Film gibt es auch in diesem Fall Ausnahmen. Ist ein Wechsel der Lichtstimmungen an einem Motiv notwendig, kann man beispielsweise ein erstes Set für ein Bild an einem lichttechnisch bereits vorgebauten zweiten Set verlassen, was der Lichttechnik Zeit und Gelegenheit zum Umleuchten des ersten Sets gibt, ohne den Drehablauf zu verzögern. Solche Drehplansituationen sind im Einzelfall mit Kameramann und Oberbeleuchter abzusprechen, da dabei neue Probleme entstehen können: Beispielsweise kann die Stellfläche der Lampen des Vorbaus beim Dreh im Bild sein. Es ist daher sinnvoll, einen Drehplanentwurf immer auch gesondert aus der Perspektive der Lichttechnik in Bezug auf deren Abläufe zu überprüfen.

ABB. 14: BEISPIEL FÜR EINEN WECHSEL DER LICHTSTIMMUNGEN INNERHALB EINES DREHTAGES MIT VERSCHIEDENEN SETS

» qr.halem-verlag.de/drehplanung/lichtwechsel.pdf

Spieltage

An einem Drehtag sollte man nur bedingt zwischen Spieltagen springen, weil ein neuer Spieltag für einen Schauspieler zumeist eine veränderte Maske und ein anderes Kostüm bedeuten. Durch solche Masken- und Kostümwechsel kann viel Drehzeit verloren gehen. Eine geschickte Drehplanung ist allerdings in der Lage, diese Zeiten aufzufangen.

Für ein besseres Verständnis muss man sich die Struktur der Arbeit von Maske und Garderobe vergegenwärtigen. Die Schauspieler werden am Drehtag gemäß Disposition von Maske und Kostüm für ihr erstes disponiertes Bild vorbereitet. Das geschieht im Maskenraum bzw. Maskenmobil und in der Garderobe an der Basis, wo beide Abteilungen optimale Arbeitsbedingungen haben. Sind die

Schauspieler fertig vorbereitet, gehen sie zusammen mit den Maskenbildnern und Garderobieren ans Set, wo im Drehablauf kleinere Arbeiten und das Drehfertigmachen vorgenommen werden. Nach der Mittagspause kann auf Ansage des zuständigen Maskenbildners ein Fresh-up notwendig sein, das entweder an der Basis oder am Set durchgeführt wird. Für grundlegende Arbeiten wie eine neue Maske oder ein neues Kostüm müssen Maskenbildner und Garderobier mit dem Schauspieler das Set verlassen und zurück an die Basis, was neben der reinen Arbeitszeit immer auch Laufwege bedeutet.

Masken- und Kostümwechsel richten sich meist nach Spieltagen. Es gibt aber auch Fälle, in denen sich Maske und Kostüm innerhalb eines Spieltages verändern, durch ein blaues Auge nach einer Schlägerei beispielsweise oder durch einen Umzug vor einer Hochzeit. Diese Situationen sind bei der Drehplanarbeit nicht immer leicht zu erkennen und bedürfen deshalb besonderer Aufmerksamkeit. Ist ein Masken- und Kostümwechsel nicht zu vermeiden, sollte man versuchen, im Drehablauf einen ausreichenden zeitlichen Puffer zu lassen. Wenn der Schauspieler beispielsweise im ersten und dritten Bild eines Drehtages dran ist, kann die Drehzeit des zweiten Bildes für die Wechsel genutzt werden, ohne dass dadurch ein Zeitverlust entsteht. Masken- und Kostümwechsel müssen aber nicht in jedem Fall aufwendig sein. Gerade bei Männern reduzieren sie sich manchmal auf den Wechsel des Hemds und das Verwuscheln der Frisur, was problemlos am Set durchgeführt werden kann. Wie immer bei der Drehplanung hilft die Rücksprache mit den Fachabteilungen.

ABB. 15: BEISPIEL FÜR EINEN DREHTAG, AN DEM MASKEN- UND KOSTÜMWECHSEL DURCH DIE BILDREIHENFOLGE AUFGEFANGEN SIND

» qr.halem-verlag.de/drehplanung/masken_kostuemwechsel.pdf

Je nach Anzahl der Schauspieler im ersten Bild kann der Maskenvorlauf vor Probenbeginn sehr lang sein. Aufgrund der arbeitsschutzrechtlichen Vorgaben kann das einen Verlust von potenzieller Drehzeit am Ende des Drehtages zur Folge haben, wenn Maskenbild und Aufnahmeleitung als einzige Abteilungen ihr Arbeitszeitkontingent bereits aufgebraucht haben. Dieses Problem lässt sich vermeiden, wenn man als erstes Bild eines Tages eine Szene mit einer übersichtlichen Anzahl Schauspieler steckt. Das ermöglicht der Maskenabteilung, die erst im zweiten Bild benötigten Schauspieler parallel zum Drehfortschritt des ersten Bildes fertig zu machen. In einem solchen Fall übergibt der Maskenbildner „seine" Schauspieler an einen Kollegen, der ihre Setbetreuung übernimmt, bis er selber am Set sein kann. Dieses Vorgehen wird auch dann praktiziert, wenn eine Maske beispielsweise für einen Maskenwechsel das Set verlassen muss. Um mehr Drehzeit zu ermöglichen, kann die Arbeitszeit der Maskenbildner auch gestaffelt werden. Grundsätzlich muss immer eine Maske oder Garderobe am Set sein, wenn sich ein Schauspieler dort aufhält. Passt die Anzahl der Maskenbildner nicht zum anfallenden Arbeitsvolumen, behilft man sich mit Zusatzmasken.
Kostümzeiten sind im Vergleich zu Maskenzeiten meist überschaubar, wenn es sich nicht gerade um ein Hochzeitskleid oder um ein aufwendiges historisches Kostüm handelt. Allerdings müssen Kostümwechsel in Abhängigkeit von der Maske durchgeführt werden. Hat eine Schauspielerin eine komplizierte Frisur bekommen, sollte diese nicht im Kostüm wieder zerstört werden. Um es andererseits den Garderobieren zu ersparen, jeden Tag früher als die Maskenbildner am Drehort sein zu müssen, kann man eine Maskenzeit teilen und sie für die Kostümzeit unterbrechen. Eine solche Möglichkeit ist abhängig von der Beschaffenheit der Maske und des Kostüms und muss mit den Fachabteilungen im Einzelfall besprochen werden. Kostümwechsel können leichter als Maskenwechsel gelegentlich auch am Set oder improvisiert in einem Nebenraum durchgeführt werden.

Komparsen, Zusatzpersonal und -equipment

Große Komparsenzahlen an einem Motiv legt man aus Gründen der Kosteneffizienz ebenso zusammen wie Zusatzpersonal und -equipment (Stunt, SFX, VFX, Tiere, Steadicam, Kran usw.). Komparsen können in mehreren Bildern „wiederverwendet" werden, das heißt, dass man sie mithilfe von Wechselkleidung in mehreren Bildern und in unterschiedlichen Funktionen einsetzt. Darauf muss der Regieassistent dann allerdings bei der Inszenierung Rücksicht nehmen, damit nicht immer dieselben Gesichter im Bild zu sehen sind. Während im Fall von Anschlusskomparsen (das sind Komparsen, die innerhalb eines Films mehrmals in einer definierten Funktion auftauchen) genau dieser Widererkennungseffekt gewollt ist, lässt er einen Film bei diffuser Massenkomparserie billig aussehen.
Um dem entgegenzuwirken, lohnt es sich, für ein neues Bild eine geringe Anzahl neuer Komparsen zusätzlich zu den bereits anwesenden zu bestellen. Diese setzt der Regieassistent dann nahe der Kamera ein, während er die „alten" Komparsen im Bildhintergrund oder mit dem Rücken zur Kamera inszeniert. Gerade bei Bildern, die in der Chronologie des Films dicht beieinander liegen, zwischen denen also nur wenig Filmzeit vergeht, muss er darauf achten, dass doppelt verwendete Komparsen nicht auffallen – bei Bildern, die weit auseinanderliegen, besteht diese Gefahr eher weniger. Anschlusskomparsen müssen bewusst als solche ausgesucht werden: Bringt ein Komparse nicht die notwendige zeitliche Flexibilität mit, zieht man ihn gar nicht erst in Betracht. Es kann hilfreich sein, einen Pool von Anschlusskomparsen zu definieren, aus dem man sich an den einzelnen Drehtagen bedient, zeitliche Einschränkungen eines Einzelnen fallen dann weniger ins Gewicht.
Auch die terminliche Verfügbarkeit von Zusatzpersonal muss sorgfältig abgestimmt sein. Tageweise beschäftigte Filmschaffende arbeiten häufig auf verschiedenen Filmproduktionen gleichzeitig,

weshalb sie Planungssicherheit benötigen und ihre Flexibilität begrenzt ist. Zeichnen sich terminliche Konflikte ab, sollte man sich eine Strategie überlegen, wie man damit im Drehplan umgeht, beispielsweise ließen sich Bilder mit Zusatzpersonal auf solche Pensen verteilen, die aufgrund von welchen Vorgaben auch immer eher nicht von Umstellungen bedroht sind. Zwar kann man bei Zusatzpersonal anders als bei Schauspielern im Zweifelsfall auch über personelle Alternativen nachdenken, aber wenn der Hund mitsamt Trainer nicht verfügbar ist, macht das einen Drehtag genauso unmöglich, als ob der Hauptdarsteller keine Zeit hätte. Bestenfalls kann dann ein anderer Trainer den Hund betreuen. Auch solche Sperrtage vermerkt man im Drehplan mithilfe von Bannern.

Vorproduktionen

Wie bereits beschrieben, sind Vorproduktionen Foto-, Musik- oder Filmaufnahmen im Rahmen der Vorbereitung oder im Drehzeitraum mit Beteiligung von einem oder mehreren Schauspielern, die als Zuspielung oder Requisit benötigt werden. Sie bedingen einen angepassten Drehablauf.

Vorproduktionen, die bereits in der Vorbereitung produziert werden, liegen rechtzeitig bis Beginn der Dreharbeiten vor und sind in ihrem Verlauf flexibel einsetzbar. Anders verhält es sich mit Vorproduktionen, die erst im Drehzeitraum produziert werden. Es wäre ziemlich aufwendig, ein Hochzeitsvideo von Peter und Silke in der Vorbereitung nachzustellen, wenn man die Hochzeit im Laufe der Dreharbeiten ohnehin in aller Ausführlichkeit filmt. Sinnvollerweise nimmt man die Vorproduktion also im Rahmen der Dreharbeiten der Hochzeitsbilder auf. Das bedeutet aber auch, dass alle Bilder, in denen das Hochzeitsvideo zu sehen sein soll, erst nach dem Hochzeitsbild angesetzt werden können.

Es gilt also zwei Dinge zu beachten: Erstens muss der Zeitpunkt der Vorproduktion bzw. die Umsetzung des Bildes, in dessen Rahmen die Vorproduktion stattfindet, vor allen Bildern liegen, in denen die Vorproduktion benötigt wird. Zweitens muss zwischen der Vorproduktion und ihrem ersten Einsatz ausreichend Zeit für Auswahl und Bearbeitung sein. Lässt sich der Drehablauf nicht entsprechend gestalten, muss man auf eine andere technische Lösung zurückgreifen: Im Fall des Hochzeitsvideos könnte man etwa die angesprochene Greenscreen-Zuspielung einsetzen, die in der Postproduktion mit dem dann vorliegenden Hochzeitsvideo ausgetauscht wird. Auch ein Split wäre denkbar. Dafür löst die Regie die Szene so auf, dass Peter und die Zuspielung nie gleichzeitig in einer Einstellung zu sehen sind, dreht zunächst alle Einstellungen mit Peter und ergänzt zu einem späteren Zeitpunkt die Einstellungen auf den Monitor mit der Vorproduktion und gegebenenfalls einem Peter-Double im Vordergrund.

Damit die Fachabteilungen sich auf die Erstellung von Vorproduktionen vorbereiten können, erhalten auch diese im Drehplan einen eigenen Banner. Bilder, in denen Vorproduktionen benötigt werden, markiert man in Abhängigkeit von deren Produktion (beispielsweise „vor #57" oder „nach #43+89").

B7 INSZENATORISCHE UND DRAMATURGISCHE FAKTOREN

Es ist das zweite große Ziel eines Drehplans, dem kreativen Prozess gerecht zu werden. Dieses Ziel bildet sich in der Gewichtung der inszenatorischen und dramaturgischen Faktoren ab.

Chronologie

Das Kapitel *Rücksichtnahme auf den kreativen Prozess* (Seite 212) beschrieb, wie schwierig das emotionale Puzzlespiel für Regisseur und Schauspieler sein kann. Natürlich kann man von der Regie erwarten, mit solchen Situationen umzugehen und die Schauspieler trotz inhaltlicher Sprünge im Drehablauf fehlerfrei anzuleiten, auch das ist ein Teil ihres Handwerks. Trotzdem vermeidet man es, dem Regisseur inhaltlich wahllos und ausschließlich nach logistischen Gesichtspunkten zusammengesteckte Bilder vorzusetzen. Stattdessen bemüht man sich, sowohl innerhalb des Drehplans als auch innerhalb der einzelnen Motive, um Chronologie. Indem man den Bögen der Geschichte und ihren Strängen chronologisch folgt, hilft man den Schauspielern, ihre Figuren zu finden und deren Beziehungen zueinander zu entwickeln, und gibt dem Regisseur die Möglichkeit, auf dem bereits Erarbeiteten aufzubauen und es kontinuierlich weiterzuentwickeln.

Für jeden Regisseur wäre es das Ideal, einen Film chronologisch drehen zu können. Solange ein Drehbuch jedoch nicht darauf hin entwickelt oder die Dreharbeiten entsprechend aufgestellt wurden, lässt sich das mit den Gegebenheiten einer Filmproduktion nicht vereinbaren, da es eklatant den Maximen der Zeit- und Kosteneffizienz widerspräche. Ein chronologischer Drehablauf würde bedeuten, dass man Motive mehrmals anfahren müsste und bei den Ressourcen keine Synergieeffekte erzielen könnte. Dennoch ist es möglich, die Pensen innerhalb der Motive so zu stecken, dass sie auf die Chronologie zumindest Rücksicht nehmen. Bei einem kleinen Motiv dreht man die Bilder weitestgehend chronologisch, und bei einem Hauptmotiv kann man mit den Szenen beginnen, die im Drehbuch vorne liegen, und sich Tag für Tag weiter nach hinten durcharbeiten. Es hilft Regie und Schauspielern schon, wenn zumindest die großen emotionalen Szenen chronologisch angesetzt sind, selbst wenn die Pensen dann mit ausgewählten kleinen Bildern ergänzt sind, oder wenn die Bilder eines Drehtages inhaltlich zumindest halbwegs zusammengehören und einer gewissen inhaltlichen Stringenz folgen. Eine Chronologie ermöglicht es auch, sich „in ein Motiv reinzudrehen": So wie der Zuschauer ein Motiv im Laufe eines Films für sich entdeckt, so entdecken auch Regisseur und Kameramann im Rahmen der Dreharbeiten das Motiv und die dort möglichen Blickwinkel für sich. Solche Spiegelungen zwischen Geschichte, Umsetzung und

Rezeption unterstützen immer den kreativen Prozess, weil sie Analogien in der Wahrnehmung aller Beteiligten herstellen.
Aber nicht nur aus inszenatorischen und figurenpsychologischen Gründen ist es sinnvoll, chronologisch zu drehen. Häufig lassen sich durch eine gemeinsame Umsetzung von Bildern, die inhaltlich zusammengehören, auch aufwandstechnische Synergieeffekte herstellen. Wenn die beiden Bilder „Peter überrascht Silke" und „Peter macht Silke einen Heiratsantrag" nacheinander am selben Motiv spielen, legt man sie zusammen, selbst wenn sie mit einem anderen Bild unterschnitten sind. Vielleicht entscheidet der Regisseur, dass er die beiden Bilder ineinander übergehen lässt, und inszeniert sie zeiteffizient in einem Ablauf, weil längere emotionale Bögen auch den Schauspielern helfen. Aus diesem Grund untersucht man das Drehbuch immer nach Bilderkomplexen, die inhaltlich und auch ressourcentechnisch zusammengehören, und behandelt sie als Einheit. Der besseren Übersichtlichkeit halber kann man das im Drehplan vermerken („#36+39", „#42+43+52" usw.).

Gewichtung der Bilder

Die Bilder eines Drehbuchs sind unterschiedlich aufwendig in ihrer Umsetzung. Neben ihrem äußerlichen Aufwand (Zeit, Ressourcen und Technik) haben sie immer auch so etwas wie einen emotionalen Aufwand, da eine emotionale Dialogszene („Peter hält um Silkes Hand an") für Regie und Schauspieler schwieriger und anstrengender umzusetzen ist als ein kleines Bild, das vor allem notwendige filmische Informationen gibt, aber keine großen Emotionen beinhaltet („Peter betritt Silkes Wohnung"). Man beginnt einen Drehtag deshalb mit dem emotional größten und aufwendigsten Bild oder Bilderkomplex des Tages, solange alle Beteiligten noch ausgeruht und konzentriert sind, und gestaltet das Verhältnis von aufwendigen Bildern zu kleinen Bildern pro Drehtag über den ganzen Drehzeitraum hinweg halbwegs ausgeglichen. Ein Drehtag mit zehn kleinen Bildern ist unter dem

Strich für die Beteiligten ähnlich unbefriedigend wie ein Drehtag mit vier großen, emotionalen Szenen.
Bei der Pensenbildung verteilt man dafür alle aufwendigen Bilder eines Motivs gleichmäßig auf die zur Verfügung stehenden Drehtage und füllt diese anschließend mit kleiner werdenden Bildern auf. Dadurch wird man der Ermüdung und dem Konzentrationsabfall aller Beteiligten gerecht, die sich im Verlauf eines Drehtages nicht vermeiden lassen. Der die Rolle des Peter verkörpernde Schauspieler würde zurecht unglücklich darüber sein, wenn er seinen Heiratsantrag am späten Nachmittag spielen muss, nachdem er den Vormittag damit verbracht hat, Silkes Wohnung zu betreten. Aber auch aus produktioneller Sicht ist eine solche Gewichtung sinnvoll, weil dadurch die Umsetzung der Bilder mit der höchsten Priorität sichergestellt ist. Falls man ein Pensum nicht schafft, sind kleine Bilder mit wenigen Ressourcen im Drehplan im Vergleich einfacher zu handhaben, und für drei kleine Bilder findet sich leichter ein neuer Platz als für ein großes Bild (siehe das Kapitel *Bilder hängen lassen* auf Seite 265).
Dieses Prinzip der Gewichtung lässt sich vom emotionalen Aufwand beliebig auf andere Faktoren übertragen. Bei einem Dreh mit Kindern verteilt man beispielsweise zunächst deren Bilder im Rahmen der gesetzlichen Möglichkeiten auf die zur Verfügung stehenden Drehtage und stellt dadurch sicher, dass die Drehzeit für alle Kinderbilder ausreichend ist. Anschließend ergänzt man die Pensen mit weiteren Bildern. Jedes Bild hat einen Faktor, der für seine Umsetzung am bedeutsamsten erscheint. Diese Faktoren gewichtet man untereinander und ermittelt so die Priorität des jeweiligen Aufwandes.

Voranschlüsse

In einem Drehbuch kann es Situationen geben, die eine gewisse Drehabfolge obligatorisch machen, ähnlich wie es Vorproduktionen tun. Das ist bei Anschlüssen der Fall, die sich nur schwer antizipieren lassen. Bei einem Film, bei dem ich für die Drehplanung verant-

wortlich war, sollten einmal zwei Figuren mit einem Pritschenwagen in einem schlammigen Feldweg steckenbleiben, dann erfolglos versuchen, den Wagen wieder flott zu kriegen, und sich dabei annähern und schließlich küssen. Nach einem Zeitsprung kommen sie verschmutzt zuhause an. Da wir lange kein Motiv für die Schlammszene gefunden haben, gerieten wir in die unglückliche Situation, dass wir zunächst die Rückkehr der Figuren drehen mussten. Natürlich wusste niemand, was im Schlamm passieren würde, und auch die Regie konnte das nicht vorhersagen. Entsprechend unsicher waren Maske und Kostüm damit, diesen Voranschluss festzulegen – als solchen bezeichnet man eine Situation, in der die Konsequenz schon gezeigt wird, bevor die Ursache gedreht wurde.
Wir beruhigten uns damals gegenseitig damit, dass es zwischen Schlamm und Rückkehr einen Zeitsprung gibt, in dessen Verlauf der Schlamm vielleicht getrocknet war oder sich irgendwie sonst in seiner Beschaffenheit verändert haben konnte, aber natürlich funktionierte das nur bedingt. Die Voranschlüsse waren viel zu zurückhaltend gestaltet für das, was später im Schlammloch passieren sollte. Anfänglich war der Regisseur noch bestrebt, gemäß der Voranschlüsse zu inszenieren, aber irgendwann gab er sich geschlagen und beide Schauspieler suhlten sich glücklich und fernab jeglicher Kontinuität im Matsch. Ich weiß nicht zu sagen, ob das angesichts der Emotionalität der Szene einem Zuschauer aufgefallen ist, aber der Schlamm auf Kostüm und im Gesicht der Schauspieler springt bei jedem Schnitt von einer Einstellung zur nächsten gewaltig.
Voranschlüsse müssen kein Problem sein, wenn sie sich faktisch entscheiden lassen. Hat man aber nur begrenzten Einfluss darauf, wie sich etwas im Spiel entwickelt, dann sollte man solche Situationen im allgemeinen Interesse tunlichst vermeiden. In unserem Beispiel hat es den Regisseur bei der Inszenierung und die Schauspieler in ihrem Spiel eingeschränkt, die künstlerischen Fachabteilungen waren in großer Aufregung, weil sie zurecht um die Akzeptanz ihres Handwerks fürchteten, und das Ergebnis war trotz allseitiger Bemühun-

gen in sich nicht konsistent und hat der handwerklichen Qualität des Films geschadet. Ein Drehplan muss sich in einer solchen Situation um einen Drehablauf bemühen, der es allen Abteilungen ermöglicht, ihr Handwerk seriös auszuüben. Nicht immer sind Voranschlüsse bei der Drehplanarbeit leicht zu identifizieren, weshalb man sie in den Stäbchen vermerken kann („vor #49", „nach #52+59" usw.).

Optionen lassen

Je näher die Dreharbeiten rücken, desto stärker nehmen logistische Vorgaben und Einschränkungen zu. Trotzdem lässt sich der Drehplan noch immer so gestalten, dass die Einschränkungen nicht unmittelbar bei dem Regisseur am Set ankommen. Um den kreativen Raum zu schützen, sollte man ihm innerhalb eines Drehtages immer alle Optionen lassen. Der Regisseur sollte sich Zeit und Ressourcen innerhalb der gesetzlichen Vorgaben und innerhalb des Rahmens, der über den Drehplan mit der Produktion besprochen wurde, so einteilen können, wie es sich aus dem kreativen Prozess heraus ergibt, ohne dabei Rücksicht auf logistische Einschränkungen nehmen zu müssen. Jede Abweichung von dieser Prämisse muss einzeln und rechtzeitig vorab mit ihm abgestimmt werden.

Selbst für handwerklich gute und erfahrene Regisseure kann es eine Stresssituation darstellen, wenn ein Schauspieler etwa um 15 Uhr das Set verlassen muss, weil er am Abend Theater spielt. Das bleibt nicht ohne Folgewirkung auf Konzentration und Inszenierung, und selbstverständlich belastet es auch den Schauspieler und kann dessen Spiel verschlechtern, weil er sich möglicherweise sorgt, ob zeitlich alles gut ausgehen wird. Selbst wenn eine solche Situation im Vorfeld hinlänglich besprochen war, können die Entwicklungen eines Drehtages den Regisseur dennoch in die Ecke drängen und ihn zu Kompromissen zwingen, die er sonst nicht hätte machen müssen. Um das zu vermeiden, denkt man bei der Planung von Anfang an darüber nach, ob sich für das zugrundeliegende Pensum nicht ein besserer Drehtag finden lässt und ob es wirklich notwendig ist, den Theaterschauspieler ausgerechnet an diesem Tag zu holen. An jedem Drehtag sollte es nur so wenige Einschränkungen wie irgendwie möglich geben.

Das beschriebene Beispiel lässt sich auf alle denkbaren Fälle ausweiten. Zu den Einschränkungen, die sich aus Schauspielersperrtagen ergeben, kommen Motivauflagen, Genehmigungen für Sperrungen, Kinderzeiten usw. Hat sich ein Regisseur auf eine solche eingeschränkte Situationen eingelassen, sollte man ihn rechtzeitig an die sich daraus ergebende Deadline erinnern. Manche Regisseure gehen so in ihrer Arbeit auf, dass sie die Zeit aus den Augen verlieren – eine rechtzeitige Erinnerung hilft ihnen, sich die verfügbare Zeit sinnvoll einzuteilen.

Psychologische Aspekte

Zuletzt gibt es eine Reihe von psychologischen Aspekten, die es bei der Drehplanung zu beachten gilt. Man unterscheidet dabei zwischen team- und inszenierungspsychologischen Aspekten.

Zu den teampsychologischen Aspekten zählen solche, die für das Funktionieren des Stabs im Drehablauf eine Rolle spielen. Dazu gehört das Phänomen des ersten Drehtags: Die Konzentration und das Engagement eines Teams, aber auch dessen Nervosität und Anspannung, sind im Drehverlauf nie wieder so groß wie zu Drehbeginn. Man kann deshalb davon ausgehen, dass auch die Abläufe im Drehverlauf nicht besser werden als am ersten Drehtag und dass dessen Gelingen den atmosphärischen Verlauf des gesamten Drehs maßgeblich vorgibt. War der erste Drehtag reibungslos und angenehm, wird sich das wahrscheinlich durch den ganzen Dreh ziehen. War hingegen schon der erste Drehtag schwierig und anstrengend, dann wird der weitere Drehverlauf absehbar nicht einfacher werden. Aufgrund dieses bemerkenswert kausalen Zusammenhangs wählt man das Pensum für den ersten Drehtag sorgfältig aus.

Ein gutes Pensum zum Drehbeginn ist nicht zu hart, aber auch nicht zu schwach. Der Stab sollte sowohl mit einem guten Gefühl nach Hause gehen, als auch einen realistischen Eindruck davon bekommen, was im Drehablauf auf ihn zukommt. Das Pensum sollte so gestaltet sein, dass sich alle Drehabläufe etablieren und einspielen, wobei durchaus einige Schwierigkeiten in alle Richtungen enthalten sein können: ein inszenierungsaufwendiger Anteil mit Dialog für Regie und Schauspieler und ein eher technischer Anteil, bei dem die entsprechenden Abteilungen gefordert sind. Auch einige Komparsen können bereits auftauchen, je nach weiterem Drehverlauf. Auf Zusätze oder ausgefallene Schwierigkeiten verzichtet man allerdings vorerst noch. Man darf nicht gleich hängenbleiben, aber auch keine Drehzeit verschwenden. Mit anderen Worten: Ein erster Drehtag sollte in vielerlei Hinsicht beispielhaft sein für das, was im weiteren Drehablauf bevorsteht.
Die schwierigen und häufig auch teuren Pensen setzt man nicht zu spät im Dreh an, damit Gelegenheit zur Reaktion bleibt. Ein guter Zeitpunkt für solche Drehtage ist nach dem ersten Drittel des Drehzeitraums, wenn die Abläufe eingespielt und Kraft und Konzentration noch ausreichend vorhanden sind. Überhaupt ist die Physis eines Teams ein erheblicher Faktor, weil ein müdes Team nicht das leisten kann, was ein ausgeruhtes Team zu leisten vermag. Ein guter Drehplan bietet deshalb Möglichkeiten zur Regeneration, und man kann mögliche Drehplanvarianten durchaus mit Verweis auf den körperlichen und mentalen Zustand eines Teams verwerfen. Ein geeigneter Maßstab sind die eigenen Kraftressourcen und das eigene Wertempfinden. Übrigens sind Drehtage, vor denen man den größten Respekt hat, nie so schlimm, wie man sie sich ausmalt – die wirklich bösen Tage sind immer solche, von denen man es nicht erwartet und die einen deswegen auf dem falschen Fuß erwischen.
Drehtage, die schon aus ihrem Pensum heraus zwangsläufig mit Überstunden verbunden sind, bieten sich für den letzten Tag einer Arbeitswoche an, damit das Team anschließend ins Wochenende aufbrechen und neue Kraft schöpfen kann. Insbesondere zu einem

späten Zeitpunkt der Dreharbeiten ist es ungünstig, mit einem langen und schwierigen Drehtag in die Arbeitswoche zu starten, weil der damit verbundene Kräfteverschleiß im Wochenverlauf nicht mehr auszugleichen ist. Für Sechstagewochen oder ähnliche Anstrengungen gilt deshalb ebenfalls das Motto: gegen Ende des Drehzeitraums ansetzen und dann Augen zu und durch. Man darf den psychologischen Effekt von solchen Konstruktionen nicht unterschätzen. Ein Team kann den physischen Aufwand sehr genau aus einem Drehplan herauslesen und reagiert sehr feinfühlig darauf. So muss man davon ausgehen, dass die Setabläufe zu Beginn einer Sechstagewoche langsamer sein werden als bei einer normalen Arbeitswoche.

Inszenierungspsychologische Aspekte haben viel mit der Ansetzung einzelner Bilder zu tun. Schauspieler sind meist hochsensible Menschen, was sich sehr unterschiedlich äußern kann. Äußerlich arbeitende Schauspieler lassen meist nur wenig an sich heran, wohingegen innerlich arbeitende Schauspieler eine gewisse Durchlässigkeit an den Tag legen müssen, um in ihrem Spiel an die geforderten Emotionen heranzukommen. Sie können deshalb nicht unerhebliche psychische Widerstände vor Bildern entwickeln, von denen sie wissen, dass die Umsetzung sie emotional fordern wird. Da Schauspieler sich außerhalb der Kamera aus nachvollziehbaren Gründen zu schützen versuchen, auch durch exaltiertes Verhalten, sind solche Widerstände häufig nicht auf den ersten Blick erkennbar.

Auch Regisseure haben oft ein viel feineres emotionales Sensorium, als man aufgrund ihres Verhaltens am Set meinen könnte – ebenfalls ein Verhalten, das viel mit Selbstschutz zu tun hat. Allerdings hört man die fraglichen Bilder rasch heraus, weil die Regie Einfluss auf deren Ansetzung nimmt. Schauspieler hingegen haben keinen direkten Einfluss auf den Drehablauf. Natürlich wissen alle Akteure, dass irgendwann die Momente bevorstehen, an denen man diese Bilder drehen muss, trotzdem können Vermeidungsstrategien bis dahin sehr ausgeprägt sein. Bilder, die für Regie und Schauspieler in diesem Sinne aufgeladen sind, sollte man im Drehplan sensibel

behandeln und an einem einmal festgelegten Zeitpunkt belassen, damit sich die Akteure mental auf ihre Umsetzung einstellen können. Um das nachzuvollziehen, möge man sich vorstellen, was es für zwei Schauspieler bedeutet, wenn sie gleich an ihrem ersten gemeinsamen Drehtag eine Liebesszene spielen sollen. Und welch ein Kraftakt es für den Regisseur ist, zwischen diesen beiden Menschen Leidenschaft zu wecken, obwohl diese einander kaum kennen und er vielleicht auch noch kein Verhältnis zu ihnen aufbauen konnte. Eine solche Situation vermeidet man deshalb unter allen Umständen. Setzt man die Liebesszene erst dann an, wenn die Akteure sich durch die intensive gemeinsame Arbeit besser kennengelernt haben, können die Widerstände zwar immer noch vorhanden sein, aber die Umsetzung wird Regisseur und Schauspielern deutlich leichter fallen und für alle Beteiligen, auch für das Team, angenehmer sein. Mit der Umstellung eines solchen Bildes ist es ähnlich: Hat man sich einmal auf eine unangenehm empfundene Situation eingestellt, ist es ärgerlich, wenn sich diese verschiebt.
Widerstände können bei Regisseuren und Schauspielern individuell sehr unterschiedlich ausgeprägt sein. Liebesszenen oder Nacktheit generell sind aufgrund der mit ihnen verbundenen Scham leicht nachvollziehbar. Aber selbst Schauspieler mit jahrzehntelanger Berufserfahrung können noch immer großen Respekt davor haben, etwa einen emotionalen Zusammenbruch zu spielen, weil sie wissen, an welchem Punkt sie in sich rühren müssen, um diese Emotionen glaubhaft auszulösen – im Drehbuch mag sich eine solche Szene erst einmal gar nicht sonderlich kompliziert lesen, was es bei der Drehplanarbeit schwierig machen kann, sie zu identifizieren. Manchmal benutzen Schauspieler auch das Verhältnis ihrer Arbeitsbeziehung für die emotionale Ausgestaltung ihrer Rollen; nicht selten spiegelt deshalb die Atmosphäre am Set die Emotionen innerhalb der Szene. Bei einem lustvollen Bild ist es wahrscheinlich, dass die Stimmung am Set ausgelassener sein wird, wohingegen eine wütende Streitszene für eine sehr angespannte Atmosphäre sorgen kann. Manche

Schauspieler suchen dann aneinander, oder auch beim Team, nach Angriffspunkten, anhand derer sie die Wut herstellen und auf ihre Rolle übertragen können. Es gibt Regisseure, die durchaus ähnlich arbeiten und am Set eine Atmosphäre kreieren, die sie entweder konkret oder in abstrakter Form für ihre Inszenierung nutzen. Für ein Team ist es nicht immer einfach, damit umzugehen.
Indem die Drehplanung auf solche psychologischen Faktoren Rücksicht nimmt, kommt sie allen Beteiligten entgegen und unterstützt sie in ihrer Arbeit.

B8 DREHPLANUNG ALS PROZESS

Die Arbeit am Drehplan endet nicht am ersten Drehtag. Im Gegenteil, manchmal beginnt sie dann erst richtig. Die bis dahin theoretische Planung wird in der Umsetzung einem Praxistest unterworfen, der schonungslos alle Fehleinschätzungen aufdeckt.
Ein Drehplan muss in der Drehphase auf alle möglichen Einflüsse reagieren können, die in der Vorbereitung nur bedingt vorhersehbar waren. Dafür muss er eine gewisse immanente Flexibilität aufweisen, und es muss Möglichkeiten für Änderung geben. Es macht sich dafür hilfreich bemerkbar, wenn man von vornherein ausreichend Optionen für Unwägbarkeiten eingebaut hat – das dritte große Ziel der Drehplanung. Da kurzfristige Veränderungen im Drehzeitraum meist mit Mehrarbeit und Zusatzkosten verbunden sind, bemüht man sich immer um möglichst kostenneutrale Lösungen. Bei einem Fernsehfilm hatte ich mal den bemerkenswerten Fall, dass bis auf ein Pensum keines an dem Tag stattgefunden hat, an dem es ursprünglich angesetzt war. Das ist kein

Zeichen für einen schlechten Drehplan, sondern spricht im Gegenteil für dessen Flexibilität.
Dieses Kapitel beschreibt, mit welchen Situationen man im Drehablauf konfrontiert sein kann, welche Möglichkeiten die Drehplanung hat, um auf sie zu reagieren, und wie man einen Drehplan von vornherein auf diese Situationen vorbereiten kann.

Umgang mit dem Wetter

Wetterprobleme sind eine gefürchtete Standardsituation jeder Filmproduktion. Sie treten dann auf, wenn das Wetter eine kontrollierte Umsetzung des anstehenden Pensums nicht zulässt. Solange man jedoch nicht mit Sturmböen oder Gewittern konfrontiert ist, welche ein ernsthaftes Sicherheitsrisiko darstellen, und solange die Dreharbeiten nicht in einer besonders sensiblen Umgebung stattfinden (im Gebirge, auf dem Wasser usw.), ist das Problem nicht das Wetter als solches. Man kann von einem Team erwarten, dass es für alle klimatischen Bedingungen ausgerüstet ist und den Drehablauf bei jedem Wetter bedienen kann, egal wie anstrengend und nervig das sein mag. Das eigentliche Problem ist der dramaturgische und technische Umgang mit der jeweiligen Wetterlage im Bild.
Bei Außenbildern kann man Wetter und Licht nicht vollständig kontrollieren. Trotzdem ist man innerhalb einer Szene und einer Sequenz von Szenen, die zeitlich oder räumlich zusammengehören, um inhaltliche Kohärenz und damit um gleichbleibende Anschlüsse bemüht. Bei einer Verfolgungsjagd wäre der Zuschauer irritiert, wenn die Autos mal bei Sonne und mal bei Regen durch das Bild fahren würden, jedenfalls solange die Verfolgungsjagd nicht eine große räumliche Distanz erzählen soll. Deshalb nimmt man üblicherweise trockene Drehbedingungen als die am häufigsten anzutreffende Bedingung zur Norm und passt alle abweichenden realen Drehbedingungen daran an. Wenn das Wetter im Bild absichtlich abweichen soll (Regen, Schnee, Wind usw.), stellt man diese Drehsituation

B

mithilfe von SFX künstlich her, um sie im Bild kontrollieren zu können. Innenbilder werden als wetterunabhängig betrachtet, zumindest solange der Raum keine besonderen Ausblicke hat.

Ist man bei der Umsetzung eines Bildes mit instabilen Lichtverhältnissen konfrontiert (Sonne und Wolken im Wechsel), entscheidet man sich nach einem Blick in den Himmel entweder für die Lichtstimmung, die für den Zeitraum der Umsetzung die wahrscheinlichere ist, oder man hält sich beide Optionen offen und dreht so lange beide Varianten, bis man sich traut, eine Entscheidung zu treffen – also möglicherweise bis das Bild abgedreht ist. Hat man sich einmal entschieden, bleibt einem während der jeweils anderen Lichtstimmung nichts anderes übrig als zu warten. Hat man sich falsch entschieden und die Lichtverhältnisse entwickeln sich anders als gedacht, muss man entweder das bereits gedrehte Material in der anderen Lichtstimmung noch einmal drehen oder man nimmt im Schnitt Lichtsprünge in Kauf. Bei engen oder flachen Kameraeinstellungen kann man immerhin versuchen, eine sonnige Tendenz zu leuchten bzw. das Bild künstlich zu verschatten. Die digitale Farbkorrektur ermöglicht in der Postproduktion eine Abschwächung solcher Lichtsprünge.

Der Umgang mit Niederschlag ist vom Prinzip her ähnlich. Wenn es regnet, muss man schlicht abwarten, bis es soweit wieder aufgehört hat, dass der Niederschlag durch die Kamera nicht mehr sichtbar ist. Anschließend muss man das Set herrichten, damit man die Nässe nicht mehr wahrnimmt (Pfützen wegfegen, Kostüme föhnen, Oberflächen abtrocknen usw.) bzw. den Bildausschnitt anpassen, erst dann kann man wieder drehen. Falls absehbar ist, dass es während der Umsetzung eines Bildes regnen wird, kann man von vornherein einen nassen Anschluss herstellen, um sich später das Trocknen des Sets zu ersparen. Gefallener Schnee oder Hagel sind im Bild präsenter als Wasser, und wenn man nicht abwarten kann oder will, bis der Niederschlag geschmolzen ist, muss man ihn mit Wasser wegspritzen, oder man ruft für diese Aufgabe die Feuerwehr. Setzt der Niederschlag erneut ein, wird das ganze Equipment regensicher gemacht, und das Spiel beginnt von vorne. Wechselnde Wetterbedingungen bringen die Setabläufe also nicht nur erheblich durcheinander und zermürben durch das beschriebene Hin und Her, sie kosten auch Zeit und können einen Drehtag ernsthaft gefährden.

In solchen Situationen werden manchmal zwei Lösungen genannt, die aber so große Schwierigkeiten und Einschränkungen mit sich bringen, dass sie nur in wenigen Fällen wirklich praktikabel sind. Baut man ein Dach über das Set, hat man nicht nur ein Tonproblem und muss den Dialog nachsynchronisieren, es gilt dann auch jegliche Tiefe im Bild zu vermeiden, die über die Fläche des Daches hinausgeht, um den Niederschlag nicht doch im Hintergrund zu sehen und um keine kritischen Lichtverhältnisse zu provozieren (das Licht unter einem Dach unterscheidet sich von den Lichtverhältnissen außerhalb der Konstruktion). Andersherum kann man den Niederschlag auch nicht einfach im Bild miterzählen und die Schauspieler beispielsweise Regenschirme tragen lassen. Dafür müsste die Niederschlagsintensität im Verlauf der Dreharbeiten so konstant bleiben, dass der Niederschlag später im Schnitt nicht springt. Diese Lösung eignet sich, wenn überhaupt, dann für Bilder, die gering aufgelöst und flott abgedreht sind – am besten in einer Einstellung.

Da die Drehplanung auf das Wetter keinen Einfluss hat, bleibt ihr nur ein angepasster Umgang mit dem Pensum. Pensen, die dafür vorgesehen sind, Wettersituationen im Drehablauf aufzufangen, bezeichnet man als Wettercover. Es gibt zwei Möglichkeiten, einen Drehtag zu covern.

An einem Drehtag mit einem gemischten Innen- und Außenpensum kann man versuchen, die Reihenfolge der Bilder so flexibel zu halten, dass mit ihrer Ansetzung eine kurzfristige Reaktion auf das Wetter möglich ist. Man spricht dann davon, dass man einen Drehtag „in sich selber" covert. Falls das möglich ist, etwa weil man an einem Hauptmotiv dreht, können zusätzliche Bilder zum vorgesehenen Pensum mitdisponiert werden, um eine größere Auswahl und dadurch bessere Reaktionsmöglichkeiten zu haben. Es ist dann nicht notwendig, alle Bilder an dem Drehtag zu schaffen, sondern nur so viele Bilder, wie sie einem regulären Pensum entsprechen. Nicht immer lassen sich allerdings zusätzliche Bilder mitdisponieren, ohne dadurch neue Kosten zu generieren. Alternativ kann man sich deshalb im Vorfeld überlegen, Außenbilder kurzfristig nach innen zu verlegen. Bei beiden Varianten werden die Zeiten auf der Disposition so gestrickt, dass man zu Beginn des Drehtages je nach Wetterlage entscheiden kann, mit welchem disponierten Bild man beginnt, und diese Flexibilität behält man auch im Tagesverlauf bei.

Ein solches Vorgehen bietet aber nur dann einen geeigneten Schutz, wenn das Verhältnis zwischen guten und schlechten Wetterpassagen mindestens im selben Verhältnis zueinander steht, wie das Verhältnis der Drehzeit von allen möglichen Innenbildern und den notwendigen Außenbildern. Das kann kein Wetterbericht mit absoluter Sicherheit vorab garantieren. Außerdem besteht die Gefahr, dass man sich vom Wetter zu sehr treiben lässt und Entscheidungen nicht rechtzeitig trifft. Dadurch kann man leicht etwas übersehen, und ein ungewollter Zeitverlust kann den strategischen Vorteil, den man sich durch die Flexibilität erarbeitet hat, wieder zunichtemacht. Kurzfristige Entscheidungen an einem Filmset bedeuten immer auch einen Verlust von Drehzeit, weil notwendige Arbeitsschritte nicht effektiv angesagt werden können oder sogar mehrfach stattfinden müssen. Wenn man einen Drehtag also in sich selber covert, sollte man die Klaviatur der Abläufe eines Sets sehr präzise spielen können.

Alternativ dazu lassen sich Pensen im Drehplan tauschen. Statt ein Pensum mit Außenbildern anzusetzen, wird ein Pensum mit reinen Innenbildern vorgezogen, dessen Umsetzung wetterunabhängig ist. Voraussetzung für einen solchen grundlegenden Eingriff in den Drehplan ist eine Wetterentscheidung. Da es der Sinn einer Wetterentscheidung ist, auf die Wetterlage zu reagieren, und Wetterprognosen mit abnehmendem Vorlauf präziser werden, trifft die

Produktion diese immer so früh wie nötig, aber so spät wie möglich. Der Zeitpunkt ist abhängig von der Organisation der benötigten Ressourcen. Je nachdem, ob eine Produktion bereit ist, sich die Möglichkeit einer Wetterentscheidung etwas kosten zu lassen, entscheidet sie sich frühestens dann, wenn der erste logistische Vorbereitungsschritt mit finanziellen Auswirkungen notwendig wird, beispielsweise die verbindliche Buchung einer Anreise. Innerhalb einer Arbeitswoche ist das meist am Mittag des Vortages der Fall. Handelt es sich bei dem fraglichen Pensum um den ersten Drehtag einer Arbeitswoche, ist es von Vorteil, mit unterschiedlichen Dispositionen zu arbeiten, auf denen vermerkt ist, wann im Verlauf des Wochenendes die Entscheidung getroffen wird, welches Pensum man angeht. Zur besseren Unterscheidbarkeit können die beiden alternativen Dispositionen verschiedene Farben haben.
Mittels verschiedener Strategien lassen sich Wetterentscheidungen bereits bei der Erstellung eines Drehplans mitbedenken. Der Drehplaner stellt dafür Pensen zusammen, die sich flexibel vorziehen lassen. Ein Pensum muss eine Reihe von Eigenschaften aufweisen, um sich als Wettercover zu qualifizieren: Seine Umsetzung muss wetterunabhängig sein, die benötigten Schauspieler und Ressourcen sollten grundsätzlich verfügbar sein und das Motiv muss logistisch und szenenbildnerisch flexibel bedient werden können. Ein Wettercover ist daher meist ein übersichtliches Pensum ohne besondere Ressourcen, dessen logistischer und szenenbildnerische Aufwand sich in Grenzen hält, und das nur wenige Schauspieler beinhaltet, welche sich bevorzugt am Produktionsstandort aufhalten und nicht parallel zum Drehzeitraum in anderen Produktionen mitwirken oder am Theater beschäftigt sind. Selbst wenn beide Pensen aus reinen Innenbildern bestehen, eignet sich etwa eine Waldhütte aus privater Hand eher als Wettercover als die Staatsoper, die nicht ohne erheblichen Aufwand zu haben ist.
Nicht immer ergeben sich Wettercover in einem Drehplan organisch aus den verfügbaren Pensen. In diesem Fall bieten sich sogenannte

Coversets an. Ein Coverset ist ein Motiv oder ein Set in einem Motiv, das zu einem definierten Zeitpunkt fertig eingerichtet bereitgestellt wird, um innerhalb des Drehzeitraums oder eines Teils davon flexibel bedient werden zu können. Das hat den Vorteil, dass es spezifisch auf diesen Zweck hin gesucht und entwickelt werden kann, wohingegen ein generelles Wettercover sich eher beiläufig durch seine Eigenschaften qualifiziert und deshalb meist weniger flexibel ist. Als Coverset eignet sich ein Studio oder Hauptmotiv mit einem oder mehreren Drehtagen Pensum. Der Nachteil eines festen Coversets sind seine Kosten: Motivablöse, Einrichtung und teilweise auch die Logistik müssen für die gesamten Standtage bezahlt werden, unabhängig davon, ob das Coverset benötigt wird oder nicht. Für eine Produktion, deren Gelingen in starkem Maße vom Wetter abhängig ist, kann die Bereitstellung eines Coversets allerdings überaus wertvoll sein.

Als Prämisse sollte jeder nicht wetterunabhängige Drehtag potenziell gecovert werden können. Bei der Erstellung eines Drehplans bemüht man sich deshalb zunächst darum, ein allgemeines Wettercover für alle Drehtage bereitzustellen, für die es notwendig erscheint. Ist das nicht mit einem Wettercover möglich, etwa aufgrund von Sperrtagen, Motiveinschränkungen oder weil das Coverpensum quantitativ nicht für den gesamten Drehzeitraum ausreicht, definiert man ein zweites oder sogar drittes Wettercover und baut es ein. Auf diese Weise kann ein Drehplan für verschiedene Drehtage unterschiedliche Wettercover vorsehen. Bei der Arbeit mit mehreren Wettercovern gliedert man diese zeitlich, denn meist ist es nicht notwendig, dass alle Wettercover für den gesamten Drehzeitraum bereitstehen. Liegt beispielsweise in der letzten Drehwoche ein Hauptmotiv mit einem großen Innenanteil, und können dessen Drehtage in sich selber gecovert bzw. Außenbilder nach innen verlegt werden, dann ist für diesen Zeitraum auch kein dezidiertes Wettercover notwendig.

Wettercover werden im Drehplan immer an das Ende des Zeitraums gesteckt, für den sie als Wettercover fungieren. Dadurch ist

sichergestellt, dass zunächst alle wetterabhängigen Pensen umgesetzt und keine Coverpensen leichtfertig vergeudet werden. Im Fall einer Wettersituation wird dann das wetterabhängige Pensum mit dem Wettercover getauscht. Das bedeutet, dass nicht nur das Wettercover an jedem Drehtag funktionieren muss, auf den es vorgezogen werden könnte, sondern dass andersherum auch jedes wetterabhängige Pensum an dem entsprechenden späteren Drehtag funktionieren muss. Ein solcher Tausch wirkt sich möglicherweise auf dritte oder vierte Pensen aus, die dann entsprechend mitbedacht und gegebenenfalls mitgetauscht werden müssen. Nicht immer sind alle Konsequenzen absehbar, die sich aus allen möglichen Konstellationen ergeben können, weshalb bei der Arbeit mit Wetteroptionen große Sorgfalt notwendig ist. Sie müssen im Drehplan vermerkt werden, damit alle Abteilungen sich auf die Möglichkeit vorbereiten können. Ist im Drehplan für einen Drehtag eine Wetteroption verzeichnet, bedeutet das nicht, dass man nicht im Fall der Fälle auch auf andere Lösungen zugreifen kann, wenn diese kurzfristig praktikabler erscheinen. Die Option erhöht aber die Wahrscheinlichkeit, überhaupt flexibel mit der Situation umgehen zu können.
Eine Wetterentscheidung verläuft im Drehverlauf immer ähnlich. Kündigt sich bei einem der regelmäßigen Blicke auf den Wetterbericht an, dass es ein Problem mit der Umsetzung eines Pensums geben könnte, behalten Regieassistent und Aufnahmeleiter die Situation gemeinsam im Auge. Verdichtet sich die Wetterproblematik (eine Prognose wird mit ca. drei Tagen Vorlauf aussagekräftig), erarbeiten beide in Rücksprache mit Regisseur und Produktionsleiter eine Alternative oder greifen auf eine vorbereitete Wetteroption zurück, prüfen diese auf ihre Umsetzbarkeit und bestimmen den letztmöglichen Termin für die Entscheidung. Ist dieser Zeitpunkt erreicht, holt der Aufnahmeleiter einen finalen Wetterbericht ein, am besten mit einem Anruf beim Wetterdienst und nicht nur durch einen Blick ins Internet, und bespricht ihn mit dem Regieassistenten.

Gemeinsam verständigen sie sich auf eine Haltung, die sie dem Regisseur, dem Produktionsleiter oder gleich dem Produzenten vorschlagen. Die letztendliche Entscheidung trifft der hierarchisch höchste beteiligte Produktionsvertreter vom Produktionsleiter an aufwärts.

Wetterentscheidungen sind Produktionsentscheidungen, weil sie eine erhebliche Verschlechterung der filmischen Qualität bedeuten können, wenn sie falsch oder gar nicht getroffen werden. Außerdem sind sie in beinahe jedem Fall mit Mehraufwand und damit auch mit Mehrkosten verbunden. Angestoßen werden sie allerdings meist regieseitig, weil Regisseure häufig um die künstlerische Qualität ihres Films fürchten und sich sorgen, ob sie die Umsetzung eines Pensums bei erschwerten Wetterbedingungen überhaupt gewährleisten können. Manchmal bedarf es deshalb einer gewissen Kraftanstrengung, um eine mögliche Wetterproblematik überhaupt erst auf die Agenda und in das Bewusstsein aller Beteiligten zu rücken, und nicht immer verläuft eine Wetterentscheidung im gegenseitigen Einverständnis und politisch reibungslos.

Leider scheuen gerade unambitionierte Produktionen die Konsequenzen von Wetterentscheidungen. Insgeheim ist man froh, wenn der Umgang mit dem Wetter von produktioneller Ebene ans Set verlagert werden kann. Andersherum forcieren gerade unsichere Regisseure Wetterentscheidungen zu häufig oder zu früh, also bevor überhaupt Situationen eintreten, die sie wirklich notwendig machen. Dadurch vergeben sie nicht nur deren Potenzial, sondern belasten auch unnötig die Arbeitskapazität der Produktion. Kurzfristige Umstellungen kosten das gesamte Team viel Kraft, weshalb man sie nicht beliebig vornehmen sollte. Erstrebenswert ist ein entspannter Dialog auf Augenhöhe zwischen Regie und Produktion, welcher Umgang mit dem Wetter im Sinne des Filmprojekts ist.

Im Übrigen gibt es auch den entgegengesetzten Fall, dass einzelne Pensen flexibel behandelt werden müssen, weil ein besonderes Wetter oder eine spezielle Lichtstimmung ausdrücklich gewünscht ist.

Bilder hängen lassen

In jedem Drehablauf werden Pensen nicht geschafft, sei es, weil sie bei der Drehplanerstellung falsch eingeschätzt wurden und sich in der Umsetzung als aufwendiger oder komplizierter herausstellen als gedacht, oder weil etwas passiert, das die zur Verfügung stehende Drehzeit außerplanmäßig einschränkt. Man nennt das „Bilder hängen lassen". Das ist ein normaler Bestandteil des Prozesses und kein Drama, jedenfalls solange man darauf vorbereitet ist. Es können Situationen eintreten, in denen nur ein Teil eines Bildes oder sogar nur eine einzelne Einstellung hängen bleibt.

Es gibt eine Reihe von Strategien, die im Umgang mit hängengebliebenen Bildern helfen. Zum einen arbeitet man bei der Drehplanerstellung mit Alternativen. Dafür überprüft der Drehplaner jeden Drehtag daraufhin, wie realistisch die Umsetzung des Pensums erscheint. Hat er das Gefühl, ein Pensum sei für einen Drehtag zu groß, sucht er für den fraglichen Teil des Pensums (meist ein Bild) von vornherein einen alternativen Platz, bietet ihn aber zunächst trotzdem am ursprünglichen Drehtag an. Erst wenn die Umsetzung dieses solchermaßen optionalen Bildes tatsächlich nicht gelingt, wandert es auf den Alternativplatz. Auf diese Weise lässt sich eine ungewollte Drehzeitverschwendung vermeiden. Weiterhin definiert er unabhängig von einzelnen Bildern Drehtage, die Puffer für Umstellungen oder Zusätze aufweisen. Dabei sollten keine zusätzlichen Kosten entstehen, weil eine Ressource nach einer Umstellung häufiger benötigt wird als ursprünglich veranschlagt. Bei der Arbeit mit optionalen Bildern ist es notwendig, auf eine glaubhafte Balance zu achten. Sieht man einem Drehplan an, dass seine Pensen von vornherein unrealistisch sind, dann wird sich sehr bald keiner mehr bemühen, die optionalen Bilder auch zu schaffen.

Um bei Umstellungen möglichst kostenneutral zu bleiben, ist bereits bei der Pensenbildung sicherzustellen, dass einzelne Motive und Ressourcen in der vorhandenen Zeit auch tatsächlich geschafft werden können. Ist man sich unsicher, ob alle Bilder eines Motivs an einem Tag machbar sind, dann steckt man sie lieber gleich auf eineinhalb Tage oder sucht nach zusätzlichen Bildern, die an dem Motiv umgesetzt werden können, um auf sichere zwei Drehtage zu kommen und den Motivwechsel zu vermeiden. Besteht die Notwendigkeit, wegen eines einzelnen hängengebliebenen Bildes länger an einem Motiv zu bleiben, kann sich das mit Motivwechsel und anderen Dingen rasch zu einem halben Arbeitstag und mehr ausweiten. Das wäre insofern ein pensentechnisches Problem, weil es dafür nur in sehr seltenen Fällen genügend Puffer im Drehplan geben wird. Es ist daher eine Überlegung wert, ob eines der Bilder auch an einem anderen Motiv umgesetzt werden könnte, und dieses Bild sollte optional an das Ende des dann nur einen Drehtags an dem Motiv gesteckt werden. Nach demselben Prinzip sollte es vermieden werden, Ressourcen aufgrund von hängengebliebenen Bildern einen zusätzlichen Drehtag bestellen zu müssen. Optionale Bilder sind also immer solche, die möglichst motivunabhängig sind und deren Umstellung kostenneutral möglich ist.

ABB. 16: BEISPIEL FÜR EIN OPTIONALES BILD AM ENDE EINES DREHTAGES

» qr.halem-verlag.de/drehplanung/optionales_bild.pdf

Es ist strategisch sinnvoll, Hauptmotive an das Ende des Drehzeitraums zu legen. Zum einen schafft man an einem Hauptmotiv in der Regel mehr Pensum als an einem kleinen Motiv, weshalb sich hängengebliebene Bilder leichter auffangen lassen. Dreharbeiten sind dort aufgrund der studioähnlichen Bedingungen häufiger lichtunabhängig möglich, so dass man längere Tage drehen kann, ohne dass das Tageslicht eine zeitliche Begrenzung darstellt. Außerdem ist in einem stärkeren Maße die Arbeit mit zeitlichen Synergieeffekten möglich. Ein Hauptmotiv bietet aber auch dramaturgisch die größten Möglichkeiten, um hängengebliebene Bilder aufzufangen: Sollte tatsächlich der unangenehme Fall eingetreten sein, dass genau ein Bild an einem ansonsten abgedrehten Motiv hängengeblieben ist, muss man vielleicht gar nicht zu diesem Motiv zurück, sondern kann stattdessen nach einer Drehbuchlösung suchen, die im Hauptmotiv spielt und dramaturgisch dasselbe leistet wie die ursprüngliche Szene. Zwar wäre die Umsetzung dieses Bildes dann ebenfalls mit Mehrarbeit verbunden, aber man würde sich die zusätzliche Motivablöse und den Motivwechsel ersparen.

In jedem Fall muss der Drehplaner während des Drehverlaufs wissen, welche Bilder hängenbleiben dürfen und welche nicht. Gerät die Produktion mit einem Pensum in Schwierigkeiten, muss er eine Priorisierung vornehmen und dafür Sorge tragen, dass die Bilder gemäß dieser Gewichtung umgesetzt werden. Die Priorisierung richtet sich danach, welches Bild wie effizient und kostenneutral einen neuen Platz im Drehplan finden kann, und es sollten immer nur Bilder hängenbleiben, die sich ohne Einschränkungen und Zusatzkosten umstecken lassen. Idealerweise ist das ein motivunabhängiges Bild, dessen Ressourcen und Schauspieler in derselben Konstellation noch einmal an einem Drehtag am Set sind, für den ohnehin schon ein Puffer existiert. Ist eine solche Ideallösung nicht möglich, was meistens der Fall ist, sind die Faktoren einzeln gegeneinander abzuwägen.

Um Fehler zu vermeiden und im hektischen Drehverlauf die strategisch richtigen Entscheidungen zu treffen, sollte der Drehplaner sich einen Drehplan nicht nur sehr genau einprägen, sondern auch immer schon vor jedem Drehtag alle Eventualitäten durchgespielt haben. Damit stellt er sicher, dass er sich am Ende eines Drehtags nicht ratlos vor den Trümmern des Tages wiederfindet. Es ist von großem Vorteil, die beste Antwort mitsamt allen Konsequenzen bereits zu kennen, bevor eine Situation überhaupt eingetreten ist. Nicht immer ist die billigste Lösung allerdings auch die beste: Wenn man weiß, dass weitere schwierige Drehtage bevorstehen, kann es sinnvoll sein, von vornherein einen neuen Schauspielerdrehtag aufzumachen. Möglicherweise erspart man sich dadurch komplizierte Umwege im Drehplan, die weitere Einschränkungen mit sich bringen und die man nur gehen muss, um kostenneutral zu bleiben. Ein zusätzlicher Schauspielertag kann dagegen gleich ganz neue Optionen öffnen und deshalb unter dem Strich sogar günstiger kommen.

Die Möglichkeiten eines Drehplans, mit hängengebliebenen Bildern umzugehen, sind allerdings begrenzt. Früher oder später ist ein Punkt erreicht, an dem alle Puffer aufgebraucht sind und die zur Verfügung stehende Drehzeit nicht mehr ausreicht, um eine Realisierung aller offenen Bilder noch zu ermöglichen – der Drehplan funktioniert dann nur noch auf dem Papier. Es ist die Aufgabe der Drehplanung, diesen Punkt zu kommunizieren und auf eine Lösung hinzuarbeiten (siehe das Kapitel *Die Politik des Drehplans* auf Seite 290). Es sind zwei Reaktionen möglich: Entweder man geht auf die Drehbuchebene zurück, nimmt dort Anpassungen vor und passt das Buch an die noch zur Verfügung stehende Drehzeit an, oder man macht neue Drehtage auf. Beide Möglichkeiten stellen sicher, dass das Drehbuch dramaturgisch kohärent umgesetzt und die Geschichte zum Drehende in sich abgeschlossen sein wird. In dem engen Korsett einer Auftragsproduktion kann allerdings schon ein einzelner zusätzlicher Drehtag durch die mit ihm verbundenen Mehrkosten einer finanziellen Katastrophe gleichkommen. Der finanzielle Spielraum bei einer Kinoproduktion ist meist größer.

Anpassung des Kalenders

In der Konzeption der Drehplanung fällt die Entscheidung über einen Wochenrhythmus, der dann im Produktionsverlauf allen Umstellungen zum Trotz beibehalten werden sollte. Es können jedoch Situationen eintreten, die dafür sorgen, dass die ursprünglich vorgesehenen Drehtage nicht mehr funktionieren oder der Wochenrhythmus verschoben werden muss. Eine solche Anpassung des Kalenders stellt einen drastischeren Eingriff in den Drehplan dar als die Umstellung von Bildern.

Indem man neue Drehtage aufmacht, generiert man zusätzliche Drehzeit und macht die Umsetzung der offenen Pensen wieder möglich. Zusätzliche Drehtage werden normalerweise an den Drehzeitraum angehängt und verlängern ihn nach hinten. Manchmal ist es aber auch möglich, sie innerhalb des ursprünglichen Drehzeitraums unterzubringen, was der Produktion zwar nicht die zusätzlichen Arbeitstage, aber immerhin die zusätzlichen Sozialversicherungstage spart. Für gewöhnlich sind die Hauptdarsteller und die Regie, selten auch wichtige Nebendarsteller, für den Fall ausfallversichert, dass ihnen die Arbeit aus gesundheitlichen Gründen nicht mehr möglich ist. Tritt der Ausfall eines Schauspielers im Verlauf eines Drehtages ein, gilt es, die verfügbare Drehzeit irgendwie zu füllen und so viel vom disponierten Pensum umzusetzen wie möglich, um den finanziellen Schaden gering zu halten. Die entstandene Schadenssumme reicht die Produktion dann bei der Versicherung ein. Zusätzliche Drehtage, die sich aus einem Ausfall ergeben, heißen Versicherungstage. Im Drehplan geht man mit ihnen genauso um wie mit anderen zusätzlichen Drehtagen.

Aber auch weniger dramatische Gründe, wie etwa eine veränderte Verfügbarkeit von Schauspielern oder Motiven, können eine Anpassung des Kalenders bedingen. Lässt sich eine Veränderung nicht mehr im Drehplan abbilden, können einzelne Drehtage innerhalb des Drehzeitraums verschoben werden, um neue Optionen zu generieren, ohne dass sich dabei die Anzahl der Drehtage verändert. Statt einem Wochenrhythmus von Montag bis Freitag umfasst eine Arbeitswoche dann zum Beispiel die Wochentage von Dienstag bis Samstag. Dabei ist allerdings zu beachten, dass der veränderte Rhythmus sich im Drehverlauf fortsetzt: Die gesetzliche Ruhezeitenregelung von 36 + 11 (bzw. 12) Stunden für ein Wochenende macht einen Fortgang der Dreharbeiten erst wieder am Dienstag möglich.

Um zurück in den ursprünglichen Wochenrhythmus von Montag bis Freitag zu kommen, müsste man sich nun mit einer Viertagewoche behelfen, was eine Verlängerung des Drehzeitraums um mindestens einen Kalendertag zur Folge haben würde – es sei denn, man fängt diesen anderswo mit einer Sechstagewoche auf, was wiederum mit Mehrkosten verbunden wäre. Im schlechtesten Fall verlängert sich der Drehzeitraum sogar um drei Kalendertage, wenn der eine Kalendertag ein zusätzliches Wochenende kurz vor Drehende notwendig macht. Dieses Beispiel zeigt, wie komplex Anpassungen des Kalenders sind. Sobald sich absehen lässt, dass sie im Drehablauf notwendig werden, dürfen die bisherigen Wochenendtage nicht leichtfertig für Sperrtage freigegeben werden.
Unter besonderen Umständen kann mit einer Verschiebung des Wochenrhythmus auch schlechtes Wetter aufgefangen werden: Man gibt an dem Schlechtwettertag frei und setzt dafür den Drehtag an einem Tag an, der bis dahin frei war. Gerade kurzfristig sind solche Anpassungen des Kalenders aber immer mit einer großen Energieleistung aller Beteiligten verbunden und verursachen Mehrkosten durch Mehrarbeit. In einem solch kurzfristigen Fall muss unbedingt mit allen gesprochen werden, da Filmschaffende ihre spärliche freie Zeit in der Drehphase gerne verplanen, um sie intensiv nutzen zu können und den Drehstress zu kompensieren. Regisseure haben häufig auch an drehfreien Tagen berufliche Termine. Andersherum kann es aber eine große Erleichterung sein, an einem Wochentag frei zu haben, um private Dinge erledigen zu können. Eine Anpassung des Kalenders sollte erst dann vorgenommen werden, wenn sich innerhalb des Drehplans keine andere Lösung anbietet.

Verlust der Initiative

Der Begriff der Initiative bezeichnet die Fähigkeit, eine Handlung proaktiv auszuführen und die Gegenseite dadurch in eine reaktive Rolle zu drängen. Verliert man die Initiative, wird man selbst in eine

reaktive Rolle gezwungen. Der Ausdruck wird etwa in der Politik und im Schach verwendet sowie im Zusammenhang von militärischen Operationen. Auch für die Drehplanung ist Initiative von entscheidender strategischer Bedeutung.
Dreharbeiten gleichen einem Einsatz in einem manchmal unbekannten Territorium. Die Drehplanung ist so etwas wie die operativ-strategische Schaltzentrale dieses Einsatzes, der alternativlos erfolgreich beendet werden muss. Da der Erfolg permanent von diversen, manchmal nicht absehbaren äußeren Einflüssen gefährdet ist, verfolgt die Drehplanung das Ziel, bei allen Unwägbarkeiten das Heft des Handelns in der Hand zu behalten, das diese zwar dauerhaft zu verlieren droht, das aber benötigt wird, um allen Entwicklungen immer einen strategischen Schritt voraus sein zu können. Das Fundament dafür wird in der Vorbereitung gelegt. Die drei vorangegangenen Kapitel haben Möglichkeiten und Strategien beschrieben, mit denen auf Entwicklungen und Widrigkeiten eine Antwort gefunden werden kann, welche den Drehablauf gefährden, ohne die aktive Rolle zu verlieren. Gerade wenn man mit Entscheidungen konfrontiert ist, Sperrtage und Motiveinschränkungen zu akzeptieren, sollte man nicht nur an die kurzfristige Machbarkeit denken, sondern immer auch an die mittelfristigen Folgen und inwiefern sich die Flexibilität des Drehplans dadurch verschlechtert. Trotzdem lässt sich selbst bei der gewissenhaftesten Drehplanung nicht ausschließen, dass irgendwann die Initiative verloren geht.
Dieser Punkt ist erreicht, wenn man nicht mehr selbst vorgeben kann, welches Pensum man an einem Drehtag ansetzen möchte, sondern wenn die Frage nur noch lautet, welche Bilder man überhaupt noch drehen kann. Ein weiteres Symptom ist das Wissen, dass nur ein Griff in die Kasse die Produktion davor bewahren kann, zu stehen. Damit ist gemeint, dass die Produktion zum Erliegen kommt und die Arbeit nicht mehr aus sich selbst heraus fortgesetzt werden kann. Grund dafür sind in der Regel zwei zeitgleiche Phänomene: Zum einen sind die Einschränkungen von außen zu bestimmend geworden, als dass

man noch darauf reagieren könnte, zum anderen ist die Produktion zeitlich so weit ins Hintertreffen geraten, dass sie nur noch mit der Gewährleistung des jeweils nächsten Drehtages beschäftigt ist, ohne weiterhin vorausarbeiten zu können. Beides tritt manchmal schneller ein, als man vermuten könnte. Wenn man diesen Punkt antizipiert, ist es meist schon zu spät, um noch etwas dagegen zu unternehmen, und oft kann man nur noch versuchen, ihn so weit wie möglich nach hinten zu schieben. Leider ist es beinahe unmöglich, von diesem Punkt aus die Initiative zurückzuerobern. Stattdessen schleppt man sich meist mit hohem Arbeits- und Kostenaufwand irgendwie ins Ziel.

Wer ein tragisches Beispiel für den Verlust der Initiative einer Filmproduktion sehen möchte, sollte sich *Verloren in La Mancha* anschauen, ein Dokumentarfilm, der die Geschichte der gescheiterten Verfilmung *Don Quijotes* durch Terry Gilliam im Jahre 2000 schildert und sehr plastisch die Zusammenhänge zeigt, die schließlich zum Abbruch der Dreharbeiten geführt haben. Ein anderer Film zum Thema ist der Spielfilm *Black Hawk Down*, der von dem realen Absturz eines US-amerikanischen Militärhubschraubers im Rahmen einer humanitären UN-Mission in Somalia erzählt und in dem prominent platziert der Satz fällt: „We just lost the initiative". Natürlich sind die menschlich tragischen Auswirkungen des militärischen Initiativverlustes nicht mit denen einer Drehplanung vergleichbar, aber der Film zeigt eindrucksvoll die strategischen Zusammenhänge und auch die Kraftanstrengung und Hilflosigkeit, mit denen eine hochgerüstete Armee darum ringt, die Initiative in einem selbstinitiierten Einsatz zurückzuerlangen – eine Situation durchaus vergleichbar mit der einer Filmproduktion, welche die Initiative über ihre Dreharbeiten verloren hat.

B9 DREHPLANUNG VON SERIEN

Als Serie bezeichnet man narrative Inhalte, egal ob fiktional oder dokumentarisch, die typischerweise im linearen Fernsehen oder im Internet gezeigt werden und die sich aus einzelnen Folgen zusammensetzen. Folgen, die produktionell und meist auch dramaturgisch zusammengehören, bilden eine Staffel. Die Anzahl der Folgen ist dabei unerheblich. Aus wie vielen Staffeln eine Serie besteht, ist von ihrem narrativen Potenzial sowie ihrem Auswertungserfolg abhängig. Ist jede Folge in sich abgeschlossen und verändern die Welt und die Figuren sich im Verlauf einer Staffel kaum oder gar nicht, spricht man von einer vertikalen Serie. Eine horizontale Serie erzählt seine Geschichten dagegen über eine oder mehrere Staffeln hinweg, mit teilweise großen Figurenentwicklungen. Ein serielles Format, das von vornherein auf eine begrenzte Anzahl horizontaler Folgen angelegt ist, heißt Mehrteiler oder Miniserie. Im Unterschied zu einer Serie bezeichnet man inhaltlich abgeschlossene Spielfilmformate, die auf einem wiederkehrenden Sendeplatz oder mit zeitlichem Abstand im Kino ausgewertet werden, als Reihe.

Die Drehplanung von Serien unterscheidet sich von der Arbeit an Spielfilmen. Sie kann allerdings kaum generalisiert beschrieben werden, da sie ungleich mehr als bei Spielfilmen von den Eigenarten des jeweiligen Formats abhängig ist. Zum besseren Verständnis der Unterschiede ist es hilfreich, zunächst einen Blick auf die Eigenarten der Produktionslandschaft zu werfen.

In den USA entstehen Serien bis heute im sogenannten Zwei-Jahres-Zyklus, an welchem sich alle großen Networks orientieren. Im Frühjahr entwickeln Autor und Produzent ein Konzept und schlagen es den Sendern vor, um dann im Falle einer Beauftragung in der zweiten Jahreshälfte eine Pilotfolge zu entwickeln, die nach dem Jahreswechsel umgesetzt wird. Auf Grundlage dieses Piloten entscheidet das Network, ob das Projekt in Produktion geht. Bei vollständig beauftragten Staffeln beinhaltet das meist 22 oder mehr Folgen, welche im darauffolgenden Frühjahr fertig produziert sein müssen – zwei Jahre nach Beginn der Arbeit am Konzept. Wegen der geringen Zeitspanne zwischen finaler Beauftragung und Abgabe der Staffel sind die Produktionsabläufe in diesem Zeitraum sehr eng getaktet. Die Drehbücher werden parallel zum Dreh entwickelt, und zwischen der ersten Idee für eine Folge und dem Vorbereitungsbeginn für deren Umsetzung liegen manchmal nicht einmal zwei Monate

Um diesem Zeitdruck gerecht werden zu können, hat sich die Position des Showrunners herausgebildet. Einen Showrunner muss man sich wie einen produzieren Autor vorstellen (oder wie einen schreibenden Produzenten), der hierarchisch über der Regie steht. Er leitet die Buchentwicklung der Autoren und trifft folgenübergreifende inszenatorische und produktionelle Entscheidungen. Es liegt in seiner Verantwortung, dass die Serie am Ende nicht nur künstlerisch „wie aus einem Guss" erscheint, sondern auch im Budget bleibt. Der Showrunner ist deshalb stets für eine ganze Staffel verantwortlich und wird häufig als der Schöpfer einer Serie angesehen. In Einzelfällen übernimmt er auch die Regie, häufig bei dramaturgisch bedeutsamen Episoden wie dem Piloten oder dem Staffelfinale, in vielen Fällen fehlt ihm dazu aber aufgrund seiner vielfältigen Aufgaben die Zeit. Es ist stattdessen üblich, dass mehrere Regisseure an einer Staffel arbeiten und manchmal sogar von Folge zu Folge wechseln. Tonalität und Stil der Serie werden dann in der Pilotfolge erarbeitet, und alle weiteren Folgen schließen inszenatorisch daran an. Entsprechend hat der Regisseur des Piloten eine viel größere künstlerische Verantwortung für das Gelingen einer Serie als seine nachfolgenden Kollegen.

In Deutschland arbeiten zwar auch wechselnde Regisseure an einer Serie, die Position des Showrunners ist aber wenig verbreitet. Wenn überhaupt wird der Begriff eher aus Marketinggründen für den Headautor einer Serie verwendet, dem leitenden Drehbuchautor, ohne dass dessen Verantwortung aber ähnlich weitreichend wäre, wie es international gängig ist. Auch in Deutschland sind die meisten Serien streng an Programmformatvorgaben wie Folgenlängen und Werbeblöcke gebunden, sie entstehen aber nicht in einem saisonalen Zyklus. Auch sind Redakteure als Vertreter der auftraggebenden Sender traditionell stärker in die Stoffentwicklung involviert, als dies international üblich ist. Neben vertikalen Serien und vor allem Krimireihen sind in Deutschland traditionell Mehrteiler sehr beliebt. Diese erinnern in ihrer Projektaufstellung an einen sehr langen Spielfilm, zum einen, weil ein Regisseur alle Folgen inszeniert, zum anderen, weil im Regelfall die Drehbücher zu Beginn der Dreharbeiten fertig sind. Die Produktionsstrukturen von Serien sind in Deutschland deshalb weniger spezifisch als in den Vereinigten Staaten.

Bei der Drehplanung einer Serie ist der größte Unterschied zum Spielfilm die größere Menge an umzusetzendem szenischen Material bei zumeist geringerem Budget pro Sendeminute. Dieser im Vergleich noch einmal höhere Effizienzdruck erschwert eine Rücksichtnahme auf den kreativen Prozess und den Einbau von Optionen für den Fall von Unwägbarkeiten, manchmal ist sogar das Ziel der Zeit- und Kosteneffizienz kaum umzusetzen, gerade bei eher kürzeren Folgen. In dem Fall etwa, dass verschiedene Regisseure jeweils eine Folge inszenieren, ist es nicht möglich, durch die verschiedenen Folgen quer zu drehen. Stattdessen muss dann jede Folge nacheinander in sich abgeschlossen umgesetzt werden.

Aus diesem Grund sind bei einer Serie die Bereiche Stoffentwicklung und Drehplanung enger miteinander verzahnt als bei einem Spielfilm, bei dem man nur in Ausnahmefällen auf die Drehbuchebene zurückgeht, um Änderungen vorzunehmen und dadurch die Umsetzung möglich zu machen Bei einer Serie sucht man dagegen bereits bei der Konzeption nach produktionellen Ideen, wie das Format kalkulativ beherrschbar gemacht werden kann. Eine solche Idee könnte etwa der wiederkehrende Einsatz von Studiokulissen anstelle von Originalmotiven sein, die Entwicklung von sehr unterschiedlich aufwendigen Folgen – Folgen, die von vornherein daraufhin entwickelt werden, besonders günstig umgesetzt zu werden, bezeichnet man als „Bottleneck-Folgen" – oder, bei sehr aufwendigen Serien, auch der Einsatz von zwei Drehteams, zwischen denen die Regisseure innerhalb einer Folge wechseln können, ohne dass die Logistik bewegt werden müsste. Im weiteren Verlauf der Stoffentwicklung werden die Drehbücher dann immer wieder über den Drehplan kontrolliert und im Zweifelsfall angepasst. Durch den Showrunner, in dessen Position Stoffentwicklung und produktionelle Verantwortung zusammenlaufen, ist die Suche nach solchen Lösungen anders möglich als bei einem Spielfilm.

Auch wenn sich eine Tendenz hin zur horizontalen Serie feststellen lässt, deren künstlerischer Anspruch mit dem von Kinospielfilmen mitzuhalten versucht und die entsprechend hoch budgetiert ist, entsteht ein Großteil aller Serien nach wie vor unter hohem Effizienzdruck Aus diesem Grund haben sich typische produktionelle Strategien etabliert, um schnell und günstig zu produzieren – etwa der bereits angesprochene Einsatz von Studiokulissen. Dabei wird die überwiegende Anzahl der Sets als Studiobauten in unmittelbarer Nähe zueinander konzipiert, sodass Motivwechsel von vornherein entfallen und sich die Drehzeit erhöht. Diese Sets müssen dann auch nur einmal eingerichtet und technisch vorbereitet werden, um sie fortan flexibel bedienen zu können. Aber auch bei Dreharbeiten an Originalmotiven kann man sich dieses Prinzip zunutze machen, etwa indem überproportional viele Szenen in einem Hauptmotiv spielen, welches dann produktionell ähnlich bedient werden kann wie ein Studio. Eine andere Strategie ist der Einsatz der Mehrkameratechnik: Indem eine Szene mit mehreren Kameras gleichzeitig gefilmt wird, entfällt die Notwendigkeit, Takes in unterschiedlichen

Einstellungsgrößen zu wiederholen, und die Kosten, die dadurch auf Seiten von Personal und Technik zusätzlich entstehen, ermöglichen einen erheblichen Zeitgewinn.

Beide Strategien mindern aber immer auch die künstlerische Qualität: Bei wiederkehrenden Studiokulissen entsteht eine gewisse optische Monotonie und bei der Mehrkameratechnik sind die visuellen Möglichkeiten eingeschränkt, weil die Kameras sich nicht gegenseitig behindern dürfen und das Licht weniger dezidiert gesetzt werden kann. Unabhängig davon müssen Regie, Cast und Team bei einer Serie in jedem Fall schneller arbeiten als bei einem Spielfilm, was die Präzision mindert.

Auch spezifische Formate, die sich teilweise aus den beschriebenen produktionellen Strategien heraus entwickelt haben, bedingen eine angepasste Drehplanung. Typische Serienformate sind etwa die Situation Comedy, die sogenannte Sitcom eine vertikale, komödiantische Serie, deren Folgen manchmal theaterähnlich vor Live-Publikum aufgezeichnet werden, die Daily Soap, auch Seifenoper genannt, eine sehr schnell produzierte, prinzipiell endlose horizontale Serie, oder die angesprochene horizontale Serie mit hohem künstlerischen Anspruch, die gerne etwas vage als Qualitätsserie bezeichnet wird.

Die Drehplanung einer Sitcom ist abhängig davon, ob die Aufzeichnung vor Publikum erfolgt oder ob die für das Format typischen Lacher „vom Band" eingefügt werden. Der erste Fall ist in der Umsetzung komplizierter, weil er ganz auf die Anwesenheit des Studiopublikums hin ausgerichtet ist. Häufig finden dann in der ersten Tageshälfte die notwendigen Stellproben ohne Zuschauer statt, und in der zweiten Tageshälfte werden die disponierten Szenen live umgesetzt. Damit das dann anwesende Studiopublikum der Geschichte folgen kann, erfolgt die Aufzeichnung chronologisch und Szenen, die bereits aufgezeichnet wurden, werden auf Monitoren eingespielt. Meist wird bei einer Sitcom mit der Mehrkameratechnik gearbeitet – teilweise mit bis zu vier Kameras gleichzeitig, damit Geduld und Wohlwollen des Publikums nicht überstrapaziert werden.

Typisch für das Format ist auch, dass die Autoren bei der Aufzeichnung am Set anwesend sind und Takes mit alternativen Pointen wiederholt werden, um später im Schnitt die Version auswählen zu können, die am besten funktioniert hat. Wird eine Sitcom ohne Publikum aufgezeichnet, ist die Drehplanung entsprechend freier.

Eine Daily Soap zeichnet sich dadurch aus, dass sie über einen langen Zeitraum, manchmal Jahrzehnte, täglich ausgestrahlt wird, meist fünf Folgen pro Woche. Die verwandte Telenovela, die sich insbesondere im spanischen Sprachraum großer Beliebtheit erfreut, endet im Unterschied dazu meist nach einem Jahr. Gemeinsam ist beiden Formaten, dass die hohe Ausstrahlungsfrequenz die Aufzeichnung von einer Folge pro Drehtag obligatorisch macht. Daily Soaps sind daher das Serienformat mit dem höchsten Effizienzdruck und den geringsten künstlerischen Möglichkeiten. Das Team wird über den langen Produktionszeitraum nahtlos durchgetauscht, und die wechselseitige Abwesenheit von Castmitgliedern wird schon in der Stoffentwicklung über entsprechende Storylines mitbedacht – im Zweifelsfall ist eine Figur dann halt mal verreist. Die Aufzeichnung erfolgt beinahe ausschließlich in einer festen Studioumgebung mithilfe der Mehrkameratechnik. Um eine gewisse optische Aufwertung zu erzielen, wird sie sporadisch mit Außenszenen ergänzt, die quer durch mehrere Folgen hinweg an einem Außendrehtag aufgezeichnet oder gleich an ein zweites Drehteam ausgelagert werden.

Von allen drei beschriebenen Formaten lässt sich die Qualitätsserie drehplanerisch am wenigsten klar umreißen. Sie ist eng mit dem Einstieg von Pay-TV-Sendern in die Produktion von Serien Ende der 1990er Jahre und dem Aufkommen von Video-on-Demand verbunden. Pay-TV-Sender und Video-on-Demand-Dienste sind im Unterschied zu den Networks nicht an Programmformatvorgaben gebunden, was zu einem kreativen Aufblühen der Serienformate geführt hat. In Deutschland stellen Qualitätsserien ein noch junges Phänomen dar, und sie sind eher singulär anzutreffen. Häufig werden sie wie ein Mehrteiler behandelt und von einem Regisseur umgesetzt.

Zögerlich werden aber auch progressivere Produktionsaufstellungen gewagt, etwa bei *Babylon Berlin* (siehe das Interview mit Uwe Schott auf Seite 351), eine Serie, die von drei gleichberechtigten Autorenfilmern umgesetzt wurde, wobei die Serienmacher nicht die Folgen, sondern die Motive unter sich aufgeteilt haben. Im englischen Sprachraum entstehen Qualitätsserien hingegen fast ausschließlich unter der Leitung von Showrunnern mit meist wechselnden Regisseuren. Je weniger Folgen eine Serie hat und je abgeschlossener sie angelegt ist, desto häufiger ist aber auch dort das Bestreben festzustellen, die Anzahl der Regisseure zu begrenzen, um künstlerische Kohärenz gewährleisten.

B10 SONDERFÄLLE DER DREHPLANUNG

Manche Drehbuchsituationen stellen spezifische Anforderungen an die Planung ihrer Umsetzung. Dieses Kapitel beschreibt drei in dieser Hinsicht typische Standardsituationen, die bei fast jeder Drehplanerstellung vorkommen. Die Auflistung ist bei Weitem nicht vollständig, es gibt so viele Sonderfälle, wie Drehbuchideen und technische Möglichkeiten zu ihrer Umsetzung existieren.

Telefonate

Nicht erst seit dem Mobilfunkzeitalter wird in Filmen telefoniert. Für die Umsetzung eines Telefonats gibt es zwei Möglichkeiten. Wird wahrend des Gesprächs zwischen zwei Personen und damit zwischen zwei Einstellungen hin und her geschnitten, dann ist es ausreichend, wenn bei den Dreharbeiten jeweils nur der Schauspieler anwesend ist, der gerade gefilmt wird, und ein Teammitglied den Text der Gegenseite einliest, weil das Timing des Dialogs in diesem Fall erst im Schnitt festgelegt wird. Falls das Telefonat aber in einer Einstellung bleiben und nicht unterschnitten werden soll bzw. beide Seiten gleichzeitig als Splitscreen im Bild sein sollen, dann muss das Timing bereits bei der Aufnahme fixiert werden. Dafür ist es dann notwendig, dass beide Schauspieler gleichzeitig anwesend oder bei der Aufnahme zumindest real miteinander verbunden sind und auch der Text der anspielenden Gegenseite vom Ton mitaufgenommen wird, etwa in einem Nebenzimmer. Geht die Art der Umsetzung nicht zweifelsfrei aus dem Drehbuch hervor, wird sie bei der Regie erfragt.

Fahraufnahmen

Beinahe jedes Drehbuch enthält Fahraufnahmen. Ihre Planung ist ein komplexes Unterfangen, bei dem verschiedene technische Möglichkeiten der Umsetzung mit produktionellen und vor allem sicherheitstechnischen Bedenken abgewogen werden müssen. Der Umgang mit Fahraufnahmen im Drehplan ist abhängig von den dabei getroffenen Entscheidungen.
Bei einer Vorbeifahrt steht die Kamera außerhalb des Autos am Straßenrand oder zumindest mit einer räumlichen Distanz zur Straße und filmt das vorbeifahrende Fahrzeug mitsamt Insassen. Die Vorbeifahrt eignet sich deshalb zur Raumvermittlung ohne Dialog und wenn die Emotionen der Insassen nicht transportiert werden müssen, weshalb sie sich häufig mit Doubles umsetzten lässt. Haben die Figuren aber Dialog oder sollen ihre Emotionen erzählt werden, dann muss die Kamera nahe an sie heran. Dafür gibt es drei technische Lösungen: Entweder wandert die Kamera ins Auto hinein (sei es vom Stativ oder als Handkamera), sie wird am Auto befestigt (mit einem Saug- oder Einhängestativ), oder man greift auf einen Trailer zurück. Ein Trailer ist eine Zugmaschine, auf deren Ladefläche das Spielauto fixiert wird, und deren Konstruktion sowohl Kamerapositionen um das Fahrzeug herum als auch einen kontrollierten Drehablauf im fließenden Verkehr ermöglicht. Diese drei Varianten haben verschiedene dramaturgische Vor- und Nachteile und sind aufsteigend teuer.

Bei einer Kameraposition im Auto muss ein Schauspieler obligatorisch selbst fahren, so dass nur der Beifahrersitz und die Rückbank als Kamerapositionen möglich sind. Von dort besteht keine Möglichkeiten, in die Blickachse des Fahrers zu kommen, und je nach Anzahl und Anordnung der Insassen (mehr als drei können nicht miteinander spielen, weil sonst kein Platz für die Kamera bleibt) können auch diese bestenfalls im Profil und sonst nur im verlorenen Profil gefilmt werden, also über 90 Grad aus der Blickachse heraus. Einzige Ausnahme ist der Blick vom Beifahrersitz auf die Rückbank, was allerdings aufgrund des dann frei bleibenden Beifahrersitzes eine eher ungewöhnliche Anordnung ist – es sei denn, auf der Rückbank sitzen Kinder. Diese eingeschränkten Perspektiven eignen sich daher für funktionale Dialogszenen, bei denen es nicht notwendig ist, in die Blickachsen der Figuren zu kommen, weil die Emotionen nicht im Vordergrund stehen bzw. ohnehin indirekt erzählt werden sollen. Es ist möglich, Insassen zugunsten der Kamera aus dem Auto zu entfernen, allerdings können die Schauspieler dann auch nicht mehr miteinander spielen.
Will man die Emotionen der Figuren frontal erzählen, muss man mit der Kamera im 180-Grad-Winkel um die Schauspier herumwandern und ihre Gesichter aus allen Perspektiven und Blickachsen zeigen können. Das ist bei der zweiten (Saug- oder Einhängestativ) und dritten Variante (Trailer) möglich, einzig beim Einsatz eines Trailers ist für die Kamera der Blick nach vorne aufgrund der dort befindlichen Zugmaschine versperrt. Der große Unterschied der beiden Varianten ist die Kontrolle und, damit zusammenhängend, die Sicherheit. Ist die Kamera am Auto fixiert, ist man auf die Fahrkünste des Schauspielers angewiesen, und das Team kann nicht unmittelbar an der Aufnahme teilnehmen, sondern muss dem Spielfahrzeug in einem Begleitfahrzeug folgen. Die Kontrolle des Aufnahmeprozesses ist also gering. Zwar kann auch der Kameraoperator am Spielfahrzeug befestigt sein, um die Kamera zu führen, aber das ist eine nicht ungefährliche Drehsituation. Der Einsatz eines Trailers löst dagegen

die Aufnahme weitgehend von der Fahrsituation und bietet die Infrastruktur für einen kontrollierten und sicheren Aufnahmeprozess im Verkehr, bei dem Schauspieler und Team sich ganz auf ihre eigentliche Arbeit konzentrieren können.
Die größten optischen Möglichkeiten bestehen bei einer Mitfahrt. Man begleitet das Spielfahrzeug mitsamt Insassen mit einem zweiten Fahrzeug, von dem aus die Aufnahme vorgenommen wird. Es kann sich dabei um einen normalen Multivan handeln, aus dessen Türen heraus gefilmt wird, oder um ein spezielles Kamerafahrzeug, beispielsweise mit einem montierten Kran auf der Ladefläche. Die optischen Möglichkeiten richten sich nach der technischen Ausstattung des Kamerafahrzeugs, das zugrundeliegende Prinzip ist aber immer dasselbe: Kamera- und Spielfahrzeug bewegen sich in einer festgelegten Choreografie zueinander. Indem die Kamera vom Spielfahrzeug gelöst wird, schafft man eine zusätzliche Bildebene und kann theoretisch 360 Grad und mit unterschiedlichen Distanzen an die Figuren herankommen. Auf diese Weise lassen sich Raumvermittlung, Dialog und Emotionen in einer Einstellung miteinander verbinden.
Bei der Abwägung dieser Möglichkeiten spielt die Frage nach der Sicherheit eine entscheidende Rolle. Schauspiel und Autofahren gehen nicht in jedem Fall zusammen. Schauspiel bedingt eine große Konzentration auf sich selbst und auf den oder die Spielpartner, und nicht jeder Schauspieler besitzt die Fähigkeit, parallel zu seinem Spiel souverän auf das Führen eines Fahrzeugs oder gar auf den Straßenverkehr zu achten. Denkt man über eine technische Variante nach, bei der ein Schauspieler gleichzeitig spielen und fahren soll, muss man das mit ihm für jede Szene einzeln absprechen und auch bereit sein, ihn bei Bedenken vor sich selber zu schützen. Bei längeren oder emotionalen Dialogszenen kommt eine solche Lösung gar nicht erst in Betracht. Bei Dreharbeiten im Straßenverkehr gilt die Straßenverkehrsordnung, was bedeutet, dass ein Schauspieler, der ein Spielfahrzeug im Straßenverkehr führen soll, im Besitz

einer gültigen Fahrerlaubnis sein muss. Ist er das nicht, darf er nur auf privatem Grund oder auf einer vollständig oder zeitweise gesperrten Straße fahren. Ausgehend von der technischen Umsetzung und mit Rücksichtnahme auf alle Sicherheitsbedenken, entscheidet man schließlich über die Kontrolle der Straße. Meist setzt sich eine einzelne Fahrsequenz aus einer Kombination dieser technischen Möglichkeiten zusammen.

Vorbeifahrten sind im Drehplan einfach zu handhaben. Sie werden zu dem Motiv gesteckt, an dem sie spielen, und können im Drehablauf ohne großen Aufwand bedient werden. Sollten die benötigten Insassen an dem Drehort nicht vorgesehen sein, denkt man darüber nach, ob sich die Aufnahmen auch mit Doubles umsetzen lassen. Auch Fahraufnahmen mit der Kamera im Auto können im Drehplan recht flexibel behandelt werden: Zwar bedürfen sie einer gewissen technischen Vorbereitung des Spielfahrzeugs, aber es ist möglich, diese Arbeiten innerhalb der Abläufe eines Drehtages aufzufangen. In beiden Fällen kann es je nach Straße, Szenenvorgaben und Fahrvermögen des Schauspielers notwendig sein, zumindest eine Intervallsperrung zu beantragen. Während kleine, in jedem Fall asphaltierte Feldwege oder Nebenstraßen bei entsprechender Fahrerlaubnis des Schauspielers ungesperrt ins Auge gefasst werden können, empfiehlt es sich, auf größeren und schnelleren Straßen, insbesondere auf solchen mit Verkehrsaufkommen, nicht ungesperrt zu drehen.

Ein Trailer inklusive Personal sind nicht kostengünstig, und die Vorbereitung der Fahraufnahmen zeitaufwendig. Man untersucht deshalb bei der Drehplanung, wie viele unterschiedliche Fahrstrecken für die Trailerbilder benötigt werden (Autobahn, Bundesstraße, Innenstadt usw.), und setzt für jede Fahrstrecke einen eigenen Trailerblock an. Befinden sich die Trailerstrecken in vertretbarer räumlicher Nähe zueinander, legt man sie an einem Drehtag zusammen, ansonsten behandelt man jede Fahrstrecke wie ein kleines Motiv und kombiniert es unter Effizienzgesichtspunkten mit anderen Motiven.

Solange die unterschiedlichen Fahrstrecken entsprechend viel erzählen, ist es durchaus vertretbar, einen Trailer mehr als einmal zu bestellen. Falls sie sich aber optisch gleichen, sollten sie auf einer Fahrstrecke umgesetzt werden. Da der Drehprozess auf einem Trailer unabhängig von dessen Bewegung im Straßenverkehr ist, hängt die Entscheidung über eine Sperrung nicht von den Fahrkünsten des Schauspielers ab, sondern von der Sicherheit der Fahrstrecke für den Trailer. Die Ansage darüber trifft der Trailerfahrer.
Mitfahrten liegen im Drehplan aus denselben Gründen wie Traileraufnahmen zusammen. Auch sie können teuer sein und bedürfen einer häufig komplizierten Vorbereitung und Logistik. Eine Sperrung ist nicht in jedem Fall notwendig, sondern abhängig davon, wie sehr der Einsatz des Kamerafahrzeugs einen Eingriff in den Straßenverkehr darstellt. Bei einer seitlichen Mitfahrt auf einer einspurigen Straße braucht es eine Sperrung, weil das Kamerafahrzeug in der Spur des Gegenverkehrs fahren muss. Eine seitliche Mitfahrt auf einer dreispurigen Autobahn ist dagegen nicht notwendigerweise eine Behinderung des Straßenverkehrs und kann möglicherweise auch ohne Sperrung stattfinden. Voraussetzung dafür ist allerdings eine Fahrerlaubnis des Schauspielers – die man umgehen könnte, wenn man das Spielfahrzeug auf einen Trailer bauen würde, was aber wiederum zu einer Einschränkung der optischen Möglichkeiten führt. Fahraufnahmen im Straßenverkehr müssen unabhängig von einer Sperrung in jedem Fall angemeldet sein.

Splits

Bei jeder Drehplanung gibt es die Situation, Bilder splitten zu müssen. Ein Split bedeutet, dass eine Szene nicht in ihrer Gänze umgesetzt wird, sondern in zwei oder mehr Teilen. Diese Notwendigkeit kann entstehen, wenn das Drehbuch formal nicht sauber geschrieben ist und Szenen keine zeitliche oder räumliche Kontinuität aufweisen und deshalb im Drehplan getrennt und im Drehablauf separat voneinander behandelt werden müssen. Andere Splits werden von der Regie durch deren Vorstellung von der Umsetzung einer Szene vorgegeben, etwa wenn sich eine Fahrsequenz aus technisch unterschiedlich aufgenommenen Einstellungen zusammensetzt. Und nochmal andere Splits ergeben sich aus dem Drehprozess heraus, etwa dann, wenn man mit einer oder mehreren Einstellungen eines Bildes hängenbleibt, weil zum Beispiel das Tageslicht schwindet und nicht alle Einstellungen bis Sonnenuntergang geschafft sind. Unabhängig von diesen drei Fällen sind Splits aber auch ein wichtiges Werkzeug der Drehplanung, um Geld und Zeit zu sparen und um die Umsetzung eines Drehbuchs zu vereinfachen oder sogar überhaupt erst möglich zu machen.

Ein Split funktioniert nur dann, wenn sich die Umsetzung der Teile klar voneinander trennen lässt. Voraussetzung dafür ist immer, dass man einen Raum nicht in seiner Gänze zeigt, sondern mindestens eine Richtung soweit von der oder den anderen Richtungen löst, dass sie sich zu einem späteren Zeitpunkt optisch einfügen lässt. Besondere Vorsicht ist in den Grenzbereichen dieser Richtungen geboten, da optische Überschneidungen die Fehleranfälligkeit eines Splits eklatant erhöhen können. Das gilt insbesondere für das Szenenbild und Personal vor der Kamera: Wenn ein Schauspieler oder Komparse eine Richtung verlässt, um in die noch ausgesparte Richtung hinüberzuwechseln, dann muss er nicht nur beim Dreh der noch offenen Richtung ebenfalls anwesend sein (möglicherweise erst Wochen später), er muss auch identisch aussehen, damit der Split sich nicht als solcher verrät. Ein solcher Wechsel der Richtungen kann aber gerade aus diesem Grund schön und auch gewollt sein, weil er für den Zuschauer den Eindruck einer Verbindung herstellt. Zu diesem Zweck kann man bewusst mit optischen Anschnitten arbeiten, beispielsweise mit Szenenbild oder Doubles. Ein solcher Effekt muss in jedem Fall sehr genau geplant und fixiert werden.

Ein Split bietet sich also an, wenn es eine Figur gibt (Richtung a), die sich mit anderen Figuren (Richtung b) eine Szene teilt, ohne mit ihnen zu interagieren. In diesem Fall dreht man zunächst Richtung b, weil diese für die Szene mehr vorgibt, und ergänzt später Richtung a. Findet zwischen den Figuren eine Interaktion in beide Richtungen statt, beispielsweise weil sie Dialog haben, dann lassen sie sich zwar optisch voneinander trennen, in diesem Fall ist das Gelingen der Inszenierung und des Timings aber so essentiell abhängig vom gegenseitigen Anspiel der Schauspieler, dass ein Split lieber vermieden werden sollte. Manchmal findet man sich trotzdem in solchen Situationen wieder, dann aber eher aus Verlegenheit oder weil es höhere Kräfte gibt, auf die man Rücksicht nehmen muss. So ist ein solches Vorgehen bei Kinderfilmen üblich, bei denen sich die Auflösung an die eingeschränkten Arbeitszeiten der Kinderschauspieler anpassen muss. Eine Drehsituation mit Doubles kann man sich prinzipiell ebenfalls wie eine Art Split vorstellen, nur dass dabei nicht Richtungen, sondern einzelne Bildbestandteile innerhalb einer oder mehrerer Richtungen ausgetauscht werden.

Splits helfen beim Sparen, wenn sich bei der Drehplanarbeit herausstellt, dass Ressourcen aufgrund einer drehplanerisch ungünstigen Konstellation Kosten verursachen, die nicht unbedingt für das Ergebnis stehen. Ich hatte mal den Fall, dass eine Figur an vier verschiedenen Motiven in genau einem Bild vorkam, was im Drehplan tatsächlich vier Drehtage für den durchaus namhaften Schauspieler bedeutet hat. An zwei Motiven war er auch noch nur als Wasserleiche zu sehen. Es war zum einen absehbar, dass es für den Schauspieler sehr ungemütlich und anstrengend sein würde, den ganzen Drehtag als Wasserleiche im Leichenschauhaus zu verbringen, zum anderen erschien uns seine Tagesgage als zu hoch dafür, dass er nur als Körper am Rand des Bildes herumliegen würde. Aus diesen Gründen hat der Regisseur angeboten, die Leiche an zweien der Motive von einem Körperdouble darstellen zu lassen und die dazugehörigen Close-ups des Schauspielers an einem der beiden anderen Motive einzufügen. Durch dieses Vorgehen konnten wir zwei Schauspielertage einsparen, und sowohl der Schauspieler als auch die Produktion waren mit dieser Lösung nicht unglücklich.

Ein Beispiel für eine Drehbuchsituation, deren Umsetzung durch einen Split überhaupt erst möglich wird, ist eine Theateraufführung mit vielen Schauspielern und mit einer großen Komparsenzahl auf der Bühne und im Publikum. Ist das Bild zu groß, um es an einem Drehtag umzusetzen, und will man es sich ersparen, das gesamte Personal auf zwei Drehtage zu legen und entsprechend bezahlen zu müssen, kann man das Bühnengeschehen (Richtung a) von dem Geschehen im Publikum (Richtung b) trennen und jeder Richtung einen eigenen Drehtag geben. Auf diese Weise erhöht sich die effektive Drehzeit für jede einzelne Ressource, und um einen Gesamteindruck herzustellen, können ausgewählte Einstellungen die Richtungen miteinander verbinden. Es ist genauso möglich, einzelne Einstellungen, die in der Umsetzung besonders zeitaufwendig erscheinen, aus dem Drehablauf herauszulösen: Bei einem Dreh mit Tieren kann es beispielsweise effizienter und günstiger sein, Einstellungen, in denen das Tier etwas Besonderes machen soll, in eine 2nd Unit auszulagern, anstatt die ungleich teurere Drehzeit der 1st Unit darauf zu verwenden. Allerdings ist eine 2nd Unit immer ein Entgegenkommen der Regie an die Produktion, und man kann nicht selbstverständlich davon ausgehen, dass jeder Regisseur sich darauf einlässt. Er hat zunächst einmal das Recht, jede Einstellung seines Films selbst zu drehen. Jeder Schritt hinter diese Prämisse bedarf dann seiner Zustimmung.

ABB. 17: BEISPIEL FÜR EINEN SPLIT: DIE TRAUUNG VON PETER UND SILKE IST AUF ZWEI DREHTAGE AUFGETEILT.

» qr.halem-verlag.de/drehplanung/split.pdf

Splits sind in der Drehplanung nicht ungefährlich, weil es sorgfältig darauf zu achten gilt, welche Ressourcen in welcher Richtung benötigt werden und welche nicht. Es reicht manchmal nicht, die

Schauspieler am Set zu haben, die im Bild zu sehen sind, sondern man benötigt zusätzlich auch all die Schauspieler, die mit ihnen interagieren, selbst wenn sie gar nicht im Bild sind. Man stimmt dann im Einzelfall mit der Regie ab, welche Schauspieler beim Anspielen verzichtbar sind und welche nicht. Auch für die Umsetzung von einzelnen Einstellungen, die aus der Umsetzung eines Bildes herausgelöst wurden, müssen alle Anschlüsse und Anschnitte sauber vorbereitet werden. Nehmen wir das Beispiel mit der Wasserleiche: Für das eine aufgesparte Close-up brauchten wir den Schauspieler, das Kostüm im identischen Zustand wie beim Double, die Maske im identischen Zustand wie beim Double, den Untergrund, alle Requisiten, die im Bild waren, sowie Kostümdoubles für Füße, Hände und Anschnitte von allen Rollen, die sich in der Nähe der Wasserleiche aufgehalten haben. Eine einzelne Einstellung kann also sehr vorbereitungsintensiv sein, und manchmal ist es einfacher, sie schnell mitzudrehen, wenn man ohnehin gerade dabei ist, anstatt sie hängenzulassen.
2nd-Unit-Drehtage oder Drehtage mit kleinem Team werden immer am Ende des Drehzeitraums aller Bilder angesetzt, zu denen noch Einstellungen ergänzt werden müssen.

B11 DIE POLITIK DES DREHPLANS

Bei der Erstellung eines Drehplans wird die zur Verfügung stehende Drehzeit festgelegt und im Rahmen der Pensenbildung priorisiert. Diesen Prozess zu moderieren und zu steuern, ist immer auch eine politische Arbeit, weil dabei die ökonomischen Möglichkeiten der Produktion mit den künstlerischen Vorstellungen der Regie in Einklang gebracht werden müssen. Die drei Parameter, die sich bei der Drehplanarbeit gegenseitig bedingen und abgestimmt werden müssen, sind Geld, Zeit und Inhalt. Das geht nicht immer konfliktfrei vonstatten.

Es gibt drei grundsätzliche Möglichkeiten, auf ein Missverhältnis im Drehplan zu reagieren: Die Finanzierung oder die Anzahl der Drehtage können erhöht oder das Drehbuch an den Drehplan und damit an die Finanzierung angepasst werden. Bei engen Budgets, wie sie sowohl bei Kinoproduktionen als auch bei Auftragsproduktion häufig vorliegen (siehe das Kapitel *Widersprüche* auf Seite 319), hat der Produzent kaum Möglichkeiten, flexibel mit Finanzierung oder Drehzeit umzugehen. Während eine Nachfinanzierung als kurzfristige Reaktion in den allermeisten Fällen von vornherein ausscheidet, ist zusätzliche Drehzeit meist nur aus den Handlungskosten heraus finanzierbar, auf die der Produzent aber wirtschaftlich angewiesen ist, weil er an einer Kinoauswertung selten verdient und bei einer Auftragsproduktion keine Rechte generiert und deshalb gar nicht erst an der Auswertung beteiligt ist. Als einzige Möglichkeit bleiben ihm deshalb inhaltliche Anpassungen, die allerdings nicht alleine in seinem Ermessen

liegen, sondern mit dem Regisseur, und gegebenenfalls auch dem Redakteur, abgestimmt werden müssen.
Für den Regisseur ist deshalb die Umsetzung des Drehbuchs in einer vorgegebenen Zeit zumeist alternativlos. Verschließt er sich dem, wird der Film entweder gar nicht gedreht oder er kommt von vornherein nicht als Regisseur in Frage. In seinem Regievertrag verpflichtet er sich gegenüber dem Produzenten sowohl auf das Drehbuch und dessen Umsetzung im Rahmen einer abzustimmenden Kalkulation, als auch auf eine Mitwirkung an der Drehplanerstellung und dessen Einhaltung. Er besitzt also das vertragliche Recht, das Drehbuch, auf das er sich verpflichtet hat, in dessen Gänze umzusetzen, und kann sich Drehbuchanpassungen aus kalkulatorischen Gründen verschließen. Für ihn besteht immer die Gefahr, dass jeder Schauwert oder Aufwand, den er weggibt, seinen Film schlechter machen könnte. Als Folge dieser Zusammenhänge ist man als Drehplaner häufig damit konfrontiert, dass der Produzent das Drehbuch kürzen möchte und der Regisseur nicht.
Regisseure gehen mit dem Passus ihrer Mitwirkung an der Drehplanung unterschiedlich um. Einige sagen zu Beginn einer Vorbereitung ihre Pensen in Form von Setups oder Zeitaufwänden an, andere Regisseure reagieren mit ihrer Inszenierung auf den zeitlichen Rahmen, den ein Drehplan ihnen vorgibt. Gemeinsam ist ihnen, dass sie in Bezug auf den Drehplan ein gewisses Desinteresse pflegen, weil sie häufig gar keine großen Möglichkeiten zur Einflussnahme haben und es unangenehm ist, auf Einschränkungen und Sperrtage kreativ Rücksicht nehmen zu müssen. Die Produktion bespricht den Drehplan mit dem Regisseur in einer Drehplanbesprechung, die meist einen halben Tag in Anspruch nimmt, und bekommt von ihm ein Feedback auf die gesteckten Pensen und deren Machbarkeit. Für die Arbeit am Drehplan ist jede Rückmeldung des Regisseurs wertvoll. Niemand außer vielleicht noch dem Kameramann hat ein besseres Gespür für die Machbarkeit eines Drehtages, und eine Drehplanbesprechung kann wertvolle

Hinweise auf die Priorität und Gewichtung einzelner Bilder geben. Das sollte nicht in der Produktionsbesprechung geschehen, in der es um die Zusammenhänge des Drehplans und dessen Auswirkungen auf die Arbeit der Abteilungen geht.
Papier ist geduldig, und im Produktionsverlauf ergeben sich dadurch zwischen Produktion und Regie nicht selten Pattsituationen. Obwohl bereits in der Vorbereitung abzusehen sein kann, dass die Drehzeit nicht ausreicht, werden dann trotzdem weder Drehbuch noch Drehplan angepasst. Produktionsseitig besteht meist die Hoffnung, auf diese Weise Druck auf den Regisseur ausüben zu können, die Pensen schneller umzusetzen. Die Regie hingegen sieht keine Notwendigkeit, selbst tätig zu werden, und erwartet bei Drehplanproblemen für gewöhnlich eine Initiative der Produktion. Als Folge einer solchen Pattsituation muss man mit einem Drehplan in die Dreharbeiten gehen, von dem man weiß, dass er früher oder später nicht mehr funktionieren wird. Die Gefahr, auf diese Weise die Initiative zu verlieren, ist ungleich größer als bei einem stimmig aufgestellten Projekt.
Es ist die Aufgabe des administrativen Personals, auf die Gefahren und Konsequenzen eines Drehplans hinzuweisen und konstruktiv mit allen Parteien auf die Notwendigkeit von Lösungen hinzuarbeiten. Ein Drehplanentwurf sollte nicht versuchen, es allen Seiten recht zu machen, sondern muss vor allem den Abläufen und dem Projekt gegenüber gerecht werden, weshalb er Missverhältnisse und Probleme benennen und Lösungen forcieren sollte. Es ist die Aufgabe des Drehplaners, für die Umsetzung des Projekts Verantwortung zu übernehmen, und man darf dabei nicht übersehen, dass Produzent und Regisseur eine andere, möglicherweise einseitige Perspektive auf den Drehplan haben, und nicht notwendigerweise eine tiefere Einsicht in die Zusammenhänge eines Drehablaufs vorhanden sein muss. Das ist allerdings auch nicht nötig: Es ist die Aufgabe und Verantwortung des Drehplaners, dafür zu sorgen, dass Probleme wahrgenommen werden, und man darf nicht erwarten, dass jeder Akteur sie aus einem Drehplan herauslesen kann.

Durch die Gewichtung der Faktoren kann man aber die Aufmerksamkeit der Beteiligten lenken und Probleme über die Form des Drehplans in den Vordergrund rücken und mit einer gewissen Dringlichkeit versehen. Ist man beispielsweise der Meinung, dass ein Projekt nicht in der verfügbaren Drehzeit umzusetzen sein wird, dann kann es nicht schaden, zunächst einen Drehplan vorzulegen, der einem realistisch erscheint, um die Diskussion darüber anzuschieben, wie mit der fehlenden Drehzeit umgegangen werden soll. Steckt man hingegen von vornherein einen Drehplanentwurf, der das Zuviel an Pensum auf die vorhandenen Drehtage verteilt, entsteht das Gefühl, dass es ja doch irgendwie geht. Das Gleiche gilt für Bilder, die sich aus welchen Gründen auch immer nicht unterbringen lassen. Wenn man sie unter die Rubrik offene Bilder einordnet, macht man darauf aufmerksam, dass es offenbar ein Problem mit ihnen gibt, das es zu besprechen gilt. Die notwendigen Entscheidungen und Anpassungen können allerdings immer nur Produzent und Regisseur gemeinsam vornehmen. Verständigen sie sich nicht auf eine Lösung oder haben sie gar kein Interesse daran, dann muss man mit dieser Situation umgehen – immerhin ist man als Drehplaner weisungsgebunden.
Ist zu Beginn der Dreharbeiten absehbar, dass ein Drehplan nicht funktioniert, sollte man von vornherein Alternativen mitdenken und sicherstellen, dass diese auch praktisch umsetzbar sind und bleiben, selbst wenn sie aus politischen Gründen nicht in den Drehplan eingeschrieben werden können. Ein Drehplan ist immer nur Ausdruck eines gegenwärtigen Planungsstandes, und manchmal müssen Probleme erst im Drehablauf virulent werden, damit sich doch noch Lösungen auftun. Es gibt tatsächlich Fälle, die in der Vorbereitung unlösbar scheinen und in denen man darauf setzen muss, dass sich das Problem in der Drehphase schon noch irgendwie lösen lassen wird. Ist die Kugel erst einmal aus dem Lauf, lässt sie sich nicht mehr aufhalten: Ein Drehablauf kann durch die Macht des Faktischen eine Eigendynamik mit manchmal erstaunlichen

Entwicklungen entfalten. Aus drehplanerischer Perspektive ist das nicht leicht zu akzeptieren, aber fast immer geht das irgendwie auf. Trotzdem darf es nicht nur das Prinzip Hoffnung geben. Können die Akteure sich selbst bei einer virulenten Projektschieflage nicht auf Anpassungen des Drehbuchs einigen und fehlen nach wie vor die Mittel für zusätzliche Drehtage, bedeutet das im schlimmsten Fall, dass einfach immer weiter gedreht wird und alle Bilder, die bis Drehende nicht umgesetzt sind, offen bleiben werden. Dadurch ist eine kohärente Umsetzung der Geschichte nicht mehr gewährleistet, und der Drehablauf kann Fakten schaffen, die dramaturgisch wenig sinnvoll sein und dem Film schaden können. In einer solchen Situation gilt es, sich frühzeitig mit den inhaltlich Verantwortlichen abzustimmen (falls notwendig: unabhängig voneinander) und die offenen Bilder im Drehplan gemäß ihrer dramaturgischen Gewichtung zu behandeln. Nicht immer lässt es sich aber steuern, dass nur unwichtige Bilder nicht umgesetzt werden, und erstaunlicherweise sind solche Situationen gar nicht mal selten.

Es kann eine undankbare Erfahrung sein, sich zwischen den Stühlen wiederzufinden, wenn es keine Bewegung aufeinander zu gibt. Besonders unangenehm ist es immer dann, wenn der Eindruck entsteht, dass eigentlich auch keine Lösung erwünscht ist. Solche Situationen lassen sich frühzeitig identifizieren, wenn man beobachtet, mit welcher Haltung Produzent und Regisseur zu einem Projekt stehen und welche Ziele sie mit ihm verfolgen (siehe das Kapitel *Produzent und Regisseur* auf Seite 35). Hat man das Gefühl, man sei zwischen die Fronten geraten und der Stillstand könne auf einen selber zurückfallen, dann sichert man sich durch das Verfassen einer Aktennotiz ab. Man sollte als Drehplaner immer eine gewisse autonome Entität verkörpern und sich nicht zum Erfüllungsgehilfen einer der beiden Haltungen machen. Der Drehplan ist vor allem dem Film und dessen Umsetzung verpflichtet, und es ist die Aufgabenstellung, die für das Projekt beste Lösung zu finden, auch wenn das möglicherweise mit schmerzhaften Konsequenzen für beide Seiten verbunden ist.

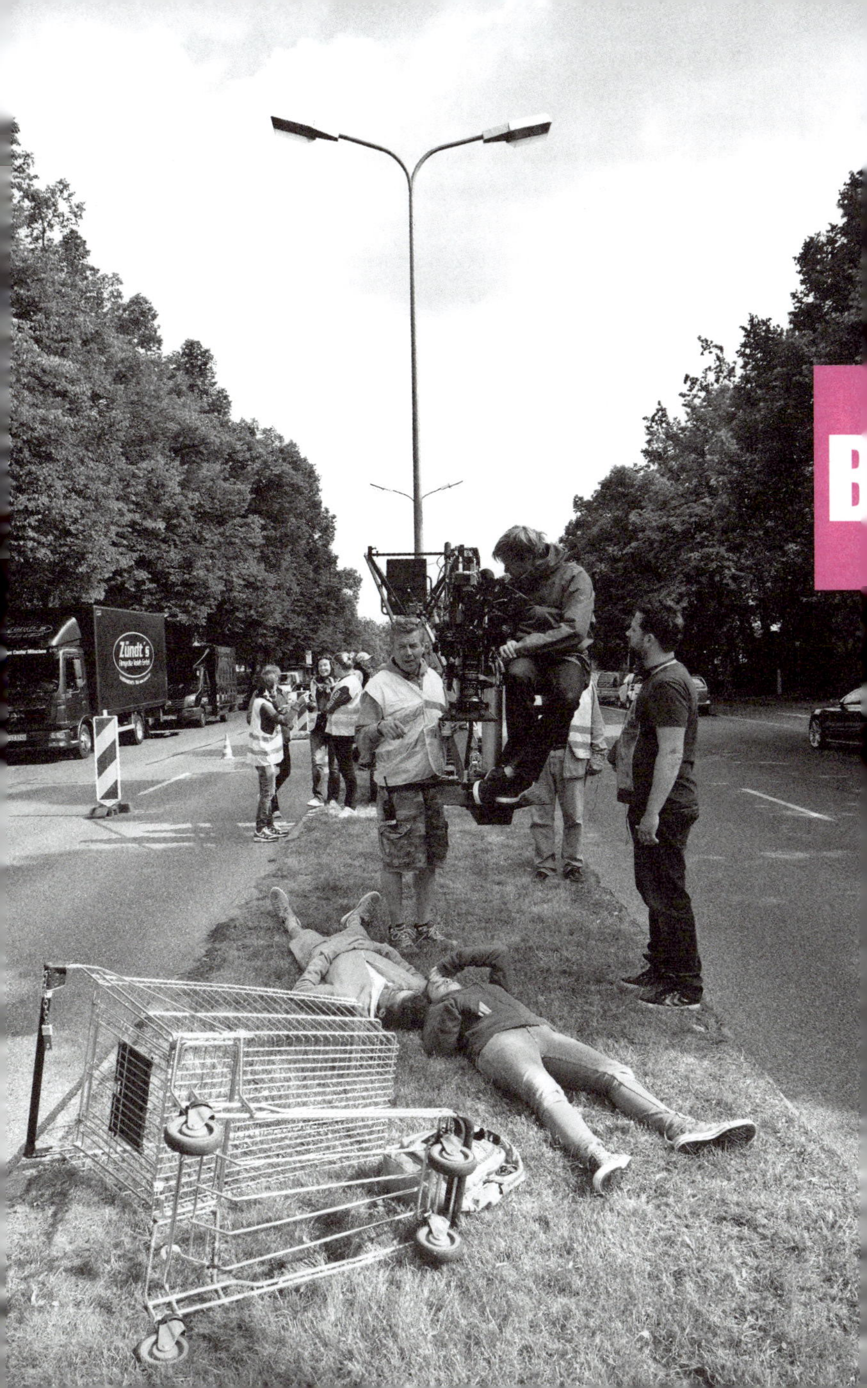
Zündt's

Als Maßstab gilt dabei das eigene Werteempfinden, unabhängig von dem vorherrschenden Druck. Nur weil etwas auf dem Papier funktioniert, muss es keine Lösung sein. In dem Moment, in dem Ressourcen vergeudet und eine Umsetzung nur auf Kosten von Personal oder Technik ermöglicht wird, oder wenn die gesetzlichen Bestimmungen nicht nur ausnahmsweise, sondern offensichtlich regelmäßig nicht eingehalten werden, ist eine Drehplanung nicht tragbar. Als Drehplaner sollte man sich nicht in die Situation bringen lassen, so etwas verantworten zu müssen.

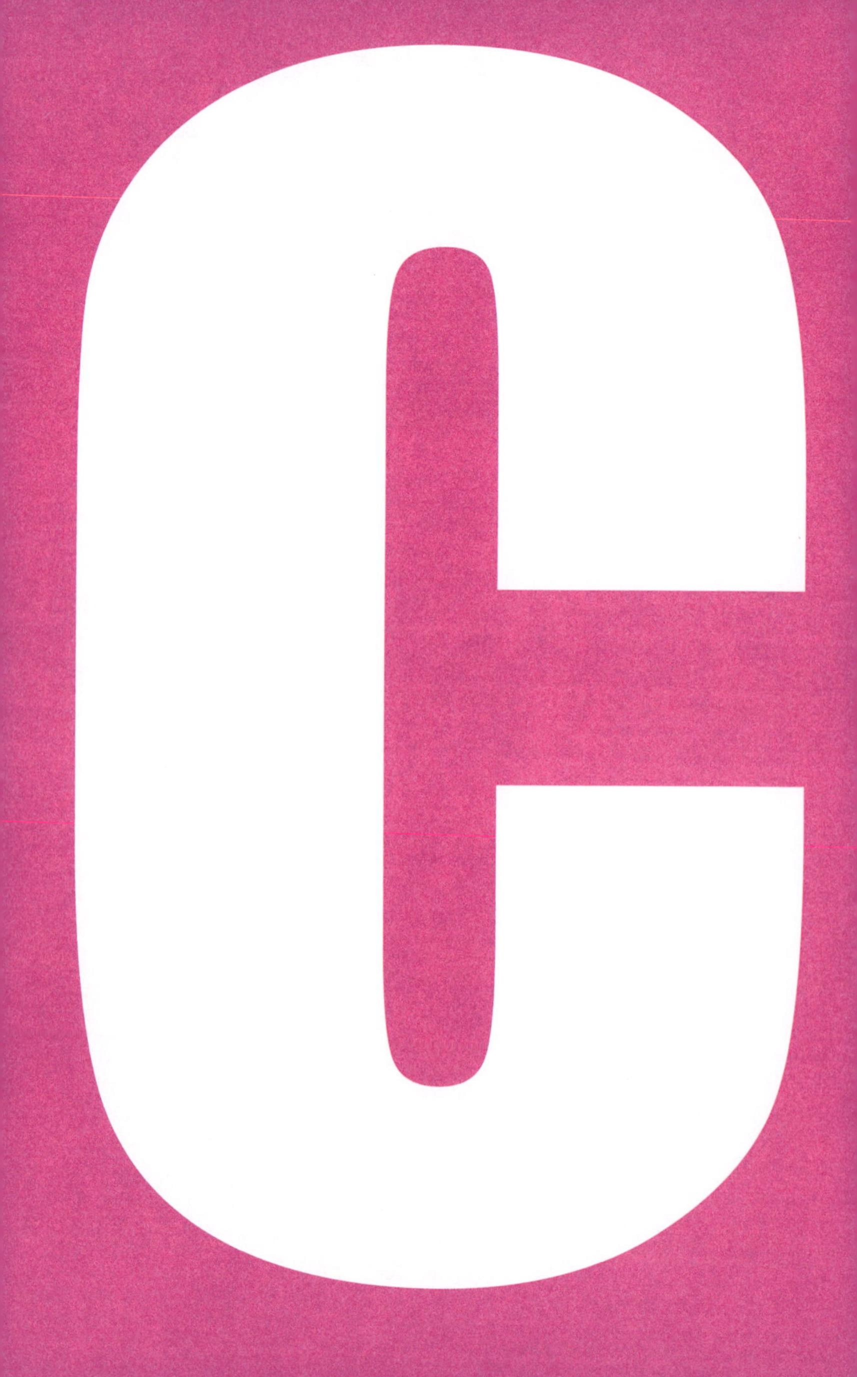

DIE TAGES-DISPOSITION

Die Tagesdisposition wird auf Basis des jeweils aktuellen Drehplans erstellt und übersetzt ein Pensum in konkrete Arbeitsanweisungen für alle Abteilungen und in einen zeitlichen Ablauf. Sie ist in der Hierarchie der Drehplanung so etwas wie eine vierte Ebene.

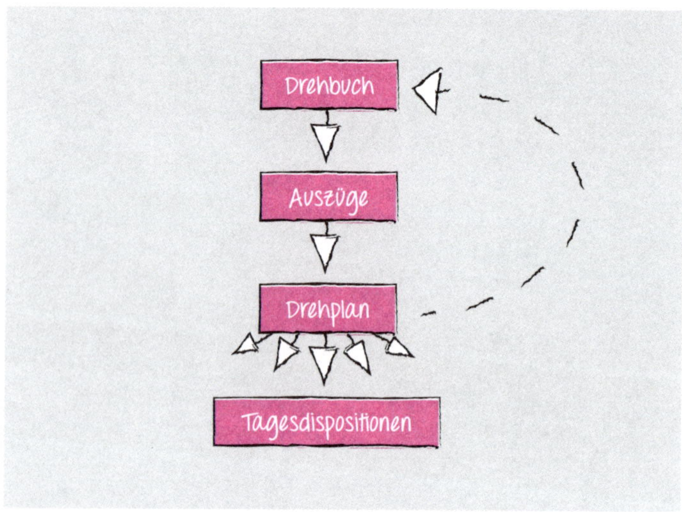

Abb. 18: Ergänzte Hierarchie der Drehplanung

Dieser dritte Buchteil beschreibt die Disposition als Werkzeug der Drehplanung.

C1 DIE DISPO ALS ARBEITSGRUNDLAGE

Es gibt für jeden Drehtag eine Disposition. Sie wird meist zum Drehschluss des vorangegangenen Drehtages, spätestens aber am Vorabend von der Aufnahmeleitung verteilt und beinhaltet das anstehende Pensum, alle für dessen Umsetzung notwendigen Informationen und den zeitlichen Ablauf, soweit dieser im Voraus verbindlich festgelegt werden kann. Eine Disposition funktioniert wie ein Fahrplan, mit dem sich ein Team auf einen Drehtag vorbereiten und am Drehtag selber über die Abläufe verständigen kann. Da sie beim Dreh ständig mitgeführt wird, muss sie möglichst kompakt ausfallen. Im Fall von optionalen Pensen oder falls eine Disposition nach ihrer Verteilung noch einmal grundsätzlich verändert werden muss (was nicht vorkommen sollte), arbeitet man ähnlich wie bei Drehbuchänderungen mit farbigen Dispositionen, um sie untereinander kenntlich zu machen.

Die Disposition hat für den Stab unterschiedliche Funktionen. Für Regie und Kamera ist sie eine Art Arbeitsauftrag, der festschreibt, welches Pensum an dem Drehtag geschafft werden sollte. Da der Regisseur sich auf den Drehplan verpflichtet hat, wird ihn das Pensum nicht überraschen. Wie sehr er sich aber daran gebunden fühlt, kann individuell sehr unterschiedlich sein. Für die künstlerischen und technischen Abteilungen ist die Disposition Informationsquelle, worauf sie sich vorzubereiten haben und welche Bilder sie bedienen können müssen. Sie ist damit die Grundlage für alle abteilungsinternen Arbeiten, die über die von den administrativen Positionen koordinierten Arbeitsschritte hinausgehen.

1. Regieassistent und Setaufnahmeleiter kontrollieren mit ihrer Hilfe alle Arbeitsabläufe, um Probleme, Engpässe oder Abweichungen vom Zeitplan rechtzeitig absehen und darauf reagieren zu können. Für den Script Supervisor ist die Disposition Grundlage für die Erstellung des Tagesberichts. Eine Disposition enthält immer die nachfolgend beschriebenen Bestandteile.

ABB. 19: TAGESDISPOSITION MIT BESTANDTEILEN, BASIEREND AUF DEM ZEITLICHEN ABLAUF S. 197

» qr.halem-verlag.de/drehplanung/disposition.pdf

Kopfzeile und Verteiler

Die Kopfzeile beinhaltet alle unveränderlichen und essentiellen Informationen über eine Produktion: den Titel des Films, die Logos der Produktion und der gegebenenfalls beteiligten Co-Produktionen bzw. der auftraggebenden Sender, Adresse von Haupthaus und Produktionsbüro sowie die entscheidenden produktionellen und künstlerischen Credits (gegebenenfalls Redaktion, Produzent, Herstellungsleitung und/oder Produktionsleitung, Regie, Kamera, Szenenbild, Kostümbild, manchmal Maskenbild). Der Verteiler führt, gegliedert nach Arbeitsort bzw. der Art der Dispositionsverteilung (Set, Büro, Cast, E-Mail, Extra), namentlich alle Produktionsbeteiligten auf, die die Disposition für den jeweiligen Drehtag erhalten müssen. Der Verteiler wird für jeden Drehtag angepasst und die Aufnahmeleitung überprüft mit seiner Hilfe, wer die Disposition erhalten hat und wer nicht. Er ist hierarchisch nach Abteilungen aufgebaut. Zuletzt gehört zu jeder Kopfzeile das Datum des Drehtags, dessen fortlaufende Nummer und gegebenenfalls zusätzliche Spezifikationen (2nd Unit usw.).

Allgemeine Informationen

Dieser Bereich umfasst allgemeingültige Informationen über den jeweiligen Drehtag: Name und Anschrift des Drehortes, die Bezeichnungen der Motive und/oder Sets, Informationen zu An- oder Abfahrt sowie zu möglichen Motivwechseln, Name und Telefonnummer des Produktionsvertreters am Set (meist die Nummer des Sethandys, das vom Setaufnahmeleiter oder von dessen Assistenten geführt wird), Sonnenauf- und -untergangszeit, Wetterprognose sowie weitere spezifische Informationen, die so wichtig sind, dass man sie der Disposition mit einem Blick entnehmen können muss.

Zeitlicher Ablauf

Der zeitliche Ablauf besteht aus dem Arbeitsbeginn aller Abteilungen und manchmal auch einzelner Positionen, wenn deren Arbeitsbeginn vom Arbeitsbeginn ihrer Abteilung abweicht (meist Kamera- und Regieassistenz). Der Arbeitsbeginn ist für alle Positionen verbindlich, und die Arbeitszeit eines Filmschaffenden wird auf seiner Grundlage berechnet. Der individuellen Arbeit des Szenenbildes wird dadurch Rechnung getragen, dass deren Arbeitsbeginn nicht vorgegeben wird, sondern in eigener Dispo erfolgt („e.D."). Auch Probenbeginn, je nach Ablauf aufgeteilt in Stellprobe und erste technische Probe, sowie Drehbeginn gehören zum zeitlichen Ablauf. Zuletzt kommen noch die angestrebte Mittagspause und der voraussichtliche Drehschluss, beides sind allerdings nur Näherungswerte (zur Drehschlusszeit siehe das Kapitel *Widersprüche* auf Seite 319).

Pensum

Das Pensum geht direkt zurück auf den Drehplan und umfasst alle Bilder und Teilbilder, die am Drehtag umgesetzt werden sollen. Die Reihenfolge der Bilder entspricht der Reihenfolge, in der die Bilder gedreht werden, beginnend mit dem ersten Bild des Tages. Besondere Arbeitsschritte wie Motivwechsel oder aufwendige Masken- und Kostümwechsel können im Pensum vermerkt sein.

Zu jedem Bild sind die basalen Informationen angegeben, die auch auf den Stäbchen im Drehplan stehen: Bildnummer, Farbe der Drehbuchseite, INT/EXT, Lichtstimmung, Spieltag, Seiten und Vorstopp, Motiv und Synopsis, Rollen und Komparsen sowie alle Besonderheiten vor und hinter der Kamera. Es müssen nicht alle Ressourcen aus den Auszügen aufgeführt sein, insbesondere die Auflistung von Requisiten sorgt für mehr Unübersichtlichkeit als für Hilfe. Man konzentriert sich stattdessen auf Ressourcen, die dem Team eine Vorstellung von den Schwierigkeiten der Umsetzung des jeweiligen Bildes vermitteln, mit besonderem Aufwand verbunden sind und gesondert kontrolliert werden müssen. Das Pensum ist die Grundlage für die Arbeit der Fachabteilungen am Drehtag.

Masken- und Kostümdisposition

Die Masken- und Kostümdisposition umfasst alle Rollen, die an dem Drehtag im Bild sind, aufgelistet in der Reihenfolge ihrer Drehfertigzeit. Obligatorische Angaben sind Rollennummer, Schauspielername, Abholzeit und Ankunftszeit am Drehort, die erste Kostüm- und Maskenzeit sowie Probenbeginn und Drehfertigzeit, falls letztere sich vom Probenbeginn unterscheidet. Die Zeiten basieren auf den Ansagen der Fachabteilungen und müssen verbindlich eingehalten werden. Schauspieler, die erst im Tagesverlauf dran sind und deren erste Probenzeit nicht konkret abzusehen ist, disponiert man auf Abruf. Das bedeutet, dass der Schauspieler sich ab der angegebenen Zeit für eine Abholung bereithalten muss und erst im Tagesverlauf von der Aufnahmeleitung über seine konkrete Abholzeit informiert wird. Bei Schauspielern, die auf Abruf stehen, ist die Abrufzeit vermerkt, die Fahrtzeit der Abholung sowie die Dauer der im Drehablauf flexibel gehaltenen Masken- und Kostümzeit. Masken- und Kostümzeiten über die ersten Zeiten hinaus stehen nicht auf der Disposition, da sie im Tagesverlauf ebenfalls flexibel in die Arbeitsabläufe eingebunden werden.

Auch die Zeiten der Komparserie sind der Masken- und Kostümdisposition zu entnehmen. Während stumme Rollen oder besondere Komparsen einzeln disponiert werden, fasst man die Massenkomparserie in Gruppen zusammen. Auch diese Masken- und Kostümzeiten werden unmittelbar von den Fachabteilungen angesagt. Bei der Komparserie arbeitet man nicht mit Abrufzeiten, da sie entweder über eine Agentur oder über einen von der Produktion angestellten Mitarbeiter kommen und dies zu einem unverhältnismäßigen Mehraufwand führen würde: Dauert ein Telefonat fünf Minuten, bedeutet das bei nur zwölf Komparsen eine Stunde Arbeit. Ein solches Vorgehen würde auch die Fehlergefahr erhöhen und die Kontrolle des Eintreffens am Drehort erschweren. Bei den Zeiten der Komparserie orientiert man sich stattdessen an der zeitlichen Pauschale, die mit ihrer Bezahlung abgegolten ist, und legt die Zeiten so an, dass man eine Überschreitung vermeidet.

Fahr- und Reisedisposition

In der Fahrdisposition sind alle Fahrten pro Fahrer aufgeführt, die konkret terminiert werden können. Dazu gehören insbesondere die Abholungen der Schauspieler, aber auch alle anderen Fahrten im Tagesverlauf, die an eine feste Zeit gebunden sind (Abholungen und Rücklieferungen, An- und Abreisen usw.). Fahrten, die stattfinden sollen, aber nicht terminiert sind, werden flexibel nach Ansage der Aufnahmeleitung disponiert („n. A."). Fahrten, die sich erst im Verlauf eines Drehtages ergeben, sind logischerweise noch nicht auf der Disposition aufgeführt. Die Einhaltung der Fahrdisposition ist für die Produktionsfahrer verbindlich. Die Reisedisposition enthält alle produktionsspezifischen An- und Abreisen vom bzw. zum Produktionsstandort am jeweiligen Drehtag, einschließlich Wochenende. Unabhängig von der Bedeutung dieser Informationen für die jeweiligen Reisenden ermöglicht die Reisedisposition einen Überblick über die Anwesenheit von nicht unmittelbar am Drehablauf Beteiligten am Produktionsstandort.

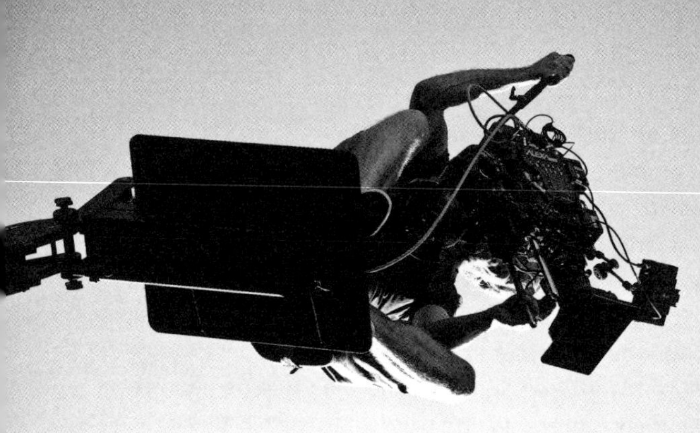

Produktionshinweise

In diesem Bereich sammelt man alle Informationen, die für die Durchführung des Drehtages wichtig oder hilfreich sind. Dazu zählen Informationen zur Logistik und Motivinformationen mit Skizzen (Parkplätze, Mobile, Maske, Kostüm, Aufenthaltsgelegenheiten, Toiletten, Strom- und Wasseranschlüsse und Catering), Drehgenehmigungen, Ansprechpartner und Dispositionszeiten von Ressourcen, Disposition von Zusatzpersonal, Umgang mit dem Filmmaterial, Name des aktuellen Drehplans sowie allgemeine und motivspezifische Sicherheitshinweise (Notruf, Krankenhaus, Ersthelfer, Sicherheitsbeauftragter, Elektrofachkraft, Arbeitssicherheit usw.). Eine Info über die Anzahl der Personen am Set hilft dem Catering bei der Zubereitung der Mahlzeiten. Bestandteil der Produktionshinweise ist auch die Wegbeschreibung, die meistens den Weg vom Produktionsbüro und/oder Hotel zum Drehort bzw. im Fall eines Motivwechsels die Wegstrecke von einem Motiv zum anderen beschreibt.

Vordisposition

Auf jeder Disposition findet man eine Übersicht über das Pensum des nächsten und manchmal auch der darauf folgenden Drehtage. Jedes Pensum ist mit Informationen über den voraussichtlichen Probenbeginn und die Drehschlusszeit versehen und mit dem jeweiligen Drehort angegeben. Für gewöhnlich basiert die Vordisposition direkt auf dem Drehplan, aber sowohl die Bilder als auch deren Reihenfolge können durchaus auch von diesem abweichen. Es ist der Sinn der Vordisposition, dass sich das Team unabhängig vom Drehplan und mit Vorlauf auf den Folgedrehtag vorbereiten kann. Inwiefern die Vordisposition als Hilfsmittel der Drehplanung verwendet werden kann, führt das gleichnamige Kapitel auf Seite 314 aus.

Signatur

Zuletzt gehört zu jeder Disposition die Signatur derjenigen, die für ihre Erstellung verantwortlich zeichnen: Das sind der 1. Regieassistent und der 1. Aufnahmeleiter. Manchmal ist auch der Setaufnahmeleiter als der für die Kontrolle und Einhaltung der disponierten Arbeitsabläufe am Drehort Hauptverantwortliche aufgeführt. Alle Signaturen enthalten Name, Position und Mobilfunknummer.

C2 ERSTELLUNG EINER TAGESDISPOSITION

Die Disposition wird vom 1. Aufnahmeleiter in Absprache mit dem 1. Regieassistenten im Verlauf eines Drehtages für den jeweils folgenden Drehtag erstellt, sodass sie bei Drehschluss zur Verteilung vorliegt. An Drehtagen, die mit einem Versatz in der Nacht enden, schließt der Aufnahmeleiter die Arbeit an der Disposition frühzeitig ab, damit diejenigen, die nicht bis spät in der Nacht arbeiten, die Informationen schon am frühen Abend zum Ende ihrer Bürozeiten erhalten.

Der folgende Ablauf einer Dispositionserstellung hat sich bewährt: An einem Drehtag a hängt der 1. Aufnahmeleiter eine sogenannte Blankodispo für den übernächsten Drehtag c an die Disposition des 1. Regieassistenten für den folgenden Drehtag b. Auf dieser Blankodispo hat er bereits manche Informationen eingetragen, der zeitliche Ablauf ist allerdings noch offen. Nach Drehschluss von Drehtag a arbeitet der Regieassistent die Blankodispo durch, nimmt gegebenenfalls Korrekturen vor und ergänzt den zeitlichen Ablauf.

Folgende Angabe gibt er dabei für die Dispositionserstellung vor: die Reihenfolge der Bilder, die erste Probenzeit und den Ablauf der Probe (Stellprobe oder technische Probe), die Drehfertigzeiten der Schauspieler und sonstiger Ressourcen sowie die Mittagspausenzeit. Am Morgen von Drehtag b übergibt er die ergänzte Blankodispo zurück an den Aufnahmeleiter, der im Verlauf des Vormittags die sich daraus ergebenden Anforderungen entweder persönlich oder am Telefon mit den Abteilungsleitern bespricht. Der Regieassistent lässt seine Ablaufplanung derweil vom Regisseur abnehmen, wobei insbesondere der morgendliche Arbeitsbeginn, die Probendauer des ersten Bildes sowie der zeitliche Ablauf Gegenstand des Gesprächs sind.

In der Mittagspause, der Aufnahmeleiter ist in der Zwischenzeit ins Büro gefahren, gleichen Regieassistent und Aufnahmeleiter ihren Informationsstand telefonisch ab. Der Aufnahmeleiter informiert den Regieassistenten über die Konsequenzen von dessen zeitlichem Ablauf für das Team, und der Regieassistent bringt Änderungen ein, falls sich welche aus seinem Gespräch mit dem Regisseur ergeben haben. Beide versuchen zu diesem Zeitpunkt, Konsens über den Ablauf von Drehtag c zu erlangen, damit der Aufnahmeleiter in der zweiten Tageshälfte mit dessen Organisation beginnen und die Arbeit an der Disposition abschließen kann. Sollten anschließend noch Fragen offen sein, beratschlagen sie telefonisch in Drehpausen, und gegebenenfalls spricht der Regieassistent neuerliche Änderungen noch einmal mit dem Regisseur ab. Ist die Disposition fertig, wird sie vom Produktionsleiter abgenommen, von der Produktionsassistenz vervielfältigt und von einem Fahrer an den Drehort gebracht, wo der Regieassistent sie vor ihrer Verteilung erneut auf Fehler kontrolliert. Heutzutage erfolgt die finale Abnahme häufig schon vor Fertigstellung der Disposition via E-Mail und Smartphone.

Damit muss die Arbeit an der Disposition aber noch nicht beendet sein. Aufgrund des hohen Effizienzdrucks und der Vorgaben der gesetzlichen Ruhezeiten kann der Arbeitsbeginn des Folgetages (Drehtag c) unmittelbar vom Drehschluss und den Nachbearbeitungszeiten an Drehtag b abhängig sein (siehe das folgende Kapitel). Beides ist häufig erst während der Dreharbeiten für das letzte Bild des Tages absehbar, wenn die Abteilungen einen Überblick über den Umfang ihrer Arbeit nach Drehschluss haben. Aus diesem Grund kann es zum Drehschluss zu einer Verschiebung der Anfangszeiten von Drehtag c kommen: Weil es für zeitliche Verschiebungen auf der Disposition eigens angefertigte Stempel gibt, bezeichnet man das als Stempeln („alle Zeiten +1 Std.", „alle Zeiten - 0,5 Std." usw.). Die Disposition wurde solange zurückgehalten und wird erst zum Drehschluss von der Setaufnahmeleitung verteilt. Schauspieler und Personal, welches das Set bereits verlassen hat, wird in Absprache zwischen Büro und Set informiert. Auch über den E-Mailverteiler des Büros sollte die Disposition erst zu diesem Zeitpunkt versendet werden. Um der Produktionsassistenz aber das möglicherweise lange Warten auf den Drehschluss zu ersparen, geschieht das zumeist bereits früher und wird zu Drehschluss gegebenenfalls von einer zweiten E-Mail mit der jeweiligen Schiebezeit ergänzt.

Zeitlicher Ablauf

Der Regieassistent erstellt spätestens am Wochenende einen zeitlichen Ablauf für die jeweils anstehende Drehwoche. Dabei geht er vor, wie im Kapitel *Pensenbildung* auf Seite 194 beschrieben. Dieser zeitliche Ablauf liegt allen Dispositionen der Woche zu Grunde. Bei der Bestimmung der Anfangszeiten für jeden Drehtag achtet er darauf, dass alle zeitlichen Einschränkungen (tageslichtabhängige Bilder, Motivauflagen, Schauspieler, die das Set verlassen müssen usw.) sowohl am Drehtag selber als auch im Wochenverlauf gewährleistet sind. Er stellt also beispielsweise sicher, dass der Arbeitsbeginn nicht soweit zurückrutscht, dass am fünften Drehtag einer Arbeitswoche nicht mehr genügend Tageslicht für alle

Außenbilder vorhanden ist. Anhand des zeitlichen Ablaufs kann der Regieassistent solche zeitlichen Engpässe und Probleme rechtzeitig absehen und sie der Produktion kommunizieren, die dadurch in die Lage versetzt wird, noch zu reagieren.

Die entscheidende Zeit bei jeder Dispositionserstellung ist die erste Probenzeit des Tages, von der ausgehend sich alle weiteren Zeiten errechnen. Sie wird sorgfältig und vorausschauend zwischen Regieassistent und Aufnahmeleiter besprochen und in Abhängigkeit von den Entwicklungen des Drehtages angepasst. Auf der einen Seite will man die Disposition zum Drehschluss möglichst nicht mehr korrigieren müssen, weil das immer so aussieht, als habe man mit einem früheren Drehschluss gerechnet und als sei der Drehfortschritt zu langsam gewesen. Auf der anderen Seite darf man keine Drehzeit verschenken, die im weiteren Verlauf der Arbeitswoche fehlen könnte. Häufig wird die Disposition für den Folgetag daher im Hinblick auf einen konkreten Drehschluss gestrickt, den der Regieassistent im Zuge seiner regelmäßigen Drehschlussprognosen vorauszusagen bemüht ist.

Wie im vorangegangenen Kapitel beschrieben, ist die Arbeit am zeitlichen Ablauf mit der Fertigstellung der Disposition nicht abgeschlossen. 1. Regieassistent und Setaufnahmeleiter werden in der zweiten Tageshälfte vom 1. Aufnahmeleiter darüber informiert, was eine Verschiebung des Drehschlusses für die Disposition des Folgetages bedeuten würde bzw. sie rechnen es anhand der dann schon vorliegenden Disposition und der Angaben der Abteilungen selbst aus. Insbesondere eine Überschreitung von dreizehn Stunden Arbeitszeit für einen einzigen Produktionsmitarbeiter, was in begründeten Ausnahmefällen mit Zustimmung des Filmschaffenden möglich ist, kann fatale Auswirkungen haben, weil dadurch eine Stunde mehr Ruhezeit gewährt und die Disposition nicht mehr nur eine halbe Stunde pro halber Stunde späterem Drehschluss geschoben werden muss, sondern gleich um eineinhalb Stunden. Diese Zusammenhänge sind überaus komplex und sollen anhand eines Beispiels verdeutlicht werden.

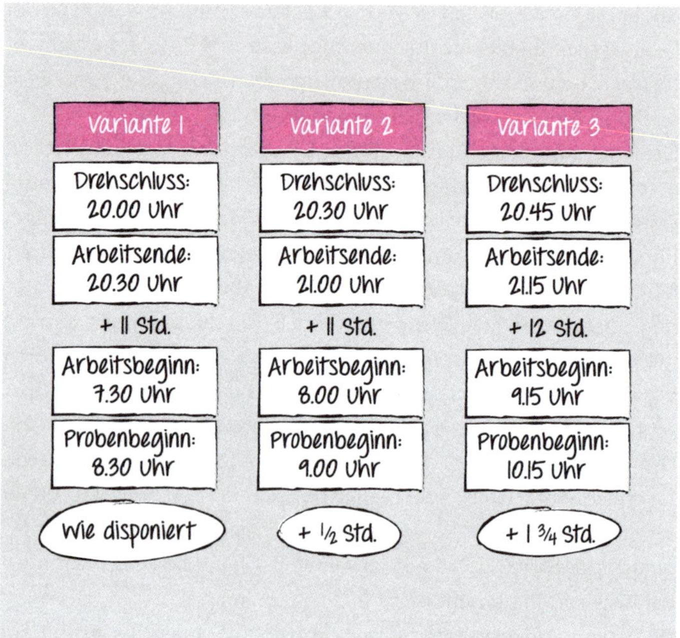

Abb. 20: Auswirkung der gesetzlichen Ruhezeiten auf den Turnover zwischen zwei Drehtagen

Der Drehschluss ist anvisiert für 20 Uhr, die Setaufnahmeleitung benötigt eine halbe Stunde für den Abbau und überschreitet um 21 Uhr die dreizehnte Stunde (Fahrtzeiten zählen in diesem Beispiel nicht zur Arbeitszeit). Am disponierten Folgetag hat sie einen Arbeitsbeginn von 7.30 Uhr (elf Stunden Ruhezeit nach Arbeitsende), was wegen einer Stunde Masken- und Kostümvorlauf einen Probenbeginn um 8.30 Uhr ermöglicht. Der Turnover zwischen den beiden Drehtagen ist also maximal kurz gehalten, damit im Hinblick auf den weiteren Wochenverlauf keine Zeit verloren geht. Tritt nun der Fall ein, dass der Drehschluss sich um eine halbe Stunde nach hinten verschiebt (20.30 Uhr), muss auch die Disposition des Folgetages

um eine halbe Stunde geschoben werden, damit die Setaufnahmeleitung auf ihre elf Stunden Ruhezeit kommt (Arbeitsende 21 Uhr, Arbeitsbeginn 8 Uhr, Probenbeginn 9 Uhr). Verschiebt der Drehschluss sich um weitere 15 Minuten auf 20.45 Uhr, überschreitet die Arbeitszeit der Setaufnahmeleitung die dreizehnte Stunde (Arbeitsende 21.15 Uhr), womit ihr eine zusätzliche Stunde Ruhezeit zusteht (zwölf Stunden), was einen frühestmöglichen Arbeitsbeginn um 9.15 Uhr bedeuten würde und einen Probenbeginn um 10.15 Uhr. Bei einer nur fünfzehnminütigen Überschreitung eines Drehschlusses von 20.30 Uhr müsste die Disposition also um 1,45 Stunden geschoben werden, statt um 30 Minuten.
Diese Rechnung muss an jedem Drehtag für jede Abteilung bzw. jeden Mitarbeiter durchgeführt werden, der in Gefahr gerät, die dreizehnte Arbeitsstunde zu überschreiten. Um zu vermeiden, dass man schon wegen eines einzelnen Mitarbeiters wertvolle Zeit verliert, kann man sich bemühen, den Mitarbeiter vor Drehschluss von seiner Arbeit freizustellen oder Nachbearbeitungszeiten zu reduzieren. In Einzelfällen kann die Produktion auch mit den betroffenen Mitarbeitern oder Abteilungen sprechen, ob sie eine Unterschreitung der Ruhezeiten in Kauf zu nehmen bereit sind. Ob ein Filmschaffender sich darauf einlässt und zu welchen Bedingungen, liegt in seinem individuellen Ermessen, inwieweit eine freie Entscheidung innerhalb der komplexen Abhängigkeitsverhältnisse einer Filmproduktion aber überhaupt möglich ist, sei dahingestellt. Manche Positionen greifen einer solchen Situation deshalb bereits bei der Gagenverhandlung vor und treffen von vornherein Absprachen, unter welchen Bedingungen sie die Produktion von den gesetzlichen Auflagen befreien.
Der Regisseur ist in der zweiten Tageshälfte vom Regieassistenten darüber informiert, welcher Drehschluss erstrebenswert wäre bzw. welche Konsequenzen sich aus welchem Drehschluss für die folgenden Drehtage ergeben würden. In vielen Fällen wird er sich darum bemühen, den angestrebten Drehschluss zu halten, aber nicht immer ist das ohne Weiteres möglich. Nicht nur für den Regisseur

ist deshalb der Druck in der Endphase eines Drehtages besonders hoch, auch Regieassistent und Setaufnahmeleiter stehen unter großer Anspannung, weil sie parallel zum immer hektischeren Drehgeschehen die Zeiten im Blick haben und in Rücksprache mit der Produktion mit den Mitarbeitern abstimmen müssen. Rechnungen wie die beispielhaft beschriebene können extrem kompliziert sein, wenn man sie für mehrere Mitarbeiter bzw. Abteilungen durchführen muss. Hängt von einer Drehschlusszeit besonders viel ab, kommt der Produktionsleiter oder zumindest der 1. Aufnahmeleiter ans Set, um sicherzustellen, dass die Entwicklungen in dieser Endphase eines Drehtages im Sinne der Produktion ausfallen.

Vordisposition

Im Drehverlauf ergeben sich häufig Veränderungen an der ursprünglichen Planung, für die man nicht extra einen neuen Drehplan erstellen und verteilen möchte. Stattdessen werden solche Änderungen oder Umstellungen als schriftlicher Vermerk auf der Disposition, in den allgemeinen Informationen, oder über die Vordisposition an das Team kommuniziert. Die Vordisposition ist deshalb ein zumindest nicht unwichtiges Instrument der Drehplanung, das aber gerne übersehen wird.
Manchmal stellt man fest, dass die Bildreihenfolge eines bevorstehenden Drehtages nicht optimal gelöst ist, weil man etwa während der Dreharbeiten neue Erfahrungswerte gewonnen hat. Nimmt man eine solche Umstellung erst auf der Disposition vor, kann es passieren, dass eine Position oder Abteilung die veränderte Bildreihenfolge nicht kurzfristig bedienen kann, weil sie bei ihrer internen Planung auf die ursprüngliche Bildreihenfolge des Drehplans aufgebaut hat. Kommuniziert man die veränderte Bildreihenfolge dagegen schon über die Vordisposition, haben alle Beteiligte eine Reaktionszeit von mindestens einem Werktag oder können noch rechtzeitig Einfluss darauf nehmen, dass die Umstellung doch nicht

vorgenommen wird. Im Fall von hängengebliebenen Teilbildern ist manchmal nicht absehbar, wann solche Reste angesetzt werden können, und nicht in jedem Fall tauchen sie überhaupt im Drehplan auf. Indem ein Teilbild in einer Vordisposition aufgeführt ist, stellt man sicher, dass die Abteilungen trotzdem auf seine Umsetzung vorbereitet sind. Auch mit Zusätzen, die kurzfristig notwendig werden, lässt sich auf diese Weise verfahren.

Normalerweise umfasst die Vordisposition das Pensum des jeweils folgenden Drehtags. Manchmal, wenn es beispielsweise eine Produktion wetterbedingt zerlegt und die Zeit fehlt, einen neuen durchgängigen Drehplan zu stecken und zu verteilen, muss man sich darauf konzentrieren, erst einmal die Arbeitswoche mit Anstand zu Ende zu bringen, was schwierig genug sein kann. In dieser Situation wird die Vordisposition benutzt, um die Pensen der Arbeitswoche, soweit sie vorhersagbar sind, zu kommunizieren. Gerade bei der Arbeit mit Optionen oder im Fall von Wetterproblemen ist die Vordisposition ein sehr hilfreiches Werkzeug: Solange die genaue Disposition nicht absehbar ist, kann man eine Auswahl von möglichen Bildern auflisten, anstatt ein festes Pensum vorzudisponieren, wodurch größere kurzfristige Entscheidungsmöglichkeiten entstehen. Grundsätzlich sollte in dem Pensum einer Disposition nie ein Bild auftauchen, das nicht zuvor vordisponiert war.

Während der Drehplan in der Drehphase je nach Notwendigkeit immer wieder aktualisiert herausgegeben wird, macht der 1. Regieassistent sich diese Mühe mit Regieauszügen nur selten. Stattdessen verteilt er seine Auszüge vor Drehbeginn, und von da an gelten sie unverändert. Es ist aber möglich, dass sich im Drehablauf auch an den Ressourcen Änderungen ergeben, etwa weil eine Rolle in einem Bild weggefallen oder hinzugekommen ist, oder weil die Komparsenzahl gekürzt wurde, um Geld zu sparen. Statt deshalb neue Auszüge zu verteilen, können solche Änderungen in der Vordisposition erfasst und – sollten sie besonders wichtig erscheinen – optisch hervorgehoben werden.

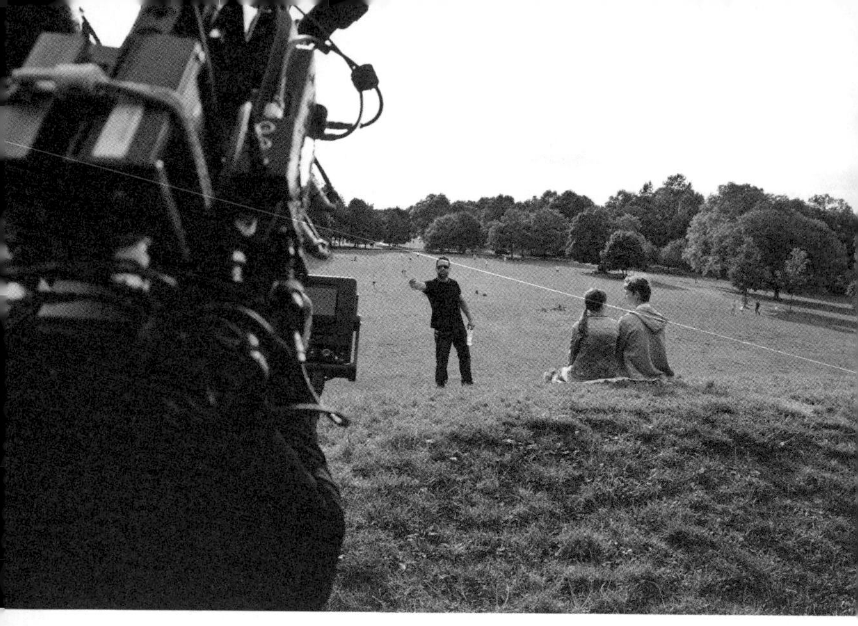

Die Möglichkeiten der Vordisposition sind also vielfältig. Sie funktioniert wie eine Erinnerungsfunktion, mit deren Hilfe die Abteilungen mit einem Vorlauf von mindestens einem Arbeitstag Gelegenheit zur Reaktion bekommen, ohne dass der damit verbundene Stress am Drehtag selber ankommt. Die Vordisposition wird deshalb mit derselben Sorgfalt behandelt wie das eigentliche Drehpensum.

Abweichungen

Aller Sorgfalt bei der Erstellung einer Disposition zum Trotz ist nicht auszuschließen, dass am Drehtag Abweichungen notwendig werden. Für solche kurzfristigen Änderungen, bei denen es sich meist um eine Umstellung der Bildreihenfolge aus inszenatorischen, technischen oder logistischen Gründen handelt, gibt es keine schriftliche Grundlage. Man kann sie sich vorstellen wie eine ablauftechnische Improvisation auf Basis der Disposition, die vom 1. Regieassistenten und Setaufnahmeleiter mündlich kommuniziert und kontrolliert wird. Für gewöhnlich stellt das kein Problem dar,

solange man sich der Konsequenzen bewusst ist und bei der Entscheidung keinen Faktor übersehen hat.
Allerdings sind dabei einige Dinge zu beachten. Zunächst einmal sollten alle Umstellungen immer so rechtzeitig angesagt werden, dass sie sich in die Abläufe einfügen und für keine Abteilung Mehrarbeit bedeuten. Es ist unglücklich, wenn der Oberbeleuchter mit seinem Team gerade ein Innen/Tag-Bild eingeleuchtet hat und dann erfährt, dass ein Innen/Nacht-Bild vorgezogen wird. Es ist genauso unglücklich, wenn ein Masken- und Kostümwechsel stattgefunden hat, nach einer Veränderung der Bildreihenfolge aber ein ganz anderer Spieltag bedient werden muss. In beiden Situationen hätte die Abweichung vor dem jeweiligen Arbeitsschritt der Fachabteilungen kommuniziert bzw. die Entscheidung rechtzeitig forciert werden müssen. Wenn das aus welchen Gründen auch immer nicht möglich ist, sollten die Abteilung zumindest schon mal über die Möglichkeit der Umstellung in Kenntnis gesetzt werden, um ein späteres böses Erwachen zu vermeiden, wenn die Entscheidung dann wirklich getroffen wird. Manchmal sind solche Situationen aber schlicht unvermeidbar, etwa bei kurzfristigen Umstellungen aufgrund von Wetterentwicklungen. Es ist immer die Gefahr von Abweichungen von der Disposition, dass dabei Aspekte übersehen werden und ein Zeitverlust eintritt. Um dieses Risiko zu minimieren, geht man mit allen Umstellungen so transparent wie möglich um. Dazu gehört, dass man sich vor einer Entscheidung nicht nur mit der Regie bespricht, sondern auch mit den betroffenen Fachabteilungen. Je stärker diese in die Entscheidungsfindung einbezogen werden oder ihnen zumindest das Gefühl vermittelt wird, dass man sich der möglicherweise unangenehmen Konsequenzen für ihre Arbeit bewusst ist, desto reibungsloser lässt sich eine Umstellung durchführen. Fällt die Entscheidung für die Umstellung, sagt der Regieassistent dies in Form einer allgemeinen Ansage laut am Set an, und die Setaufnahmeleitung stellt den Informationsfluss in den Stab hinein sicher. Es ist ratsam, Umstellungen im weiteren Tagesablauf in Ansageform immer wieder in Erinnerung zu rufen.

Gerade bei einer Veränderung der Bildreihenfolge dürfen die Schauspieler nicht vergessen werden. Sie stellen sich emotional auf die Umsetzung einer Szene ein (siehe das Kapitel *Psychologische Aspekte* auf Seite 251), und es gibt Schauspieler, die ihren Text nicht pauschal am Vorabend lernen, sondern erst im Tagesverlauf. Man darf also nicht davon ausgehen, dass jeder Schauspieler jede Umstellung umstandslos mitgehen kann. An einem Set herrscht häufig großer Respekt vor Schauspielern, was zu einem gewissen Teil berechtigt ist, aber sie sind genauso Teil einer Produktion wie alle anderen Teammitglieder auch und sollten deshalb auf die gleiche Weise eingebunden werden. Auch Schauspieler nehmen Umstellungen leichter hin, wenn sie die Hintergründe kennen und einbezogen werden.

Im Zweifelsfall kontrolliert man die Umsetzung einer Umstellung lieber einmal zu viel als einmal zu wenig. Da sie nur mündlich kommuniziert wird, ist die Gefahr, dass der Fehlerteufel zuschlägt, ungleich größer als bei „normalen" Setabläufen, die sich mit einem Blick auf die Disposition verifizieren lassen. Eine regelmäßige Kontrolle vermindert die Gefahr von Reibungsverlusten.

C3 WIDERSPRÜCHE

Während der Arbeit am zeitlichen Ablauf und an der Disposition stößt man mit großer Sicherheit auf das Problem, dass die verfügbare Drehzeit nicht für das veranschlagte Pensum ausreicht. Grund für dieses Problem ist, dass die finanzielle Ausstattung einer Produktion sich nur noch in Einzelfällen am Inhalt des Drehbuchs bemisst. Bei Kinoproduktionen findet der Produzent oft nicht ausreichend Partner für sein Filmprojekt bzw. er erhält die notwendigen Antragssummen nur selten in voller Höhe und steht dann vor der Entscheidung, sein Projekt zu begraben oder es trotzdem anzugehen. Auftragsproduktionen hingegen sind zunehmend formatiert, und in vielen Fällen orientieren sich die bewilligten Herstellungskosten eher am Sendeplatz als am Drehbuch. Eine Ausnahme davon sind die international operierenden Video-on-demand-Dienste, deren Budgets sich stärker am Inhalt der Drehbücher orientieren. In den beiden anderen Fällen wird das grundlegende Problem der ungenügenden Finanzierung ungelöst durch die folgenden Phasen der Filmproduktion hindurchgereicht, bis es in der Drehphase schließlich virulent wird, weil sich dort die grundsätzliche Disproportionalität einer Produktion nicht mehr weglügen lässt.
Tatsächlich verdichtet sich in dem beschriebenen und für alle Seiten extrem angespannten Umgang mit dem Faktor Zeit die ganze Widersprüchlichkeit der deutschen Filmindustrie. Während Regisseure den zeitlichen Ablauf als den Aufwand ansehen, den das Drehbuch ihnen für die Umsetzung vorgibt, pochen Produktionen auf eine Umsetzung im Rahmen der verfügbaren Drehzeit. Beide Haltungen sind aus ihrer jeweiligen Perspektive heraus verständlich, in ihrer Kombination führen sie aber in ein Dilemma, aus dem es keine einfache Lösung gibt. Weder sind finanzielle Mittel für zusätzliche

Drehtage vorhanden, noch ist die Möglichkeit gegeben, das Buch zu kürzen – das wird häufig erst dann eingeräumt, wenn die Probleme schon so groß geworden sind, dass das Projekt sonst gegen die Wand fahren würde. Es ist umso tragischer, dass beide Seiten aufgrund ihrer jeweiligen Abhängigkeitsverhältnisse keine Alternative zu ihrer Haltung haben. Erreicht ein Film nicht den erwarteten Qualitätsstandard, der sich durch die zunehmende internationale Konkurrenz am Markt erhöht hat, weil zu wenig Drehzeit zur Verfügung steht, kann es für beide Seiten aufgrund des hohen Wettbewerbsdrucks mit Folgeaufträgen schnell eng werden.

Also wird das Problem ans Set verlagert, wo auf Kosten der Gagen und Kraftreserven von Stab und Cast versucht wird, rauszuholen, was rauszuholen ist: Der Regisseur muss es halt irgendwie hinkriegen, und wenn nicht, dann muss man eben weitersehen. Als Folge dieser Haltung wurden die arbeitsschutzrechtlichen Vorgaben in der Filmbranche lange Zeit nur sehr bedingt eingehalten. In den letzten Jahren hat sich dieses heikle Thema zwar etwas entschärft, weil die Ämter aufgrund des vielfältigen Missbrauchs genauer kontrollieren und tatsächlich Produktionen wegen überhandnehmender Verstöße geschlossen haben, aber es ist ein offenes Geheimnis, dass es noch immer Positionen gibt, deren Zustimmung, von ihren gesetzlichen Rechten abzusehen, als selbstverständlich erachtet wird. Immerhin hat sowohl auf Produzentenseite als auch auf Seiten der Regisseure eine gewisse Sensibilisierung stattgefunden, die zumindest die schlimmsten Auswüchse verhindert. Allerdings ist der damit einhergehende faktische Verlust von Drehzeit finanziell nicht kompensiert worden. Durch die Begrenzung von Überstunden steht also weniger Drehzeit zur Verfügung, ohne dass aber die Möglichkeit, dies durch zusätzliche Drehtage aufzufangen, jemals gegeben gewesen wäre. Den Effizienzdruck am Set hat das noch einmal merklich verstärkt.

Keine Angabe im Produktionsalltag fasst die Dysfunktionalität der deutschen Produktionslandschaft so plastisch zusammen wie die

Drehschlusszeit auf der Disposition. Meist errechnet sie sich aus der gesetzlichen Höchstarbeitszeit der Setaufnahmeleitung, die nach zwölf Arbeitsstunden inklusive Abbau und gegebenenfalls Rückfahrt nach Drehschluss erreicht ist. Dass diese Endzeit, die in begründeten Ausnahmefällen und mit Zustimmung der Arbeitnehmer ausgeweitet werden kann, nicht genügend Drehzeit ermöglicht, um den Anforderungen heutiger Kino- und Auftragsproduktionen gerecht zu werden, ist allgemein bekannt, wird aber in Ermangelung an Alternativen in Kauf genommen. Meist steht die Drehschlusszeit nur aus arbeitsschutzrechtlichen Gründen auf der Disposition, und jeder Produktionsbeteiligte weiß um ihre fehlende Aussagekraft. Sie steht nahezu symbolisch für das tägliche Eingeständnis, dass die Filmherstellung innerhalb der Strukturen der deutschen Filmbranche nur im Grenzbereich der gesetzlichen Vorschriften möglich ist. Nach wie vor ist die arbeitsschutzrechtliche Situation für deutsche Filmschaffende schlicht nicht verantwortbar.

Ist der zeitliche Ablauf die Zeit, die ein Projekt benötigt, oder ist der zeitliche Ablauf die Zeit, die für ein Projekt zur Verfügung steht? Ich habe mir auf die Vorlage eines realistischen zeitlichen Ablaufs hin nicht nur einmal den produktionsseitigen Vorwurf anhören müssen, die Regie wolle ungesetzliche Tage disponieren. Dieser Vorwurf geht völlig am Kern vorbei, zeigt aber die ganze Hilflosigkeit der Beteiligten. Der Effizienzdruck ist mittlerweile selbst bei seriösen Produktionen so hoch, dass die Art und Weise, wie in diesem Land Filme gedreht werden und wie dieses Buch sie beschreibt, grundsätzlich zur Debatte stehen wird, wenn noch weiter an der Finanzschraube gedreht werden sollte. Wie das der Qualität eines Films schaden kann, ist an der Mehrheit der deutschen Produktionen schon lange zu beobachten. Inwiefern es den Produzenten wirtschaftlich gefährden kann, wenn er Entwicklungen in der Drehphase nur aus seinen Handlungskosten heraus auffangen kann, liegt auf der Hand.

In Bezug auf Kinoproduktionen kann man argumentieren, das sei Folge des nur kleinen Markts für deutsche Eigenproduktionen, und das mag stimmen. Aber das löst nicht den Widerspruch, dass es die Strukturen der deutschen Filmindustrie mit ihren anteilig aus der öffentlichen Hand finanzierten Filmförderungen sind, auf die das Problem bei aller Kulturförderung auch zurückgeht. In Bezug auf Auftragsproduktionen ist die Situation noch einmal unverständlicher. Während die privaten Sender marktwirtschaftlichen Prinzipien unterliegen, aus denen heraus sich ihre Produktionspolitik erklärt, ist es bei den über die Haushaltsabgabe finanzierten öffentlich-rechtlichen Fernsehsendern politisch und moralisch schwer nachvollziehbar, wie sie den wirtschaftlichen Druck auf die Produzenten auf Kosten aller Produktionsbeteiligter und der Qualität der Filme weiter verstärken können.

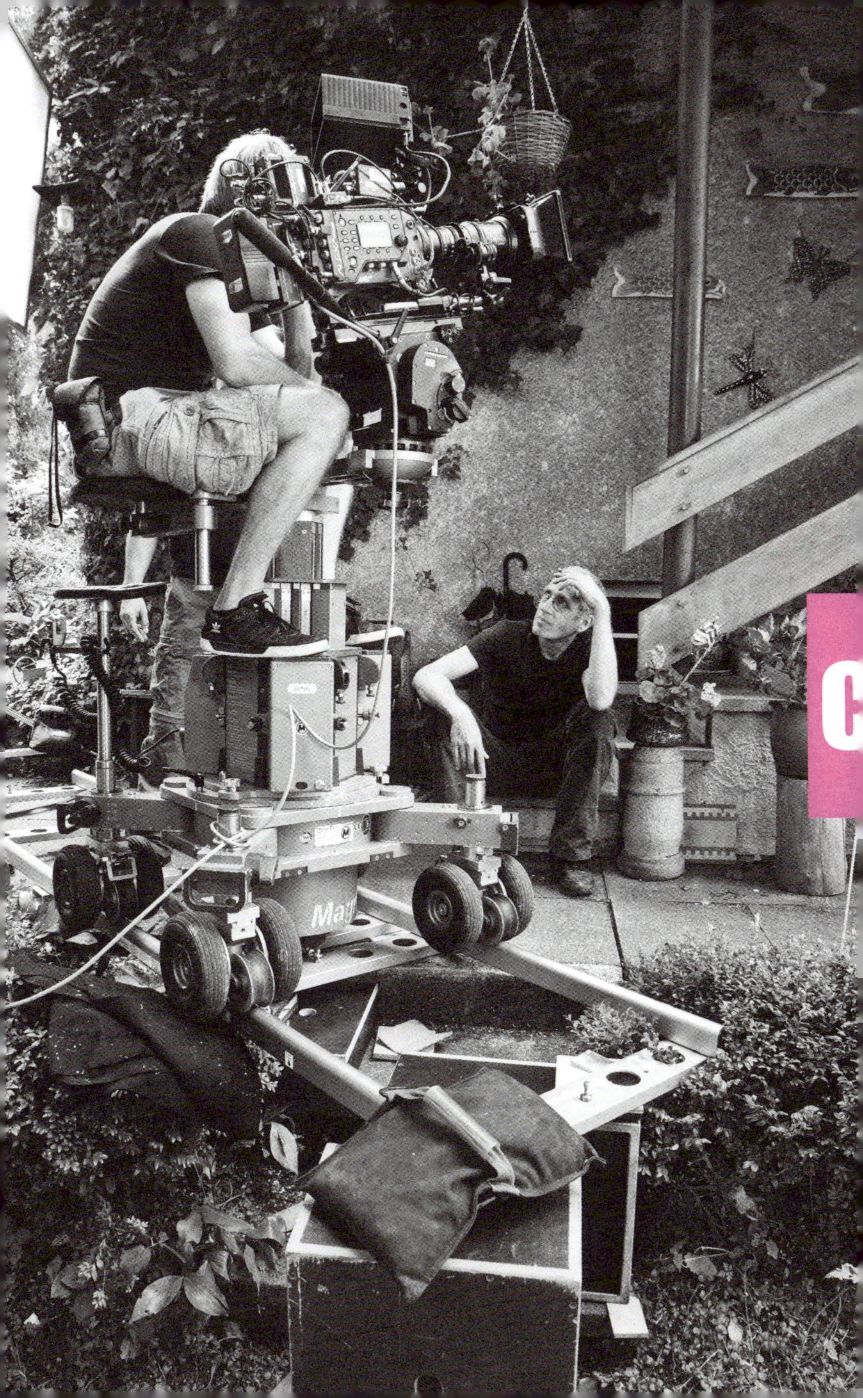

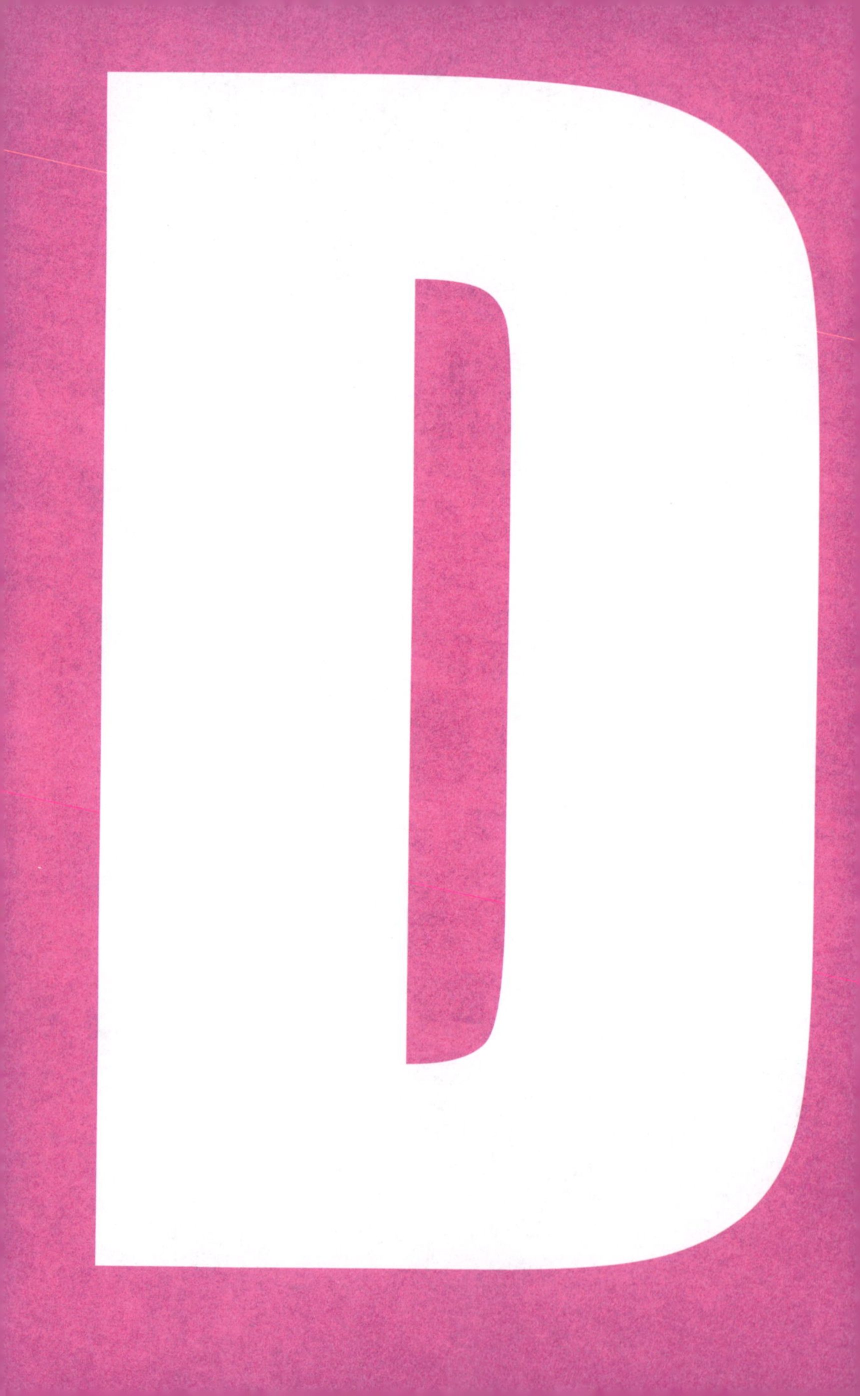

DREHPLANUNG IN DER PRAXIS

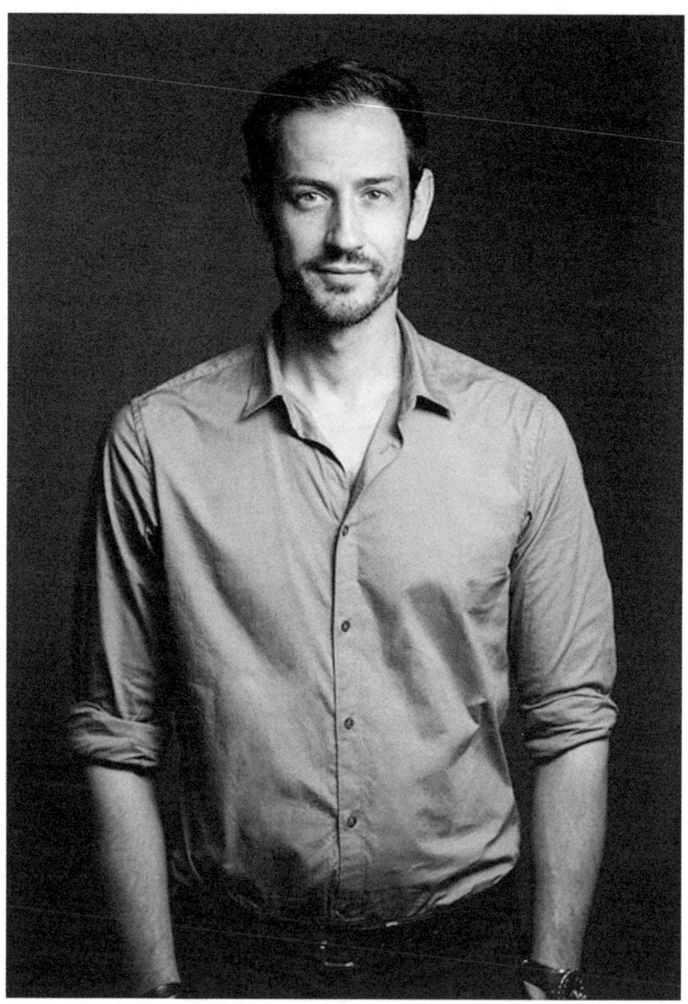

Christopher Doll

D1 INTERVIEW MIT CHRISTOPHER DOLL

Christopher Doll, Jahrgang 1976, arbeitet seit 2004 als 1. Regieassistent. Er hat unter anderem mit Hans-Christian Schmid (*Requiem, Was bleibt*), Caroline Link (*Im Winter ein Jahr*), Marco Kreutzpaintner (*Krabat*) und Roland Emmerich (*Anonymus*) gearbeitet. Seit 2014 ist er Geschäftsführer der Hellinger Doll Filmproduktion und als Produzent tätig (*Traumfrauen, SMS für Dich, Vier gegen die Bank, Beat*).

Was waren deine ersten Berührungspunkte mit der Drehplanung?

Ich bin klassischer Studienabbrecher, habe in München Psychologie und Philosophie studiert, wollte aber gerne zum Film. Ich kann dir gar nicht genau sagen, warum ich mich nicht an der Filmhochschule beworben habe, wahrscheinlich hatte ich Angst, dass die mich ablehnen. Stattdessen habe ich aus dem Studium heraus Bewerbungen für ein Setpraktikum geschrieben, Claussen & Wöbke (damals noch ohne Putz) fanden das irgendwie gut und ich durfte einen ersten Film machen mit Hans-Christian Schmid. Das war *Crazy*. Die ersten beiden Jahre gingen als Setpraktikant und Setaufnahmeleitungsassistent dahin, dann war ich irgendwann Set-AL. Ich hatte den Dusel, dass sowohl Claussen & Wöbke als auch Hans-Christian Schmid mich über die Jahre begleitet haben und ich bei Hans-Christian das erste

Mal Regieassistenz machen durfte. Das war 2004 bei *Requiem*, da habe ich auch zum ersten Mal selber den Drehplan gemacht.

Hattest du das Gefühl, du verstehst sofort, was du da machst?

Ich glaube schon, dass ich es verstanden habe, aber nicht in aller Tiefe. Je mehr Drehpläne du gemacht hast, desto mehr Feinheiten verstehst du ja. Über die Jahre ist dann natürlich viel passiert im Kopf, aber geblieben ist dieses Fragezeichen, warum der Drehplan von Produktionsfirmen und Regisseuren nicht so ernst genommen wird, wie er ist. Obwohl er ein so maßgebliches Dokument ist und so viel vorgibt, kommt eine Frage ganz häufig erst zwei Tage vor dem Drehtag. Manchmal vermisst man diesen Austausch über den Drehplan und macht es halt alleine. Manchmal ist es aber auch einfach so komplex, dass sich da niemand reindenken kann, man heuert ja nicht zwei 1. Regieassistenten an. Der Drehplan ist dann halt deiner. Sicherlich auch ein Vertrauensbeweis der Firmen und Regisseure. Nimm den Drehplan von *Krabat* – zwei Jahre Spielzeit und entsprechende Umschminkzeiten, acht Jahreszeiten, verschiedene Stadien im Schneedressing, Wind, Regen, Tiere usw. Der ganze Drehplan hatte über 400 Stäbchen bei 265 Bildern. Den Plan habe ich damals sicher anders gesteckt als ich es heute tun würde.

Woran liegt es, dass der Drehplan nicht ernster genommen wird? Können oder wollen sie ihn nicht verstehen oder setzen sie sich erst zu spät mit ihm auseinander?

Ich glaube, es ist eine Mischform. Eine Firma wie Claussen & Wöbke & Putz, die ich ganz toll finde, erkennt die Missstände, sagt aber auch: Wir bereiten jetzt erst einmal drei Monate vor. Es gibt Gespräche mit dem Regisseur, es gibt Gespräche darüber, wie man Dinge vereinfachen kann, es gibt neue Buchfassungen usw. Du weißt als Produzent, da muss noch dies und das passieren, dann

„Wenn man sich darauf besinnt, warum man einen Film macht – nämlich um eine tolle Geschichte zu erzählen – dann ist ein rein ökonomischer Ansatz falsch.“

CHRISTOPHER DOLL

ist das Buch wahrscheinlich in 54 Tagen machbar, und du hoffst, dass sich das Projekt im Laufe der Vorbereitung anpassen lässt. Vieles ist dabei ja auch spekulativ. Bei *Krabat* hat man aber erst sehr spät erkannt, was das Projekt für ein Monster war, eigentlich erst während des Drehs.

Beim Fernsehen hast du gar nicht die Möglichkeit zu reagieren. Wenn du da erst in der Vorbereitung feststellst, was in deinem Drehplan steht, ist es eigentlich schon zu spät.

Früher habe ich gedacht, Drehplanung ist wie Tetris: Du hast deine Rollennummern drin, und dann versuchst du, die noch besser zu kombinieren. Es gibt aber einen Punkt, da geht es nicht mehr darum, Schauspielertage zu optimieren, sondern da musst du das Projekt optimieren. Wenn du nur auf Schauspielertage achtest, was ja budgetär der richtige Ansatz wäre, dann ist der Preis, den du dafür zahlst, unverhältnismäßig höher. Sei es in der Qualität, was schwer zu bemessen ist, oder sei es, dass du mehr Motivwechsel hast oder irgendwelche Tage voller sind, als eigentlich geht. Wenn man sich darauf besinnt, warum man einen Film macht – nämlich um eine tolle Geschichte zu erzählen – dann ist ein rein ökonomischer Ansatz falsch. Dieses Missverständnis hängt aber auch an der Art der Bezahlung der Schauspieler: Die Engländer rechnen Schauspieler nicht nach Tagen ab, sondern nach Wochen. Klar ist das für die Produktion doof, wenn ein Schauspieler nur einen Tag hat, aber dann wird die Wochengage dementsprechend verhandelt, und der Tag kann im Drehplan innerhalb der Woche flexibel wandern. Es war toll, so arbeiten zu können.

War das bei* Anonymus *der Fall?

Ja, das war echt entspannter, auch für die Schauspieler. Klar gibt es Einschränkungen: Vanessa Redgrave hatte acht Drehtage, wir hatten sie zwei Wochen vor Ort und in diesen zwei Wochen mussten wir alles mit ihr hinkriegen. Die Gagen sind logischerweise auch ein bisschen höher, du musst dir ja den Puffer mit einkaufen. Ein bisschen mehr Luft macht das System aber freier.

Bevor wir im Detail auf* Anonymus *kommen: Wie arbeitest du am Drehplan?

Ich habe früh festgestellt, dass es mir am meisten bringt, wenn ich zunächst alleine anfange. Am liebsten klinke ich mich vor der regulären Vorbereitung eine Woche aus, weil ich es gut finde, wenn man in der Vorbereitung schon einen Plan hat. Ich bearbeite das Buch in mehreren Durchgängen: Darsteller, Komparsen und Spieltage im ersten Durchgang, Tiere, SFX, VFX und Stunts im zweiten Durchgang und Props, Maske und Kostüm im dritten Durchgang. So lernst du das Buch besser kennen. Nach dem dritten Durchgang fange ich an zu stecken. Am Anfang haben die Leute gesagt, steck' doch mal auf 30 Tage, aber irgendwann mit mehr Erfahrung habe ich gesagt: Ich würde es gerne so machen, dass ich euch was gebe, von dem ich denke, dass es funktioniert.

Wird das akzeptiert?

Interessanterweise ganz oft, mittlerweile. Natürlich haben Produktion und Regisseur eine Vorstellung von dem Projekt, sie haben es ja schon kalkuliert. Aber wenn du mehr Zeit auf die Drehplanarbeit verwendest, spezifischer und feiner arbeitest, dann merkst du vielleicht, dass du doch zwei Tage mehr brauchst. Das ist dann natürlich erstmal ein kleines Gezerre, aber dann kann man ja argumentieren, auch mit Rückwirkung auf das Buch. Im Idealfall ergibt sich daraus ein Pingpong-Spiel, das Buch wird angepasst, und man nähert sich ein bisschen an.

Ich entnehme deinen Worten, dass du ein gewisses Selbstverständnis in Bezug auf die Drehplanarbeit hast? Dass du das nicht als Dienstleistung verstehst, sondern als deinen Arbeitsbereich, den du auch mit Selbstbewusstsein vertrittst?

Ich würde jetzt natürlich gerne heldenhaft sagen, ja, das ist so. Ich habe es auch immer so versucht. Aber natürlich ist Film keine Einzelleistung, ganz oft brauchst du die Hilfe der Gewerke und dazu gehören auch das Verständnis und die Akzeptanz der Produktion. Aber ich würde es dahingehend bejahen, dass die Drehplanarbeit die Hauptaufgabe des Regieassistenten ist. Dazu gehört für mich, dass man den Überblick behält und im Vorfeld weiß, wenn Tag vier in Woche eins nicht funktioniert, dann kompensieren wir das am sechsten Tag. Komischerweise sind solche Puffer immer ein Diskussionspunkt und es heißt, das brauchen wir nicht. Ich sehe das anders: Ich finde, pro fünf Tage benötigst du einen Drittel bis einen halben Tag Puffer. Wenn du den Puffer dann nur zur Hälfte brauchst und der Drehtag ein bisschen kürzer ausfällt, dann ist das doch eigentlich kein Problem: Du hast das Pensum ja geschafft. Klar kostet das aufs Ganze gesehen vielleicht ein bisschen Geld, aber das ist leider so: Filmemachen kostet halt Geld.

Wie lange brauchst du für einen Drehplan?

Für die erste Version die besagte Woche. Da sind dann aber schon Sperrtermine drin und der Wochenrhythmus ist auf die Motive angepasst usw. Später in der Vorbereitung arbeite ich eigentlich jeden Tag am Drehplan. Wenn ein Drehplan draußen ist, Version null, dann habe ich immer schon Version eins auf dem Rechner. Ich möchte immer einen Schritt voraus sein, auch um die Gewissheit zu haben, wenn wir mal einen Tag hinfallen, dann habe ich schon eine Version dabei, die das auffangen kann. Ich werde nervös, wenn ich die aus Zeitmangel nicht habe.

Wie lange hast du gebraucht, bis du dich mit der Drehplanarbeit wohl gefühlt hast?

Relativ schnell, muss ich sagen. Ich hatte das Glück, dass die Leute, mit denen ich am Anfang gearbeitet habe, mir vertrauten. Hans-Christian Schmid, Rainer Kaufmann und Caroline Link haben einfach gesagt, mach das. Die werden sich das bestimmt angeschaut haben, und wenn da was nicht gepasst hätte, hätten sie es bestimmt artikuliert. *Krabat* war ein Thema für sich, weil der Film viel zu komplex war. Der Drehplan war voll mit 265 Bildern, die alle in drei, vier, fünf Bilder aufgeteilt waren … „#265L" war der Teil on location, „#265GS" war der Teil vor Greenscreen, dann gab es noch „#265Rest" und vielleicht auch noch „#265P", weil du noch Plates drehen musstest.

„Am meisten reizt es mich, einem Filmdreh einen anständigen Rahmen geben zu können.“

CHRISTOPHER DOLL

Krabat war 2006, ich hatte vier Monate Vorbereitung, und spätestens da habe ich angefangen, es zu lieben. So sehr es dich manchmal nervt und so oft du fighten musst – es ist ein tolles Puzzle, und wenn du den Hindernissparcour gemeistert hast, ist das ein super Gefühl. Ich habe es dann wirklich gerne gemacht.

Was macht dir am meisten Spaß? Ist es das große Logikrätsel?

Das auch. Aber am meisten reizt es mich, einem Filmdreh einen anständigen Rahmen geben zu können. Dass du mit deinem Drehplan sagen kannst, du respektierst Arbeitszeiten, du respektierst Kräfte, Energiereserven, Kreativmomente, und du versuchst, all dem auf eine menschlich anständige Art einen Raum zu geben. Natürlich steht da nicht drin, heute ist Anstandstag zwei, aber wenn du nur zwei Seiten auf dem Zettel hast ohne große Specials, dafür aber die emotionale Schlussszene, wenn ein solches Pensum durchgewunken wird, dann ist das toll, weil du der Schlussszene Raum gibst und den Film in seinen Peakmetern unterstützt. Damit sagst du ja etwas. Das ist für mich die größte Signatur.

Wie priorisierst du die verschiedenen Erwartungen an einen Drehplan? Hast du dabei Regeln oder ist das ein intuitiver Prozess?

Ich glaube, intuitiv ist das richtige Wort. Es fängt damit an, dass du niemanden verschleißt: Wenn du mit Kindern drehst, respektierst du, dass das Kinder sind und im Drehverlauf auch bleiben werden. Dann sind die halt nur fünf Stunden am Set, vormittags drei Szenen mit dem Kind, nachmittags drei Szenen mit dem Erwachsenen und einem Kinderdouble. Für den Erwachsenen ist das natürlich nicht gerade Primetime, aber damit kann und muss er leben. Ich würde sagen, die Parameter sind „menschlich" und „sinnvoll im Umgang mit Mensch und Material". Du sollst kein Geld verbrennen, wenn es nicht notwendig ist, und wenn du einen Schauspieler an einem Tag abdrehen kannst, dann machst du das natürlich. Ich finde es interessant, wenn durch eine Drehplankonstellation plötzlich neue Möglichkeiten entstehen: Du hast einen Schauspieler, der ist einen Tag dabei, und durch Verschiebung merkst du, an dem Drehtag drehen wir ja noch Szene 44 und eigentlich wäre es doch toll, wenn der Schauspieler da drin wäre. Ist im Buch aber gar nicht so. Da macht es der Drehplan, dass dir auffällt, da ist noch Luft nach oben. Das kann den Film überraschend bereichern.

Gehst du mit solchen Vorschlägen auf die Beteiligten zu?

In den letzten Jahren verstärkt, weil mein Selbstverstrauen natürlich gewachsen ist und ich zunehmend in der Lage war, den eigenen Geschmack zu formulieren. Ich finde, jeder der eigenverantwortlich auf so einem Projekt arbeitet und feststellt, es gibt da eine Möglichkeit, der muss das machen. Du merkst es ja sehr schnell, wenn der Regisseur Vorschlägen gegenüber nicht aufgeschlossen ist. Aber selbst dann kannst du den richtigen Moment abpassen und sagen, pass auf, I know, aber wäre nicht soundso … Hört sich blöd an, aber formulier es als Frage, und dann ist es meist gut.

Die Reaktionen waren meist positiv?

Absolut. Es ist ja ein Einfaches zu sagen, dass ein Vorschlag falsch ist. Bei manchen Projekten bedarf es aber erst ein paar zwischenmenschlicher Momente, bis der Regisseur versteht, dass der Regieassistent ihm nichts Schlechtes will. Ich wollte bei Filmen, bei denen ich Regieassistent war, nie Regisseur sein, das ist mir fremd. Als Regieassistent habe ich meinen eigenen Bereich, Drehplanung oder Logistik oder Ablaufstyle, und ich versuche genauso wie der Regisseur, das Beste für das Projekt herauszuholen.

Wie ist deine Haltung zur Regie in Bezug auf den Drehplan?

Der Drehplan kann eine große Hilfe sein. Auch ein Regisseur macht den ganzen Film nicht am ersten Tag. Wenn er so ein Buch mit 130 Bildern kriegt, hat er vielleicht erst einmal Angst vor dem Projekt. Wenn er dann aber sieht, wir haben 40 Drehtage und an Tag eines drehen wir die Bilder #4, #16, #20, #24, dann wird das greifbarer. Er kann seine Horrorszenen kommunizieren, und wenn es einen begründeten Austausch gibt, ist es oft ein Leichtes, die nach hinten zu legen. Ich habe einen Drehplan immer wie einen Stundenplan aus der Schule angesehen, am Vormittag hast du zwei Stunden Mathe usw. Es kann eine große Beruhigung sein, wenn du weißt, die beiden Bilder am Vormittag schaffe ich locker, Mittagspause, und danach wird es ein bisschen knirschen. Es gibt aber Regisseure, die sagen, ich vertrau dir da, Punkt. Wenn die sich nicht mit dem Drehplan beschäftigen möchten, kann es beim Drehen ab und zu ein bisschen schmutzig werden, weil Vertrauen in dem Fall auch heißen kann, kurzfristig verstehen zu müssen. Es ist oft ein Missverständnis, dass du gegen den Regisseur sprichst, wenn etwas nicht geht, stattdessen bist du wegen Sperrterminen oder Motivsperren dazu gezwungen. Dann kannst du nichts tun und musst das Projekt schützen, damit es mit den Parametern funktioniert. Dann kann der Wille des Regisseurs vielleicht mal nicht berücksichtigt werden, genau wie viele andere Willen, die nicht berücksichtigt werden können.

Was sind aus deiner Erfahrung die größten Fehler, die man bei der Drehplanung machen kann? Die größten Gefahren, in die man rennen kann?

Es gibt ein paar offensichtliche Speerspitzen. Mach es nicht zu knapp. Oft wird man bei der Drehplanarbeit von so einem Gefühl beseelt, das schaffe wir, das kriegen wir hin, und das kann auch klappen, wenn man sich am Drehtag an dieses Gefühl erinnert und der Regisseur entsprechend drauf ist. Aber ganz oft fällt man damit auf die Schnauze, weil man dieses Gefühl auch auf 60, 80 Leute übertragen muss. Eine andere Gefahr ist die Arbeit mit Theaterschauspielern, die abends auf die Bühne müssen. Dieser Moment, wenn der Schauspieler um 14 Uhr das Set verlassen muss und du die Mittagspause schon verschoben hast, weil du das Pensum nicht in den regulären fünf Stunden schaffst, und am Ende hast du es mehr schlecht als recht reingeklopft – das ist alles voll daneben. Wenn ein Schauspieler zu viele Sperrtermine hat, muss man das im Vorfeld auffangen. Man muss sich fragen, ob der Schauspieler die Konsequenzen wert ist. Wenn du deine Vermutung, dass es schwierig werden könnte, im Konjunktiv formulierst, dann sagen die meisten, meld' dich wieder, wenn es schwierig wird. Heißt übersetzt: Man muss dem Problem Gehör verschaffen – auch wenn es oft nicht gerne gehört wird.

Weitere lauernde Gefahren?

Es gibt viel kleinteiliges Zeug, das man auf den ersten Blick gar nicht erkennt. Gerade technisch existieren so viele Verknüpfungspunkte, für die man eigentlich Drehplansitzungen bräuchte. In den letzten Jahren habe ich mir am Ende einer Arbeitswoche immer die Head-ofs geschnappt, um die nächste Woche zu besprechen.

„Ich finde, ein Drehplan ist immer dann ein richtig guter Drehplan, wenn er in der Lage ist, sich innerhalb von zwei Wochen selber aufzufangen."

CHRISTOPHER DOLL

Du stellst dich am Freitagabend kurz zusammen hin – Regisseur, Kameramann, Oberbeleuchter, Bühnenmann, teilweise Tonmann und Kameraassistent und, falls es Specials gibt, auch SFX und Stunt – und gehst die Woche durch: Wo habt ihr Bauchschmerzen? Wisst ihr, dass wir zweimal Tag/Nacht-Wechsel haben wegen Kinderzeiten? An den Traversen, an denen du Licht bauen wolltest, müssen Stuntseile hängen usw. Es ist wichtig, dass die Jungs miteinander reden, das muss man anstoßen. Das kann aber auch bedeuten, dass man am Freitag nach Drehschluss noch einmal eine Stunde da steht. Je länger du die Leute kennst, desto besser funktioniert das. Beim vierten Film redest du viel weniger als beim ersten Mal, aber das, was du redest, hat eine ganz andere Präzision. Das ist eine unfassbare Qualität.

Wenn es für dich den Reiz ausmacht, dass der Drehplan so einen Rahmen darstellt, wie gehst du damit um, wenn er mal nicht mehr funktioniert?

So blöd es klingt, das kam noch nicht vor. Natürlich gab es Momente, in denen es schwierig wurde, aber es gab keinen Moment, wo ich dachte, wir müssen einen Urlaubstag reinhauen. Oder wir müssen eine Rolle rausschreiben. Oder wir müssen eine Szene irgendwie verändern, damit es wieder funktioniert. Das gab es nicht.

Aber Veränderungen gab es schon?

Natürlich. Umstellungen habe ich immer sportlich gesehen, weil ich finde, dass ein Filmdreh so ist wie ein wildes Tier: Das läuft mal geradeaus, mal links und mal rechts, und du musst dich immer ein bisschen mit anpassen. Das finde ich nur gesund. Natürlich gab es Bewegungen dahingehend, dass wir länger in einem Motiv bleiben mussten, dass wir einen Schauspieler einen Tag mehr brauchten usw. Aber, ehrlich gesagt, das war dann meist schon vormoderiert.

Das heißt, du hattest vorab angekündigt, dass der Fall eintreten könnte?

Genau, bei der Drehplanbesprechung. Da sagst du dann, dass wir eventuell länger brauchen könnten. Das ist einer dieser Puffermomente: Du weißt, wenn ich Donnerstag länger brauche, dann pack ich Freitag den Motivwechsel nicht und die zweite Hälfte des Freitags rutscht auf einen Tag in der nächsten Woche und ist wieder aufgefangen. Ich finde, ein Drehplan ist immer dann ein richtig guter Drehplan, wenn er in der Lage ist, sich innerhalb von zwei Wochen selber aufzufangen. Du hast acht Wochen Drehzeit und alle zwei Wochen den besagten Puffer: Wenn ein Drehplan sich dadurch selber heilt und repariert und regeneriert, dann ist er gut.

„Die Hauptarbeit ist Initiative, wenn du so willst.“

CHRISTOPHER DOLL

Wie gehst du damit um, wenn Konflikte zwischen Regie und Produktion über den Drehplan ausgetragen werden?

Ich bleibe da ein bisschen autark. Meist verstehe ich beide Seiten und versuche zu vermitteln, aber manche Sachen müssen die Beiden einfach unter sich ausmachen. Wenn du ein guter Vertrauter bist, hast du zwar eine Meinung und kannst vielleicht beraten, aber gerade bei geschmäcklerischen Sachen kannst du nichts sagen. Ob ein riesiges Happy End mit Kranhochfahrt und 300 Komparsen besser ist oder ein stiller Moment, in dem sich zwei Leute auf einer Brücke verlieben und küssen? Da kannst du nur sagen, wir können gerne die Leute organisieren, die über die Brücke laufen. Oder wir können gerne auch keine Leute organisieren.

Du sagst also, was es bedeutet, und dann müssen Regisseur und Produzent eine Lösung finden?

Genauso ist es. Komischerweise passiert das dann trotzdem oft bis zum Drehtag nicht. Es gibt immer ein paar Themen pro Projekt, wo die Leute unterschiedlicher Meinung sind. Beim Film ist man ja auf eine komische Weise gerne konfliktscheu, weil man glaubt, die eigene

Meinung könnte eine emotionale Verletzung für jemand anders sein. Dabei ist es doch ein Austausch. Als Folge davon wird das Gespräch so lange vor sich hergeschoben, bis am nächsten Tag der Drehtag ist. Dann wird es natürlich eng, und es ist meine Aufgabe zu sagen, wir müssen das jetzt entscheiden, weil morgen früh um zehn schaffen wir es nicht mehr, 300 Leute hierher zu bekommen.

Wie gehst du damit um, wenn solche Probleme drohen?

In der Vorbereitung machen wir einmal die Woche ein Jour fixe, eine halbe Stunde, alle Head-ofs an einem Tisch, das zieht sich durch von der ersten Vorbereitungswoche bis zum Dreh. Und wenn beim Dreh ein Problem ansteht, dann muss man trommeln. Dann muss der Produzent abends ans Set kommen. Ich würde ein Problem nie in einer Telefonkonferenz zu lösen versuchen. Die Hauptarbeit ist Initiative, wenn du so willst. Als Regieassistent machst du im Jahr zwei Kinofilme, wenn du Fernsehen machst, schaffst du drei, vielleicht sogar vier. Kein Regisseur hat so viel Seterfahrung. Als Regieassistent bist du ihm dadurch eine Vielzahl an praktischen Momente voraus, die so oder so ausgegangen sind, du hast ja keinen Schnitt und keine Buchentwicklung. Aus dieser Erfahrung kannst du schöpfen und sagen, ich glaube, das wird schwierig, oder das wird nicht gehen. Und wenn er auf dich hört, hast du ein Gespräch. Vielleicht sagst du bei der Buchbesprechung, ein Esel, der aus der Bäckerei fliegt, das geht nicht. Es gibt ja wirklich so Themen. Dann schauen dich die Leute an und sagen, wieso geht das nicht? Weil es nicht geht. Aber klar, wir können den Esel digital machen. Dann sagt der VFX-Mann: Klar geht das. Kostet halt viel Geld. Und der Produzent sagt: Wie viel? Und der Regisseur sagt: Ja, das ist doch gar nicht so viel. Und dann hast du halt einen schlechten Esel im Bild.

„Roland hat eine tolle Haltung, die bei uns keineswegs üblich ist. Er sagt: Nimm die beste Idee, egal wo sie herkommt. “

CHRISTOPHER DOLL

Bietest du Lösungen an?

Man muss zwischen technischen und emotionalen Dingen trennen. Bei technischen Unwägbarkeiten biete ich Lösungen an – wenn ich weiß, der Nebel wird da niemals hängen bleiben, oder dass VFX bedeutet, wir dürfen es im Bild nicht schneien lassen. Bei emotionalen Dingen muss man vorsichtig sein, weil es dabei um die Vision des Spielleiters geht. Du sagst dem Koch ja auch nicht, was er in die Suppe tun soll. Es ist ja nicht so, als wäre Regieführen eine mystische, heilige Arbeit. Jeder große Regisseur hat so angefangen, dass er irgendwann eine Idee hatte, eine gute, aber er hatte keine Idee, wie überhaupt irgendwas funktioniert beim Film. Deshalb hat er sich aus jedem Bereich versierte Leute geholt, die ihn unterstützten. Meiner Meinung nach muss ein Regisseur nicht alles wissen. Kann ich auch jedem Regisseur nur so sagen, der weniger Projekte gemacht hat als ich.

Wie war das mit dir und Roland Emmerich?

Bei *Anonymus* waren meine inhaltlichen Vorschläge überschaubar. Es waren genau drei, aber die hat Roland alle genommen. Ich musste vorher echt Luft holen, weil ich dachte, jetzt schlage ich Roland Emmerich was vor, inhaltlich, über Shakespeare. Aber natürlich war ich genauso wie er voll im Thema drin die ganze Zeit. Ansonsten waren meine Vorschläge technisch, logistisch, Bildreihenfolgen usw. Roland hat eine tolle Haltung, die bei uns keineswegs üblich ist. Er sagt: Nimm die beste Idee, egal wo sie herkommt. Egal ob Regieassistent, Oberbeleuchter oder Setpraktikant – wenn es die beste Idee ist und die wirklich standhält, dann ist es die beste Idee. Und was spricht dagegen, dass man die dann auch nimmt? Nichts, außer Ego.

Was ist dir von der Drehplanung bei* Anonymus *in Erinnerung geblieben?

Roland hatte das selbst relativ gut im Kopf. Der hat eine ziemlich gute Idee davon, wie viel Tage er für was braucht und er mochte den Austausch darüber. Das fand ich wertschätzend und wertvoll. Wir hatten dazu einen Nachmittag, eine Eins-zu-eins-Sitzung, und sind alles durchgegangen, Drehplan, Pensen, Komparsenzahlen, das war sehr interessant. Die Erstellung von dem Plan war erstmal relativ einfach, weil der Film 63 Tage hatte und davon 62 im Studio waren. Es gab also keine Motivsperrtermine und man konnte perfekt auf die Schauspielersperren anpassen. Wir hatten in Babelsberg drei Studios, ein großes, ein mittleres, ein kleines, wir hatten ein Außenset vor Grün, das war eine Wiese oder eine Schotterfläche vor einem Greenscreen, und das gleiche gab es noch einmal innen im Studio. Das musst du dir vorstellen wie einen 360-Grad-Greenscreen, in dessen Mitte ein 25 mal 5 Meter breiter Streifen aus Gummipflastersteinen war. Diese Gummipflastersteine waren entweder eine Straße in London, der Boden der London Bridge oder

der Boden von einem Hof, der zum Tower Of London gehörte. Am Ende des Weges stand ein Tor, das je nach Set ausgetauscht wurde.

War das Roland Emmerichs Idee?

Das war seine Idee bzw. die von Marc Weigert und Volker Engel, seinen VFX-Supervisors, die bei so etwas sehr stark mitarbeiten. Es wurde dann komplizierter, weil wir relativ viele Sets hatten. Roland ist ein großer Architekturfan und hat ein modulares System entwickelt. Wir hatten acht große Wände und diese Wände bauten parallel zwei große Räume: „Halle von Person a" und „Halle von Person b". Es brauchte einen Tag Bauzeit, um eine dieser Hallen aufzulösen und als „Halle von Person c" neu aufzubauen. An diesem Punkt kamen die anderen Wände ins Spiel: Wir hatten 16 mittlere Wände und 22 kleine Wände, die ebenfalls Sets bildeten. Die Anzahl der Wände geteilt durch vier ergibt die Anzahl der möglichen Sets, plus Rücksetzer. Das heißt, wenn wir Montag und Dienstag ein großes Set gedreht haben, mussten wir Mittwoch ein kleineres Set drehen, damit die großen Wände für ein großes Set am Donnerstag umgebaut werden konnten. Das war die Aufgabenstellung. Ich habe also jede Woche so geschachtelt, dass wir mit den großen Wänden anfangen, mit den mittleren Wänden weitermachen und am Freitag mit den kleinen Wänden aufhören („Kerkerzelle", „Schreibzimmer" usw.), so dass die ganze Baustruktur über das Wochenende für die nächste Drehwoche neu angesetzt werden kann. Wenn wir gemerkt haben, wir laufen in einen Konflikt, weil wir Vanessa Redgrave noch in einem großen Set brauchen, das wir in den zwei Wochen mit ihr aber nicht mehr unterkriegen, mussten wir überlegen, ob das Set für Vanessa auch aus mittleren Wänden bestehen kann. Ja, konnte es – also haben wir an ihrem letzten Drehtag am Freitag ihrer zweiten Woche das Set nicht aus großen sondern aus mittleren Wänden gebaut.

Und die Studios waren alle nebeneinander? Das heißt, ihr konntet das alles von einer Basis aus bedienen?

So war es. Eine Basis zwischen den drei Studios.

Entstand die modulare Idee im Laufe der Vorbereitung? In dem Drehplan, den du ursprünglich gemacht hast, wird davon wahrscheinlich noch nichts drin gewesen sein.

Bei meinem ersten Plan war nur klar, dass es ein Studiodreh sein würde. Der Plan war nach Sets gelegt, und das blieb auch so, weil du die Sets natürlich abdrehst. Ich musste aber den Verlauf neu aufstellen, weil wir die großen Sets abdrehen mussten. Ich arbeite am Anfang zunächst immer chronologisch, das funktionierte hier nicht. Dann kam hinzu, dass Vanessa Redgrave nur zwei Wochen kommt. Wann sind diese zwei Wochen? Wir hatten einen Schauspieler aus Neuseeland, Xavier Samuel, der war damals in *Twilight* dabei und recht groß im Geschäft, der konnte auch nur zwei Wochen. Das waren dann schon mal zwei große Bausteine. Und dann hatten wir außen noch das Theater. Im Buch gab es zwei Theater: das „Rose", das im Film abbrennt und dessen Kulisse wir dann zum „Globe" gemacht haben. Wir mussten also alle „Rose"-Szenen drehen, dann brennt es ab – wir hatten gewisse Balken, die abbrennen durften, der Rest wurde mit Gasfeuer gemacht – die Balken werden ausgetauscht und das Theater ersteht als „Globe" wieder auf. Das war ein dritter großer Baustein. 2010 war der Winter allerdings so lang, dass wir mit dem Bau nicht beginnen konnten, weil der Boden gefroren war. Deshalb mussten wir den Plan drei Wochen vor Dreh noch mal umstellen. Das war ein bisschen Ballett, aber dann haben wir ihn eigentlich eingehalten. Wir haben nur Tage angehängt, aber das war abgesprochen: Am Anfang hatten wir 65 Tage, aber Roland meinte in großer Runde, er würde gerne versuchen, ob wir das in 60 machen können. Am Ende sind wir mit 63 rausgegangen.

„Ich finde Regieassistent einen faden Ausdruck, genauso wie Gespräche, ob ich eher Produktion bin oder Regie. Ich fand das immer doof und wollte lieber einfach für die Sache sein.“

CHRISTOPHER DOLL

Wie bist du damit umgegangen? Es ging ja nicht, dass ihr immer ein Bild pro Tag nicht schafft, weil ihr dann Schwierigkeiten mit den Sets bekommen hättet.

Das ist richtig. Die drei Tage waren nur kleine Sets, die wir viel schneller umbauen konnten. Das Problem waren die mittleren und großen Sets. Und das Greenscreenset stand die ganze Zeit parat. Aber wir haben auch gelernt: Es gab eine große Sequenz im Tower Of London, da reiten ein paar Leute ein und es gibt Musketenschützen von oben runter, da hatten wir im Hintergrund immer Grün und jeder Schuss wurde ein Compositing. Das war ein großer Fehler, weil die Sequenz dadurch viel teurer wurde. Hätten wir da noch

Stellwände gehabt ... Aber jeder hat gemeint, man könne es auf die zwei Richtungen mit Hintergrund halten. Abgesehen davon: Super Herangehensweise, und Roland wusste immer, wie er damit umgehen muss. Wir hatten 63 Giant Visual Effectshots. Beispiel: „Helikopterflug über die Themse im Jahr 1599". Riesenschuss, lange in der Mache in der VFX-Abteilung. In die Szene steigt er dann mit einer Halbtotalen ein, in der sich zwei Leute vor dem Theater treffen. Das war sehr preiswert und du stellst es nicht in Frage, weil dir die großen Establisher Zeit und Land erzählen.

Es wäre wahrscheinlich gar nicht leicht gewesen, viel umzustellen, weil die Flexibilität nicht so groß war.

Wir hatten schon Tage, an denen wir vormittags noch mal zwei Stunden oder so bauen mussten, weil die Umbauzeit zu knapp war. Dann haben wir etwas später angefangen. Aber klar, ganz andere Crew, viel mehr Leute. Morgens waren einfach zehn Bauleute am Set, um die Wände noch einmal umzustellen, weil Roland ein spontaner Geist war und hier noch eine Wand haben wollte und da. Das war „work in progress", das konntest du vorher im Plan nicht berücksichtigen.

Wie hast du bei* Anonymus *dein Team zusammengestellt? Habt ihr deutsch oder amerikanisch gearbeitet?

Wir haben klassisch amerikanisches System gefahren. Das heißt, es gab weder 1. Aufnahmeleitung noch Setaufnahmeleitung. Die Regieassistenz schluckt die Aufnahmeleitung, und es gibt „Locations" und „Transport" als eigene Gewerke. Als 1st AD darfst du Supervisor spielen, der 2nd AD macht mit dir die Dispo und ist morgens am Set, um die Schauspieler zu begrüßen und sie in Maske und Kostüm zu begleiten. Der 3rd AD ist ein Zwitter aus 2. Regieassistenz und Setaufnahmeleitung und war bei mir am Set.

Dann gibt es noch die AD-PAs, das sind Setrunner, davon hast du vier oder sechs. Wir hatten einen 2nd-2nd AD, der nur Komparsen gemacht hat in enger Absprache mit der Komparsenagentur, und der 2nd-3rd AD war so etwas wie der erste Komparsenwrangler. An Primetimetagen hatten wir 800 Komparsen, davon gab es zwei, da hatten wir pro hundert Komparsen zwei Betreuer, das waren dann noch einmal 16 Unterwrangler. Wenn du die alle zusammenzählst, bist du bei 30, 35 Leuten.

Hattest du vorher schon mal in so einem System gearbeitet?

Bei einem Film in Südafrika, da war ich als Regieassistent auch 1st AD. In beiden Fällen hat sich meine Arbeit aber nicht davon unterschieden, wie ich sonst gearbeitet habe. Ich habe immer ein enges Verhältnis zur Aufnahmeleitung, weil ich das als einen Trupp ansehe, nur dass die Leute im amerikanischen System auch faktisch in meiner Abteilung sind und ich die Dispo als „approved" unterschreiben muss. In Südafrika mit Rainer Kaufmann war das ein großes Geschenk, weil die Leute mir da als 1st AD ganz anders zugehört haben. Die Stellung ist schon eine andere, auch wenn ich das in Deutschland nie so erlebt habe, weil ich als Regieassistent immer eine recht starke Stellung hatte. Es gibt hier ja diese große „Bin ich Regieassistent oder bin ich 1st AD?"-Debatte. Ich weiß, es gibt einen Unterschied, aber ich habe wirklich gleich gearbeitet. Die Bezeichnung Regieassistent ist aber irgendwie falsch. Du organisierst zwar den Regisseur für den Dreh, aber du organisierst auch den produzentischen Teil. Ich finde Regieassistent einen faden Ausdruck, genauso wie Gespräche, ob ich eher Produktion bin oder Regie. Ich fand das immer doof und wollte lieber einfach für die Sache sein.

Deine Haltung zur Aufnahmeleitung ist also dieselbe, wie du es für Anonymus beschrieben hast?

Ich habe schon immer versucht, das ein bisschen amerikanisch zu sehen, dass das eigentlich ein Gewerk ist. Die letzten Jahre habe ich alle Filme mit demselben Setaufnahmeleiter gemacht, Sandro Silva, das war toll. Man spricht die gleiche Sprache, hat einen gleichen Tonfall, eine ähnliche Art, wie man Leute bewegt, etwas zu tun, wie man das Tempo hält oder auch etwas weg hält vom Set, wenn mal jemand durchdreht. Je nach Projekt macht ja manchmal auch der 1. Aufnahmeleiter den Drehplan. Das hab ich schon an mich gerissen, da war ich bestimmt auch nicht immer der freundlichste, aber mit den Aufnahmeleitern, mit denen ich viel gemacht habe, war es toll, weil es wirklich Pingpong war. Das war ein kreativer Austausch, bei dem sich keiner ungesehen gefühlt hat oder bei dem man das Gefühl hatte, der ist nur Produktionssicht. Da ging es um die Sache.

Habt ihr gemeinsam davor gesessen? Oder hast erstmal du gemacht und dann der andere, und dann habt ihr Pingpong gespielt?

Natürlich habe ich das auch mal probiert, dass man gemeinsam anfängt, aber du verlierst viel Zeit mit Quatschen. Bis du ein Projekt erfasst hast, braucht das Zeit, und wenn du dabei im Gespräch bist, verzerrt das. Ich finde es besser, wenn der 1. Regieassistent den Drehplan macht. Manche Aufnahmeleiter geben das Buch eh noch mal für sich ein, um auf ihre Art in das Projekt einzutauchen, und die achten nicht immer auf die gleichen Dinge wie du. Ich finde es erfrischend, wenn man die Pläne dann zusammenlegen kann und zwei Denkansätze hat. Wenn die nicht ähnlich sind, musst du entweder Überzeugungsarbeit leisten oder wirst selbst überzeugt. Das ist eine gute Herangehensweise.

Du hast alles gemacht vom Fernsehfilm bis hin zu Anonymus, einem für deutsche Verhältnisse sehr großen Projekt. Wenn du vergleichst: Wo sind in der Drehplanarbeit die Unterschiede?

Bei einem Kinofilm hast du mindestens 30 Tage, je nach Projekt vielleicht sogar 40, 45. Bei einem Fernsehfilm hast du mittlerweile nur noch 22. Das bedeutet fast doppelte Schlagzahl. Das muss man sich mal vorstellen: 2001 habe ich einen *Tatort* in München gemacht, da hatten wir noch 31 Tage. Heute drehst du also vier Seiten am Tag anstatt drei, und klar, die vier Seiten würden besser werden, wenn du mehr Drehzeit zur Verfügung hast. Pauschalisieren kann man das aber nicht, du siehst ja auch viele Kinofilme, bei denen du denkst, hm, war jetzt auch nicht so der Hammer. Ich würde sagen, das Arbeiten beim Kino ist einfacher: Du hast mehr Raum, du hast meistens auch mehr Geld, du musst dafür ein bisschen feiner arbeiten und den Leuten sagen, dass es nicht nur um die Einhaltung des Drehplans geht, sondern auch um Qualität. Beim Fernsehen ist nichts mehr da, was du noch rausnehmen kannst. Beim Kino gibt es noch die Stellschraube zu sagen, lass uns mal zurück zum Projekt gehen und nachdenken, was für den Film besser wäre. Wenn du hundert Komparsen mehr brauchst, dann holst du hundert Komparsen mehr. Bei *Anonymus* lag die erste Komparsenzahl bei 4400, aber wir sind raus mit 8400. Das war einfach ein Prozess: Roland hat gesagt, das sieht ihm zu leer aus, da müssen mehr Leute her, und dann haben wir halt mehr Leute geholt. Die hat er dann selbst bezahlt.

Er war ja auch Produzent. Gab es trotzdem Diskussionen?

Es gab immer Diskussionen, auch über die Arbeitszeit. Roland liebt es am Set, der geht einfach nicht heim. Es ist natürlich einfacher, wenn du Geld hast. Bei kleinen Filmen greift nur ein saustarkes Buch oder ein saustarker Regisseur. Trotzdem ist der Druck bei Kinofilmen hoch, weil das vielleicht für lange Zeit der letzte Kinofilm des Regisseurs war, wenn der nicht läuft. Ein Erfolgsrezept hat keiner. Das ist beim Fernsehen anders, der 20.15-Uhr-Fernsehfilm hat in den meisten Fällen auch seine Zuschauer.

Du arbeitest jetzt auch als Produzent. Merkst du, dass sich dein Blick auf Drehplanung dadurch verändert?

Nein, eigentlich nicht. Ich stelle mir dieselbe Frage wie am Anfang des Gesprächs, warum die Leute nicht mehr auf den Drehplan gucken. Bei unserem aktuellen Projekt hatte ich das Glück, dass ich den selber machen konnte. Ich würde das aber auch machen wollen.

Vielleicht ist das gar nicht gut, wenn du den selber machst? Vielleicht hast du das nur noch nicht gemerkt?

Das kann gut sein, ich weiß es nicht. Vielleicht komme ich da noch hin. Ich tauche aber technisch ganz anders in ein Projekt ein. Ich weiß, wie viele Drehtage wir in welchem Motiv haben, wie viele Drehtage welcher Schauspieler hat, wie oft wir Stunt brauchen, und auch mit SFX und VFX kenne ich mich gut aus. Ich weiß genau, dass wir vielleicht noch einen Puffertag haben oder zwei, und ich musste die mit niemandem verhandeln. Aber ich muss natürlich dem 1. Regieassistenten, der bald anfängt, Luft lassen, ich darf dem nicht auf die Nerven gehen mit meinem Drehplan. In zwei Wochen gibt es ein neues Buch, das mache ich noch, und danach … danach ist das nicht mehr notwendig, glaube ich. Danach habe ich die Struktur im Kopf, um den Film zu verstehen.

D2 INTERVIEW MIT UWE SCHOTT

Uwe Schott wurde 1966 in Düsseldorf geboren. Nach dem Abitur 1985 arbeitete er als freier Aufnahmeleiter und später als Produktionsleiter für verschiedene deutsche Produktionsunternehmen. Nach zwei Jahren Berufserfahrung als Line-Producer für diverse Produktionen in Los Angeles kehrte er 1996 als geschäftsführender Gesellschafter der Modern Media Filmproduktion GmbH zurück und realisierte zahlreiche TV-Produktionen. Nach weiteren Stationen als Produzent und Geschäftsführer verschiedener Produktionsfirmen wurde Uwe Schott im Oktober 2009 Geschäftsführer von X Filme Creative Pool GmbH und verantwortete als Produzent alle Spielfilmproduktionen (u.a. *Cloud Atlas, Ein Hologramm für den König, Jeder stirbt für sich allein*). Die TV Serie *Babylon Berlin* ist seine aktuellste Produktion, deren dritte Staffel sich in Vorbereitung befindet.

Wie würdest du dich als Produzent beschreiben?

Mir ist als Produzent daran gelegen, mit dem gesamten Team auf Augenhöhe zu arbeiten. Als Geschäftsführer von X Filme Creative Pool bin ich für die Finanzierung und physische Herstellung der Projekte verantwortlich, zumindest im Bereich Kino und bei *Babylon Berlin*. Ich versuche dabei, immer hands-on und sehr nah an den

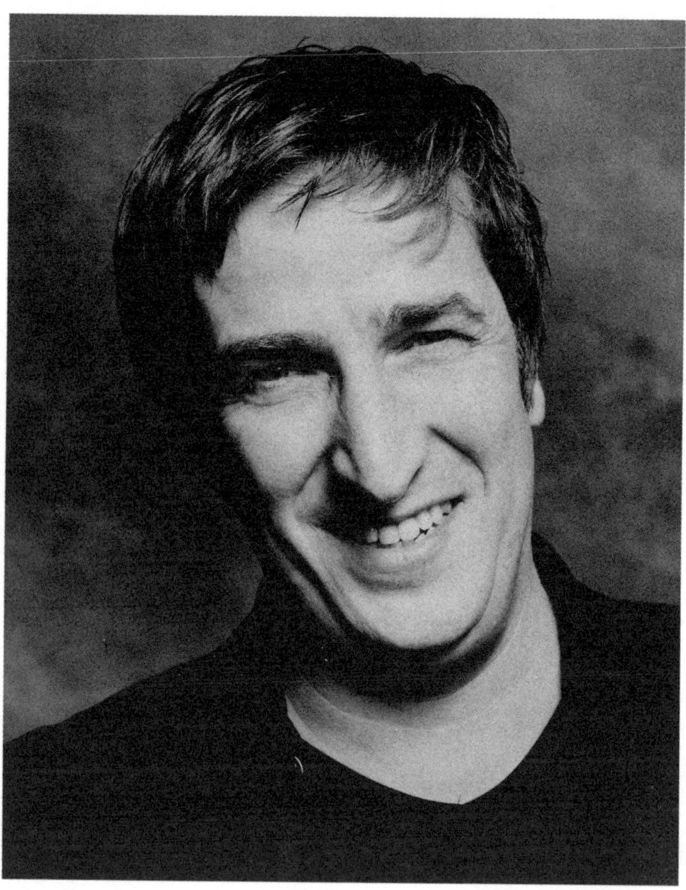

Uwe Schott

Projekten dran zu sein, von der ersten Idee bis zur finalen Abnahme, und möglichst auch täglich vor Ort im Produktionsbüro zu sein.

Bei Babylon Berlin *bist du einer von drei Produzenten. Wie habt ihr die Arbeit aufgeteilt bzw. inwiefern hat sich die Perspektive von euch Dreien unterschieden?*

Zunächst ist die Idee zu der Serie hier im Haus entstanden. Wir hatten damals mit Michael Polle als TV Produzent einen Fernsehbereich bei X Filme gegründet und wollten die späten 20er-Jahre im Rahmen einer Serie erzählen. Ich bin über die Romane gestolpert, wir haben lange unser Interesse beim Verlag bekundet und dafür gekämpft. Als die Option frei wurde, haben Stefan Arndt und ich gesagt, der Stoff könne etwas für Tom Tykwer sein. Tom war begeistert und wollte das Projekt von Anfang an gemeinsam mit Henk Handloegten und Achim von Borries entwickeln. Von Produzentenseite sind wir das Projekt gemeinsam mit Michael angegangen. Stefan und ich hatten ja keine Ahnung vom seriellen Erzählen. So sind wir gestartet: Stefan ist dann losgezogen und hat behauptet, er wisse, wie wir das finanziert kriegen, und hat mit seiner Begeisterung die Partner gesucht und gefunden und ich habe die physische Entwicklung und Herstellung bis zur Endfertigung betreut.

Du hast die Entstehungsgeschichte jetzt schon angerissen. Durch die Kooperation zwischen ARD Degeto, dem Pay-TV-Sender Sky Deutschland und Beta Film als Vertrieb war das Projekt für deutsche Verhältnisse sehr ungewöhnlich aufgestellt. Wie kam es dazu?

Wir haben uns damals gefragt, wie wir unser Ziel, eine Serie auf internationalem Niveau, erreichen können und was es dafür braucht. Die Qualität sollte an die einschlägigen amerikanischen Serien heranreichen, nur haben wir in Europa nicht die finanziellen Mittel dafür.

Aber wir können in Europa solche Projekte anders, etwas schlauer produzieren. Dennoch war uns klar, dass wir viel Geld benötigen werden. Es war dann Stefans Idee, öffentlich-rechtliches Fernsehen und Pay-TV zum ersten Mal in Deutschland miteinander zu verbinden. Meine erste Reaktion war, wenn Du das schaffst, kriegst du ein Sternchen. Wir haben dann zunächst mit Christine Strobl von ARD Degeto gesprochen, die von dem Projekt und der Idee einer solchen Zusammenarbeit begeistert war. Danach sind Tom und Stefan mit einer Präsentation und dem ersten Buch der drei Autoren zu Volker Herres gefahren, dem Programmdirektor der ARD. Er war – wie auch die Kollegen von Sky, die wir parallel angesprochen hatten – absolut aufgeschlossen, und so bekam die erste Zusammenarbeit zwischen Sky Deutschland und der ARD Degeto ein Gesicht. Das Sternchen hat Stefan übrigens jetzt.

Wie groß waren die Widerstände auf dem Weg?

Die ARD-Seite, sowie Brian Sullivan und später Carsten Schmidt von Sky Deutschland, waren von dem Projekt begeistert. Allerdings musste auf Arbeitsebene geschaut werden, wo wir auf die Schnelle die Finanzierung herkriegen, denn es war allen klar, dass die Dimension dieses Projektes sehr außergewöhnlich war. Hier waren wieder Christine Strobl bei ARD Degeto und Marcus Ammon bei Sky Deutschland gefordert, die einen unglaublichen Job gemacht haben. Natürlich war es nicht einfach, aber immer getrieben von der Lust, das Projekt zu machen. Wir wussten von Anfang an, dass die Senderanteile nicht ausreichen und neben uns als Produktionsfirma mit eigenem Risiko noch weitere Partner benötigt werden würden. Dieses Geld kam dann über unseren Vertriebspartner Beta Film, der wie wir daran geglaubt hat, dass man eine deutschsprachige Serie auch international verkaufen könnte.

Seid ihr mit einer klaren finanziellen Zielvorgabe angetreten und habt daraufhin entwickelt? Oder habt ihr auf Basis der Bücher finanziert?

Am Ende haben wir natürlich auf Basis der Bücher finanziert. Durch unsere Erfahrungen im Kinobereich wussten wir aber von Anfang an, was es kosten würde, historisch zu produzieren. Ursprünglich hatten wir zwölf Folgen kalkuliert, aber eine klassische Finanzierungs- und vor allem Produktionsweise konnten unsere Partner nicht stemmen. Wir mussten uns fragen, wie kriegen wir diese zwölf Folgen mit möglichst wenig Abstrichen in den Büchern mit den Mitteln hin, die wir in Aussicht hatten. Der entscheidende Schritt war, dass Tom und ich gesagt haben, wir können nicht nach Folgen in Blöcken drehen, das heißt, ein Regisseur dreht vier Folgen oder so mit allen Motiven. Wir mussten stattdessen unsere Kinoerfahrung in das serielle Produzieren einbringen und Motive abdrehen. Jeder wusste auch, dass wir 150 Drehtage nicht mit einem Regisseur machen können. Die drei Regisseure haben sich trotz ihrer Unterschiede so gut ergänzt, dass sie sich vorstellen konnten, die Regie nach Locations aufzuteilen. Das war der Durchbruch. Wir konnten sagen, so kann es funktionieren, und so hat es dann auch funktioniert.

Habt ihr dann mit mehreren Drehteams …

Wir wollten nicht mit zwei oder drei Drehteams arbeiten. Wir wollten hintereinander drei Regisseure drehen lassen, die jeweils ihren eigenen Kameramann und Regieassistenten mitbringen. Als ob es ein Spielfilm wäre mit einem Regisseur. Dass wir dann doch teilweise parallel und überlappend mit mehreren Teams gedreht haben, lag nur daran, dass Sky bereits im Herbst ausstrahlen wollte. Um das zu schaffen, haben wir mal zwei oder drei Wochen mit zwei Teams gedreht.

Kannst du grob überschlagen, was für eine Summe ihr durch dieses Vorgehen eingespart habt?

Jede Folge hat ungefähr 2,4 Millionen Euro gekostet. Die hätten bei klassischer Drehweise wahrscheinlich ca. 3,2 Millionen Euro gekostet. Wir haben das nie ganz genau kalkuliert, hatten aber mit dieser Drehweise bereits Erfahrungen. Hätten wir nicht so gedacht, hätten wir das Projekt nicht stemmen können.

Es war für euch also von Vorteil, dass ihr eigentlich aus dem Kinobereich kommt und dadurch einen Ansatz gefunden habt, das Format beherrschbar zu machen?

Absolut. Tom, Stefan und ich hatten gerade *Cloud Atlas* gemacht, einen Kinospielfilm mit drei Regisseuren und zwei Teams, bei dem wir ein ähnliches Prinzip angewandt hatten. Als wir den Film begonnen haben, gab es eine Kalkulation von einem amerikanischen Studio über 240 Millionen Dollar. Unsere erste Kalkulation landete mit ein paar vernünftigen Ideen bei 140 Millionen Dollar – das waren 100 Millionen Dollar Unterschied für dasselbe Buch. Durch die parallele Drehweise haben wir enorm viel Zeit und damit Geld gespart. Die Schauspieler waren nicht sechs Monate beschäftigt, sondern nur drei Monate.

In welchem Stadium habt ihr bei* Babylon Berlin *das erste Mal einen Drehplan gesteckt? Wie weit wart ihr zu diesem Zeitpunkt in der Stoffentwicklung?

Die Drehplanung begann, als die ersten drei Folgen geschrieben waren. Diese Folgen haben wir kalkuliert und auf die ganze Serie hochgerechnet. Diese Arbeitsweise wird bei fast allen Serien angewendet.

Wer hat diesen Drehplan gemacht?

Sebastian Fahr Brix, einer unserer 1. Regieassistenten.

Bei einer seriellen Produktion ist man stark auf der Seite der Zeit- und Kosteneffizienz.* Babylon Berlin *wurde aber von Regisseuren inszeniert, die aus dem Spielfilmbereich kommen.

Wir wollten, wie gesagt, eine hochwertige Serie produzieren, die mit anderen, international erfolgreichen Serien mithalten kann. Tom ist natürlich Spielfilmregisseur, Henk und Achim hatten aber auch bereits TV-Erfahrung gesammelt, was uns zugutekam. Wir haben das Projekt nicht anders behandelt als jeden großen oder kleinen Kinofilm – wissend, wir machen es nicht für die große Leinwand, sondern fürs Fernsehen. Dennoch wollten wir eine herausragende Qualität. Dabei haben wir uns über die klassische Dramaturgie des seriellen Erzählens manchmal hinweggesetzt, z.B. bei Folgen, bei denen es keinen Cliffhanger gibt. Die drei Jungs haben gesagt, wenn unsere Serie rauskommt, muss man nicht mehr so oder so erzählen, weil man das bis dahin alles schon gesehen hat. Aber nicht, weil wir Kino gedacht haben oder TV, sondern weil wir gesagt haben, das ist das Richtige für diese Serie.

Im seriellen Produzieren gibt es die Position des Showrunners, welcher meist nicht als Regisseur auftritt, bei dem aber inhaltlich und produktionell alle Fäden zusammenlaufen. Bei euch waren es drei gleichberechtigte Autoren und Regisseure. Wie habt ihr einen Visionsabgleich sichergestellt? Wie haben die Drei sich untereinander abgestimmt?

Erstmal war es so, dass wir die Serie mit Tom Tykwer als Showrunner verkauft haben. Allerdings waren Henk und Achim, wie gesagt, von Anfang an gleichberechtigt in der Entwicklung involviert. Die drei

Regisseure, ihre Kameraleute und wir haben ein Gesamtkonzept entwickelt: Wie soll es aussehen, wie ist die Farbigkeit, wie schnell wollen wir erzählen usw. Das war eine enorme Abstimmung in der Vorbereitung. Es gab auch für die meisten Szenen Storyboards. Wir mussten aber trotzdem noch einen Weg finden, wie sich die Regisseure und Units untereinander abstimmen. Wie derjenige, der außen vor dem Büro die Szene mit Gereon Rath dreht, wissen konnte, was der andere vier Monate vorher im Büro gedreht hat. Dafür wurde ein Programm aufgesetzt, mit dem man sich am Set jeden Anschluss anschauen konnte.

Ihr habt eine aufwendige Straßenkulisse konzipiert und gebaut, mit deren Hilfe ihr verschiedene Motive erzählen konntet. Wie hat diese Kulisse funktioniert?

Wir haben sie nicht gebaut, wir haben sie gemeinsam mit Studio Babelsberg entwickelt. Wir wussten, dass Studio Babelsberg eine neue Straße bauen will, sie hatten uns damals ein Modell gezeigt. Ein Straßenzug mit Häusern links und rechts wie die alte Berliner Straße, die es schon gab. Wir benötigten aber ein Set, das es uns ermöglichte, dass die Stadt in *Babylon Berlin* ein eigener Charakter ist – wir wollten Berlin erleben. Dafür brauchten wir mehr als nur eine Straße, wir brauchten viele Teile der Stadt: armes Berlin, reiches Berlin, lichtes Berlin, dunkles Berlin usw. Dies haben wir mit Studio Babelsberg besprochen, die die Idee sehr gut fanden und unserem Production Designer Uli Hanisch und seinem Team die Planung übertragen haben. So ist das entstanden, was es jetzt ist: kein einzelner Straßenzug, sondern vier Straßen, ein ganzes Viertel. Studio Babelsberg hat sich bereit erklärt, diese Planung wirklich umzusetzen und das zu bauen, obwohl es wahrscheinlich doppelt so teuer war wie das, was sie ursprünglich geplant hatten. Wir haben uns mit einer ordentlichen Summe beteiligt. Trotzdem haben wir auch viel in Berliner Originalstraßen gedreht.

Wie flexibel war die neue Kulisse? War es eher eine Frage von Tagen oder von Stunden, bis sie umgebaut und als anderes Motiv genutzt werden konnte?

Das Studio Backlot ist ein Karree, vier Straßen aneinander. Du hast also sowieso schon vier Ecken, die du in einem Zyklus bedienen kannst. Wir haben das Motiv in zwei größeren Drehblöcken abgedreht. Dazwischen lagen Monate, in denen sie umgestaltet wurde – sie ist nicht so flexibel, dass man heute Charlottenburg und morgen den Wedding drehen könnte. Zusätzlich haben wir uns auch der VFX-Technik bedient und mit Hilfe von Green Screen noch einmal weitere Veränderungen vorgenommen.

Wie viele Umstellungen im Drehplan haben sich innerhalb des Drehzeitraums ergeben? Beispielsweise aufgrund von gewonnenen Erfahrungswerten?

Wir haben keine großen Veränderungen vorgenommen. Tatsächlich nicht. Sicher kam uns da unsere Kinoerfahrung zugute. Natürlich gab es kleinere Sachen, z. B. wenn es mal geregnet hat, dieser übliche Wahnsinn – aber wir haben keine großen Umstellungen gehabt. Wir sind mit einem Drehplan von 185 Tagen in den Dreh gegangen und der wurde dann auch so umgesetzt. Wir haben unheimlich viel Glück gehabt.

Das ist beeindruckend.

Das war vor allem unserem unglaublichen Team zu verdanken. Warum konnten wir diese Qualität liefern? Warum konnten wir 185 Tage drehen, ohne dass uns etwas passiert ist? Das ist nur damit zu erklären, dass diese ganzen, kleinen Zahnräder wirklich ineinandergegriffen haben. Dass eine Ausstattungsabteilung nicht aus vier Leuten bestand, sondern aus 70 Leuten. Und eine Kostümabteilung nicht aus zwei Leuten, sondern auch aus 70 Leuten. Und zwar nicht, um es aufzublasen, sondern weil es nötig war, um die Maschine am Laufen zu halten, damit es keine Überraschungen gab. Alles war abgestimmt bis ins kleinste Detail, und das hat unglaublich viel Geld gekostet. Wenn du das aber nicht machst, fängst du an, zu improvisieren, dann haut es dir das ganze Konzept durcheinander und kostet am Ende mehr Geld.

Spannend.

Gerade das Thema Kostenkontrolle war bei so einem Projekt enorm wichtig. Eine Ausstattungsabteilung, die nur aus acht Leuten besteht, kann der Produktionsleitung nicht ständig berichten, was sie ausgeben wollen, und nachfragen, ob das okay ist. Bei uns wurde alles vorher freigegeben, und das geht nur mit dem entsprechenden Personal. Wenn man nicht so arbeitet, geht man über Budget.

Es gibt einen Entwicklungsauftrag für eine dritte Staffel. Was ändert sich an der Stoffentwicklung und an der Drehplanung aufgrund eurer Erfahrungswerte aus den ersten beiden Staffeln?

Sicher haben wir bei Staffel 1 und 2 eine ganze Menge gelernt. Es gab beispielsweise Motive, die kamen vielleicht dreißig Sekunden vor. Normalerweise hätte man in der Stoffentwicklung sagen müssen, die Szene können wir doch auch an einer anderen Location mitspielen lassen, aber das haben wir nicht gemacht. Das wollen wir nun ein wenig optimieren. Es geht dabei nicht nur darum, Geld zu sparen, sondern durch solche Optimierungen gewinnt man ja auch Zeit, um noch mal anders inszenieren zu können. Insofern ist ein solchen Vorgehen nicht nur finanziell sinnvoll, sondern auch kreativ. Ansonsten wollen wir die Drehplanung aber wieder genauso machen wie bei den ersten beiden Staffeln. Wir werden wieder mit den drei Regisseuren arbeiten und wir werden wieder Motive abdrehen.

„Wir sind in Deutschland sehr wohl in der Lage, für 2 Millionen Euro etwas zu machen, was die da drüben für 5 Millionen Dollar machen.“

UWE SCHOTT

Wie würdest du* Babylon Berlin *innerhalb des deutschen Serienmarktes einordnen? Wohin wird perspektivisch die Reise gehen – wird sich das Modell, das ihr aufgemacht habt, etablieren, oder siehst du* Babylon Berlin *mittelfristig als Ausnahmeproduktion?

Im Moment reden alle von Serie, egal ob das Kinoproduzenten sind oder Fernsehproduzenten. Wir bei X Filme sagen erstmal, es geht um den Inhalt. Um das, was wir eigentlich erzählen wollen. Ich hatte gestern eine Besprechung, ein super Angebot für eine Serie, und als wir rausgegangen sind, haben wir gesagt, wir machen daraus einen Kinofilm. Die Zeit reicht aus, um die Geschichte auf besondere Art zu erzählen, und wir müssen nicht unbedingt eine Serie machen, nur weil alle gerade auf dem Serienhype sind. Auf der anderen Seite ist nach Erfolgen wie *Dark* bei Netflix, *Babylon Berlin* oder *Bad Banks* der Wusch und die Bereitschaft von Geldgebern, Sendern und Kreativen natürlich da, innovative Projekte zu starten. Wir laufen allerdings Gefahr, dass nicht alle innovativ sind – und dass der Markt irgendwann zu voll wird. Wir schauen ganz viel Serie, aber eigentlich finden wir nur wenige wirklich herausragend. Da müssen wir aufpassen. Man muss mit dem Serienhype verantwortlich umgehen, und das versuchen wir hier bei X Filme.

Wird die Tendenz zu den großen Alleinstellungsserien wie* Babylon Berlin *gehen? Oder wird früher oder später wieder mehr in die Breite produziert werden?

Warten wir erstmal ab, wie *Babylon Berlin* im Free-TV funktioniert. Eine Serie wie *Bad Banks* war wichtig, aber hatte sie eine Quote wie Frau Pilcher? Nein. Sollten wir uns daran orientieren? Nein, denn sie hat zu einem enormen Imagegewinn für den Sender geführt. Wir müssen uns damit auseinandersetzen, dass es eine Generation gibt, die kein lineares Fernsehen mehr schaut. Und wir müssen anfangen, für diese Generation Fernsehen zu machen. Es kann nicht nur Projekte wie *Babylon Berlin* geben, solche Leuchttürme, aber es kann und wird auch nicht funktionieren, dass wir einfach die Hälfte vom Budget nehmen und dafür zwei *Babylon Berlin* machen. Die Serie ist ja nicht so teuer, weil wir etwas Teures machen wollten, sondern weil sie in den 20er-Jahren spielt. Wenn wir eine andere Idee haben, und das haben wir bei uns im Haus durchaus, dann kostet das nicht 2,4 Millionen Euro pro Folge, sondern vielleicht nur 1,2 Millionen Euro. Das ist keine Frage des Geldes, sondern eine Frage des Inhalts. Wovon sich allerdings alle Beteiligten verabschieden müssen: dass man für 300.000 oder 500.000 Euro etwas abliefern kann, das so aussieht, wie die Amerikaner es für 5 Millionen Dollar machen. Das geht nicht. Wir sind in Deutschland aber sehr wohl in der Lage – und nicht nur wir bei X Filme – für 2 Millionen Euro etwas zu machen, was die da drüben für 5 Millionen Dollar machen.

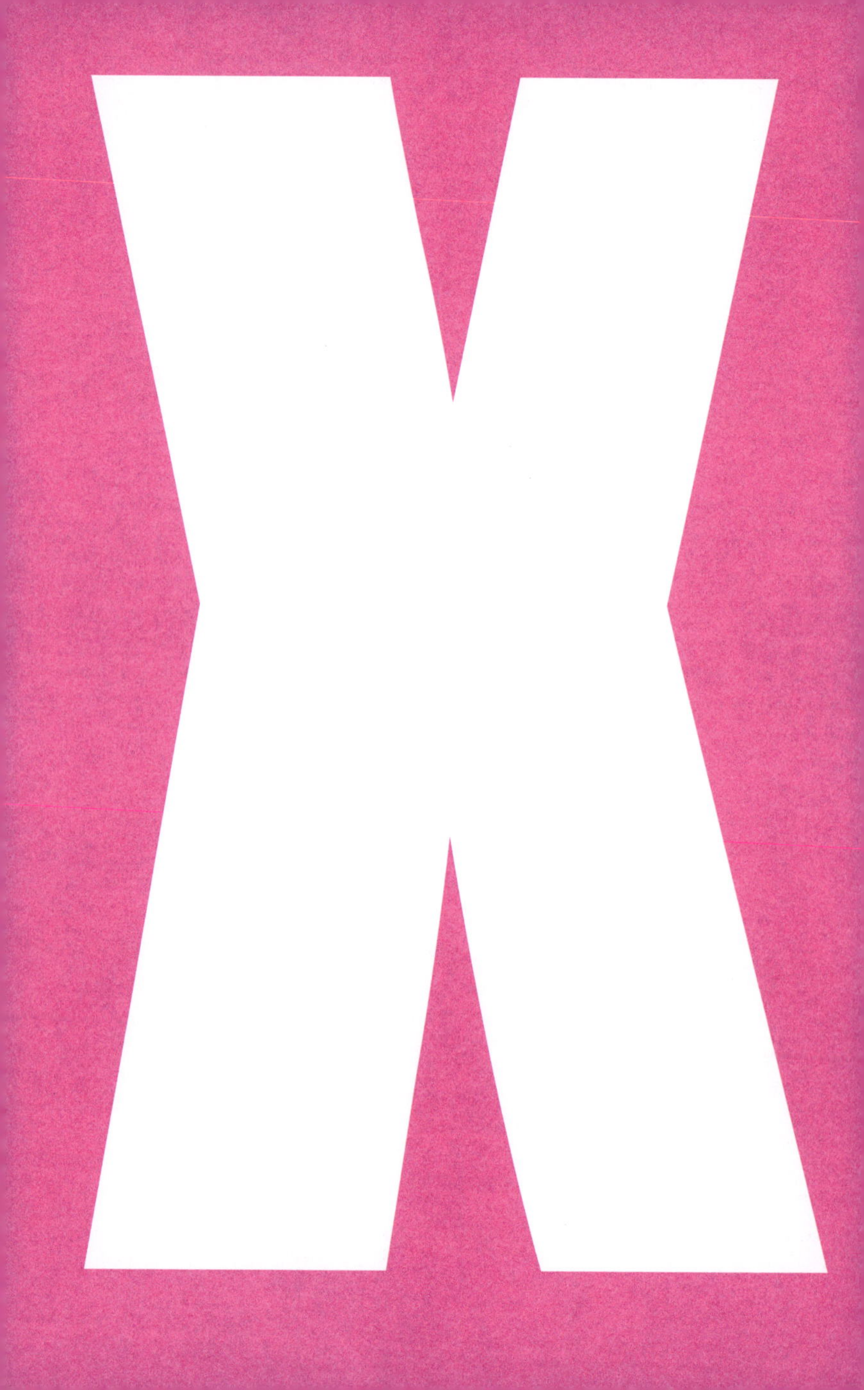

ANHANG

X1 DANK

Der Text dieses Buches ist innerhalb von drei Monaten im Frühsommer 2014 entstanden. Das wäre nicht möglich gewesen, ohne die Unterstützung vieler lieber Menschen. Ich danke Prof. Dr. Michaela Krützen, die dieses Buchprojekt ins Rollen gebracht hat. Den Abteilungen III. und V. der Hochschule für Fernsehen und Film München, in deren Seminaren ich den Stoff entwickeln konnte. Bernhard Koch hat bei juristischen Fragen geholfen. Für ihre freundliche Zustimmung zur Verwendung diverser Produktionsunterlagen bedanke ich mich bei Dr. Stephanie Heckner, Sathyan Ramesh, Astrid Ruppert und Karina Ulitzsch, insbesondere stehe ich in der Schuld von Kirsten Hager, Yella Yarí Fenner und allen bei der Hager Moss Film. Martin Rehbock und der IMBISSFILM sowie Kenneth Macdonald danke ich für ihre Einwilligung, Fotos von den Dreharbeiten zu „About a Girl" abbilden zu dürfen. Ohne den Einfluss und das Vertrauen von Vivian Naefe hätte ich nicht zur Drehplanung gefunden. Es war mein Glück, dass Dr. Sonja Schnitzler das Manuskript gelesen hat; ich danke ihr für ihre Freundschaft und die unschätzbare Hilfe ihrer Anmerkungen. Meinen Interviewpartnern Christopher Doll und Uwe Schott danke ich für ihre Zeit und Kollaboration. Michael Polle danke ich für seine Hilfe bei der Vermittlung. Dominik Graf hat mir mit seinem Vorwort eine große Ehre erwiesen. Meine Lektorin Sonja Rothländer hat es mir ermöglicht, dieses Buch zu schreiben, und mein Lektor Rüdiger Steiner hat die Überarbeitung der Neulage betreut; ich danke ihnen, dem UVK Verlag und dem Herbert von Halem Verlag für die Unterstützung.

X2 LITERATUR

- Armer, Alan A. (1997): *Lehrbuch der Film- und Fernsehregie.* Zweitausendeins, Frankfurt am Main.
- Appeldorn, Werner van (2002): *Handbuch der Filmproduktion und Fernsehproduktion.* TR-Verlagsunion, München.
- Bonhoeffer, Georg (2010): *Produktionsleitung für Film und Fernsehen. Wie ist das? Wie geht das? Kann ich das (vielleicht) auch?* Tredition Verlag, Hamburg.
- Brehm, Wolfgang (2008): *Filmrecht. Das Handbuch für die Praxis.* UVK, Konstanz.
- Caine, Michael (2005): *Weniger ist mehr. Kleines Handbuch für Filmschauspieler.* Alexander Verlag, Berlin.
- Chabrol, Claude (2004): *Wie man einen Film macht.* Autorenhaus Verlag, Berlin.
- Clevé, Bastian (Hg.) (2004): *Von der Idee zum Film. Produktionsmanagement für Film und Fernsehen.* UVK, Konstanz, 4. Auflage.
- Eick, Dennis (2013): *Exposee, Treatment und Konzept.* UVK, Konstanz, 2. Auflage.
- Eick, Dennis; Hartung, Vera (2009): *Was kostet mein Drehbuch? Das Script als Basis für die Filmkalkulation.* UVK, Konstanz.
- Eschke, Gunther; Bohne, Rudolf (2018): Bleiben Sie dran! Dramaturgie von TV-Serien. Herbert von Halem, Köln, 2. Auflage.
- Field, Syd (1991): *Das Handbuch zum Drehbuch.* Zweitausendeins, Frankfurt am Main.
- Field, Syd; Märthesheimer, Peter; Längsfeld, Wolfgang u. a. (1987): *Drehbuchschreiben für Fernsehen und Film.* List Verlag, München, Leipzig.
- Gallasch, Petra (2004): *Close Up: Filmschauspiel: Gespräch – Infos – Tipps.* UVK, Konstanz.

- » Gotthard, Sylvia (2014): *Checklisten in der Aufnahmeleitung. Professionelles Arbeiten bei Filmproduktionen.* AV Akademikerverlag, Saarbrücken.
- » Hülsmann, Michael; Grapp, Jörn (Hg.) (2009): *Strategisches Management für Film- und Fernsehproduktionen: Herausforderungen, Optionen, Kompetenzen.* R. Oldenbourg Verlag, München.
- » Iljine, Diana; Keil, Klaus (2000): *Filmproduktion, Bd. 1, Der Produzent.* TR-Verlagsunion, München.
- » Katz, Steven D. (1998): *Die richtige Einstellung. Shot by shot – Zur Bildsprache des Films.* Zweitausendeins, Frankfurt am Main.
- » Leeb, Hugo (1998): *Kalkulation (2). Vom Drehplan zum Budget.* TR-Verlagsunion, München.
- » Lumet, Sidney (2006): *Filme machen. Vom Drehbuch zum fertigen Film.* Autorenhaus Verlag, Berlin.
- » Mamet, David (2009): *Die Kunst der Filmregie.* Alexander Verlag, Berlin.
- » McKee, Robert (2011): *Story: Die Prinzipien des Drehbuchschreibens.* Alexander Verlag, Berlin.
- » Monaco, James (2009): *Film verstehen: Kunst, Technik, Sprache, Geschichte und Theorie des Films und der neuen Medien.* Rowohlt Taschenbuch Verlag, Reinbeck bei Hamburg.
- » Ottersbach, Beatrice; Schadt, Thomas (Hg.) (2010): *Filmproduzenten-Bekenntnisse.* UVK, Konstanz.
- » Rabenalt, Peter (2011): *Filmdramaturgie.* Alexander Verlag, Berlin.
- » Raschke, Heiko (2013): *Szenische Auflösung. Wie man sich eine Filmszene erarbeitet.* UVK, Konstanz.
- » Rößler, Mike (2012): *Die Arbeitsschutzorganisation in der Filmproduktion. Der Praxisratgeber für Herstellungs- und Produktionsleiter.* BfbA, Potsdam.
- » Rowland, Avril (2001): *Regieassistenz und Aufnahmeleitung. Dokumentarfilme, Film- & Fernsehproduktionen.* Fachbuchverlag Andreas A. Reil.

- Seger, Linda (1997): *Das Geheimnis guter Drehbücher: Making a Good Script Great.* Alexander Verlag, Berlin.
- Sehr, Peter (1998): *Kalkulation (1). Vom Drehbuch zum Drehplan.* TR-Verlagsunion, München.
- Sievert, Johannes (Hrsg.) (2010): *Im Angesicht des Verbrechens: Die Entstehung einer deutschen Fernsehserie.* Alexander Verlag, Berlin.
- Strassberg, Lee; Wermelskirch, Wolfgang (Hrsg.) (2001): *Schauspielen und das Training des Schauspielers.* Alexander Verlag, Berlin.
- Tarkowskij, Andrej (2000): *Die versiegelte Zeit. Gedanken zur Kunst, zur Ästhetik und Poetik des Films.* Ullstein Taschenbuchverlag, München.
- Truffaut, François (1973): *Mr. Hitchcock, wie haben Sie das gemacht?* Carl Hanser Verlag, München.
- Vale, Eugene (1987): *Die Technik des Drehbuchschreibens für Film und Fernsehen.* UVK, Konstanz, 6. Auflage.
- Wahl, Chris (2005): *Das Sprechen des Spielfilms: Über die Auswirkung von hörbaren Dialogen auf Produktion und Rezeption, Ästhetik und Internationalität der siebten Kunst.* WVT, Trier.
- Wasilewski, Viktoria Isabella (2009): *Europäische Filmpolitik: Film zwischen Wirtschaft und Kultur.* UVK, Konstanz.
- Wendling, Eckhard (2015): *Filmproduktion. Eine Einführung in die Produktionsleitung.* UVK, Konstanz, 2. Auflage.
- Wendling, Eckhard (2012): *Recoup! Filmfinanzierung – Filmverwertung: Grundlagen und Beispiele.* UVK, Konstanz.
- Werners, Franziska (2001): *Continuity & Script bei Fernsehen und Film.* Emons Verlag, Köln.
- Weston, Judith (1998): *Schauspielführung in Film und Fernsehen.* Zweitausendeins, Frankfurt am Main.
- Zwirner, Anke (2012): *Finanzierung und Förderung von Kinospielfilmen in Deutschland. Herausforderungen und Chancen für junge Produzenten.* VS Verlag, Wiesbaden.

X3 BILDNACHWEIS

S. 21, 30, 54, 90, 237, 289, 298, 308, 315: Kenneth Macdonald / IMBISS-FILM Stehle & Rehbock GmbH & Co. KG, Nürnberg, Lübeck
S. 156, 169, 170, 171: *„Obendrüber da schneit es"* / Hager Moss Film GmbH, München, und ZDF
S. 168, 169: *„Die Reichen Leichen. Ein Starnbergkrimi"* / Hager Moss Film GmbH, München, und BR
S. 318: Anne Wilk / Hellinger Doll Filmproduktion GmbH, Berlin
S. 342: Hagen Keller / privat
Foto des Autors: Lena Stahl

Alle Setfotos sind im Sommer 2013 im Rahmen der Dreharbeiten von *„About a Girl"* (AT: *„Charleen macht Schluss"*) in Bamberg, Fürth, Gröbenzell und München entstanden.

„About a Girl" (D 2014, Regie: Mark Monheim) / Produzent: Martin Rehbock, Drehbuch: Mark Monheim und Martin Rehbock / im Verleih der NFP marketing und distribution GmbH

„Die Reichen Leichen. Ein Starnbergkrimi" (D 2014, Regie: Dominik Graf) / Redaktionsleitung BR: Dr. Stephanie Heckner, Produzentin: Kirsten Hager, Drehbuchautor: Sathyan Ramesh

„Obendrüber da schneit es" (D 2012, Regie: Vivian Naefe) / Redaktion ZDF: Karina Ulitzsch, Produzentin Kirsten Hager, Drehbuchautorin: Astrid Ruppert, nach ihrem gleichnamigen Roman

X4 REGISTER

Filme sind mit deutschem Titel und in Klammern mit Originaltitel (falls abweichend), Produktionsland und dem Jahr ihrer Fertigstellung sowie mit Regisseur aufgeführt.

B

U

V

W

X

Z

DIESE BÜCHER KÖNNTEN IHNEN AUCH GEFALLEN ...

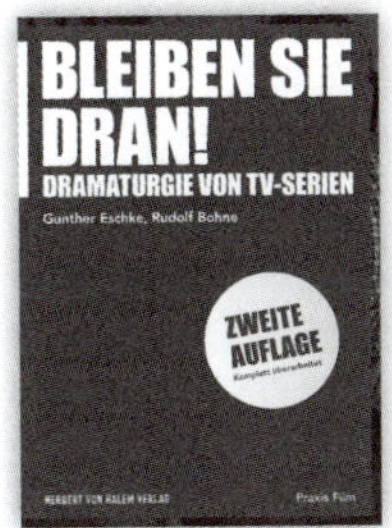

Bleiben Sie dran!

Dramaturgie von TV-Serien –
„Man erfährt alles über Figuren und Genres, über die Wahl der Erzählweise und die Stilmittel." Film & TV Kameramann

Autoren:
Gunther Eschke, Rudolf Bohne
ISBN 978-3-7445-1003-5

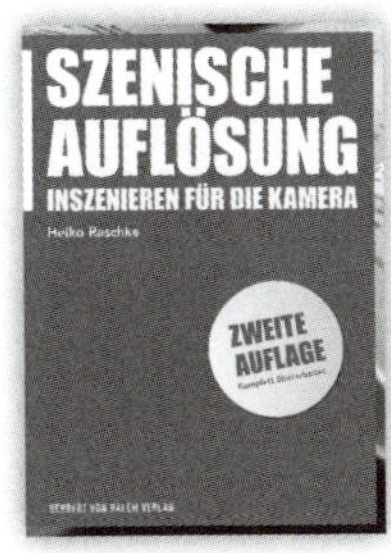

Szenische Auflösung

Wie man sich eine Filmszene erarbeitet –
Heiko Raschke gibt dem Leser einen praktischen Leitfaden an die Hand, wie man eine Szene effektiv und zuschauerorientiert auflöst. Wer will schon die Wirkung beim Zuschauer dem Zufall überlassen?

Autor: Heiko Raschke
ISBN 978-3-7445-1103-2

NOTIZEN

Notizen

Notizen